上海并购金融集聚区
Shanghai M&A Financial Agglomeration District

蓝发钦 宣子岳 高 正 编著

中国证券市场典型并购 2020

上海远东出版社

图书在版编目(CIP)数据

中国证券市场典型并购. 2020/蓝发钦,宣子岳,高正编著. —上海：
上海远东出版社,2021
ISBN 978-7-5476-1760-1

Ⅰ. ①中… Ⅱ. ①蓝…②宣…③高… Ⅲ. ①证券公司-企业合
并-案例-中国 Ⅳ. ①F832.39

中国版本图书馆 CIP 数据核字(2021)第 212612 号

责任编辑 程云琦
封面设计 李 廉

中国证券市场典型并购 2020

蓝发钦 宣子岳 高 正 编著

出 版 **上海远东出版社**
　　　　(201101 上海市闵行区号景路 159 弄 C 座)
发 行 上海人民出版社发行中心
印 刷 上海信老印刷厂
开 本 710×1000 1/16
印 张 25
插 页 1
字 数 396,000
版 次 2021 年 11 月第 1 版
印 次 2021 年 11 月第 1 次印刷
ISBN 978-7-5476-1760-1/F·679
定 价 88.00 元

前言

收购兼并作为企业较高层次的经营方式，其意义不仅体现在企业规模的迅速扩张，还体现在企业资产质量的快速提升，这在海内外跨国企业的发展史中得到了充分印证。中国企业此轮并购重组浪潮开始于 2013 年，主阵地选择在中国证券市场。此轮浪潮一开始就体现出典型的两大特征：其一是自发性，上市公司自发的纯市场行为；其二是市值管理的痕迹明显，通过并购重组，尤其是跨界并购互联网资产、文化传媒资产、健康医疗资产等进军热门概念行业，实现公司市值的快速提高。2016 年 9 月，中国证监会推出了"史上最严"的重组新规，2017 年一系列针对并购重组市场的监管新规陆续出台，再融资新政、减持新规、信息披露新规等一系列重拳组合对忽悠式、跟风式及盲目跨界重组均采取了高压态势，中国证券市场并购重组开始进入常态化。

进入 2020 年，新冠肺炎疫情全球暴发，中美贸易摩擦频繁，中国并购重组的政策环境也有了新变化。如 2 月 14 日，证监会发布《关于修改〈创业板上市公司证券发行管理暂行办法〉的决定》《关于修改〈上市公司非公开发行股票实施细则〉的决定》，进一步放宽再融资的条件限制，支持上市公司引入战略投资者；3 月 1 日，新《中华人民共和国证券法》正式生效，全面推行注册制，提高证券违法违规成本，强化信息披露监管；3 月 20 日，证监会在 2019 年 11 月修订的基础上再次对《上市公司重大资产重组管理办法》《上市公司收购管理办法》进行了修订，进一步简化审批程序，提高监管效率；7 月 31 日，证监会发布《〈上市公司重大资产重组管理办法〉第二十八条、第四十五条的适用意见——证券期货法律适用意见第 15 号》《监管规则适用指引——上市类第 1 号》，放宽对重组方案重大调整的限制，明确发行价格调整方案的要求；10 月 9 日，国务院发布《关于进一步提高上市公司质量的意见》，明确提出要促进市场化并购重组，充分发挥资本市场的并购重组主渠道作用，完善上市公司资产重组、收购和分拆上市等制度,丰富支付及融资工具,激发市场活力。总体上看,2020年的政策环境趋于宽松,但面对复杂严峻的外部环境,证券市场预期仍不乐观,2020年的并购宗数和并购规模大幅下降,较2019年呈现出明显的收缩态势。

本书选取2020年发生在中国证券市场的45宗典型并购案例,涵盖国企重组并购、产业链整合并购、跨界并购、同行并购、借壳上市、科技并购、混合所有制改革并购、跨境并购八个部分。每个案例的写作过程努力体现两个特点:一是在精简案例的同时提高案例本身的还原度,本书的每个案例都精确地介绍并购交易相关方、并购事件发生时间表、并购方案主要手段和重点,高度还原了并购交易的原貌;二是深度挖掘案例特点,从政策法规、时代背景、并购手段、并购主旨、并购前景等方面对并购交易进行解读和述评,与市场关注点和业界讨论面实现了完美的对接。

此外,为了让读者更确切地了解2020年中国证券市场并购重组的整体特点和发展变化,本书在45宗并购典型案例之前提供了一份《中国证券市场2020年并购市场报告》(导论),该报告根据2020年中国证券市场的特点,对上市公司并购交易活动进行统计和描述,具体从交易规模、并购溢价、并购监管、主体性质、行业分布、地区分布、海外并购和热点标的等维度,系统全面地展示中国证券市场并购交易的整体特点以及与2016—2019年相比的发展变化。

本书作为华东师范大学与上海市普陀区人民政府联合成立的上海并购金融研究院的研究成果之一,编写工作得到了上海科技金融产业集聚区、普陀区金融办的大力支持,在此深表感谢! 同时,华东师范大学金融专业硕士研究生洪捷书、张文慧、葛程程、王慧、王航、付梦阳、黎剑伶、吕黛妮、庞靖远、陈熙予、唐晨越、杨滨钰、严翰文等参与了案例的编写工作,在此一并感谢!

目录 contents

导论
中国证券市场 2020 年并购市场报告

  并购重组①作为一种较高层次的资本运作方式,既是证券市场的重要组成部分,也对经济社会运行有广泛意义。微观上,并购重组是企业改善内部治理、整合业务资源、拓宽经营领域的重要手段;中观上,并购重组是减少市场无序竞争、优化存量资源配置、引入行业创新技术的有效方式;宏观上,并购重组是优化国民经济布局、加快要素自主有序流动、打造现代产业体系②的政策抓手。

  2020 年是"十三五"规划的收官之年,也是中国证券市场"三十而立"之年。在市场化、法治化、国际化的改革方向下③,中国证券市场实现了从无到有、从小到大的跨越式发展。2020 年末,股票总市值已达 79.64 万亿元④,成为全球第二大证券市场,这一切与中国经济的持续增长密不可分。但正如中共十九大报告所指出的,我国经济已由高速增长阶段转向高质量发展阶段,正处在转变发展方式、优化经济结构、转换增长动力的攻关期⑤。在新冠肺炎疫情全球暴发,国际形势复杂严峻,新一轮科技革命和产业变革全面到来,国内改革发展任务

---

  ① 本书对是否发生并购的判断依据:公司的实际控制权是否发生转移,以及是否达到控制或共同控制。

  本书的数据来源:从新浪财经、巨潮咨询、同花顺等公开披露上市公司信息的渠道手动收集 2015 年—2020 年中国主板、中小板、创业板、科创板(2020 年)的上市公司成功完成并购交易的相关数据。

  成功完成并购交易的判断标准为:①重大资产重组需证监会审核的情形,经证监会审核批准;②非重大资产重组不需证监会审核的情形,以股东大会表决通过为准;③不需股东大会投票表决情形,以董事会表决通过为准。

  ② 根据"十四五"规划纲要的表述,现代产业体系是在现代基础设施的支撑下,以先进制造业与现代服务业深度融合为核心,构建实体经济、科技创新、现代金融、人力资源协同发展的产业体系,下同。

  ③ 资料来源:《中国资本市场三十年》,中国证监会,中国金融出版社,2021 年 4 月。

  ④ 数据来源:国家统计局。

  ⑤ 资料来源:《决胜全面建成小康社会 夺取新时代中国特色社会主义伟大胜利》,习近平,中国共产党第十九次全国代表大会,2017 年 10 月。

艰巨繁重①等现实问题面前,作为证券市场重要组成部分的并购重组又该去何从?

上述背景下,2020年中国并购重组市场的投资情绪和监管重点发生了深刻变化:一是市场预期普遍下降,投资情绪相对低迷,尽管中国以2.3%的增速成为疫情中唯一保持经济正增长的主要经济体②,但客观上无法完全抵消外部因素对市场的冲击;二是政策影响尚不明确,新《中华人民共和国证券法》落地后,一边是《上市公司重大资产重组管理办法》《上市公司收购管理办法》等一批配套法规随之修订,政策基调趋于宽松,另一边是科创板和注册制使IPO准入门槛更加灵活,或对并购重组产生"挤占"效应。这些变化给并购重组市场带来新的影响,总体呈现出"总量下跌、结构分化、小额快速"的特点。具体表现在交易量价大幅下跌,并购溢价回归理性,失败比例有所上升,制造业并购占据主导,跨界并购比重提高,跨境并购跌入"冰点",科技并购稳步向上等方面。

本书根据2020年中国上市公司并购交易数据,从上市公司的并购规模、并购溢价、并购失败原因、行业分布、主体性质、区域差异以及跨境并购等维度出发,全方位反映2020年中国证券市场上市公司并购重组的规律和特点。

一、并购交易量价齐跌,市场热度大幅降温

2020年,在新冠肺炎疫情暴发、国际贸易摩擦频繁等多重因素影响下,中国并购重组市场进入"低谷期"。全年共完成并购交易526宗,交易规模4180.60亿元,交易宗数和交易规模均大幅下滑,创5年新低。其中,并购宗数同比下降25.7%,交易规模同比下降36.53%,单笔交易均价为7.94亿元,同比下降14.62%,延续"小额并购"风格。

从上市公司并购交易板块来看,2020年主板完成287宗并购(图a),占当年交易宗数的54.56%,涉及交易规模3077.35亿元,占交易总规模的73.61%,单笔交易均价为10.72亿元;创业板完成130宗并购,占当年交易宗数的24.71%,交易规模523.68亿元,占交易总规模的12.52%,单笔交易均价4.02亿元;中小板完成102宗并购,宗数占比19.39%,交易规模562.78亿元,占比

---

① 资料来源:中央经济工作会议,北京,2020年12月。
② 数据来源:国家统计局。

13.46%,单笔交易均价 5.51 亿元。特别地,2020 年科创板完成了 7 宗并购,涉及交易规模为 16.78 亿元,单笔交易均价 2.39 亿元。华兴源创(688001.SH)斥资 10.4 亿元收购苏州欧立通自动化科技有限公司成为中国科创板并购第一案。

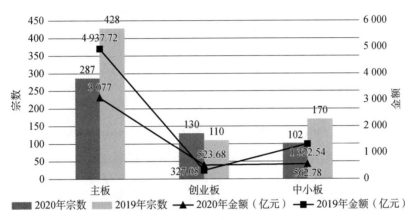

图 a　2019 年与 2020 年上市板块并购情况对比

相较于 2019 年,主板和中小板的交易量价都出现明显下跌。其中主板并购成交总额同比下降 37.67%,成交宗数同比下降 32.94%,单笔交易均价下降 7.10%;中小板成交总额同比下降 57.44%,成交宗数同比下降 40%,单笔交易均价下降 29.08%。创业板并购出现逆势回升,并购成交总额同比上升 60.14%,数量同比上升 18.18%,单笔交易均价同比上升 35.35%。

从并购双方的相对资产规模来看,2020 年中国证券市场"蛇吞象"并购比例上升[①],合计完成 51 宗"蛇吞象"并购,占全部案例的 9.69%,相较于 2019 年的 5.78%、2018 年的 4.23% 和 2017 年的 3.69% 有所上升(图 b)。

新《中华人民共和国证券法》出台后,证监会和交易所针对再融资、借壳上市、资本退出等等问题对一系列法规进行了更宽松的修订,例如下放科创板重组上市审核权限、允许上市公司灵活调整配套融资方案、收购要约豁免申请改为免除发出要约、IPO 被拒企业借壳上市的等待时间缩短为 36 个月、松绑创业板借壳、取消重组上市认定中的净利润指标等等,宽松的政策基调或对"蛇吞

---

① "蛇吞象"并购:收购方资产规模小于标的方资产规模。

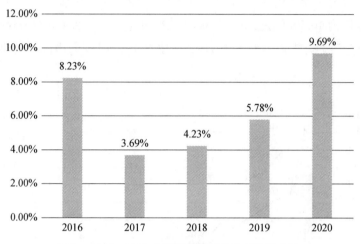

图 b　2016—2020 年"蛇吞象"并购交易宗数占比

象"并购有一定促进作用。当然,"蛇吞象"并购比例的攀升,也与近年来企业融资渠道多元化、交易架构灵活化不无关系。2020 年发生的 92 宗重大资产重组中,有 18 宗"蛇吞象"并购,占比 19.56%。例如一汽夏利(000927.SZ)收购中铁物晟,双方资产差达到 11 倍,夏利"曲线让壳"帮助中国铁物成功上市,完成债务闭环,实现国有资本的有序流动。三房巷(600370.SH)与收购标的江苏海伦石化有限公司的资产规模相差 7 倍,也是典型的"蛇吞象"并购,借助合理的交易架构,三房巷成功收购行业龙头江苏海伦,打造出高质量的化工产业链平台。

交易规模过百亿元的"航母级"并购通常因体量巨大、涉及面广时常成为市场关注的焦点,某种意义上也是并购市场的"温度计"。2020 年中国证券市场共完成 7 宗"航母级"并购,较 2019 年的 17 宗有大幅下降。标的行业以制造业为主(5 宗)。其中,涉及国有企业 6 家,民营企业 1 家,国企占比有所提高(图 c)。

例如,一汽解放以 270 亿元成功借壳一汽轿车(000800.SZ),是 2020 年单宗交易规模最大的案例。中国船舶(600150.SH)以 232 亿元收购江南造船(集团)有限责任公司,打造集团船海业务上市平台,成为第二大并购案例。民营企业华峰氨纶(002064.SZ)斥资 120 亿元重组旗下华峰新材料有限公司,是民营企业中唯一的"航母级"并购。

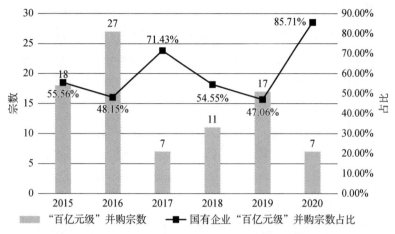

图 c　2016—2020 年"百亿元级"并购宗数和占比

二、并购溢价持续走低，交易结构变化不大

并购溢价[①]反映出交易双方对标的公司的价值共识，受标的质量、收购方实力、市场预期、外部环境等多方面影响，既是交易结构的基础，也是市场预期的缩影。

2020 年，在宏观经济增速显著放缓的情况下，上市公司并购总体溢价倍数继续延续 2019 年的下行态势，创近 5 年新低，只有 1.63 倍(图 d)，符合近年来并购市场回归理性的市场预期和企业因疫情收缩经营的经济特点。

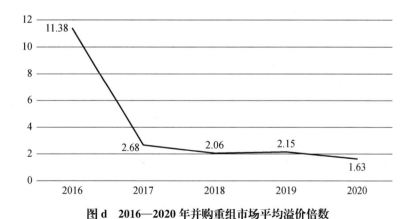

图 d　2016—2020 年并购重组市场平均溢价倍数

---

① 并购溢价：报告以并购案例交易成交价格与并购主体应享有的交易标的净资产账面价值份额之比作为并购溢价倍数。

　　从并购交易板块来看,主板和创业板的并购溢价倍数均较 2019 年有所下降,分别为 1.46 倍和 2.29 倍,中小板逆势上升,达到 2.43 倍(表 a)。北京航宇智通技术有限公司是一家主要从事光电探测与制导设备的初创型技术企业,大立科技(002214.SZ)以 5 245 万元收购该公司 51% 的股权(对应净资产 31.46 万元),成为中小板溢价倍数最高的案例,达到 166 倍。

　　科创板在 2020 年 3 月正式落地后,持续受到市场瞩目。2020 年仅有的 7 宗并购中,平均溢价倍数 2.47 倍,位列各板块溢价倍数首位。证监会和上交所 2020 年先后出台《科创属性评价指引(试行)》《科创板上市公司证券发行注册管理办法(试行)》《科创板再融资办法》《上交所关于红筹企业申报科创板发行上市有关事项的通知》等文件,针对科创板的企业分类、申报上市、再融资、退市标准等关键问题给出具体规范,为科创板健康发展创造出有利条件。成都先导(688222.SH)斥资 1.75 亿元,以 5.8 倍溢价收购英国生物医药研发平台 Vernalis 公司,成为当年科创板溢价倍数最高的案例。

　　从三次产业来看,第二、三产业并购溢价均有下降,结构性分化明显。第一产业平均溢价倍数 2.43 倍,与 2018 年和 2019 年相差不大,但由于该部门仅发生 5 宗并购,讨论价值有限。第二产业集中着超过 60% 的案例,溢价倍数为 1.83 倍,较 2019 年的 1.98 倍和 2018 年的 1.95 倍有小幅回落。第三产业因涵盖大量细分服务行业,企业受疫情冲击大,现金流普遍吃紧,故并购溢价倍数低至 1.29 倍,同比降幅近 50%。

表 a　2016—2020 年上市公司并购溢价倍数对比

	并购板块			并购行业		
	主板	中小板	创业板	第一产业	第二产业	第三产业
2016 年	8.96	11.41	9.59	15.06	7.97	13.49
2017 年	2.28	4.48	3.07	3.65	2.33	3.02
2018 年	2.10	3.28	0.89	2.40	1.95	2.23
2019 年	2.19	1.93	2.60	2.20	1.98	2.49
2020 年	1.46	2.43	2.29	2.43	1.83	1.29

　　标的资产的行业并购溢价一定程度上反映着市场并购主体对不同行业的预期,可作为并购市场的"风向标"。新冠肺炎疫情的暴发让全社会再次认识到

健全卫生体系的重要性,卫生和社会工作以 4.71 倍的溢价成为当之无愧的"明星行业"。信息传输、软件和信息技术服务业(3.24 倍)、采矿业(2.24 倍)分列第二、三名,高于 2019 年的溢价水平(图 e)。但总体上看,其余 11 类标的行业的溢价倍数普遍出现下跌。

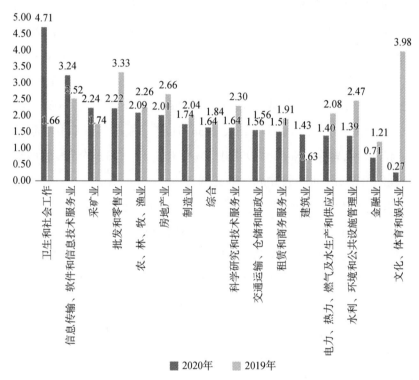

图 e　2019 年和 2020 年标的行业溢价倍数

　　从并购主体性质来看,国有企业的并购溢价低于民营企业。2020 年国有收购方共完成 192 宗并购,平均溢价倍数为 1.38 倍,民营收购方完成 334 宗并购,平均溢价倍数为 2.48 倍。一方面,2015 年深化国企改革 22 号文提出"以管资本为主推进经营性国有资产集中统一监管""提高国有资本配置效率"[①],国有资本在资产收购上更加注重合理布局和保值增值,使并购重组回归服务国有企业发展战略的本原,标的选择相对谨慎。另一方面,也反映出非公企业在并购

————————————————

　　① 资料来源:中共中央、国务院《关于深化国有企业改革的指导意见》(中发〔2015〕22 号),2015 年 9 月。

重组市场上的议价灵活性。

从支付方式来看,由于发行股份购买资产可能存在历时长、被否率较高、股权大幅缩水等风险,而现金收购方式具有决策时间短、不会造成收购方股权稀释等优势,因此一些上市公司在条件允许的情况下愿意选择现金支付。

由于现金支付近年来处于主流地位,因此将包括股份支付、资产置换、无偿划转、股权质押式回购等在内的非纯现金支付手段统称为创新支付。2020 年单纯使用现金支付的案例数达到 437 宗,占比 83.07%,与 2019 年基本一致,交易规模 2 158.74 亿元,单笔交易均价 4.93 亿元。其他支付方式(创新支付)为 89 宗,占比 16.92%,与上年基本一致,交易规模 2 021.86 亿元,单笔交易均价 22.71 亿元。例如京东方 A(000725.SZ)55.91 亿元收购南京中电熊猫平板显示科技有限公司,紫金矿业(601899.SH)以自有资金 38.82 亿元控股西藏巨龙铜业有限公司等均为现金收购的典型案例。

但纯现金支付缺点也很明显,即不仅会占用上市公司的大量现金流,还容易造成公司沉重的财务负担,这也决定了以现金支付的并购交易规模会受到一定的限制。上文数据对此有所印证,纯现金支付的单笔交易均价仅为创新支付单笔交易均价的 20%。上市公司考虑到自身现金流,往往会借助于发行股份、发行可转债、资产置换或多种形式的组合(创新支付方式)来完成大额并购交易。2020 年的创新支付中,以股票方式(包括同时使用现金与股票)的宗数为 44 宗,占创新支付总宗数的 49.44%,涉及金额为 680.19 亿元,单笔交易均价 15.45 亿元,可见股票仍然是上市公司开展大额收购时最偏好的创新支付工具(图 f)。

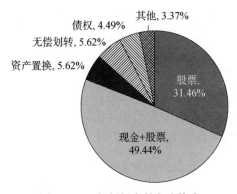

图 f　2020 年创新支付方式构成

在其他支付方式中,资产置换被视作各类重组方式中相对高效的一种方式,不仅能够降低资金占用,节约费用,也有助于提高大股东将优质资产注入上市公司的积极性。2020 年,并购市场发生 5 宗资产置换(包括与现金或股票结合),涉及金额 375.23 亿元,单笔交易均价达 75.04 亿元。例如,一汽解放借助资产置换成功借壳一汽轿车(000800.SZ),完成"百亿元级"重组。

此外,无偿划转是国有企业并购交易中常常采取的支付手段。虽然无偿划转具有浓厚的行政色彩,但从效率上讲,也不失为推动国有资本优化布局、有序流动的可行方式,某种意义上体现着制度优越性。2020 年证券市场共有 4 宗并购交易采用无偿划转的形式。例如中国化工集团有限公司利用无偿划转的方式,促使旗下先正达股份有限公司(中农科技)对上市公司安道麦 A(000553.SZ)实现控股,完成中化系的布局优化。

总体上看,2020 年中国证券市场在并购交易支付方式上未取得突破性创新,仍以现金、股票、资产置换、无偿划转等方式为主。

三、失败案例屡屡发生,市场环境错综复杂

2020 年注定是磨砺之年,并购市场面临着疫情扩散、经济下行压力增大、国际竞争环境恶化加剧、监管政策"松绑"、产业加快升级并存的复杂环境。因此,在这片前所未有的"试验田"中讨论失败案例的特征,或对上市公司优化并购决策有所裨益。

总体上,并购重组市场失败案例占比小幅上升。上市公司并购失败案例合计104 宗,失败案例占全部案例比重为 16.5%,2019 年失败案例 119 宗,占比 14.38%。

从失败原因来看,并购双方的主观意见仍然是近两年决定并购成败的重要原因。"并购双方未能达成一致意见"、"市场及政策环境发生变化"、"未获有关部门批准"是导致并购失败的前三大因素,分别占比 31.73%、19.23%、15.38%(图 g)。特别地,有 9 宗案例在公告中明确提到,新冠肺炎疫情是本次并购终止的原因。

从收购方失败案例的行业分布来看(某行业的失败案例数/失败案例总数),制造业位列榜首,共有 60 宗失败案例,占失败案例总数的 57.69%,与 2019 年的59.58%基本持平(图 h)。进一步统计发现,60 宗制造业并购失败案例中,原因为"并购双方未能达成一致意见"占到 27 宗。此外,制造业收购方跨界并购的失败

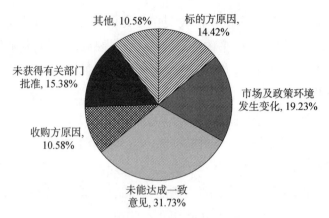

图 g　2020 年并购失败案例原因占比

案例为 33 宗,占比超过 50%。因此,尽管制造业企业交易基数大是一方面原因,但不能排除存在跨界标的选择、并购谈判、业务整合等方面的失败原因。在推动制造业优化升级的过程中,相关主管部门在完善证券市场制度基础的同时,也应加大企业引导力度,高效发挥金融业服务实体经济的功能,推动制造业高质量发展。

收购方所处的其他行业中,租赁和商务服务业有 9 宗并购失败案例,占比8.65%,信息传输、软件和信息技术服务业 7 宗,占比 6.73%。此外,2019 年失败案例较多的电力、热力、燃气及水生产和供应业(13.45%),在 2020 年仅占并购失败案例的 1.92%。

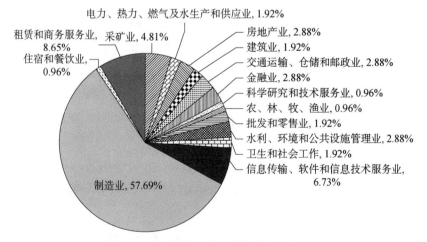

图 h　2020 年并购失败案例收购方行业分布

　　从收购方所在行业的失败率来看(某行业的失败案例数/该行业并购案例总数),2020 年收购方属于金融业的并购失败率最高,达到 27.27%,最低为批发和零售业,为 6.25%,全行业平均失败率为 15.75%。其中,制造业失败率为 17.39%,略高于均值(图 i)。

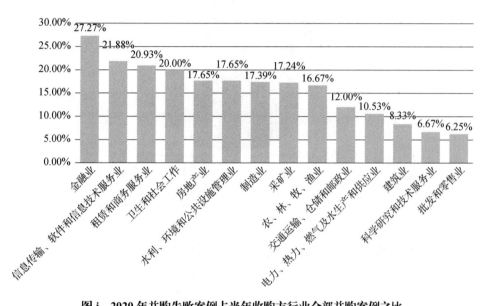

图 i　2020 年并购失败案例占当年收购方行业全部并购案例之比

　　进一步的数据显示,国有并购主体失败 23 家,失败率 10.69%,民营并购主体失败 81 宗,失败率 19.51%。分并购类型的统计中,同行并购失败 39 宗,失败率 14.28%,产业链整合并购失败 21 宗,失败率为 16.40%,跨界并购失败案例最多,达到 44 宗,失败率 19.21%。可见,跨界并购相较于同行并购和产业链整合并购风险更大。

　　从失败案例的标的行业分布来看(标的行业失败案例数/失败案例总数),制造业、信息传输/软件和信息技术服务业、批发和零售业是失败案例最多的标的行业,分别占全部失败案例比重为 38.46%、11.54%、11.54%(图 j)。

　　总的来看,失败案例比重微升符合基本预期,另外,随着监管逐步放开,并购重组的政策阻碍将越来越少,决定并购成败的原因将更多回归到标的资产质量和交易结构设计上。

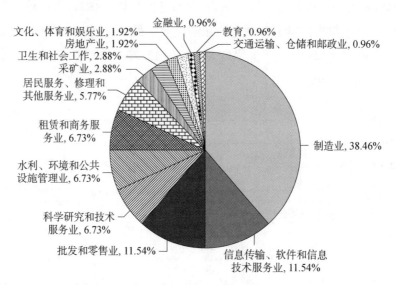

文化、体育和娱乐业, 1.92%
金融业, 0.96%
教育, 0.96%
房地产业, 1.92%
交通运输、仓储和邮政业, 0.96%
卫生和社会工作, 2.88%
采矿业, 2.88%
居民服务、修理和
其他服务业, 5.77%
租赁和商务服
务业, 6.73%
制造业, 38.46%
水利、环境和公共
设施管理业, 6.73%
科学研究和技术
服务业, 6.73%
批发和零售业, 11.54%
信息传输、软件和信息
技术服务业, 11.54%

图 j   2020 年并购失败案例标的方行业分布情况

四、同行并购仍然占据主流,跨界并购逆势上扬

同行并购(又称横向并购)一般指企业为提升市场地位、扩大经营规模而对同行业或生产类似产品的企业展开的并购行为;产业链整合并购(纵向并购)一般指上下游企业间以产业链整合为目的的并购;混合并购也称跨界并购,指处于不同行业或产业链的企业展开的并购活动。

从整个并购重组市场来看,2020 年同行并购占据主流,跨界并购热度依旧。从并购宗数来看,证券市场完成同行并购 234 宗,占比 44.67%,较 2019 年下降 7 个百分点;产业链整合并购完成 107 宗,占比 20.34%,同比下降 4 个百分点;跨界并购 185 宗,占比 35.17%,较 2019 年上升 11 个百分点。从交易规模来看,同行并购交易规模为 2 431.05 亿元,金额占比 58.15%,较 2019 年同比上升 7 个百分点;产业链整合并购交易规模为 675.01 亿元,金额占比 16.14%,同比下降 6 个百分点;混合并购完成 1 074.53 亿元,金额占比 25.70%,同比下降 1 个百分点(图 k)。

从近 5 年的数据来看,同行并购大体上处于稳定区间,占据着并购市场的半壁江山(图 l),说明扩大经营规模、提高行业集中度、获取市场垄断地位仍是

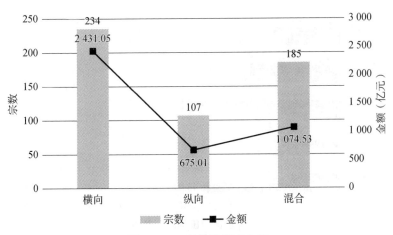

图 k 2020 年并购类型分布

大部分企业并购的首要动机。例如医美龙头华熙生物(688363.SH)以 2.9 亿元收购东营佛思特生物工程有限公司,进一步扩大玻尿酸产能,坐稳行业龙头。石化产品物流服务商宏川智慧(002930.SZ)以 4.09 亿元收购常熟华润和常州华润,加码仓储布局,扩大物流业务辐射区域。

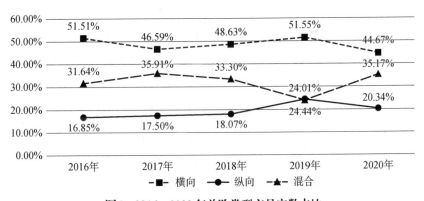

图 l 2016—2020 年并购类型交易宗数占比

从单笔交易均价来看,2020 年,同行并购单笔交易均价为 10.38 亿元,围绕近 5 年的均值 9.38 亿元波动;产业链整合并购的单笔交易均价为 6.30 亿元,呈"倒 U 形"趋势,2018 年达到峰值 10.94 亿元后逐渐回落;跨界并购单笔交易均价 5.80 亿元,同比缩水近 50%(图 m)。

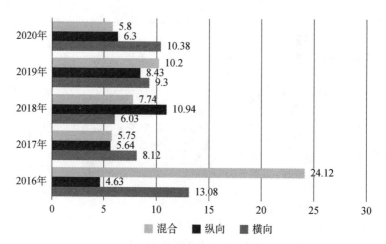

图 m 2016—2020 年并购类型单笔交易均价(亿元)

值得一提的是,2020 年跨界并购逆势上扬,交易宗数占比抬升至 35.17%,反映出上市公司对跨界并购的持续热情。在众多新技术、新概念、新市场的带动下,合理的跨界并购有助于提高企业资源利用效率,实现业务突破,创造更大的盈利想象空间。同时,新冠肺炎疫情下的冷清市场,也让更多企业认识到以多元化发展规避经营风险的重要性。例如从事水产养殖业的大湖股份(600257.SH)斥资 3.75 亿元收购东方华康医疗管理有限公司,正式布局医疗健康领域;豫园股份(600655.SH)以 18.37 亿元收购金徽酒业,"复星系"业务版图再度扩张。

进一步地,我们注意到,制造业标的在以上三类并购中均占相对多数,分别占比 45.80%、42.05%、32.43%。前文提到,跨界并购作为一些企业寻求业务突破的切入点,选择什么样的跨界标的是首先要思考的问题。根据 2020 年跨界并购标的资产行业的梳理(图 n),可以发现除综合外,制造业是主要跨界方向,而科学研究和技术服务业、信息传输/软件和信息技术服务业等行业也相对热门,符合 2020 年中央经济工作会议中关于"促进制造业高质量发展""强化科技战略支撑"的会议精神,有可能继续成为未来并购重组市场中跨界并购的主要方向。

概括地讲,一方面,当下聚焦主业、回归并购本原功能成为市场共识,体现为同行并购占据主导地位;另一方面,跨界并购的主要标的是制造业,折射出上市公司积极投身实体经济发展的热情。

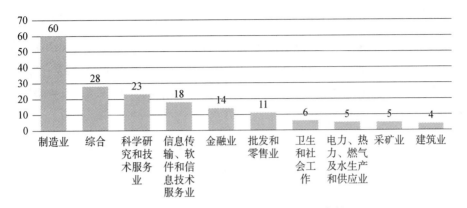

图 n   2020 年混合并购前十大标的行业宗数

五、民企并购遥遥领先,"逆向混改"崭露头角

各类市场主体都是国家现代化的建设者[①]。近年来,国有企业混合所有制改革扎实推进,民营企业发展环境显著优化,展现出我国社会主义市场化改革的卓越成果。在并购重组市场中,以提升资源配置效率为目标的市场自发性并购已然成为主流。

2020 年,民营收购方保持着并购宗数的领先,但国有收购方在交易规模和所占比重上实现反超。其中,国有企业完成并购 192 宗,较 2019 年同比下降 11.52%,案例宗数占比为 36.5%;交易规模 2 740.80 亿元,金额同比增长 8.45%,占当年总规模的 65.55%,同比提升 27.19 个百分点,单笔交易均价 14.27 亿元。民营企业完成 334 宗,同比下降 31.97%,宗数占当年全部案例的 63.5%;完成交易规模 1 439.79 亿元,同比下降 64.53%,占当年总成交规模的 34.43%,同比下降 25 个百分点,单笔交易均价 4.31 亿元(表 b)。

表 b   2020 年和 2019 年上市公司并购主体交易对比

类别	2020 年		2019 年		增长率	
	宗数	金额(亿元)	宗数	金额(亿元)	宗数	金额
国有企业	192	2 740.8	217	2 527.06	−11.52%	8.45%
民营企业	334	1 439.79	491	4 060.25	−31.97%	−64.53%

① 资料来源:《政府工作报告》,李克强,第十三届全国人民代表大会第四次会议,2021 年 3 月。

综上,民营企业 2020 年的并购宗数和交易规模出现大幅度下滑,领先优势正在消失。正所谓"如鱼饮水,冷暖自知",在新冠肺炎疫情的冲击下,民营企业受制于生存压力,在经营活动中更加谨慎。但我们同样看到,疫情期间各部委在"民企28 条"①的基础上相继推出各项支持措施,例如反垄断审查网上申报、设立专项再贷款、增加贴息贷款比例、减免中小企业税费、延长结转年限等等,有利于缓解民营企业的经营困境,预计 2021 年有可能迎来民营企业并购的一轮爆发。

从月度趋势来看,民营企业的成交宗数在多数月份都领先国有企业,但交易规模相对较小(图 o)。国有企业并购交易的高发期是 12 月,成交宗数和交易规模达到全年顶峰,共成交 53 宗,交易规模约 675 亿元,占国有企业全年交易规模的 24.63%。此外,中国船舶斥资 232 亿元收购江南造船,使得国有企业并购规模在 3 月形成次高峰。

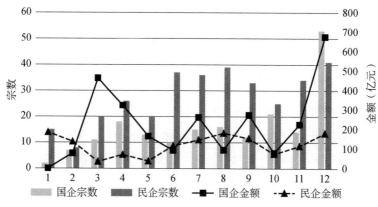

图 o　2020 年并购主体性质并购宗数与交易规模月度趋势

通常意义上,混合所有制改革以国有企业引入民营资本为主要形式。但新冠肺炎疫情促使部分民营企业陷入经营困境,并购重组市场涌现出一类以国有资本并购民营企业为主要形式的"逆向混改"案例。2020 年,中国证券市场共完成 75 宗"逆向混改",涵盖以制造业为主的 13 个行业门类,交易规模达 566.38 亿元,占全年交易总额的 13.54%。其中,三峡水利(600116.SH)以 55.16 亿元收购重庆长电联合能源有限责任公司,成为 2020 年交易规模最大的"逆向混改"案例。

2015 年出台的《中共中央、国务院关于深化国有企业改革的指导意见》中明确

① 资料来源:中共中央、国务院《关于营造更好发展环境支持民营企业改革发展的意见》,2019 年 12 月。

提到"鼓励国有资本以多种方式入股非国有企业",民营企业引入国有资本或许是国有资本做大做强的有效途径之一。同时,作为混合所有制改革的有益探索,"逆向混改"也对民营企业疫情纾困、缓解资金链危机、防范系统性风险起到一定作用,彰显出国有企业作为新时代中国特色社会主义经济"顶梁柱"的责任与担当。

新发展格局下,诸如新基建、智能制造、智慧城市、平台经济、金融科技等一批新业态、新产业应运而生,为企业兼并收购提供更多选择。根据不同性质企业收购的标的资产行业来看,制造业仍然是公私企业并购最集中的领域,基本延续了 2019 年的态势。并购宗数上,国有企业主体收购的前三大标的行业分别是制造业、批发和零售业、电力/热力/燃气及水生产和供应业(租赁和商务服务业并列),分别达到 64 宗、19 宗、16 宗。民营企业主体收购的前三大标的行业分别为制造业(151 宗)、科学研究和技术服务业(33 宗)、信息传输/软件和信息技术服务业(28 宗)。并购交易规模上,国有企业并购交易规模前三的标的行业分别是制造业、交通运输/仓储和邮政业、采矿业,分别占比 44.23%、14.74%、7.4%。民营企业并购交易规模前三的标的行业则为制造业、租赁和商务服务业、信息传输/软件和信息技术服务业,分别占比 66.66%、7.5%、6.4%(图 p)。

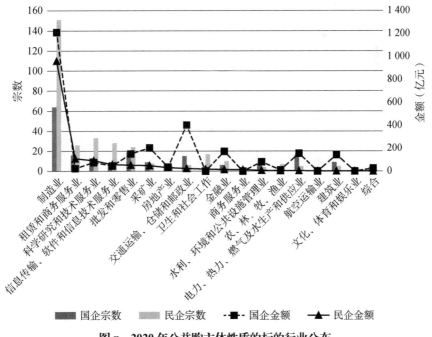

图 p　2020 年分并购主体性质的标的行业分布

民营企业活跃在并购重组市场一线,是国家大力优化民营企业发展环境的积极成效。"十四五"规划纲要中指出,要进一步放宽民营企业市场准入,完善民营企业参与国家重大战略实施机制。这为民营企业的发展提供了制度保障。同时,国有企业"逆向混改"近年来逐渐增多,为下一步国企改革工作提供了良好思路。

六、制造业并购活力焕发,实体经济动能充足

在着力发展实体经济、深入实施制造强国战略的大背景下[①],无论从成交宗数还是成交规模来看,2020 年第二产业收购方在并购重组市场中都占主导地位,其中制造业贡献了绝大多数并购案例。

第一产业受制于上市公司数量,并购案例较少,2020 年出现进一步下滑。全年仅完成 5 宗并购,较 2019 年减少 4 宗,交易规模由 28.37 亿元降至 6.10 亿元,单笔交易均价 1.22 亿元。第二产业完成 344 宗并购,较 2019 年的 432 宗下降 20.37%,交易规模 2 933.38 亿元,同比下降 26.26%,单笔交易均价为 8.52 亿元,同比下降 7.49%。尽管量价均有不同程度下滑,但第二产业仍然以成交宗数占比 65.39%、交易规模占比 70.26%的绝对优势,主导着 2020 年并购重组市场。其中,制造业以 279 宗、2 104.42 亿元成为第二产业并购的核心力量。第三产业降幅较大,完成并购 177 宗,同比减少 33.45%,交易规模 1 241.11 亿元,同比下降 51.90%,单笔交易均价 7.01 亿元,下降 27.73%(表 c)。

表 c 2019 年和 2020 年三次产业并购情况

板块	2019 年并购情况			2020 年并购情况		
	宗数	金额(亿元)	平均金额(亿元)	宗数	金额(亿元)	平均金额(亿元)
第一产业	9	28.37	3.15	5	6.1	1.22
第二产业	432	3 978.48	9.21	344	2 933.38	8.52
第三产业	266	2 580.45	9.7	177	1 241.11	7.01

分季度来看,第四季度是并购高发期。在并购宗数上,第一产业仅有的 5

---

① 资料来源:《中华人民共和国国民经济和社会发展第十四个五年规划和 2035 年远景目标纲要》,2021 年 3 月。

宗并购有 4 宗于第四季度完成,另 1 宗在第一季度完成;第二、三产业也都活跃于第四季度,其中第二产业完成 118 宗,第三产业完成 66 宗。三次产业并购的季节分布规律与 2019 年一致,这一点从并购金额的季节分布上也能得到印证,第四季度的成交总量相对最高(图 q)。

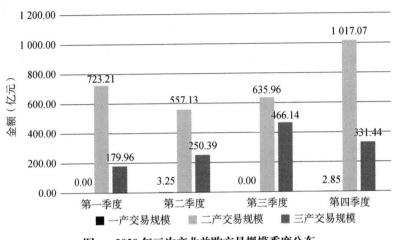

图 q　2020 年三次产业并购交易规模季度分布

　　并购类型能够间接反映三个产业的扩张方向,可作为判断产业部门发展态势的依据,同业扩张是第一、二产业的主要方向,第三产业中异业扩张居多。2020 年,第一产业发生的 5 宗并购中,4 宗均为同行并购。第二产业完成的 344 宗并购中,同行并购 152 宗、产业链整合 88 宗、跨界并购 95 宗,交易规模分别为 1 779.58 亿元、560.43 亿元、438.80 亿元,构成比与 2019 年一致。可以说,同行并购是近年第二产业的主要并购类型,既体现出当下实体经济广阔的边际发展空间和部门内企业扩张的强烈意愿,也是构建现代产业体系、推进制造强国战略的微观映射。第三产业完成的 177 宗并购中,同行并购 78 宗,产业链整合 19 宗,跨界并购以 89 宗占多数,收购标的以工业制造和软件信息行业为主。换言之,第三产业企业跨界并购更加活跃。

　　具体而言,相较于 2019 年的房地产,2020 年第三产业前三大并购主体行业分别是租赁和商务服务业(33 宗)、批发和零售业(30 宗)、信息传输/软件和信息技术服务业(24 宗),房地产由 42 宗下滑为 14 宗。其中,租赁和商务服务业的第一大并购标的是制造业,共发生 16 宗,交易规模为 157.02 亿元;批发和零售业的主并方更倾向于同行业间的并购,共完成 11 宗,交易规模 79.62 亿元;信息传输、软件和信息技术服务业的第一大并购标的也是同行业企业,完成 11 宗,交易规模 20.61 亿元(表 d)。

表 d　第三产业并购双方行业分类

标的行业 ＼ 前三大主并方行业	租赁和商务服务业		批发和零售业		信息传输、软件和信息技术服务业	
	宗数	金额(亿元)	宗数	金额(亿元)	宗数	金额(亿元)
制造业	16	157.02	7	72.79	4	18.25
水利、环境和公共设施管理业	1	37.16	/	/	/	/
租赁和商务服务业	6	3.79	2	1.15	1	3.56
信息传输、软件和信息技术服务业	2	21.18	/	/	11	20.61
批发和零售业	1	20.65	11	79.62	2	11.27
科学研究和技术服务业	1	0	1	0	1	2.14
建筑业	3	27.43	/	/	/	/
航空运输业	1	1.94	/	/	/	/
文化、体育和娱乐业	1	0	/	/	/	/
交通运输、仓储和邮政业	1	0	1	4.76	/	/
金融业	/	/	5	35.24	3	1.81
房地产业	/	/	3	34.26	/	/
卫生和社会工作	/	/	/	/	1	1.65
采矿业	/	/	/	/	1	0.70
合计	33	269.17	30	227.82	24	59.99

七、并购地域风格迥异,东部企业并购优势仍在

客观上,现阶段我国区域经济发展不平衡的问题仍然存在。2020 年,在复杂的市场环境面前,并购重组市场也表现出差异化的地域特征。

东部地区并购最活跃,广东省以 76 宗并购位列全国第一,上海市以 59 宗位列第二。东部地区共完成 358 宗并购,交易规模 2 930.83 亿元,宗数和金额

分别占总量的 68.06% 和 70.1%，量价上保持着绝对优势，单笔交易均价为 8.18 亿元，同比小幅上涨 5.64%。中部地区完成 99 宗并购，同比上升 17.86%，案例多集中于湖南(29 宗)、湖北(19 宗)等地；交易规模 852.62 亿元，同比下降 43.75%，单笔交易均价为三地最高，达到 8.61 亿元。例如注册地位于湖南省的蓝思科技(300433.SZ)斥资 99 亿元收购可利科技与可胜科技，成为该省 2020 年并购规模最大的一例。西部地区完成 69 起并购，同比下降 17.86%，案例以四川、云南居多；交易规模 397.14 亿元，较 2019 年骤降 55.18%，单笔交易均价 5.75 亿元。陕西省的延长化建(600248.SZ)以 85.18 亿元收购陕西建工集团股份有限公司成为西部地区规模最大的并购案(表 e)。

表 e　2019 年和 2020 年东中西部地区并购情况

	2019		2020	
	宗数	金额(亿元)	宗数	金额(亿元)
东部	540	4 185.35	358	2 930.83
中部	84	1 515.79	99	852.62
西部	84	886.17	69	397.14
合计	708	6 587.31	526	4 180.59

总体上，交易规模大幅下降是三个地区的共同特征。其中东部地区保持着并购总量的绝对优势；中部地区并购宗数逆势上升，单笔交易均价较高，并购重组市场的成长性较好；西部地区在成交总量和单笔交易均价上相对落后。

进一步地，长三角、珠三角、环渤海地区共完成 334 宗并购，占比 64.39%，涉及金额 2 510.17 亿元，占比 60.04%，总体上有所回落。长三角完成 157 宗并购，占全部案例比重为 29.84%，珠三角完成 77 宗并购，占比 14.63%，环渤海完成 100 宗并购，占全部案例比重为 19.01%(表 f)。与 2019 年不同的是，环渤海地区取代长三角成为交易规模最大的地区。辽港股份(601880.SH)斥资 167.64 亿元收购营口港务股份有限公司一案成为环渤海地区并购规模之最。

表 f　2019 年和 2020 年长三角、珠三角、环渤海并购情况

区域	2019 年并购情况		2020 年并购情况	
	宗数	金额(亿元)	宗数	金额(亿元)
长三角	226	1 426.86	157	971.83
珠三角	99	918.42	77	435.26
环渤海	133	974.10	100	1 103.08
合计	458	3 319.39	334	2 510.17

　　站在标的行业的角度,来自长三角的并购方更青睐制造业(73 宗)、批发和零售业(15 宗)、租赁和商务服务业(12 宗)等行业;珠三角并购方偏好的前三大标的是制造业(34 宗)、科学研究和技术服务业(8 宗)、信息传输、软件和信息技术服务业(7 宗);环渤海则为制造业(38 宗)、科学研究和技术服务业(15 宗)、批发和零售业(10 宗)。

　　在城市层面,上海在长三角地区保持着绝对领先,完成 59 宗并购,涉及金额 618.07 亿元,杭州、苏州、无锡等城市亦有所表现,但并购规模均未超百亿元。珠三角地区,深圳保持交易宗数首位(37 宗),并贡献了 54.8%的交易额,广州次之,完成 19 宗并购,涉及金额为 112.41 亿元。环渤海并购的前五大城市分别是北京、天津、大连、济南、济宁,其中,北京市完成 37 宗,涉及金额 362 亿元(表 g)。

表 g　环渤海并购前五大城市

城市	宗数	金额(亿元)
北京市	37	362.01
天津市	12	142.24
大连市	8	189.31
济南市	7	53.99
济宁市	6	182.36
合计	70	929.91

　　"十四五"规划纲要中指出,以京津冀协同发展、长江经济带发展、粤港澳大湾区建设、长三角一体化为切入点,深入实施区域重大战略。站在并购重组的

角度,基于以上几个重点区域做简单讨论。长江经济带覆盖中国 11 个省市和 21.4% 的人口,全国 GDP 占比超过 40%,故而并购宗数和交易规模均列首位,在生态优先和绿色发展的政策指引下,未来可能会在淘汰落后产能、构建绿色产业体系方面涌现出更多并购案例。京津冀协同发展作为国家重大战略之一被写入 2015 年《政府工作报告》,尽管并购交易体量相对较小,却以 9.97 亿元位列单笔交易均价首位,随着京津冀产业链与创新链的深度融合,未来在承接制造业迁移升级以及现代化交通网络建设等领域有望出现一大批优秀的并购案例(图 r)。

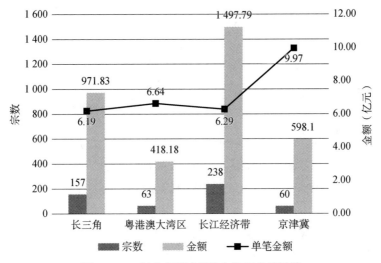

图 r　2020 年重点区域并购宗数和交易规模

八、跨境并购持续萎缩,制造业标的成为首要目标

2020 年,新冠肺炎疫情在全球范围内持续肆虐,除中国外的各主要经济体疫情防控情况不尽如人意,在新冠肺炎疫情的冲击下世界经济普遍萧条,据 IMF 测算,2020 年全球 GDP 产出平均增长率为 -3.3%[1]。此外,部分发达国家对外商投资和反垄断的监管日趋严格,如欧盟《外商直接投资审查框架条例》、美国《外国投资风险审查现代化法案》相继落地生效,跨境并购有所萎缩。

2020 年中国证券市场跨境并购创近 5 年新低,相较 2019 年完成 60 宗跨境

---

① 数据来源:《世界经济展望报告》,国际货币基金组织(IMF),2021 年 4 月。

并购,2020 年仅完成 28 宗,交易规模为 255.94 亿元[①],同比下降 66.22%,单笔交易均价 9.14 亿元(图 s),平均溢价倍数为 2.67。招商轮船(601872.SH)以 54.21 亿元受让 Double Strong International Limited(BVI)平台 100% 股权,扩充旗下干散货船船队,有效提升公司市场竞争力,并解决招商轮船与中外运航运 (368.HK)的同业竞争问题,该案成为 2020 年交易规模最大的跨境并购案例。

图 s   2015—2020 年跨境并购完成宗数和交易规模

从地区来看,2020 年跨境并购标的资产主要分布于英国(含维尔京群岛)、法国、新加坡、荷兰、中国香港等地,英国以 8 宗居首位(表 h)。涉及的"一带一路"沿线国家分别为新加坡(2 宗)、希腊(1 宗)、哈萨克斯坦(1 宗)。

表 h   跨境并购标的所在地

所在地	宗数	交易规模(亿元)
英国(含维尔京群岛)	8	137.09
法国	3	49.34
荷兰	2	30.10
圭亚那	1	16.99
中国香港	2	9.50
新加坡	2	3.86

---

① 注:外币支付按当年平均汇率折算为人民币,下同。

（续表）

所在地	宗数	交易规模（亿元）
日本	1	1.92
德国	1	1.45
哈萨克斯坦	1	1.14
阿根廷	1	1.13
澳大利亚	1	1.08
塞舌尔	1	1.00
中国台湾	1	0.76
马来西亚	1	0.22
瑞士	1	0.20
希腊	1	0.06

　　技术创新能力是中国制造业转型升级的核心驱动力。除了内部技术攻关，跨境技术并购也是一条可行路径。在全球贸易竞争日益激烈的今天，谁先掌握核心技术，谁就能取得市场主动权。因此，从标的行业分布来看，制造业（尤其是拥有核心技术的企业）是国内企业出海收购的首选，制造业标的共有 11 宗跨界并购，交易规模为 90.61 亿元（表 i），分布格局与 2019 年相同。其中，交易规模最大的制造业并购案例为环旭电子（601231.SH）以 28.74 亿元收购法国 Financière AFG S.A.S. 公司 89.6% 的股权，从而实现对知名电子制造服务商 AFG 公司的间接控股。

表 i　跨境并购标的行业分布

标的行业	宗数	金额（亿元）
制造业	11	90.61
采矿业	6	59.80
交通运输、仓储和邮政业	4	95.71
租赁和商务服务业	3	3.45
批发和零售业	2	1.88
科学研究和技术服务业	2	4.50
合计	28	255.94

并购类型上,28宗跨境并购中,同行并购以22宗占绝对多数,说明开拓海外市场、提升经营规模是开展跨境并购的主要目的。国内收购方所处区域中,以上海为代表的长三角地区跨境并购相对活跃,完成10宗跨境并购,珠三角地区完成5宗,环渤海地区完成3宗,其余案例零星分布于中西部地区,符合区域经济发展水平和企业分布现状。

从国内并购主体性质来看,民营企业跨境并购案例较多。28宗跨境并购中,21宗由民营企业发起,涉及金额114.12亿元,7宗由国有企业发起,涉及金额141.81亿元,这一特征与2019年相同。尤其是在新冠肺炎疫情全球暴发的背景下,民营企业活跃在并购一线,彰显出中国民营企业走出国门、布局全球的决心和勇气。其中,洛阳钼业(603993.SH)斥资35.94亿元收购英国矿业资产Jenny East Holdings Ltd和Kisanfu Holdings Ltd,成为民营企业2020年规模最大的并购案。

九、科技创新并购引领市场,医疗健康标的热度不减

并购重组市场上的热门标的是市场偏好和政策导向的"风向标"。2020年热点并购行业较往年呈现出新气象。

科技创新并购引领市场。在市场总体并购热度不高的情况下,以芯片制造、生物工程、材料科学、智能装备、智慧城市服务等前沿技术为代表的一批高新技术企业超越2019年的互联网与信息技术成为市场上最热门的标的,共完成59宗并购,涉及交易规模479.30亿元,宗数和金额的整体占比均超过10%(表j)。例如,TCL科技(000100.SZ)以109.74亿元公开摘牌收购天津中环电子信息集团有限公司,在半导体、新能源、智能联网电器化领域形成业务互补。科技创新并购的逆势而起,说明创新驱动在产业转型升级的步伐中起到越来越重要的作用,符合新时期建设创新型国家的基本要求。同时,借助并购加快科技成果转化应用、刺激企业融通创新、保持高新技术产业以及战略性新兴产业的快速发展,也是科技金融服务经济社会发展的现实例证。

医疗健康并购热度不减。新冠肺炎疫情的全球暴发让证券市场和全社会深切体会到医疗卫生体系及其相关产业的重要性和发展潜力。2020年,以该领域为标的,共完成58宗并购,涉及金额359.81亿元,位列第二大热点行业。相较于2019年,尽管交易规模下降,但相对占比提升,且以3.75倍的并购溢价位

列第一,市场热度堪称"疫"无反顾。

互联网与信息技术并购热度衰退。围绕这一标的的并购已连续三年出现下跌,2020 年完成 37 宗并购,同比下降 60.21%,交易规模 119.14 亿元,同比下降 87.39%。互联网与信息技术行业经过多年的快速发展,行业格局基本奠定,市场需求接近饱和,发展进入平台期。随着数字经济转型进入发力期,传统互联网企业如何摆脱路径依赖、找准业务契合点可能是决定未来该领域并购趋势的主要因素。

环境治理并购逆势崛起。坚持生态优先和绿色发展是我国多年来的战略定位,在政策的持续引导下,相关产业崭露头角。相较于 2019 年不足 1% 的零星并购,2020 年,生态/环境治理领域的相关标的受到市场更多关注。共完成 24 宗,涉及规模 110.63 亿元。"十四五"规划中指出,要深入打好污染防治攻坚战,建立健全环境治理体系,壮大节能环保、清洁生产、清洁能源、生态环境、基础设施绿色升级、绿色服务等产业。尽管行业规模仍然较小,但从政策导向上来讲,未来该领域势必形成成熟的行业格局,相关标的前景良好。此外,我们注意到,完成的 24 宗案例里,民营企业(13 宗)略多于国有企业(11 宗),地域上集中于东部地区(15 宗)。

关于其他传统热点标的,房地产业遭遇腰斩,或受新冠肺炎疫情和政策规制的影响较大,交易宗数仅为 13 宗,同比下降 63.88%,交易规模仅为 66.32 亿元,同比下降 82.04%,反映出市场的谨慎态度;金融业标的在疫情期间热度不减,由 2019 年的 17 宗上升至 21 宗,交易规模扩大至 238.54 亿元;文创行业总量较小,共完成 21 宗,涉及金额 23.25 亿元,同比保持稳定。

表 j　2020 年和 2019 年热门标的并购情况

热点领域	宗数	占总宗数之比	金额(亿元)	占总金额之比	宗数	占总宗数之比	金额(亿元)	占总金额之比
	2020 年				2019 年			
科技创新	59	11.22%	479.30	11.47%	68	9.60%	604.43	9.18%
医疗健康	58	11.03%	359.81	8.61%	56	7.91%	623.15	9.46%
互联网与信息技术	37	7.03%	119.14	2.85%	93	13.14%	945.46	14.35%
环境治理	24	4.56%	110.63	2.65%	5	0.71%	31.42	0.48%

（续表）

热点领域	宗数	占总宗数之比	金额（亿元）	占总金额之比	宗数	占总宗数之比	金额（亿元）	占总金额之比
	2020 年				2019 年			
金融	21	3.99%	238.54	5.71%	17	2.40%	196.1	2.98%
文创	13	2.47%	23.25	0.56%	16	2.26%	45.51	0.69%
房地产业	13	2.47%	66.32	1.59%	36	5.08%	369.38	5.61%

从并购溢价倍数来看,2020 年各热点领域平均溢价倍数为 2.12,略低于 2019 年 2.29,符合疫情下的市场现状。其中,医疗健康标的溢价倍数最高,达到 3.75 倍;科技创新为 2.54 倍;金融业溢价倍数最低,为 0.84 倍(图 t)。

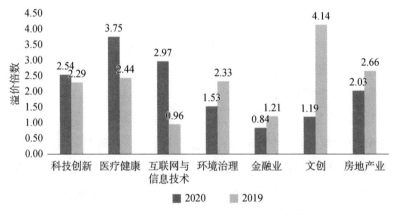

图 t　2020 年和 2019 年热点标的溢价倍数

数字时代正在来临,制造业将成为数字经济的主战场。据国务院政府工作报告、2020 年中央经济工作会议以及其他重要文件和会议精神的表述,智能制造将成为新时期推动中国制造业优化升级的关键着力点。其中,以工业互联网、工业装备自动化为代表的工业智能化应用通常是实现智能制造的技术基础。

据此,本书特别对 2020 年制造业企业进行的工业智能化并购做了统计。共完成 10 宗并购,涉及交易规模 53.91 亿元,平均溢价倍数 1.48。美的集团以 7.43 亿元间接控股合康新能成为该领域的代表性案例。合康新能在工业变频器和伺服系统处于行业领先地位,本次收购不仅有助于完善美的自身工业自动化体系,也成为继收购德国机器人巨头库卡和以色列知名运动控制企业高创传动后,美的布局工业互联网的又一关键节点。

正所谓"好风凭借力",尽管工业智能化应用尚处起步阶段,并购规模较小,但相关技术和设备在数字经济时代的应用价值已成为制造业领域的普遍共识,基于对未来产业发展方向的判断,该领域有望成为新的并购蓝海。

第一辑　国企重组并购

000768

中航飞机：
军工巨头重磅合体，打造中国版"波音"

一、收购相关方简介

（一）收购方：中航飞机股份有限公司

中航飞机股份有限公司隶属于中国航空工业集团有限公司，是我国大中型军民用飞机科研生产基地。公司A股股票于1997年6月26日在深圳证券交易所挂牌上市，成为中国航空制造业首家上市公司。

公司主要业务涵盖军用大中型运输机、轰炸机、特种机等机型的生产以及起落架、机轮刹车系统的研发和维护等，并承担了ARJ21、C919、AG600等大中型民用飞机的机体部件设计、制造、配套与服务。作为国内航空制造业的骨干力量，公司与欧洲空中客车公司、美国波音公司、中国商用飞机有限责任公司、中航通用飞机有限责任公司等国内外知名航空制造商保持长期稳定的合作关系。

近年来，中航飞机的经营业绩稳步增长。2012年，公司实现营业收入155.88亿元、净利润2.52亿元，历经7年不间断增长，2019年，公司实现营业收入342.98亿元、净利润5.69亿元，均较2012年翻了一倍。公司股权结构见图1。

2020年12月，中航飞机完成重大资产置换，置入西安飞机工业（集团）有限责任公司、陕西飞机工业（集团）有限公司、中航天水飞机工业有限责任公司等资产，实现大中型飞机整机制造资产的专业化整合。公司名称变更为中航西安飞机工业集团股份有限公司，证券简称变更为"中航西飞"，股票代码仍为000768。

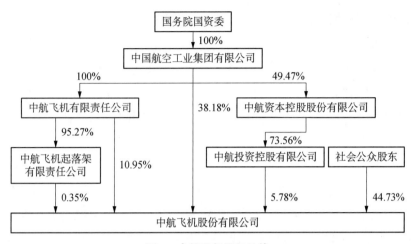

图1　中航飞机股权结构

(二) 收购标的：西安飞机工业(集团)有限责任公司、陕西飞机工业(集团)有限公司、中航天水飞机工业有限责任公司

1. 西安飞机工业(集团)有限责任公司

西安飞机工业(集团)有限责任公司(简称"航空工业西飞")前身为国营陕西省机械厂(代号"一七二厂")。1989年4月，经航空航天工业部批准，一七二厂与西安飞机设计研究所(代号"六〇三所")合并改组为航空航天工业部西安飞机工业公司。1996年，西安飞机工业公司按国有独资有限责任公司改建，成立西安飞机工业(集团)有限责任公司。

航空工业西飞是我国大中型军民用飞机研制生产的重要基地。近年来在大型运输机、预警机以及C919客机等军民产品上为我国航空工业发展作出重大贡献。据报道，航空工业西飞作为C919飞机的主供应商，承担了机体结构中设计最为复杂、制造难度最大的部件——机翼、中机身(中央翼)等6个工作包的研制任务，任务量约占整机结构的50%。

2018年和2019年，公司分别实现营收1 358 471.49万元、1 515 539.11万元，净利润为26 812.75万元、31 648.96万元。2020年第一季度，资产总额达1 657 505.10万元。截至重组方案签署日，中航飞机有限责任公司持有公司100%股权，实际控制人为航空工业集团。

2. 陕西飞机工业(集团)有限公司

陕西飞机工业(集团)有限公司(简称"航空工业陕飞")前身为成立于1969

年的国营彤辉机械厂(代号"一八二厂")。2000年4月,由中国航空工业第二集团公司作为主要出资人,一八二厂正式改制为陕西飞机工业(集团)有限公司。

公司作为我国研制、生产大中型军民用运输机的大型国有军工企业。几十年来,已陆续研制出预警指挥、侦察干扰、战场支援等不同用途的30余型特种飞机型号,如空警-200、空警-500、反潜巡逻机等明星机型,填补了国家多项航空武器装备空白。

2018年和2019年,公司分别实现营收1 122 665.26万元、1 193 997.62万元,净利润为7 147.55万元、7 368.49万元。2020年第一季度,资产总额1 183 547.72万元。截至重组方案签署日,航空工业陕飞的控股股东为中航飞机有限责任公司,持有航空工业陕飞100%的股权,实际控制人为航空工业集团。

3. 中航天水飞机工业有限责任公司

中航天水飞机工业有限责任公司(简称"航空工业天飞")前身为成立于1986年4月的国营兰天机械厂(代号"五二七七厂")。2002年,按军队保障性企业划归中国航空工业第二集团公司管理,2007年改制为中航天水飞机工业有限责任公司。

航空工业天飞主要从事航空维修和附件制造业务,承担了多个型号的歼击机、教练机的整机及辅机修理任务,参与研制海军某国家重点型号舱门及其他产品。归属航空工业以来,公司坚持修造并举,积极调整产品结构,加强与各科研院所、航空主机厂的合作交流,积极融入市场竞争,形成了飞机修理、无人驾驶靶机制造、飞机附件制造的业务格局。

2019年,公司实现营收23 694.11万元,净利润1 786.55万元,资产总额49 640.80万元。中航飞机有限责任公司持有航空工业天飞100%的股权,公司实际控制人为航空工业集团。

二、收购事件一览

● 2019年11月6日,中航飞机首次披露《关于筹划重大资产置换暨关联交易的提示性公告》。

● 2019年12月16日,中航飞机有限责任公司(简称"航空工业飞机")分别与航空工业西飞、航空工业陕飞、航空工业制动签订《中航飞机股份有限公司股份无偿划转协议》,划转股份占公司总股本的10.95%。

● 2020 年 4 月 1 日,国防科工局同意本次交易通过军工事项审查。

● 2020 年 5 月 6 日,上市公司股份无偿划转完成过户登记,航空工业西飞、航空工业陕飞、航空工业制动不再持有公司股份,航空工业飞机持有 10.95% 的股权成为公司第二大股东。

● 2020 年 9 月 22 日,中航飞机召开第八届董事会第二次会议,审议通过《重大资产置换及支付现金购买资产暨关联交易报告书(草案)》。

● 2020 年 9 月 30 日,中航飞机收到深交所《关于对中航飞机股份有限公司的重组问询函》。

● 2020 年 10 月 12 日,中航飞机收到中国航空工业集团有限公司《关于航空工业飞机与中航飞机资产置换有关事项的批复》(航空资本〔2020〕733 号),原则上同意本次交易方案。

● 2020 年 10 月 19 日,中航飞机召开 2020 年第四次临时股东大会,审议批准了《关于公司重大资产置换及支付现金购买资产暨关联交易方案的议案》和其他相关交易事项。

● 2020 年 11 月 27 日,中航飞机召开 2020 年第五次临时股东大会,审议批准《关于变更公司名称和证券简称的议案》。

● 2020 年 12 月 1 日,中航飞机变更证券简称为"中航西飞",公司名称变更为"中航西安飞机工业集团股份有限公司"。

● 2020 年 12 月 31 日,置入资产与置出资产完成资产过户及工商变更、备案手续。

三、收购方案

本次交易中,上市公司以其持有的贵州新安 100% 股权、西飞铝业 63.56% 股权、西安天元 36.00% 股权、沈飞民机 36.00% 股权、成飞民机 27.16% 股权,与中航飞机有限责任公司持有的航空工业西飞 100% 股权、航空工业陕飞 100% 股权、航空工业天飞 100% 股权进行等值置换,差额部分由上市公司以现金补足。交易对方中航飞机有限责任公司与上市公司受同一实际控制人航空工业集团控制,本次交易构成关联交易。

置入资产估值选取中和评估公司以资产基础法得出的结论作为评估结果,评估基准日为 2020 年 4 月 30 日。经评估,航空工业西飞股东全部权益账面价值为 39 472.54 万元,评估价值为 149 552.89 万元,增值额为 110 080.35 万元,增值率为 278.88%;航空工业陕飞股东全部权益账面价值为 31 045.91 万元,评估价值为 116 440.50 万元,增值额为 85 394.59 万元,增值率为 275.06%;航空工业天飞净资产账面价值为 20 891.68 万元,评估值为 31 548.26 万元,评估增值 10 656.58 万元,增值率为 51.01%。

置出资产同样使用资产基础法作为评估方式,评估基准日为 2020 年 4 月 30 日。经评估,置出资产贵州新安、西飞铝业、西安天元、沈飞民机、成飞民机的股东全部权益评估价值分别为 189 956.94 万元、6 879.32 万元、9 068.98 万元、87 433.03 万元、159 193.09 万元。

据此,经上市公司与交易对方协商,贵州新安 100% 股权、西飞铝业 63.56% 股权、西安天元 36.00% 股权、沈飞民机 36.00% 股权、成飞民机 27.16% 股权的合计交易作价为 272 319.14 万元。航空工业西飞 100% 股权、航空工业陕飞 100% 股权、航空工业天飞 100% 股权的合计交易作价为 297 541.65 万元。由此产生的置换交易差额对价为 25 222.51 万元,上市公司以支付现金方式向交易对方补足。

在业绩承诺与补偿方面,上市公司与航空工业飞机签订了相应的业绩承诺补偿协议。置入资产中,对基于未来收益预期评估的部分无形资产作出业绩承诺与补偿安排。航空工业飞机为业绩承诺方,业绩承诺期间为本次交易实施完毕后连续三个会计年度(含本次交易实施完毕当年度),即 2020 年、2021 年、2022 年。业绩承诺指标见表 1。

表 1　业绩承诺指标

序号	公司	业绩承诺资产名称	"业绩承诺资产"对应的产品/服务实现的销售收入(或"业绩承诺资产"的合理授权经营费)(万元)		
			2020 年	2021 年	2022 年
1	航空工业西飞	无形资产包	158 047.97	230 857.45	236 990.41
2	航空工业陕飞	专利权	274 926.00	266 039.50	273 732.80
3	航空工业天飞	专利权	23 652.91	30 383.49	35 486.22
	合计		456 626.88	527 280.44	546 209.43

四、案例评论

(一) 高质量聚焦航空主业,打造中国版"波音"

中航飞机此次重大资产重组是继"两船合并"之后,军工核心总装资产证券化的又一次重要实践,意味着军工国企改革正在加速推进。作为"中航系"的核心平台,中航飞机具体业务包括运输机、轰炸机、预警机等军用产品以及新舟系列整机、C919 和 ARJ21 部件制造等民用业务。按照重组方案,中航飞机一方面剥离了贵州新安、西飞铝业、沈飞民机、西安天元等非核心制造业务,促进内部资源整合;另一方面注入西飞、陕飞、天飞等优质大飞机总装资产和维修业务,使上市公司成为国内规模最大、具备完整航空整机制造及维修能力的大飞机制造平台,军民机协同发展的业务格局就此成形。同时,与"中兵系""中船系"等军工集团类似,上市公司依托"中航系"的多个大体量军工科研院所标的,例如中航机电、中航光电、中航高科、中航电测等,在协同效应和平台优势的长期支撑下,有望成为国际顶尖的航空制造公司。

此外,上市公司以及本次置入的西飞、陕飞均位于陕西。省会西安作为传统的军工重镇,辖内科研院所和军工企业众多,具备雄厚的军工科研基础和制造能力。据不完全统计,西安航空制造产业总资产、生产总值、从业人员约占全国的 1/4。西飞和陕飞的正式合并,意味中国航空工业史上诞生了又一个"巨无霸",也是陕西省首次拥有如此大规模体量的航空类上市公司。特别是在国家"一带一路"建设、军民融合、创新驱动的战略背景下,本次重组对西安建设航空产业集群、推进航空产业链与创新链融合发展具有积极意义,也为打造"中国西雅图"留足了想象空间。

(二) 经营质量大幅提升,价值重估机会凸显

2012 年,上市公司实现营业收入 156 亿元、净利润 2.52 亿元;2019 年,公司实现营业收入 342 亿元、净利润 5.69 亿元,实现了翻倍增长,年均复合增长率为 10.1%。本次重组对上市公司经营质量和资产规模将带来新的提升。

一是资产规模扩大。截至 2020 年第三季度末,中航飞机总资产为 506.3 亿元,净资产为 163.5 亿元,而同期西飞公司总资产为 272.2 亿元,净资产为 88.2 亿元,陕飞公司总资产为 104.13 亿元,净资产为 15.49 亿元。中航飞机本身具备雄厚的基础,重组后,总资产超 880 亿元,占航空工业集团总资产约

9.3%,净资产近 270 亿元,成为名副其实的航空制造"巨无霸"。

二是盈利能力提升。上市公司前身西飞国际曾于 2012 年发行股份收购了西安飞机工业、陕西飞机工业的部分资产,产品交付时仍存在 0.4%—1.4%的代理服务费,以及年均约 7.5 亿元的厂房、设备租赁费用。有机构测算,通过本次重组置换每年将节省约 10 亿元的关联交易费用,大幅提高运营效率和盈利能力。此外,本次重组为溢价置入,除了体现出对标的资产的信心,交易对方也作出了相应的业绩承诺及补偿协议。未来三年,三家标的公司承诺合计实现的营业收入为 45.66 亿元、52.73 亿元、54.62 亿元,总计 153.01 亿元,伴随近年来民用航空领域尤其是国产大飞机的蓬勃发展,公司未来净利润或将迎来大幅上涨。

五、市场表现(000768)

中航飞机交易前后股价变动情况见图 2。

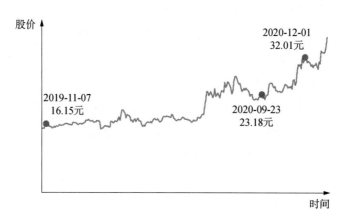

图 2　中航飞机交易前后股价变动情况

000800

一汽解放(原一汽轿车)：
资产置换,打造 A 股商用车龙头

一、收购相关方简介

(一) 收购方：一汽轿车股份有限公司

一汽轿车股份有限公司(简称"一汽轿车")成立于 1997 年,由中国第一汽车集团有限公司作为独家发起人,重组旗下第一轿车厂、第二轿车厂、长春齿轮厂、第二发动机厂等部门和资产后设立,同年在深交所上市。一汽轿车作为中国第一汽车集团的控股子公司,是中国轿车制造业首家股份制上市公司,主营业务为乘用车的研发、生产和销售。公司旗下"一汽奔腾"品牌系列的认可度在自主企业中处于领先地位,"一汽马自达"在细分市场也拥有较高的品牌美誉度。

2018 年,公司营收 2 552 444.85 万元,归母净利润 20 336.18 万元。2019 年,公司实现整车销售 21.78 万辆,较上年增加 3.11%,全年营收 2 766 431.14 万元,归母净利润 5 277 万元,较上年下降 74.05%,资产规模为 2 062 792.63 万元。

截至本次重组方案签署前,一汽轿车的产权控制关系如图 3 所示。

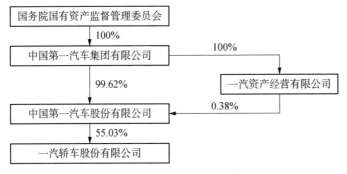

图 3　一汽轿车的产权控制关系

(二) 收购标的：一汽解放汽车有限公司

一汽解放集团股份有限公司(简称"一汽解放")是中国第一汽车股份有限公司的控股子公司,前身为中国一汽生产中重型卡车的主体专业厂。1956 年,该厂生产的新中国第一辆汽车"解放牌"卡车下线,结束了我国不能制造汽车的历史。

公司改制成立于 2002 年 12 月。目前,一汽解放在重卡领域拥有全产业链布局,包括整车、发动机、变速箱、车桥核心零部件的生产等。公开数据显示,2019 年,一汽解放累计销售 33.6 万辆卡车,其中中重卡销售 28.5 万辆,市场份额 21.8%;连续四年稳居重卡销量第一,中重卡销量连续三年行业第一,轻型车销量连续四年实现高速增长,是商用车领域当之无愧的龙头。

2018 年和 2019 年,公司营业收入分别为 7 265 256.41 万元、7 164 205.75 万元,实现净利润分别为 145 255.82 万元、246 636.25 万元。截至本次重组方案签署前,一汽解放的产权控制关系见图 4。

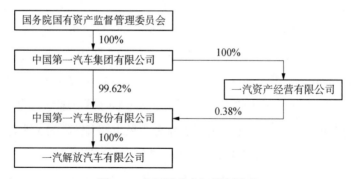

图 4　一汽解放的产权控制关系

(三) 关联控股方：中国第一汽车股份有限公司

中国第一汽车股份有限公司(简称"一汽股份")成立于 2011 年,由中国第一汽车集团有限公司(简称"中国一汽")与其下属全资子公司一汽资产经营管理有限公司共同发起设立。此后,中国一汽将整车生产、关键汽车零部件等主营业务的资产及部分现金投入一汽股份。

在持股比例上,中国一汽持股比例为 99.62%,一汽资产经营管理有限公司持股 0.38%,最终实际控制人为国务院国资委。本次重组中,一汽股份持有交易相关方一汽解放 100% 股权,持有一汽轿车 53.03% 股权,具有实际关联关系。

二、收购事件一览

● 2019 年 4 月 4 日，一汽轿车首次发布《关于筹划重大资产重组停牌进展暨继续停牌的公告》。

● 2019 年 4 月 11 日，一汽轿车召开第八届董事会第五次会议，审议通过了本次重大资产置换的相关议案。

● 2019 年 5 月 10 日，国防科工局下发审查意见，批准本次交易。

● 2019 年 9 月 19 日，一汽轿车收到国务院国资委《关于一汽轿车股份有限公司资产重组和配套融资有关问题的批复》(国资产权〔2019〕552 号)，同意本次交易。

● 2019 年 12 月 10 日，一汽轿车召开 2019 年第三次临时股东大会，审议通过《关于公司本次重大资产置换、发行股份及支付现金购买资产暨关联交易方案的议案》等相关议案。

● 2020 年 3 月 12 日，一汽轿车收到证监会《关于核准一汽轿车股份有限公司重大资产重组及向中国第一汽车股份有限公司发行股份购买资产的批复》，核准本次交易。

● 2020 年 3 月 26 日，本次交易涉及的置入资产与置出资产全部完成交割登记。

● 2020 年 4 月 22 日，一汽轿车召开股东大会，审议通过了《关于变更公司名称及证券简称的议案》《关于变更公司住所的议案》《关于变更公司经营范围的议案》《关于增加公司注册资本的议案》，公司名称由"一汽轿车股份有限公司"变更为"一汽解放集团股份有限公司"，证券简称由"一汽轿车"变更为"一汽解放"。

三、收购方案

本次重组方案包括重大资产置换、发行股份及支付现金购买资产，构成关联交易和重大资产重组。

(一) 重大资产置换

一汽轿车将除一汽财务有限公司和鑫安汽车保险股份有限公司的股权及部分保留资产以外的全部资产和负债转入旗下一汽奔腾轿车有限公司(简称

"轿车有限"),将轿车有限 100%股权作为置出资产,与一汽股份持有的一汽解放 100%股权中的等值部分进行置换。

标的资产评估基准日为 2019 年 3 月 31 日,评估结果如表 2。

表 2　标的资产评估情况

类型	标的资产	账面值(万元,100%权益)	评估值(万元,100%权益)	增值率
置入资产	一汽解放 100%股权	1 956 744.22	2 700 914.02	38.03%
置出资产	轿车有限 100%股权	460 823.58	508 826.99	10.42%

经各方协商,置入资产与置出资产交易作价分别为 2 700 914.02 万元和 508 826.99 万元,交易差额为 2 192 087.03 万元。

(二)发行股份及支付现金购买资产

上市公司以发行股份及支付现金的方式向一汽股份支付置入资产与置出资产的差额部分。其中,股份支付对价 1 992 087.03 万元,现金支付对价 200 000.00 万元,合计 2 192 087.03 万元。

定向发行股份类型为人民币普通股,每股面值为 1.00 元,发行价格 6.71 元/股,合计发行 298 216.621 股。

本次交易完成后,上市公司将直接持有一汽解放 100%股权,实际控制人不变。上市公司股权结构变化见表 3。

表 3　上市公司股权结构变化情况

股东名称	本次重组前		本次重组后	
	持股数(股)	持股比例	持股数(股)	持股比例
一汽股份	862 983 689	53.03%	3 845 149 901	83.41%
其他	764 516 311	46.97%	64 516 311	16.59%
合计	1 627 500 000	100%	4 609 666 212	100%

四、案例评论

(一)解决同业竞争顽疾,集团整体上市有望

一汽集团是目前国有六大汽车集团中唯一没有实现整体上市的汽车企业,

上汽集团、广汽集团等均已实现整体上市。自 2007 年被国资委列入首批 30 家央企整体上市名单以来,相关工作始终未能取得实质性进展,原因之一就是无法妥善解决同业竞争问题。

2011 年,一汽集团根据国资委批复的整体重组改制方案,将主要业务、资产、人员以及持有的上市公司股份均划入新设的一汽股份。持有的两家上市公司中,一汽轿车旗下拥有一汽奔腾、一汽马自达等品牌,这与集团内另一家上市公司一汽夏利在乘用车领域形成了同业竞争,违反了关于上市公司内部业务竞争的相关规定。

为此,一汽股份承诺五年内解决一汽轿车与一汽夏利的同业竞争问题。国务院 2015 年 8 月印发《关于深化国有企业改革的指导意见》,提出实施国企改革三年行动方案,2020 年在重要领域和关键环节要取得决定性成果。2016 年,一汽股份表示因宏观经济环境变化无法按期履约,提请股东大会延期三年作为承诺过渡期。一拖再拖之下,2019 年 3 月,一汽轿车首次对本次重大资产重组进行了披露。

本次交易完成后,上市公司主营业务变更为商用车整车的研发、生产和销售,上市公司旗下一汽奔腾、一汽马自达等乘用车资产则被划转至集团,长期亏损的一汽夏利被作为壳资源划转给中国铁物集团。至此,困扰一汽集团近十年的同业竞争问题得到彻底解决,为未来整体上市扫清了障碍。

对一汽集团而言,整体上市的优势在于,一是加强各业务板块间的联系和依存程度,使得产品销售和研发成本降低,业务发展路径拓宽,风险抵御能力提高;二是公司治理结构更加规范,上市公司与大股东之间的资金占用问题得到缓解。

(二) 切换核心业务赛道,公司价值大幅提升

目前,一汽集团业务上可归为乘用车、商用车、合资车三大板块。近年来,上市公司在乘用车板块表现不佳。一汽轿车 2019 年整车销售 21.78 万辆,同比增长 3.11%,全年营收 276.64 亿元,同比上涨 8.38%,但公司股东净利润仅有 5 277 万元,同比下滑 74.05%,扣除政府补贴等非经常性损益之后,全年亏损 2.99 亿元。乘用车品牌回归后,一汽集团于 2020 年 6 月正式设立马自达事业部,使之与一汽大众、一汽丰田升为同一高度,获得更多的集团资源倾斜和更充分的经营决策权,对于提振乘用车业务具有积极意义。

　　对上市公司而言,置入资产一汽解放连续三年蝉联国内重卡销量冠军,是中国领先的国产商用车品牌,也是少数掌握着整车制造以及三大总成核心技术的车企之一,已形成重型车为主,中型、轻型发展并举的产品格局。截至 2021年 8 月,一汽解放当年销售总量为 37.06 万辆,同比增加 2.91%;2021 年累计销量约 12 万辆,同比增加 60.93%,伴随着国内基建和商品贸易的稳步增长,未来商用车领域发展前景依然广阔。本次交易完成后,一汽解放正式成为上市公司主体,依靠资本市场运作,有助于进一步提升其盈利和产品研发能力,充分发挥上市公司平台作用,增强公司核心竞争力,为投资者创造更大价值。

五、市场表现(000800)

　　一汽解放(原一汽轿车)交易前后股价变动情况见图 5。

图 5　一汽解放(原一汽轿车)交易前后股价变动情况

002778

高科石化：
跨界拓业，重整业绩

一、收购相关方简介

（一）收购方：江苏高科石化股份有限公司

1998年11月8日，宜兴市鲸塘经济发展总公司、宜兴市鲸塘农机管理服务站、宜兴石化厂工会、许汉祥、吴法君以发起方式设立江苏高科石化股份有限公司（以下简称"高科石化"）。2016年1月6日，高科石化在深圳证券交易所中小板A股挂牌上市。2019年2月16日，许汉祥与苏州吴中区天凯汇达股权投资合伙企业（有限合伙）（以下简称"天凯汇达"）签署了《股份转让协议》，许汉祥将其持有的上市公司839.30万股（占总股本9.42%）通过协议转让方式转让给天凯汇达。2020年1月4日，许汉祥与苏州市吴中金融控股集团有限公司（以下简称"吴中金控"）签署了《股份转让协议》，许汉祥将其持有的上市公司股份6 294 750股（占总股本7.06%）转让给吴中金控。2020年3月20日，许汉祥与吴中金控签署了《关于放弃行使表决权的协议》，许汉祥不可撤销地承诺放弃其持有上市公司11 523 850股（占总股本12.93%）股份的表决权。自此，吴中金控及其一致行动人天凯汇达合计拥有上市公司14 687 750股股份（占总股本16.48%）对应的表决权，成为拥有表决权份额最大的股东，也因此上市公司实际控制人变更为吴中区政府。截至2020年3月31日，高科石化前十大股东持股情况如表4所示。

表 4　本次交易前高科石化前十大股东持股情况

股东名称	股份数量(万股)	持股比例
许汉祥	18 884 250	21.19%
天凯汇达	8 393 000	9.42%
吴中金控	6 294 750	7.06%
上海金融发展投资基金(有限合伙)	6 091 774	6.84%
王招明	2 718 150	3.05%
张家港保税区同惠企业管理合伙企业(有限合伙)	2 059 400	2.31%
陈国荣	1 953 398	2.19%
许志坚	1 416 850	1.59%
李剑钊	954 900	1.07%
陆金香	919 000	1.03%
合计	49 685 472	55.75%

高科石化主要从事各类工业润滑油及车用润滑油产品的研发、生产和销售,现有产品包括变压器油、液压油、内燃机油、齿轮油、金属加工油、特种溶剂等产品,广泛应用于电力电器设备、工程机械、工业机械设备、冶金和交通运输等领域。本次重大资产重组实施后,上市公司将进入环保水处理业,实现双轮驱动发展,从而进一步提升上市公司综合竞争力;同时通过本次交易注入盈利状况良好的优质资产,将明显提升上市公司的整体业绩,上市公司转型发展将实现突破。

(二) 收购标的:苏州中晟环境修复股份有限公司

1998 年 6 月 29 日,吴县市环化实业有限公司(以下简称"环化实业")成立。后根据吴县市委、市政府对企业产权制度改革的要求,环化实业股权被吴县市环保技术开发服务部转让,并更名为苏州中晟环境工程有限公司。2011 年 12 月 1 日,公司名称又变更为苏州中晟环境修复有限公司(以下简称"中晟有限")。2015 年 9 月 12 日,中晟有限将公司类型整体变更为股份有限公司,更名为苏州中晟环境修复股份有限公司(以下简称"中晟环境")。2016 年 3 月 2 日,中晟环境股票在股转系统挂牌,证券简称为"中晟环境",证券代码为 835864。

2019 年 4 月 24 日,中晟环境在全国中小企业股份转让系统终止挂牌。截至本次并购交易日,吴中金控持有中晟环境 70%股权,为中晟环境控股股东;吴中区国资办持有吴中金控 100%股权,系中晟环境实际控制人。本次交易前,中晟环境的股权结构如图 6 所示。

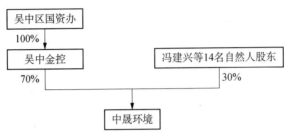

图 6　本次交易前中晟环境的股权结构

中晟环境是一家以环保水处理业务为主的环境综合治理服务企业,主要业务包括污水处理设施运营、环境工程 EPC、土壤修复及环境咨询服务等。中晟环境在环保水处理方面拥有较为完整的产业链,能够提供咨询与设计、设备系统集成与销售、工程承包、项目投资和运营等全产业链的综合服务。

(三) 主要关联控股方:苏州市吴中金融控股集团有限公司

2014 年 5 月 6 日,苏州市吴中区人民政府授权苏州市吴中区国有资产监督管理局代表吴中区人民政府履行出资人职责,投资成立苏州市吴中金融控股有限公司,对银行业金融企业、非银行业金融企业、金融服务企业及其他行业的投资进行经营和管理。2019 年 1 月 25 日,公司名称由苏州市吴中金融控股有限公司变更为苏州市吴中金融控股集团有限公司。截至本次并购交易日,吴中区国资办持有吴中金控 100%股权,为吴中金控的唯一股东,吴中区政府为吴中金控实际控制人。吴中金控主营业务为对吴中区银行业金融企业、非银行业金融企业、金融服务企业及其他行业的投资进行经营和管理。

本次交易前,吴中金控持有中晟环境 70%股份,为中晟环境控股股东;同时吴中金控及其一致行动人天凯汇达合计拥有高科石化 16.48%股权对应的表决权,为高科石化拥有表决权份额最大的股东。本次交易方案为高科石化购买吴中金控所持中晟环境 70%的股份。因此,本次交易构成关联交易。

二、收购事件一览

● 2020 年 4 月 8 日,高科石化与吴中金控签署《意向协议》,吴中金控召开董事会,同意与高科石化签署关于本次交易的《意向协议》。

● 2020 年 5 月 27 日,吴中区政府出具"下级来文〔2020〕1284"号《批办单》,同意吴中金控关于其将持有的中晟环境 70%股份以非公开协议转让的方式转让。

● 2020 年 6 月 4 日,吴中金控召开董事会、中共吴中金控总支委会召开总支委会议并形成决议,同意将其持有的中晟环境 70%股份转让给高科石化的正式方案。

● 2020 年 6 月 17 日,本次交易相关的"苏华评报字〔2020〕第 202 号"《江苏高科石化股份有限公司拟收购股权涉及的苏州中晟环境修复股份有限公司股东全部权益价值资产评估报告》取得了吴中区国资办出具的"2020 年第 4 号"《国有资产评估项目备案表》。

● 2020 年 6 月 30 日,高科石化召开第八届董事会第四次会议,审议通过了本次重组方案及相关议案,独立董事发表了独立意见。高科石化与吴中金控签署了《股份收购协议》《业绩承诺及补偿协议》。

● 2020 年 8 月 17 日,高科石化召开第二次临时股东大会,审议通过了《关于公司符合上市公司重大资产重组条件的议案》。

三、收购方案

(一) 收购方案概述

本次交易方案的具体内容为高科石化以现金交易方式购买吴中金控所持中晟环境 70%股份,交易金额为 63 091.00 万元。本次交易完成后,标的公司中晟环境成为上市公司控股子公司。

(二) 交易价格

本次交易的标的资产为中晟环境 70%股份。本次交易中,华信评估采用资产基础法及收益法对中晟环境的股东全部权益的市场价值进行了评估,并选用收益法评估结果作为最终评估结论。根据华信评估出具的"苏华评报字〔2020〕第 202 号"《资产评估报告》,以 2019 年 12 月 31 日为评估基准日,中晟环境 100%股份的评估值为 90 130.00 万元。参考评估结果,经交易各方友好协商,确定中晟环境 70% 股份交易作价为 63 091.00 万元。

根据《业绩承诺及补偿协议》，吴中金控承诺标的公司中晟环境的业绩如下：标的公司 2020 年度、2021 年度、2022 年度的经审计的扣除非经常性损益前后孰低的归属于母公司所有者的净利润数额分别不低于 9 000.00 万元、10 000.00 万元、11 000.00 万元，且业绩承诺期累计实现净利润总额不低于 30 000.00 万元。并购交易前后中晟环境股权变动情况如表 5 所示。

表 5　并购交易前后中晟环境股权变动情况

股东名称	本次交易前		本次交易后	
	股份数（万股）	持股比例	股份数（万股）	持股比例
吴中金控	3 001.60	70.00%	—	—
高科石化	—	—	3 001.60	70.00%
冯建兴	820.60	19.14%	820.60	19.14%
冯贤恒	180.80	4.22%	180.80	4.22%
许国栋	50.00	1.17%	50.00	1.17%
张鸿嫔	50.00	1.17%	50.00	1.17%
蔡志军	30.00	0.70%	30.00	0.70%
许承就	30.00	0.70%	30.00	0.70%
董寿源	30.00	0.70%	30.00	0.70%
莫建刚	25.00	0.58%	25.00	0.58%
金红兵	25.00	0.58%	25.00	0.58%
奚建明	15.00	0.35%	15.00	0.35%
费业	15.00	0.35%	15.00	0.35%
潘澄	5.00	0.12%	5.00	0.12%
吴廷辉	5.00	0.12%	5.00	0.12%
吴大龙	5.00	0.12%	5.00	0.12%
合计	4 288.00	100.00%	4 288.00	100.00%

四、案例评论

（一）易主国资后首次实施重组，收购高业绩表现标的改善财务窘况

IPO 未添起色，股东减持财务下行，引国资活水相助。高科石化主营业务

为生产工业润滑油、车用润滑油、特种油剂三大系列产品,公司于2016年IPO上市。IPO申报稿数据显示,高科石化2012年至2014年的营业收入分别为9.64亿元、8.87亿元、9.04亿元,稳中有降。然而,2015年至2016年,高科石化的营业收入大幅下跌至5.77亿元和5.53亿元,2015年收入同比下降幅度高达36.17%,2016年也同比继续下降。在登陆资本市场后,高科石化2017年实现营收5.75亿元,归属于上市公司股东净利润为3 067万元,在营收微增的情况下净利润较上年同期下滑9.85%。而到2018年,公司归属于股东的净利润仅为1813万元,下滑幅度高达40.89%。受行业竞争格局及原材料价格下跌导致的产品销售价格下调影响,公司产品销售毛利率下降,盈利能力也大不如前。高科石化业绩预告显示,公司2019年度营业收入为7.2亿元,同比增长4.22%,净利润为1683.74万元,同比下滑7.13%。此外,根据红岸预警系统显示,高科石化在2018年实现营业收入为6.89亿元,远低于112.79亿元的行业平均营业收入。高科石化作为传统润滑油行业,产业相对单一,在行业激烈竞争下,公司业绩持续下滑,公司股东们也开始频繁减持。Wind数据显示,刚上市时,高科石化原实控人许汉祥的持股比例为37.67%,大股东朱炳祥、陈国荣、王招明、许志坚的持股比例分别为9.9%、5.94%、5.55%、3.91%。截至2019年2月,陈国荣、王招明、许志坚的持股比例均已低于4%,而朱炳祥已不在公司披露的股东行列。2019年2月,高科石化控股股东许汉祥筹划转让9.42%公司股份给天凯汇达;2020年1月,许汉祥与吴中金控签署了《股份转让协议》,计划将其持有的上市公司7.06%的股权转让给吴中金控;2020年3月,许汉祥与吴中金控签署了《关于放弃行使表决权的协议》,承诺放弃其持有高科石化12.93%股份的表决权。至此,高科石化成功引入国资入股,并最终由苏州市吴中区政府接棒控制权。

收购同受吴中金控控制的优质公司中晟环境,跨界并购有望扭转不良业绩表现。2016年3月,中晟环境在股转系统挂牌并公开转让。次年8月,吴中金控基于国有资本投资控股吴中区区内环保企业、整合太湖环保资源的内在要求,收购中晟环境70%股权,成为后者控股股东。中晟环境曾于2016年在新三板挂牌,并于2019年终止挂牌。中晟环境业绩增长较为迅速,财务数据显示,公司2017年度营业收入和净利润仅为8 162.71万元、3 078.55万元,而2018年、2019年分别实现营业收入3.2亿元、4.8亿元,归母净利润为8 116.67万元、1.1 亿元,净利润同比增长率分别为 164%、36%。截至 2019 年末,净资产为 2.9 亿元,资产负债率为 41%。2017 年至 2019 年,中晟环境的毛利率分别为 40.85%、38.12%、41.8%,同期同行业可比上市公司的毛利率平均值分别为 32.78%、30.23%、34.18%,远超同业水平。

(二) 拓先前主业,转变经营方向,跨界并购或迎新机遇

并购重组前,高科石化主营业务为各类工业润滑油及车用润滑油产品的研发、生产和销售,所处行业为润滑油行业。而润滑油行业企业众多,随着我国国民经济持续增长,世界各大润滑油企业都将我国润滑油市场作为其重点发展的区域,目前国内已形成跨国润滑油公司、中国石化、中国石油两大国有公司和地方民营润滑油企业相互竞争的格局,行业竞争日益激烈。随着全球范围内润滑油产业结构升级以及对高品质润滑油的需求持续提高,行业内领先企业将通过资源整合进一步提高行业集中度。这无疑令高科石化被动面临十分激烈和复杂的市场竞争,产品市场占有率和盈利水平将面临下降的风险。

此次通过收购中晟环境,注入环保工程资产,将进一步明晰公司自身转型和多元化发展路径。虽然环保类公司普遍具有回款时间长、资金密集等特点,但中晟环境现金流一直处于净流入状态。中晟环境优异的业绩表现,有望给高科石化带来雪中送炭的温暖。

(三) 环保水处理行业前景看好,业绩承诺更增添踏实保障

近年来,国家对于水资源和环境保护的要求不断提高,城镇生活污水和工业水处理的投资进一步持续,新增的节水改造和"零排放"的市场需求开始逐步显现。国家和相关部门先后出台了《水污染防治行动计划》《生态文明体制改革总体方案》《"十三五"节能减排综合工作方案》等一系列政策。随着国家实施节能减排战略、加快培育发展战略性新兴产业,我国环保水处理行业的建设规模和服务范围将进一步发展。环保水处理的建设及运营市场均将进入高速发展期,产业整合逐步展开,水处理市场化改革将进一步推进,市场需求将会进一步扩大。

中晟环境立足于苏州,经过多年发展已成为苏州及周边污水处理市场领域的主要环保企业之一,在苏州及周边区域环保市场具有一定的市场影响力。中晟环境凭借较为完备的环保水处理及土壤修复技术,在环保水处理方面已拥有较为完整的产业链,能够提供咨询与设计、设备系统集成与销售、工程承包、项目投资和运营等全产业链的综合服务,较大程度满足客户的需求。未来,随着苏州及其周边地区经济不断发展,工业企业数量逐渐增多,区域内对水处理业务需求量也将不断上升,这将成为中晟环境可持续发展的坚强后盾,也为中晟环境进一步开拓市场奠定了基础。

此外,此次交易同时签订了《业绩承诺及补偿协议》,即吴中金控承诺中晟环境2020年度经审计的扣除非经常性损益前后孰低的归属于母公司所有者的净利润数额不低于9 000万元,2021年度不低于1亿元,2022年度不低于1.1亿元,为稳定业绩预期增添强势保障。

五、市场表现(002778)

高科石化交易前后股价变动情况见图7。

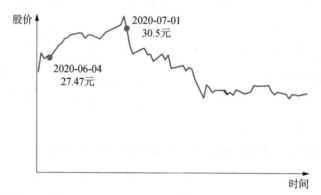

图7　高科石化交易前后股价走势

300185

通裕重工：
国资助力，布局海上风电

一、收购相关方简介

（一）收购方：珠海港控股集团有限公司

珠海港控股集团有限公司（以下简称"珠海港集团"）的前身是珠海市港口企业集团，组建于 2008 年，由珠海市人民政府国有资产监督管理委员会全资控股，是一家大型国有独资企业。珠海港为我国沿海 24 个主枢纽港和广东省 5 个主要港口之一，毗邻港澳，坐拥西江主出海口，拥有珠三角最高级别的 15 万吨级主航道和聚合"江海陆铁空"为一体的综合物流体系。在上海国际航运研究中心发布的《2018 年全球最具发展潜力集装箱港口排名》中，珠海港位列全球第 7，国内第 3。世界港口航运业权威机构劳氏日报发布"2020 年全球百大集装箱港口排名"中，珠海港名列第 77 位，并以 10.65% 的增速排名增速榜单的第 9 名。珠海港集团已发展成为珠江西岸地区最大的港航企业和"国家 5A 级综合服务型物流企业"。

珠海港集团业务广泛，投资多样化，主要包括港口、航运、物流与供应链服务等产业及相应配套设施的投资、建设、运营与管理，电力、燃气等能源、环保产业投资、建设与运营。除此之外，软件和信息技术开发与销售、实体产业投资和运营管理、港城开发等制造行业也是集团参与的重要业务板块。在珠海市国资委的引导下，珠海港集团在金融服务、项目投资及投资管理、国有资产优化配置和资本运营方面也开始大显身手。近年来，珠海港集团大力实施国际化战略、西江战略、物流中心战略、多元化战略、智慧绿色战略，逐步构建起港航物流、能源环保、先进制造、港航金融四大业务板块。

（二）收购标的：通裕重工股份有限公司

通裕重工股份有限公司(以下简称"通裕重工")于 2011 年在深交所创业板上市。公司主要从事大型锻件、铸件、结构件的研发、制造及销售,技术研发实力雄厚,质量控制体系运转良好,检测中心通过了国家实验室认证。公司取得了锅炉压力容器锻件安全注册证书和 CCS、BV、DNV-GL、RINA、ABS、NK、LR、KR、RS 九家船级社认证。经过多年发展,公司现已形成集大型铸锻坯料制备、铸锻造、热处理、机加工、大型成套设备设计制造于一体的完整产业链,并可为能源电力(含风电、水电、火电、核电)、矿山、石化、海工装备、压力容器、机械等行业提供大型铸锻件及核心部件,现已成为国家经济建设和国防建设所需核心产品和大型高新技术重大装备的研发制造基地。凭借过硬的产品质量,公司与美国 GE、德国恩德、西班牙安信能、丹麦维斯塔斯等国内外众多高端客户建立了长期稳定的合作关系。

多年来,通裕重工凭借高精尖的技术水平在风电设备行业领域占据领先位置。根据 2020 年第三季度报告,通裕重工营业总收入为 40.14 亿元,行业内排名第 5;净利润为 3.27 亿元,行业内排名第 6。此外,根据财报披露,自 2014 年起,公司净利润一直实现稳步增长。截至 2020 年 9 月 30 日,2020 年前三季度盈利 3.27 亿元,报告期比上年同期增长 89.79%。2020 年 2 月 19 日,全球第二大国际指数编制公司富时罗素(FTSE Russell)公布了旗舰指数季度审议结果,旗舰指数富时全球股票指数系列(简称"富时 GEIS")本次总计新增了 129 只 A 股标的,其中 A 股创业板标的共 27 只,通裕重工成功入选。

二、收购事件一览

● 2020 年 6 月 22 日,通裕重工发布重大事项停牌公告,联合其他股东向珠海港集团转让股份,同时向珠海港集团非公开发行股份。

● 2020 年 6 月 30 日,通裕重工发布复牌公告。

● 2020 年 6 月 30 日,通裕重工发布第四届董事会第七次临时会议决议公告,会议通过了《关于公司向特定对象发行股票方案的议案》。

● 2020 年 6 月 30 日,通裕重工发布向特定对象发行股份的预案。

● 2020 年 6 月 30 日,通裕重工发布关于实际控制权发生变更的提示性公告。

● 2020 年 8 月 13 日,通裕重工公告称收到了珠海港控股集团有限公司发来的国家市场监督管理总局出具的《经营者集中反垄断审查不实施进一步审查决定书》。

● 2020 年 8 月 21 日,通裕重工发布股份协议转让完成暨控股股东、实际控制人发生变更的公告。

● 2020 年 9 月 3 日,通裕重工发布收到珠海市国资委对非公开发行股票的无异议意见。

● 2020 年 9 月 11 日,通裕重工发布公司完成工商变更登记的公告,公司法定代表人由司兴奎先生变更为欧辉生先生。

● 2021 年 1 月 28 日,通裕重工收到证监会出具的《关于同意通裕重工股份有限公司向特定对象发行股票注册的批复》。

三、收购方案

本次收购主要分成两部分:一方面,通裕重工控股股东,实际控制人司兴奎先生及山东省高新技术创业投资有限公司(以下简称"山东高新投")与珠海港集团签署《股份转让协议》,合计转让占公司总股本 5%的股份给珠海港集团;另一方面,司兴奎与珠海港集团签署《表决权委托协议》,司兴奎将其持有占公司总股本 7.74%的全部表决权、召集权、提名和提案权、参会权、监督建议权以及除收益权和股份转让权等财产性权利之外的其他权利无条件、不可撤销地委托给珠海港集团行使。

(一) 标的股权转让

2020 年 6 月 29 日,司兴奎及山东高新投与珠海港集团签署《股份转让协议》,将所持占上市公司 5%的总股本转让给珠海港集团。其中司兴奎转让 2.58%的股份,山东高新投转让 2.42%的股份。在遵守深圳证券交易所股份协议转让相关规则的前提下,双方协定本次股份收购价格为每股 2.375 元,转让价款总计 200 175 205 元。在满足协议约定的尽职调查事项的先决条件下,并取得深交所出具的同意股份转让确认书后 5 个工作日内,受让方(即珠海港集团)需支付给标的公司转让总价款的 80%。在完成股份证券登记结算过户后 5 个工作日内,再支付转让价款的剩余部分。另外,标的股份证券登记结算过户后 2 个月内,珠海港集团有权改组标的公司的董事会、监事会、经营班子。

珠海港集团隶属于珠海市国有资产监督管理委员会,珠海港集团作为珠西地区最大的港航企业,货物吞吐量超过 1.27 亿吨,集装箱吞吐量超过 268.83 万标准箱,资产规模超过 300 亿元,信誉良好,履约能力有保证。

(二) 表决权委托

司兴奎与珠海港集团签署《表决权委托转让协议》。按照协议,司兴奎将公司 252 852 891 股股份(占上市公司总股本的 7.74%)对应的全部表决权、召集权、提名和提案权、参会权、监督建议权以及除收益权和股份转让权等财产性权利之外的其他权利无条件、不可撤销地委托珠海港集团行使,上述委托授权的效力及于因送股、转增股、配股等变更而新增的股份。

交易完成后,珠海港集团合计持有占通裕重工总股本 12.74%的股份,成为通裕重工的控股股东,公司实际控制人变更为珠海市国有资产监督管理委员会。

(三) 股权变动

本次交易前后上市公司的股本结构变化如表 6 所示。

表 6　本次交易前后上市公司股权结构变化

股东名称	本次交易之前		本次交易之后	
	持股比例	控制表决权比例	持股比例	控制表决权比例
司兴奎	10.32%	10.32%	7.74%	0.00%
山东高新投	5.67%	5.67%	3.25%	3.25%
珠海港集团	0.00%	0.00%	5.00%	12.74%

四、案例评论

(一) 委托表决权,国资助民企

通裕重工主要从事风电主轴、管模、压力容器锻件、其他锻件、锻件坯料(钢锭)、冶金成套设备等大型锻件的生产与销售。在上游方面,大型锻件的原材料主要为钢锭,我国钢铁行业受国家宏观经济调控及铁矿石价格波动的影响较大,2018 年以来,废钢价格震荡上升。下游方面,随着国内环保政策的加码,每年新增风电设备拉动了风电主轴的需求量。综合来看,通裕重工的主营业务正处在行业风口期。另外,公司近年来的业绩表现也非常亮眼。自上市以来,公

司业绩不断取得突破。2017 年至 2019 年,营业总收入平均环比增长率达
18.64%。2020 年第三季度报告显示,报告期内公司实现净利 3.27 亿元,同比
增长 89.79%。此外,从上下游关系来看,公司的下游客户来源非常分散,较低
的客户依赖度降低了销售风险,上游前五大供应商的采购额占总额的 30.51%,
原材料的来源渠道也比较多元化。但是,从年报披露来看,公司应收账款一直
增长,财务费用主要是利息费用也居高不下,2018 年、2019 年增至 2 亿元以上。
截至 2019 年末货币资金 14.08 亿元,其中 9.63 亿元为受限资金,受限比例达
68.37%。这使通裕重工的资金层面承压明显。

　　珠海港集团是珠西地区最大的港航企业,拥有全资、控股、参股、合营企业
124 家,其中包括一家 A 股上市公司(珠海港股份有限公司),两家新三板挂牌
企业(珠海港信息技术股份有限公司、珠海港昇新能源股份有限公司)和珠海市
首家 5A 级物流企业(珠海港物流发展有限公司),资产总值达 500 亿元。珠海
港集团实际控制人为珠海市国资委,旗下拥有格力电器、格力地产、珠海港、华
发股份、华金资本等多家上市公司。2019 年底,珠海市属企业资产达 9 197.15
亿元,净利润达 349.54 亿元。司兴奎以及山东高新投通过转让少部分股权和
委托表决权的方式将公司控制权出让给具有国资背景的珠海港集团,一来可以
获取充足的流动资金弥补公司现金缺口,破除当下的财务瓶颈;二来可以引入
实力雄厚,平台丰富多样的国有资本,借助国有企业得天独厚的资源优势、政策
优惠条件和先进的经营理念加速主营业务发展。

(二) 定向增发锁定控制权

　　实际上,在珠海港集团持有公司 12.74% 的股份中,只有 5% 的股份是享有
股东所有权利的。为了进一步深化珠海港集团的控制权,让国资企业与民营经
济更加平稳地融合,此次通裕重工在发布转让股权事项公告的同时,也宣称将
向珠海港集团定向非公开发行股份。根据公司发布的非公开发行股票议案,本
次定增采取向特定对象发行的方式,发行价格定为 1.54 元/股,发行数量不超
过 612 700 611 股(含本数),募集资金总额不超过人民币 943 558 940.94 元。本
次全部发行股份均由珠海港集团以现金形式认购。此次定增,通裕重工的流动
资产直接增加 9 亿元,一来再次为公司输血加码,改善公司的财务环境,为其业
务扩张保驾护航;二来珠海港集团认购公司本次定向发行的股票,也充分体现
了未来控股股东支持通裕重工的决心以及对未来发展的信心,有利于保障公司

的稳定持续发展。

（三）如虎添翼，业务协同增速

海上风电作为可再生能源开发利用的重要方向之一，正处在从替代能源向主要能源的转型过渡期，已成为全球风电发展的行业热点。目前，中国在建海上风电项目达到 13 个，占全球 56.5%。同时，从装机容量分布来看，中国在建海上风电项目的装机容量高达 3.7GW，占全球在建海上风电项目容量的 52.9%。可以看出，国内资本已经开始迅速扩张在海上风电市场的布局。在推进能源结构转型和环境保护的呼声中，许多企业也开始成为清洁能源领域的弄潮儿。

近年来，珠海港集团积极布局能源环保业务板块，已经构建起以风电、火电、管道天然气、天然气发电为依托的综合能源板块。根据投资互动平台显示，截至 2021 年 1 月，珠海港集团旗下共有 8 个风电场，总装机规模约 35 万千瓦，已初步形成南北两大风电发电基地的发展格局，并表示未来将会继续拓展平价光伏、分布式光伏、海上风电、储能、环保产业等清洁能源投资机会。从通裕重工的主营业务构成来看，2020 年中报披露，公司风电主轴营收占比 26.81%，收入达 6.69 亿元，为主体业务中第一大利润来源。通裕重工依托锻造、铸造、焊接三大核心工艺，生产的 MW 级风电主轴、球墨铸铁管管模、水电水轮机轴已经占据市场主要份额。通过本次收购，必定会加强双方在风电等清洁能源领域的合作，充分调动彼此优质产业资源，提升珠海港集团在清洁能源领域的竞争优势。

五、市场表现（300185）

通裕重工交易前后股价变动情况见图 8。

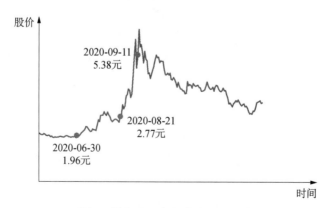

图 8　通裕重工交易前后股价走势

600150

中国船舶：
注入军工资产，加速整合"南北船"

一、收购相关方简介

（一）收购方：中国船舶工业股份有限公司

中国船舶工业股份有限公司（以下简称"中国船舶"）成立于 1998 年 5 月，前身是沪东重机股份有限公司，由原沪东造船厂和原上海船厂共同发起设立的股份有限公司。1998 年 5 月 20 日，经上交所批准，沪东重机股份有限公司除职工股外，其余 6 300 万股在上海证券交易所挂牌交易，股票简称"沪东重机"，证券代码为"600150"。2007 年 4 月 18 日，公司名称变更为"中国船舶工业股份有限公司"，证券简称自 2007 年 8 月 1 日起由"沪东重机"变更为"中国船舶"，证券代码不变。

中国船舶为控股型上市公司，公司本部专注于资产经营、投资管理，通过下属实体企业开展生产经营，从事的业务包括船舶造修、动力业务、海洋工程、机电设备。中国船舶是中船集团核心民品主业上市公司，整合了中船集团旗下大型造船、修船、海洋工程、动力及机电设备等业务板块，具有完整的船舶行业产业链。公司秉承"做大做强主业"的要求，以强大的科研创新实力、先进的管理水平和精湛的制造工艺，不断推出一系列大型绿色环保船型和船机新产品，持续引领着海洋工程高精尖技术的发展。中国船舶的股权结构如图 9 所示。

（二）收购标的

1. 江南造船（集团）有限责任公司

江南造船原为 1865 年成立的"江南机器制造总局"，后历经数次变更，于

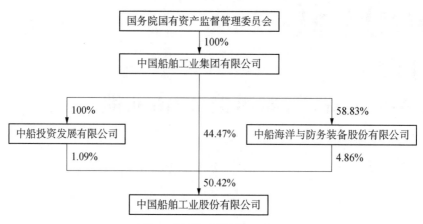

图9　中国船舶的股权结构图

1981 年 7 月办理工商开业登记,登记企业名称为"江南造船厂",主管部门为第六机械工业部,企业性质为全民所有制。1995 年 11 月 22 日,改制组建国有独资公司,定名为"江南造船",江南造船的国有资产投资主体是中国船舶工业总公司,后来经过了数次增资。现如今,江南造船的控股股东为中船集团,实际控制人为国务院国资委。

江南造船作为中国历史上最悠久的军工造船企业之一,主要业务包括军、民用船舶和各类机电设备的研发设计、生产制造和销售,主要产品包括驱逐舰、护卫舰和潜艇等各类水面、水下战斗舰艇,液化气船、集装箱船、科考公务船等各类民用船舶,以及船舶管件、液罐、轴舵系等配套机电设备。江南造船产品广泛应用于国防军工、海事航运、舰船配套等多个行业。江南造船的股权结构如图 10 所示。

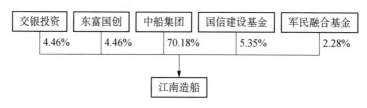

图10　江南造船的股权结构图

2. 广船国际有限公司

2006 年 3 月 8 日,中国船舶工业集团公司同意以现金方式单独出资设立广州中船龙穴造船有限公司。2015年3月,通过股东决定,同意其名称变更为"广船国际有限公司"。本次收购时,广船国际的控股股东为中船防务,实际控制人为国务院国资委。

广船国际主营业务包括船舶海工业务及新产业业务,其中:船舶海工业务涵盖油轮和冰区散货船两大常规船型,客滚船、半潜船、极地船等高特船,以及军辅船等多种船型;新产业业务包括钢结构、电梯、剪压床、大型矿山机械、软件开发与服务、酒店及部分生产性服务等业务。广船国际的股权结构如图11所示。

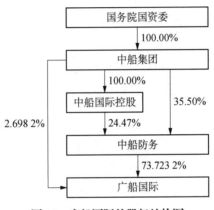

图11 广船国际的股权结构图

(三) 关联控股方:中国船舶工业集团有限公司

中船集团前身为中国船舶工业总公司,1999年6月23日,经国务院批准,中国船舶工业总公司改组为中船集团和中国船舶重工集团公司两个企业集团。中船集团属于中央直接管理的特大型企业集团,是国家授权投资机构,国务院国资委持有中船集团100%股权。2017年10月24日,国务院国资委同意中船集团改制方案,将中船集团由全民所有制企业改制为国有独资公司,改制后中船集团名称为中国船舶工业集团有限公司,由国务院国资委代表国务院履行出资人职责。

中船集团是中国船舶工业的龙头企业之一,其下属公司中包含一批中国行业领先的骨干海洋装备造修企业、总体研究设计院所、高端动力设备制造企业、先进电子信息技术企业,以及一些生产性现代服业企业。

近年来,中船集团紧紧围绕国家"发展海洋经济、建设海洋强国和强大国防"的战略部署,推进全面转型发展,在业务上形成了以军工为核心主线,贯穿海洋防务装备产业、船舶海工装备产业、海洋科技创新应用产业、船舶海工服务业四大产业板块协调发展的产业格局,在海洋防务装备、海洋运输装备、海洋开发装备、海洋科考装备四大领域拥有雄厚实力。

二、收购事件一览

● 2019年4月5日,中国船舶召开第七届董事会第二次会议审议并通过《关于调整公司重大资产重组方案构成重大调整的预案》。

● 2020年1月10日,中国证券监督管理委员会上市公司并购重组审核委员会召开2020年第1次并购重组委工作会议,对中国船舶工业股份有限公司发行股份购买资产并募集配套资金暨关联交易事项进行审核。根据会议审核结果,公司本次发行股份购买资产并募集配套资金暨关联交易事项获无条件通过。

● 2020年1月13日,中国船舶股票复牌。

● 2020年2月25日,中国船舶收到中国证券监督管理委员会核发的《关于核准中国船舶工业股份有限公司向中国船舶工业集团有限公司等发行股份购买资产并募集配套资金的批复》。

三、收购方案

本次重大重组方案包括发行股份购买资产及非公开发行股份募集配套资金两部分。

(一)发行股份购买资产

在中船集团与中国船舶重工集团有限公司正在筹划战略性重组的背景下,为有利于加快推进市场化债转股及船舶行业战略重组,本次交易的实施步骤分为以下三步。

第一步,中国船舶向交易对方发行股份购买资产,分别为:向中船集团等11名交易对方发行股份购买其合计持有的江南造船100%股权,向中船集团、华融瑞通等9名交易对方发行股份购买其合计持有的外高桥造船36.2717%的股权和中船澄西21.4598%的股权,向华融瑞通、中原资产、新华保险等9名交易对方发行股份购买其合计持有的广船国际 23.578 6% 的股权和黄埔文冲 30.983 6% 的股权,最后是向中船防务发行股份购买其持有的广船国际 27.421 4% 的股权。

第二步,中船集团以持有的中船动力 100% 股权、中船动力研究院 51% 股权、中船三井 15% 股权出资,中国船舶以持有的沪东重机 100% 股权出资,共同设立中船动力集团(以下简称"组建动力平台")。

第三步,中船防务以持有的黄埔文冲 54.537 1% 股权、广船国际 46.301 8% 股权与中国船舶及中船集团持有的中船动力集团控股权进行资产置换。

本次交易以 2019 年 4 月 30 日为评估基准日,本次标的资产 100% 权益汇总的账面净资产为 4 204 354.82 万元,评估值为 6 170 719.99 万元,评估增值 1 966 365.17 万元,增值率为 46.77%。根据相关标的资产的收购比例计算,本次标的资产整体作价为 3 736 846.17 万元。

本次重组中上市公司发行股份购买资产的股份发行价格为 13.14 元/股,不低于经除息后定价基准日前 120 个交易日上市公司股票交易均价的 90%。定价基准日为公司审议本次发行股份购买资产事项的董事会决议公告日,即第七届董事会第二次会议决议公告日。

(二) 募集配套资金

本次交易上市公司在发行股份购买资产的同时,向不超过 10 名特定投资者非公开发行股票募集配套资金,募集配套资金总额不超过 386 680.00 万元,未超过本次发行股份购买资产交易价格的 100%;本次募集配套资金发行股份的数量不超过本次发行前总股本的 20%,即 275 623 519 股。

最终,本次收购完成后,中国船舶持有江南造船 100% 股权、外高桥造船 100% 股权、中船澄西 100% 股权、黄埔文冲 85.520 7% 股权及广船国际 79.458 6% 股权。

四、案例评论

(一) "南北船"联合重组加速整合

推进重组整合是 2019 年国企改革的重头戏之一,按照国务院国资委的规划,2019 年将深入推进整合融合,不断优化国有资本布局结构,积极稳妥推进装备制造、船舶、化工等领域企业战略性重组。中船集团和中船重工俗称"南北船",时隔二十年,"南北船"再次合体,既实现了行业性重组,又推进了专业化整合,同时也聚焦产业竞争力提升。通过重组整合,深化两家企业内部改革和机制创新,加快业务、管理、技术、人才、市场资源等方面的全面整合,放大重组效能。

在"南北船"联合重组的大背景下,本次交易将中船集团旗下核心军民船业务注入上市公司,获得了并购重组委的无条件通过,这一重组计划的成功实施意味着"南北船"合并有了重大的进展。

(二)"深蓝项目"完美收官

本次收购是中国船舶从2017年9月起就开始实施的"深蓝项目",为了贯彻党中央、国务院关于供给侧结构性改革和国有企业改革的精神,中国船舶开展实施市场化债转股及发行股份购买资产并募集配套资产的重大资产重组项目。2020年7月31日,公司成功向11名投资者非公开发行股票募集配套资金38.668亿元,标志着历时三年的"深蓝项目"完美收官。

这次"深蓝项目"对于中国船舶来说,不仅通过充分发挥资本运作平台功能募集到企业发展所需资金,而且降低了江南造船等企业的资产负债率。从公司长远发展的角度出发,核心军工资产的注入丰富了中国船舶业务板块的布局,增加了竞争的优势,扩大了公司的规模,促进其更加稳健地发展。

(三)国企专业化整合,打造船海业务上市平台

中国船舶一直致力于推进中船集团旗下船舶海工业务上市平台,通过本次收购,将中船集团旗下核心的军民船业务整合进入公司,进一步强化公司作为船海业务上市平台的定位,发挥船海业务的协同效应,推动船海产业做强做优,提升和发展中船集团的核心优势。

此外,标的公司江南造船、黄埔文冲和广船国际在军民船舶造修领域非常有名,有很强的竞争优势,行业地位也非常高,本次收购有利于完善中国船舶在造修船这一专业领域的业务和战略布局,增加竞争优势,使其业务发展更加完善。本次交易完成后,中国船舶在资产规模、收入规模、产业布局等方面都处于同行业领先地位,在市场中把国有资本做大做强。

五、市场表现(600150)

中国船舶交易前后股价变动情况见图12。

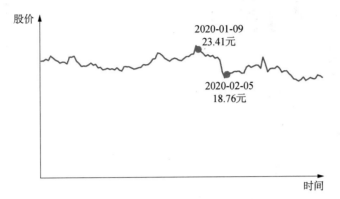

图 12　中国船舶交易前后股价走势

600248

延长化建：
整体上市，打造建筑龙头

一、收购相关方简介

（一）收购方：陕西延长石油化建股份有限公司

陕西延长石油化建股份有限公司(股票代码：600248.SH;股票简称：延长化建;以下简称"延长化建")前身为杨凌秦丰农业科技股份有限公司(以下简称"秦丰农业")，于1998年在陕西省登记成立，随后于2000年在上海证券交易所挂牌上市。2008年，经中国证监会核准通过，秦丰农业进行重大资产重组，向陕西延长石油(集团)有限责任公司(以下简称"延长石油集团")、陕西省石油化工建设公司发行股份，分别购买其持有的陕西化建工程有限责任公司的92.50%、7.50%股权。重大资产重组完成以后，公司名称变更为"陕西延长石油化建股份有限公司"。2019年，经陕西省国资委批复，延长石油集团将其持有的延长化建29%股份无偿划转予陕建控股，上市公司控股股东由延长石油集团变更为陕建控股，公司实际控制人仍为陕西省国资委。

延长化建主营业务为工程承包，业务范围涵盖石油、化工、工业民用建筑、天然气、油气储运、长输油气管道、大型设备吊装及运输、钢结构、无损检测等多个领域，特别是在炼油、石油化工、煤化工、化肥、大型设备吊装、油气储运、工业建筑、长输管线施工、无损检测等领域具有丰富的工程设计施工和项目管理经验。2018年，延长化建完成了对北油工程公司的重大资产重组，整合了北油工程公司在化工及石油化工、天然气化工、新型煤化工等领域的工程设计技术和工程总承包能力，发挥上市公司施工能力与北油工程公司设计技术能力的协同效应，延伸上市公司在化工及石油化工、天然气化工、新型煤化工等领域的产业链,形成工程设计、施工、设备采购及总承包一体化的业务格局。

(二) 收购标的:陕西建工集团股份有限公司

陕西建工集团股份有限公司(以下简称"陕建股份")的前身是国营西北建筑公司和陕西省建筑工程公司于 1970 年合并而成的陕西省建筑工程局。1986年,公司名称变更为陕西省建筑工程总公司,同年取得《营业执照》,公司隶属于陕西省政府。2004 年,由陕西省政府授权陕西省国资委履行陕建总公司的出资人职责,变更完成后,公司的股权结构变更为陕西省国资委 100%出资。2016年,经陕西省国资委批复,公司整体改制为陕西建工集团有限公司(国有独资公司)。2019 年,公司完成股份制改制,更名为"陕西建工集团股份有限公司"。截至 2020 年 12 月,陕西建工控股集团有限公司持有陕建股份 99%的股份,为陕建股份的控股股东,陕建股份的实际控制人为陕西省国资委。

陕建股份主要从事建筑施工业务,同时从事与建筑主业相配套的建筑安装等业务。公司拥有建筑工程施工总承包特级资质 9 个、市政公用工程施工总承包特级资质 4 个、石油化工工程施工总承包特级资质 1 个、公路工程施工总承包特级资质 1 个,甲级设计资质 17 个。凭借雄厚的实力,公司荣列 2019 年ENR 全球工程承包商 250 强第 17 位、中国企业 500 强第 181 位和中国建筑业竞争力 200 强企业第 5 位。

(三) 关联控股方:陕西建工控股集团有限公司、陕西建工实业有限公司

1. 陕西建工控股集团有限公司

陕西建工控股集团有限公司(以下简称"陕建控股")由陕西省国资委于2019 年 4 月 8 日独家出资设立,出资金额为 51 亿元。2020 年 11 月 16 日,陕西省国资委将持有的陕建控股股权的 10%划转至社保基金,并委托长安汇通有限责任公司持有。本次变更完成后,陕西省国资委持有陕建控股 90%股份,长安汇通有限责任公司持有陕建股份 10%股份。陕建控股的主要经营范围是建筑与房产领域项目投资和经营、资产管理和经营、投资业务和咨询服务等。本次交易前,陕西省国资委是陕建控股控股的股东与实际控制人,合计持有公司90%的股权。

截至本次交易,陕建控股为本次交易收购方延长化建的控股股东,同时陕建控股为收购方延长化建的交易对方,因此在本次交易中延长化建与陕建控股为关联方关系。

2. 陕西建工实业有限公司

陕西建工实业有限公司(以下简称"陕建实业")由陕建控股于 2019 年 5 月 14 日独家出资设立,设立金额为 2 亿元,并于 2020 年 3 月与 2020 年 5 月分别由陕建控股与陕西金融资产管理股份有限公司认缴出资。增资完成后,陕建控股持有陕建实业 50.18%的股权,陕西金融资产管理股份有限公司持有陕建实业 49.82%的股权。陕建控股为陕建实业的控股股东,陕西省国资委为陕建实业实际控制人。陕建实业的主要经营范围是工程项目投资、投资与财务信息咨询、房地产开发、酒店管理等。

截至本次交易,陕建控股持有陕建实业 50.18%的股权,为陕建实业控股股东,同时陕建实业为收购方延长化建的交易对方,因此在本次交易中延长化建与陕建实业为关联方关系。

二、收购事件一览

● 2020 年 1 月 3 日,延长化建因筹划重大资产重组开始停牌。

● 2020 年 1 月 17 日,延长化建发布《换股吸收合并陕建股份并募集配套资金暨关联交易项目预案》,并召开第七届董事会第二次会议与第七届监事会第二次会议通过了本次交易预案。同日,延长化建股票复牌。

● 2020 年 2 月 10 日,延长化建收到上海证券交易所《关于对重大资产重组预案的审核意见函》。

● 2020 年 2 月 18 日,延长化建发布《关于延期回复上海证券交易所〈关于对重大资产重组预案的审核意见函〉的公告》。

● 2020 年 2 月 25 日,延长化建发布《关于再次延期回复上海证券交易所〈关于对重大资产重组预案的审核意见函〉的公告》。

● 2020 年 2 月 27 日,延长化建发布《换股吸收合并陕建股份并募集配套资金暨关联交易项目预案(修订稿)》,针对之前的预案进行补充披露,并且回复上海证券交易所《关于对重大资产重组预案的审核意见函》。

● 2020 年 6 月 6 日,延长化建发布《换股吸收合并陕西建工集团股份有限公司并募集配套资金暨关联交易报告书(草案)》,并召开第七届董事会第五次会议和第七届监事会第五次会议通过本次交易草案。

● 2020 年 6 月 22 日,延长化建召开 2020 年第一次临时股东大会,通过《关于陕西延长石油化建股份有限公司换股吸收合并陕西建工集团股份有限公司并募集配套资金暨关联交易方案的议案》。

● 2020 年 7 月 30 日，延长化建收到中国证监会《中国证监会行政许可项目审查一次反馈意见通知书》。

● 2020 年 10 月 23 日，延长化建发布《陕西延长石油化建股份有限公司关于〈中国证监会行政许可项目审查一次反馈意见通知书〉的回复报告》，就中国证监会的反馈意见进行逐项回复。

● 2020 年 10 月 23 日，延长化建发布《换股吸收合并陕西建工集团股份有限公司并募集配套资金暨关联交易报告书(修订稿)》，针对之前的预案进行补充披露。

● 2020 年 11 月 13 日，延长化建收到中国证监会通知，经中国证监会上市公司并购重组委员会(以下简称"并购重组委")于 2020 年 11 月 13 日召开的 2020 年第 49 次并购重组委工作会议审核，延长化建换股吸收合并陕西建工集团股份有限公司并募集配套资金暨关联交易事项获得有条件通过。

● 2020 年 11 月 18 日，延长化建就中国证监会并购重组委审核工作会议审核意见的要求进行回复，并发布《换股吸收合并陕西建工集团股份有限公司并募集配套资金暨关联交易报告书(修订稿)》，针对之前的预案进行补充披露。

● 2020 年 12 月 8 日，延长化建收到中国证监会核发的《关于核准陕西延长石油化建股份有限公司吸收合并陕西建工集团股份有限公司并募集配套资金的批复的公告》。

● 2020 年 12 月 17 日，延长化建发布《关于换股吸收合并陕西建工集团股份有限公司资产过户完成的公告》，标的资产陕建股份资产过户手续及相关工商变更备案登记已完成。

三、收购方案

本次交易属于重大资产重组与关联方交易，交易过程包括换股吸收合并与募集配套资金两部分。

(一) 换股吸收合并

延长化建以发行股份的方式向陕建控股和陕建实业分别购买其持有的陕建股份 99% 与 1% 的股份并吸收合并陕建股份。吸收合并完成后，陕建股份将注销法人资格，上市公司作为存续主体，将承接陕建股份的全部资产、负债、业务、人员、合同、资质及其他一切权利和义务。

本次交易中,发行股份购买资产的定价基准日为延长化建审议本次交易相关事项的第七届董事会第二次会议决议公告日。基于上市公司停牌前的市场走势等因素,充分考虑各方利益,交易各方确定本次发行股份购买资产的发行价格为定价基准日前 60 个交易日上市公司股票交易均价的 90%,即 3.84 元/股,符合《重组管理办法》的相关规定。在发行股份购买资产定价基准日至股份发行日期间,上市公司如有派息、送股、资本公积金转增股本等除权、除息事项,则上述发行价格将根据中国证监会及上交所的相关规则进行相应调整。根据延长化建于 2020 年 7 月 10 日实施的 2019 年年度权益分派方案,本次发行的发行价格调整为 3.82 元/股。

根据正衡评估出具并经陕西省国资委备案的《标的资产评估报告》,以 2019年 12 月 31 日为评估基准日,选用资产基础法评估结果作为最终评估结论,本次交易标的公司陕建股份股东全部权益价值评估值为 851 871.17 万元,增长率为 34.56%。根据评估结果,陕建控股持有的陕建股份 99%的股份的交易价格为 843 352.46 万元;陕建实业持有的陕建股份 1%的股份的交易价格为 8 518.71 万元。按照本次发行价格 3.82 元/股计算,本次交易中向各交易对方发行股份情况如表 7 所示。

表 7　延长化建向各交易对方发行股份情况

交易对方	发行股份购买资产交易对价(万元)	发行股份数量(股)
陕建控股	843 352.46	2 207 728 948
陕建实业	8 518.71	22 300 292
合计	851 871.17	2 230 029 240

(二) 募集配套资金

在本次重大重组中,延长化建拟向不超过 35 名投资者非公开发行股票募集配套资金,募集配套资金总额不超过 212 967.79 万元,募集配套资金总额不超过本次交易中以发行股份方式购买资产的交易价格的 100%,发行股份数量不超过发行前公司总股本的 30%。本次募集配套资金拟用于支付本次交易中介机构费用及补充流动资金。其中,用于补充流动资金的比例不超过本次交易作价的 25%。本次募集配套资金的定价基准日为本次非公开发行股票发行期首日,发行价格不低于发行期首日前 20 个交易日公司股票均价的 80%。最终发行价格将由上市公司董事会根据股东大会的授权,按照相关法律、行政法规及规范性文件的规定,依据发行对象申购报价的情况,与本次募集配套资金发行的主承销商协商确定。

经过本次交易后,延长化建的控股股东仍为陕建控股,实际控制人仍为陕西省国资委。延长化建的股权结构变化如表 8 所示。

表 8 本次交易前后上市公司股权结构变化

股东名称	本次交易之前		本次交易之后(配募后)	
	持股数量(股)	持股比例	持股数量(股)	持股比例
陕建控股	266 206 275	29.00%	2 473 935 223	72.27%
陕建实业	—	—	22 300 292	0.65%
延长石油集团	225 906 524	24.61%	225 906 524	6.60%
陕西延化工程建设有限责任公司	12 520 326	1.36%	12 520 326	0.37%
上市公司其他股东	413 319 547	45.03%	413 319 547	12.07%
募集配套资金投资人	—	—	275 385 801	8.04%
合计	917 952 672	100.00%	3 423 367 713	100.00%

四、案例评论

(一) 整体上市创纪录,延长化建助推国企改革

延长化建所在省份陕西省近年来坚持推进国有资本向符合经济产业发展方向的重要行业、关键领域、前瞻性战略性的产业等方向集中,并明确提出要推动本省建筑业资源的专业化整合,将国有资本向建筑施工、能源化工等传统优势产业集中,从而促进产业的转型升级,形成具有地方特色的现代产业体系。而本次陕建集团的整体上市正是陕西省国有资本优化重组的重大举措之一,其最早可以追溯到 2018 年陕西省印发的《深入实施国企国资改革攻坚加快推动高质量发展三年行动方案(2018—2020 年)》(陕政办发〔2018〕61 号、陕规〔2018〕35 号)。该方案指出,陕西省将大力支持省属国有企业通过引入中央企业资本、省内外国有资本、民营资本、集体资本、外资等多种形式、多个渠道改造

为股份公司或设立股份公司;通过三年努力,力争 5 户以上的集团公司改为股份公司,竞争类企业多数改为股份公司,公共服务类、功能类企业股份公司数量明显增加,省属国有企业股份公司总体比例达到 50%。

在本次并购重组交易中,延长化建将引入新的市场投资者,一方面提高延长化建内部股东结构的多元化程度,增强国有企业内在活力;另一方面也推动陕西省国有资本布局结构的优化升级。换股收购之前,陕建控股持有上市公司 29% 股份,换股以后陕建控股持有公司 70% 以上的股份,陕建控股取得对上市公司的绝对控制权。之后陕建集团将其资产注入上市公司,完成整体上市。2021 年 1 月 19 日,延长化建更名为陕西建工集团股份有限公司,证券简称更改为"陕西建工"。

值得一提的是,陕建集团于 2018 年 12 月正式开启股改上市工作,2020 年 1 月因筹划该重大资产重组开始停牌,2020 年 12 月 8 日上市公司就已经收到中国证监会的核准批复,对于这样一个体量规模十分庞大的建筑类企业来说,其股改效率可以说是非常高。从股改的开启到结束,集团仅仅花费了两年的时间,与集团在股改开始前设下的整体上市目标相比提前了两年时间完成,创下了全国建筑行业 A 股上市的最快纪录。

(二)上市赋新能,做大做强省属建筑业

在本次交易前,收购方延长化建的主营业务以石油化工工程为主,在炼油、石油化工、煤化工等领域具有丰富的工程设计施工和项目管理经验。但根据中国石油和化工勘察设计协会公布的协会会员主要经济指标数据统计分析,协会会员的利润总额自 2015 年起呈现持续下降的趋势,这表明近年来国内外石油化工建设需求总体偏弱、项目建设承接数量不足,行业竞争较剧烈,再加上 2020 年暴发的新冠肺炎疫情将在短期内进一步冲击本行业,因而兼并重组、转型升级是目前石油化工企业应对行业疲软、获得业绩提升的重要方式。

建筑产业是陕西省拉动经济增长的支柱产业之一,而陕建集团是陕西省内建筑行业的龙头企业。2017 年,陕建集团提出"五年两步走"战略,即 2020 年建成"千亿陕建",再用 3 到 5 年时间实现整体上市并挺进世界 500 强。但其实早在 2018 年时,陕建集团就已经突破营业收入千亿元大关,提前完成两步走战略的第一步。而通过本次并购重组,陕建集团与延长化建的业务可进行有效整合,实现产业的协同发展,同时顺利推进两步走战略中第二步的实施。

重组完成以后,一方面延长化建将从传统石油化工类企业脱胎成为建筑行业中的龙头企业,实现跨越式发展,彻底改变上市公司过去依赖石油化工的业务模式。在目前国内外石油化工行业持续低迷的背景之下,本次跨越式发展将扭转上市公司对国际油价的依赖,大幅拓宽上市公司的业务边界,获得公司业绩新增长。另一方面,陕建集团也将成为陕西省首家营业收入超千亿元的上市公司。从 2019 年公布的数据信息来看,2019 年陕西省上市公司总营业收入最高的是陕西煤业(股票代码:SH.601225),其营业收入规模为 734 亿元,排名第二的中航飞机(股票代码:SZ.000768)营业收入规模是 343 亿元。对比来看,根据上市公司披露的重组报告书,与上述两家企业相同的会计期间内,延长化建在完成此次收购后,营业收入规模可达到 1 045 亿元,将远远领先陕西省内的其他上市公司。上市公司利用如此庞大的体量规模,并进一步结合资本市场拓宽融资渠道,提升企业知名度,有望进一步做大做强陕西省内的建筑产业,全面提升省属建工板块的竞争优势。

(三) 蛇吞象并购,巨额资产或成双刃剑

比较双方的资产与主营业务情况,2019 年延长化建的资产总额为 84.11 亿元,营业收入为 80.68 亿元,净利润为 2.96 亿元;陕建股份的资产总额为 1 371.10 亿元,营业收入为 966.93 亿元,净利润为 12.77 亿元。不论是资产规模还是盈利能力,双方的水平都相差悬殊,因此延长化建的本次交易属于典型的"蛇吞象"交易。

本次并购重组将把陕建股份与延长化建进行整合,交易完成后延长化建将被注入陕建股份的全部资产、负债、业务、资质等,将显著提升上市公司的经营规模。本次交易完成前后上市公司的主要财务指标变化如表 9 所示。

表 9　本次交易前后上市公司主要财务指标变化

项目	2019 年 12 月 31 日/2019 年度		
	交易前(万元)	交易后(万元)	变动率
资产总额	841 073.75	14 523 735.25	1 626.81%
营业收入	806 795.44	10 453 522.14	1 195.68%
利润总额	34 990.08	193 664.97	453.49%
净利润	29 569.14	158 450.89	435.87%
归属于母公司所有者的净利润	29 569.14	153 806.70	420.16%
基本每股收益(元/股)	0.32	0.49	51.68%

　　从经营状况来看,交易完成后,延长化建将承继陕建股份的所有资产业务,上市公司的资产总额得到大幅提升,主营业务也将从石油化工变更为建筑工程施工和建筑安装等。从盈利能力来看,交易完成后,上市公司的营业收入与净利润将显著增加,总体盈利能力得到提升。此外,上市公司的基本每股收益也将出现明显上升,不存在因并购重组而造成上市公司每股收益被摊薄的问题。

　　但是根据延长化建披露的收购公告,陕建股份2018年与2019年的资产负债率分别达到了90.05%、89.62%,而相同时期的延长化建的资产负债率仅为66.92%与64.81%。由于本次延长化建的并购交易属于吸收合并,交易完成后延长化建将承继陕建股份的全部负债,因此换股吸收合并陕建股份后延长化建可能会面临相比以前更大的财务压力。此外,由于陕建股份整体注入上市公司后,其收入将占到上市公司九成,将直接影响上市公司的未来盈利状况。然而在此次收购方案中,陕建股份并未对延长化建进行业绩承诺,也未充分披露陕建股份的未来盈利预测,其未来盈利能力仍具有不确定性,因此延长化建还可能面临未来盈利能力下降的风险。

五、市场表现(600248)

　　延长化建交易前后股价变动情况如图13所示。

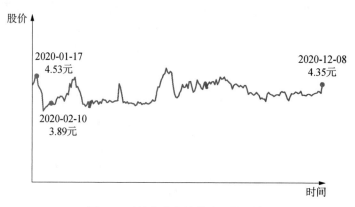

图13　延长化建交易前后股价走势

第二辑　产业链整合并购

000100

TCL 科技：
中环实现混改，TCL 完善半导体产业链

一、收购相关方简介

(一) 收购方：TCL 科技集团股份有限公司

TCL 科技集团股份有限公司(以下简称"TCL 科技")成立于 1982 年,是经广东省人民政府批准,在原 TCL 集团有限公司基础上整体变更设立的股份有限公司。2002 年 4 月,TCL 集团有限公司以经审计的净资产按照 1:1 的比例折合股本 1 591 935 200 股,整体变更设立广东 TCL 集团股份有限公司。公司于 2002 年 5 月 16 日将公司名称由"广东 TCL 集团股份有限公司"变更为"TCL 集团股份有限公司"。2004 年 1 月 30 日,公司 994 395 944 股公众股在深交所挂牌上市。2020 年 2 月 3 日,公司名称由"TCL 集团股份有限公司"变更为"TCL 科技集团股份有限公司",英文名称由"TCL Corporation"变更为"TCL Technology Group Corporation"。证券简称自 2020 年 2 月 7 日起由"TCL 集团"变更为"TCL 科技",英文简称由"TCL CORP."变更为"TCL TECH."。

TCL 科技的经营范围包括研究、开发、生产、销售,半导体、电子产品及通信设备、新型光电、液晶显示器件,货物或技术进出口,提供电子计算机技术服务和电子产品技术开发服务,软件产品的开发及销售,专利转让,代理报关服务,提供顾问服务,支付结算。TCL 秉承着"科技化、智能化、高端化、全球化"的战略核心,致力于成为高品牌价值、高品牌引领性的全球品牌。1992 年的王牌大彩电令 TCL 成为家喻户晓的电视品牌。之后,伴随李东生对技术创新的执着追求和持续投入,截至 2017 年底,TCL 在全球建立起了 26 个研发机构,10 余个品牌联合实验室,累计专利申请总量 46 976 项。技术创新成为以 TCL 为代

表的中国制造突破发展的利剑,并推动中国制造与中国品牌在国际舞台蓬勃绽放。2020 年 9 月 16 日,TCL 科技入选通过 2020 年复核评价的国家技术创新示范企业名单。2020 年 11 月,公司获评艾媒金榜(iMedia Ranking)发布的《2020年 10—11 月中国取暖器品牌线上发展排行榜单 TOP15》第 4 名。2020 年 12 月14 日,公司被全国工商联授予"抗击新冠肺炎疫情先进民营企业"称号。TCL科技的股权结构如图 14 所示。

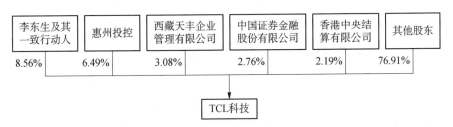

图 14 本次交易前 TCL 科技的股权结构

(二) 收购标的: 天津中环电子信息集团有限公司

天津中环电子信息集团有限公司(以下简称"中环集团")是天津市政府授权经营国有资产的大型电子信息企业集团,前身为 1959 年成立的天津市电机工业局,1964 年组建为天津市第二机械工业局,1986 年组建为天津市电子仪表工业管理局。经中共天津市委和天津市人民政府于 1995 年 10 月 9 日批准成立天津市电仪总公司,并于 1996 年 1 月 12 日更名为天津市电子仪表工业总公司。2000 年 5 月 30 日,天津市电子仪表工业总公司经中共天津市委和天津市人民政府联合下发的《关于天津市电子仪表总公司改制为天津市中环电子信息集团有限公司的通知》(津党〔2000〕13 号)实施改制并成立天津市中环电子信息集团有限公司。2008 年 12 月 23 日,修改"天津市中环电子信息集团有限公司"名称为"天津中环电子信息集团有限公司"。

中环集团主要经营新能源与新材料、新型智能装备及服务、核心基础电子部件配套等业务。旗下核心子公司中环股份(002129. SZ)主要从事单晶硅的研发和生产,主营产品包括太阳能硅片、太阳能电池片、太阳能组件、半导体材料、半导体器件等;核心子公司天津普林(002134. SZ)主要从事印制电路板(PCB)的研发、生产及销售。截至本次交易前,天津津智国有资本投资运营有限公司和天津渤海国有资产经营管理有限公司分别持有中环集团 51% 和 49% 的股权,中环集团的实际控制人为天津市国资委。

二、收购事件一览

● 2020 年 5 月 20 日,中环电子在天津产权交易中心公开挂牌转让并依法定程序公开征集受让方,征集受让方一家,股权转让比例合计为 100%。

● 2020 年 6 月 24 日,TCL 科技第六届董事会第二次临时会议和第二十八次会议审议通过《关于公司参与公开摘牌收购中环集团 100% 股权的议案》。

● 2020 年 7 月 10 日,TCL 科技第四次临时股东大会审议通过了《关于公司参与公开摘牌收购中环集团 100% 股权的议案》。

● 2020 年 7 月 15 日,TCL 科技收到天津产权交易中心的通知,经评议小组评议并经转让方确认,公司成为标的股权的最终受让方。

● 2020 年 7 月 17 日,交易双方签署了《产权交易合同》。

● 2020 年 9 月 8 日,国家市场监督管理总局和天津市国资委完成了本次交易的审批流程,本次交易的《产权交易合同》正式生效。

三、收购方案

(一) 收购方案概述

本次交易方案的具体内容为 TCL 科技以现金交易方式购买津智资本及渤海国资合计持有的中环集团 100% 股权,交易金额为 125 亿元人民币。本次交易完成后,标的公司天津中环电子信息集团有限公司成为上市公司全资子公司。

(二) 交易价格

本次交易的标的资产为中环集团 100% 股权。本次交易中,北京中企华资产评估有限责任公司以 2019 年 8 月 31 日为评估基准日,对中环集团全部权益价值采用资产基础法进行了评估。

截至评估基准日 2019 年 8 月 31 日,中环集团(母公司)总资产账面价值为 446 401.46 万元,评估价值为 1 255 306.36 万元,增值额为 808 904.90 万元,增值率为 181.21%;中环集团(母公司)总负债账面价值为 248 717.02 万元,评估价值为 248 826.76 万元,增值额为 109.70 万元,增值率为 0.04%;中环集团(母公司)净资产账面价值为 197 684.44 万元,资产基础法评估价值为 1 006 479.6

万元,增值额为 808 795.20 万元,增值率为 409.13%。评估增值主要是因为中环集团控股子公司中环股份和天津普林为上市公司,其账面价值采用成本法核算,评估时以评估基准日前 30 个交易日的每日股票加权平均价格算术平均值为基准进行评估。

参考评估结果,中环集团全部权益以 2019 年 8 月 31 日为评估基准日的评估价值为 1 006 479.6 万元。根据国资相关规定,综合考虑挂牌时中环集团控股子公司中环股份和天津普林股价上涨的因素和基准日后交易标的增资事项,中环集团 100% 股权全部的挂牌转让底价为 1 097 436.25 万元,最终转让价格以签署产权交易合同为准。

TCL 科技于 2020 年 7 月 15 日收到了天津产权交易中心的通知:经评议小组评议并经转让方确认,公司成为标的股权的最终受让方。2020 年 7 月 17 日,交易各方签署了《产权交易合同》。2020 年 9 月 3 日,国家市场监督管理总局出具了《经营者集中反垄断审查不予禁止决定书》(反垄断审查决定〔2020〕330 号),对公司收购中环电子股权案不予禁止。9 月 8 日天津市国资委完成了上市公司股权间接转让审批程序,中环电子混改项目的《产权交易合同》正式生效,转让金额为 125 亿元人民币,并购交易前后中环集团股权变动情况如表 10 所示。

表 10　并购交易前后中环集团股权变动情况

股东名称	本次交易前持股比例	本次交易后持股比例
天津津智国有资本投资运营有限公司	51.00%	—
天津渤海国有资产经营管理有限公司	49.00%	—
TCL 科技	—	100%
合计	100.00%	100.00%

四、案例评论

(一) 推进半导体显示产业的纵向延伸和横向整合

TCL 集团是全球化的智能产品制造及互联网应用服务企业集团,整体在深交所上市,旗下另拥有四家上市公司:TCL 多媒体电子(01070.HK)、TCL 通讯科技(02618. HK)、TCL 显示科技(00334. HK)、通力电子(01249. HK)。自 2019 年剥离终端业务完成重组后,TCL 科技就定位于全球科技领先的智能科技集团,聚焦技术和资本密集的高端科技产业发展:推进半导体显示产业的纵向延伸和横向整合,加速在基础材料、下一代显示材料,以及新型工艺制程中的关键设备等领域的布局;以内生增长能力为基础、以股东利益最大化为原则,积极稳健地通过合作、合资、收购兼并等方式进入核心、基础、高端科技领域以及可能制约其发展的上下游相关产业。公司围绕上述领域开展持续研究追踪,广泛找寻符合公司战略方向的产业和企业。

中环集团为天津国资企业,实际控制人是天津市国资委,旗下控股及参股企业多达 250 余家,包括中环股份、天津普林、七一二(603712)、乐山电力(600644)四家 A 股上市公司,其中中环股份的硅片综合实力全球排名第三,单晶晶体晶片的综合实力、整体产销规模位列全球前列,高效 N 型硅片市场占有率全球第一。中环股份现阶段主营业务基本围绕硅材料展开,集中在半导体制造和新能源制造领域延伸,包括半导体材料、半导体器件、太阳能硅片、太阳能组件等业务板块。这些业务虽然与 TCL 现有项目并不重合,但半导体显示和半导体集成电路、半导体分立器件在基础工艺原理上有一定的共通性,这也在一定程度上降低了 TCL 科技接手半导体材料业务的难度。至于中环科技旗下另外一家上市公司天津普林则是与 TCL 科技完美契合。公开信息显示,天津普林主营业务是多层印制电路板(PCB),PCB 是半导体显示行业的上游产业链的重要组成部分,天津普林能够更好地帮助 TCL 科技实现多年来打造的"垂直一体化"产业布局。

本次交易有助于双方发挥资金、技术、经验等优势,通过协同整合、产业落地、需求引导等方式进行突破,把握半导体向中国转移的历史性机遇、能源供给清洁升级及智能联网电器化的发展浪潮,有助于 TCL 科技迈向全球领先产业战略目标的实现。

(二)政策和市场的双重驱动,加速开拓全球半导体及新能源光伏市场

据国家能源局统计数据,2020 年国内光伏新增装机预计达到 3500 万千瓦,持续 8 年成为全球第一。2020 年 1—10 月的光伏发电利用率达到 98.3%,同比增长 0.12%。光伏发电成本也进一步下降,开启光伏"平价时代"。而在中央经济工作会议上,2030 年"碳达峰"、2060 年"碳中和"的目标被再次重申,同时位列 2021 年八大重点工作之一。政策利好、行业增长也吸引了头部投资机构对光伏的关注。

光伏需求进入增长快车道,产业链中格局最为清晰的硅片环节相关企业将迎来业绩的进一步爆发。在光伏硅片领域,仅中环与隆基两家就垄断了全球 70%的产能。同时受行业增长及国产替代影响,国金证券预计 2021 年全球光伏需求增长 20%—30%,其中单晶硅片市场份额将由 2019 年的 65%提至超 90%,随着非硅成本逐年下降,龙头企业将保持较好的盈利能力。TCL 华星光电显示行业供应商和中环半导体供应商相当大的比例是相同的,有相当大数量的供应商是同一个供应链,制造工艺技术有比较大的关联性,整个管理逻辑也是相似的。早在 2009 年就已开始投资半导体显示产业的 TCL 科技,由终端业务开始拓展到核心基础技术。在产业发展逻辑上与中环股份完全契合;在管理上,TCL 历经十多年发展积累的丰富管理经验也可赋能中环;在产业链条上,两者互相补充。因此可以预见,与中环集团强强联合的 TCL 科技将在全球领先的技术基础上进一步激发增长活力,加速在全球半导体及新能源光伏市场的开拓。

(三) 助力中环集团混改,深入半导体上游

本次中环集团混改意在为中环股份摆脱行政干预的包袱,引进颇具实力的战略投资者的同时,带来更加市场化的运作和更为灵活的决策机制。TCL 作为实业管理经验丰富的民营企业,入主中环后,有望为公司引入更为灵活的机制,在绩效考核方面会更加市场化,有利于中环股份竞争力的提升,也有利于中环股份盈利能力提升。

TCL 一直在做产业链的一体化布局,近几年,TCL 的"双子"项目将其分成两个大的产业集团,一个是半导体显示和材料为主业的 TCL 科技集团,另一个是智能终端为主要业务的 TCL 实业控股。在 TCL 科技整合市值体量相当的中环集团之后,TCL 整体将形成三大业务:一是包括电视、白电、手机等在内的终端产品;二是半导体显示业务,是由终端向产业链的"直系"上游——面板的延伸;三是中环集团的半导体材料业务,包括光伏的硅片、组件,以及用于集成电路的硅片等产品。

收购之后,TCL 将加大资源投入助力中环集团发展,总投资超 60 亿元用于推动中环集团发展,包括三方面:其一是采用大直径太阳能硅材料(G12)专利

技术的高效叠瓦组件的发展;其二是建立智慧化工厂,建成 G12 大尺寸硅片的首个智慧化生产基地,快速推动 G12 产品产业化;其三是规划高端半导体器件产业园,重点发展第三代半导体,推动面向 5G 通信、无线智能终端、新能源产业的硅基 GaN(氮化镓)产品产业化。

　　此次投资,是 TCL 从终端往上游半导体领域布局战略的延续,此前 TCL 投资了日本的 JOLED 和国内的三安光电,新能源领域 TCL 投资了帝科公司,半导体显示领域投资了晶晨半导体、集创北方等企业。如今重金收购中环集团,是对上游材料领域的又一次深入。

五、市场表现(000100)

　　TCL 科技交易前后股价变动情况见图 15。

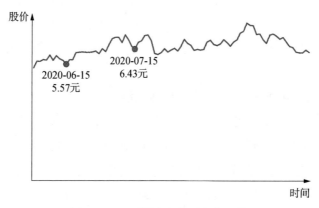

图 15　TCL 科技交易前后股价走势

002208

合肥城建：
房企转型，"园区开发＋地产配套"双轮驱动

一、收购相关方简介

(一) 收购方：合肥城建发展股份有限公司

合肥城建发展股份有限公司(以下简称"合肥城建")系经安徽省体改委(皖体改函〔1998〕89号文《关于同意设立合肥城改房屋开发股份有限公司的批复》)及安徽省人民政府(皖府股字〔1998〕第39号《安徽省股份有限公司批准证书》)批准，由合肥市国有资产控股有限公司作为主发起人发起设立的股份有限公司。

合肥城建属房地产行业，是安徽省第一家房地产上市公司，是最早具有国家一级开发资质和AAA级信用评价等级的房地产企业，也是安徽省首家房地产上市企业。公司成立30多年来，专注于住宅地产、商业地产及写字楼的开发建设，项目辐射安徽合肥、蚌埠、宣城、海南三亚等地。公司开发的产品曾荣获住建部颁发的鲁班奖、广厦奖、国家康居住宅示范工程等多项国家级殊荣，位列中国房地产上市公司综合实力百强，中国房地产开发企业200强，中国房地产开发企业运营效率10强和首届中国责任地产百强企业。

(二) 收购标的：合肥工投工业科技发展有限公司

合肥工投工业科技发展有限公司(以下简称"工业科技")系由工业控股、合肥桃花工业园经济发展有限公司共同出资设立(设立时的公司名称为合肥工投工业地产有限公司)，设立时的注册资本为4000万元，其中工业控股以现金出资2200万元，合肥桃花工业园经济发展有限公司以现金出资1800万元。

2011年6月28日，工业科技名称由合肥工投工业地产有限公司变更为合

肥工投工业科技发展有限公司。

二、收购事件一览

● 2019年3月22日,合肥城建召开第六届董事会第三十五次会议和第六届监事会第二十三次会议,审议通过了本次重组预案及相关议案。

● 2019年6月24日,合肥城建召开第六届董事会第四十二次会议和第六届监事会第二十六次会议,审议通过了本次重组报告书及相关议案。

● 2019年7月17日,合肥城建股东大会审议通过了本次交易的相关议案。

● 2019年7月16日,合肥市国资委原则同意本次交易方案,合肥市国资委经对本次评估结果进行备案,安徽省国资委批复同意本次重大资产重组方案。

● 2019年11月7日,中国证监会出具《关于核准合肥城建发展股份有限公司向合肥市工业投资控股有限公司发行股份购买资产并募集配套资金的批复》(证监许可〔2019〕2141号)核准本次交易。

● 2020年1月20日,本次交易涉及购买资产的过户事宜已办理完毕,工业科技成为合肥城建的全资子公司。

三、收购方案

交易方案包括两部分:一是发行股份购买资产;二是募集配套资金。

(一)发行股份购买资产

合肥城建通过发行180 144 103股,向工业控股购买其持有工业科技100%股权。本次交易完成后,工业科技将成为合肥城建全资子公司;同时向不超过10名符合条件的特定投资者非公开发行股份募集配套资金。本次募集配套资金总额不超过10亿元,且不超过购买资产交易价格的100%,且发行股份数不超过本次交易前合肥城建总股本的20%。本次募集配套资金主要用于标的公司的项目建设。发行股份购买资产不以发行股份募集配套资金为前提,最终募集配套资金的成功与否,不影响发行股份购买资产行为的实施。如果发生配套募集资金未能成功实施或融资金额低于预期,不足部分将由合肥城建自筹解决。

根据中联国信出具并经合肥市国资委备案的《资产评估报告》,截至2018年12月31日,标的资产评估值为154 290.59万元。本次交易前,经交易双方友好协商,将标的公司拥有的部分公租房相关资产及负债无偿划转至交易对方,截至 2018 年 12 月 31 日,无偿划转的公租房相关资产及负债经审计账面净值为 13 425.91 万元;根据税法及相关条例规定,上述无偿划转公租房相关资产及负债计缴增值税预计金额为 921.78 万元。此外,2019 年 6 月 10 日,标的公司唯一股东工业控股决定以截至 2018 年 12 月 31 日为基准日对工业科技进行分红 11 320.00 万元。根据交易双方签署的《发行股份购买资产协议》与《发行股份购买资产协议之补充协议》,交易双方经协商同意,本次标的资产的交易价格以经合肥市国资委备案的评估值为基础,扣除无偿划转公租房账面净值和增值税费金额以及分红金额后确定为 128 622.89 万元,由合肥城建以发行股份的方式支付本次重组的全部交易对价。若无偿划转公租房产生的增值税超过预计金额 921.78 万元,则差额由工业控股向合肥城建以现金方式补足,本次交易购买资产的价格不因此作任何调整,若未超过则差额由合肥城建享有。

(二) 募集配套资金

合肥城建向不超过 10 名符合条件的特定投资者非公开发行股份募集配套资金。本次募集配套资金总额不超过 10.00 亿元,且不超过购买资产交易价格的 100%,且发行股份数不超过本次交易前合肥城建总股本的 20%。

本次交易发行股份募集配套资金以发行期首日为定价基准日,发行价格不低于发行期首日前 20 个交易日公司股票均价的 90%。本次交易发行股份购买资产不以募集配套资金的成功实施为前提,最终募集配套资金发行成功与否不影响本次发行股份购买资产行为的实施。募集配套资金的最终发行数量将以中国证监会核准的发行数量为准,发行数量变化不影响发行股份购买资产行为的实施。并购交易前后工业科技股权变动情况如表 11 所示。

表 11　并购交易前后工业科技股权变动情况

股东名称	本次交易前		本次交易后	
	持股数量(股)	持股比例	持股数量(股)	持股比例
兴泰集团	296 557 056	57.90%	296 557 056	42.84%
工业控股	—	0.00%	180 144 103	26.02%
其他股东	215 602 944	42.10%	215 602 944	31.14%
合计	512 160 000	100.00%	692 304 103	100.00%

四、案例评论

(一) 地方房企发展遇瓶颈,工业地产破局

合肥城建是安徽第一家房地产上市公司,也是安徽省最早具有国家一级开发资质和 AAA 级信用评价等级的房地产企业。公司一直专注于住宅地产、商业地产及写字楼的开发建设,公司项目辐射安徽合肥、巢湖、肥东、肥西、蚌埠、宣城、广德、海南三亚等地。

自 2015 年以后,尤其是 2016 年合肥房价快速上涨,合肥城建的发展速度明显滞后。房价快速上涨,各开发商竞争激烈,拿地成本动辄十几亿元、几十亿元,产生了很多"地王"。在房地产融资渠道收紧的情况下,这样的资金投入,而且是持续性的投入,不是一般开发商可以承受的,只有地产前 100 强会一直"拼子弹"。合肥城建这样的地方地产公司,一旦拿地价格过高,政府又限价,就很难挣钱。在住宅土地市场竞争白热化的背景下,合肥城建要想冲出重围,进行资产整合是唯一的捷径。

在产业经济结构优化升级、新型城镇化持续推进等宏观背景下,合肥城建在巩固和强化原有房地产开发建设业务的基础上,顺应新形势、抓住新机遇,积极开展业态创新,择机实施资本运作,通过收购、兼并、合资等多种资本运作手段,向产业链横向和纵向扩张。

此次公司通过并购标的公司,成功切入工业地产开发领域,正符合上述战略发展方向。并购工业科技完成后,随着资产和相关资源的整合、管理,积极开拓新市场,有望发挥并购的规模经济和协同效应,给公司业务带来突破。

(二) 横向并购形成"园区开发＋地产配套"双轮驱动

工业科技致力于为合肥市中小生产企业提供良好的投资发展和研发创新环境,打造工业经济发展的优良平台,是安徽省规模最大的从事工业标准化厂房开发运营的工业地产开发企业;在园区开发运营细分领域具有较为领先行业地位和市场竞争优势,能够为企业、产业园区、政府提供涵盖厂房租售、配套物业管理及其他增值服务在内的全方位工业资产综合服务。

本次重组将合肥城建在住宅地产板块的领先优势与工业科技在工业地产板块的业务进行深度融合与优势互补,实现"园区开发＋地产配套"双轮驱动发展,优化产品结构,抢占我国新型城镇化和工业转型升级的"产城融合"战略制

高点。通过本次重大资产重组,合肥城建与工业科技将形成住宅、工业地产板块的优势资源互补,在融资、市场开拓、人才团队、土地获取及品牌效应等方面发挥协同效应,有利于激励机制的完善和运营效率的提高,进一步提升双方的市场竞争力。

五、市场表现(002208)

合肥城建交易前后股价变动情况见图 16。

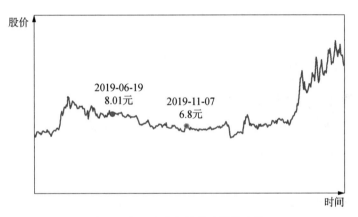

图 16　合肥城建交易前后股价走势

600114

东睦股份：
巩固龙头地位，布局全产业版图

一、收购相关方简介

（一）收购方：东睦新材料集团股份有限公司

东睦新材料集团股份有限公司(以下简称"东睦股份")的前身是宁波东睦粉末冶金有限公司,是与睦特殊金属工业株式会社合资成立的。2001年公司改制,整体改制后更名为宁波东睦新材料股份有限公司。2004年,公司在上海证券交易所成功上市,同年公司控股子公司山西东睦华晟粉末冶金有限公司成立。2007年公司更名为东睦新材料集团股份有限公司。

东睦股份所属行业主要为新材料行业的子行业——粉末冶金行业。作为中国粉末冶金行业的龙头企业和本土品牌,东睦股份在激烈的市场竞争环境中,逐渐确立了其竞争优势,形成了独特的品牌效应,其商业价值和社会价值也得以展现。

公司主要利用金属(或非金属)粉末成形技术,从事新材料及其制品的研发、生产、销售及其增值服务,通过新材料技术和加工工艺的不断创新,引领传统产业升级、进口替代和新兴领域开拓。其经营模式主要是积极参与整机、部件(器件)制造商新产品设计,或者利用提供的设计图纸或提出的性能要求,经过公司产品优化设计及制造流程合理设计后,利用专业的新材料技术、精良的专用设备、复合的制造工艺技术能力和优秀的制程控制水平,进行订单式生产或配套服务,为客户提供个性化材料及制品(元件)技术解决方案。

截至2020年末,公司获得授权专利数量共计503项(包括被收购方上海富驰高科技股份有限公司的授权专利数量),其中发明专利授权 160 项,实用新型专利授权 342 项,软件著作权 1 项。

东睦股份持立足高端的战略定位,积极开拓新客户,发展粉末冶金新技术门类,拓展粉末冶金产品的应用场景,加强对上下游产业链的理解和对接,提升面向客户的应用设计能力、智能制造能力、人才与文化能力和集团管控能力。东睦股份股权结构如图 17 所示。

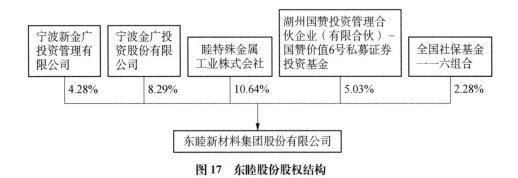

图 17　东睦股份股权结构

(二)收购标的:上海富驰高科技股份有限公司

上海富驰高科技股份有限公司(以下简称"上海富驰")前身系原上海富驰高科技有限公司,上海富驰公司系由上海十三冶金建设有限公司和自然人于立刚、于玉营共同出资组建,于 1999 年 11 月 9 日在上海市工商行政管理局登记注册,成立时注册资本 200 万元。上海富驰公司以 2017 年 4 月 30 日为基准日,整体变更为股份有限公司,总部位于上海。本次交易前,上海富弛的股本结构如表 12 所示。

表 12　本次收购前上海富弛高科技股份有限公司股权结构

序号	股东姓名/名称	股份数量(股)	股份比例	备注
1	上海钟于企业管理有限公司	16 703 400	26.45%	
2	钟伟	16 037 340	25.40%	质押
3	上海创精投资咨询合伙企业(有限合伙)	9 614 100	15.22%	
4	于立刚	6 075 000	9.62%	

（续表）

序号	股东姓名/名称	股份数量(股)	股份比例	备注
5	苏州工业园区源星秉胜股权投资合伙企业(有限合伙)	3 150 000	4.99%	根据相关协议约定,将全部转让给钟于公司
6	海通开元投资有限公司	2 627 340	4.16%	
7	台州尚顾汽车产业并购成长投资合伙企业(有限合伙)	1 546 860	2.45%	
8	苏州方广创业投资合伙企业(有限合伙)	6 890 700	10.91%	
9	刘涛	505 260	0.80%	
	合计	63 150 000	100.00%	

富驰高科技是金属粉末注射成型(MIM)产品专业制造商,主要是进行高密度、高精度、形状复杂的粉末冶金零件的设计、开发、制造。随着富驰高科在汽车零部件行业的深入开发和产品大批量制造,富驰高科在电子、通信、医疗、机械零部件等其他行业的 MIM 产品市场的快速发展获得了有效保障,在保证稳定品质的前提下,能够高效率、大批量制造 MIM 产品。相关行业的客户越来越多地聚集到富驰高科以获得大批量的 MIM 制品,富驰高科为客户持续提升市场竞争力提供持续有效的支持。

二、收购事件一览

● 2019 年 12 月 11 日,东睦股份与上海钟于企业管理有限公司、钟伟、于立刚、上海创精投资咨询合伙企业(有限合伙)签署了《关于上海富驰高科技股份有限公司之收购意向书》。

● 2020 年 1 月 14 日,东睦股份与钟于公司、钟伟、于立刚、创精投资签订了《东睦新材料集团股份有限公司与上海钟于企业管理有限公司、钟伟、于立刚、上海创精投资咨询合伙企业(有限合伙)关于上海富驰高科技股份有限公司的股份转让协议》。

● 2020 年 1 月 14 日,东睦股份召开第七届董事会第五次会议,审议并全票通过了《关于收购上海富驰高科技股份有限公司部分股权的议案》。

● 2020 年 2 月 5 日,东睦股份召开 2020 年第二次临时股东大会,审议通过了《关于收购上海富驰高科技股份有限公司部分股权的议案》。

● 2020 年 2 月 6 日，东睦股份发布了《关于为上海富驰高科技股份有限公司提供担保的公告》，表明根据中国证券监督管理委员会、中国银行业监督委员会《关于规范上市公司对外担保行为的通知》(证监发〔2005〕120 号)文件要求，在确保运作规范和风险可控的前提下，上海富驰具备纳入东睦股份财务报表合并范围的条件后，东睦股份应当为上海富驰进行综合授信业务提供担保。

三、收购方案

本次评估采用资产基础法和收益法进行评估，并选用收益法的评估结果作为评估结论，上海富驰 2019 年 9 月 30 日的股东全部权益的评估价值为 1 172 800 000 元，与账面价值 667 975 155.88 元相比，评估增值 504 824 844.12 元，增值率为 75.58%，公司在参考标的公司整体评估价值的基础上，在交易各方取得股份成本价格的基础上，分别给予交易各方差异化定价，确定收购标的公司 47 362 590 股股份(占标的公司股份总数的 75.00%)的对价总额为 103 900 万元。具体情况如表 13 所示。

表 13　收购方案明细表

序号	交易对方	转让数量(股)	股份比例	交易对价(万元)
1	钟伟	4 009 335	6.35%	6 013
2	钟于公司	31 423 560	49.76%	79 992
3	创精投资	5 854 695	9.27%	8 782
4	于立刚	6 075 000	9.62%	9 113
	合计	47 362 590	75.00%	103 900

从表 13 可以看出，本次收购交易对手方主要有钟于公司、钟伟、于立刚和创精投资。本次交易的特点在于差别定价，依据的基本原则是参照交易各方当时取得股份时的成本价格，具体如下。

钟于公司所持标的公司 29 398 560 股股份系自潘爱莲、谢国强、潘克勤、赵伟强、苏州工业园区源星秉胜股权投资合伙企业(有限合伙)(以下简称"源星秉胜")、海通开元投资有限公司(以下简称"海通开元")、台州尚顾汽车产业并购成长投资合伙企业(有限合伙)(以下简称"尚顾投资")、任长红、苏州方广创业投资合伙企业(有限合伙)(以下简称"方广创投")、刘涛等外部股东处受让取得,参照钟于公司受让该等股份的成本确定转让价格,公司受让钟于公司该等29398560股股份价款合计76954万元;钟于公司所持标的公司2025000股股份系自于立刚处受让取得,公司受让钟于公司该等2025000股股份按照钟于公司受让于立刚股份的成本价格确定定价,价格为15元/股,价款3038万元;两部分价款合计79992万元。根据上文上海富弛股权结构图可知,本次收购前钟于公司仅持有上海富弛26.45%的股份,而根据相关协议约定,剩余23.31%的股份是待交割的股份。

东睦股份受让于立刚所持标的公司剩余6075000股股份,价格为15元/股,价款9113万元;受让钟伟所持标的公司4009335股股份,价格为15元/股,价款6013万元;受让创精投资所持标的公司5854695股股份,价格为15元/股,价款8782万元。

(一)股权分割步骤

本次交易过程中富弛高科技向东睦股份交割股份分步进行,具体如表14所示。

表14 本次收购上海富弛向东睦股份交割股份的交易过程

交易阶段	交易对方	转让数量(股)	股份比例	股份交割时点
第一阶段	钟于公司	16703400	26.45%	本协议签署且收购方董事会审议通过本次交易之日
	创精投资	5854695	9.27%	
第二阶段	于立刚	1518750	2.41%	本协议生效、东睦股份股东大会审议通过本次交易后5个工作日内
	钟伟	4009335	6.35%	
	钟于公司	14720160	23.31%	本协议生效、收购方向标的公司支付第二期价款、钟于公司取得待交割股份后5个工作日内,交割至甲方
第三阶段	于立刚	4556250	7.21%	本协议生效且于立刚辞去标的公司董事职务6个月后5个工作日内
合计		47362590	75%	—

(二)价款支付方式

(1)首期款。东睦股份董事会审议通过本次交易之日,向钟于公司支付16200万元预付款,专项用于支付源星秉胜、海通开元、尚顾投资部分股份回购价款。

（2）第二期价款。收购方股东大会审议通过本次交易、本协议生效之日起5个工作日内,向钟于公司支付 44 682 万元,其中部分款项专项用于支付方广创投、刘涛、任长红、海通开元、源星秉胜股份回购价款。

（3）第三期价款。上述条款所述第二阶段股份交割全部完成后的 20 个工作日内,东睦股份支付价款合计 39 600 万元,其中:支付给钟于公司、钟伟、创精投资、于立刚的金额分别 19 110 万元、6 013 万元、8 782 万元、5 695 万元;同时于立刚于收到上述股份转让价款当日将 4 556 250 股股份质押给东睦股份,并办理股份质押登记手续,直至该等股份交割。

（4）第四期价款。上述条款所述第三阶段股份交割全部完成后,收购方向于立刚支付价款 3 418 万元。

四、案例评论

（一）华为苹果供应商"卖身"东睦,国内 MIM 第一梯队重新定义

标的公司上海富驰高科技有限公司是 MIM 行业龙头,规模仅次于精研科技。主营业务是运用金属注射成型技术生产小型、三维形状复杂的高性能结构零部件,提供高性价比的金属注射成型零件,其产品广泛用于移动互联终端类及通信产品、工具类产品、汽车类产品和医疗器械等。

目前,富驰的产品已经在市场的众多领域得到了广泛的应用且得到了充分的认可,例如消费电子、医疗、汽车、航空航天等行业,其中消费电子领域的龙头企业苹果、三星、华为都是富驰的客户。上海富驰所拥有的高效率的生产能力以及技术创新能力,使其拥有多项专利,并形成了丰富的成果。

2020 年,富驰高科前三季度毛利率为 33.29%,净利率为 6.3%,低于精研科技(分别为 38.98% 和 9.94%)。对于研发费用,富驰高科与精研科技相当,但是管理费用却低于精研科技,可以看出富驰高科的整体经营效率要更胜一筹。通过本次收购,富驰高科与经营效率更高的东睦股份结合,预计其净利润会有更大的进步空间。

而本次收购对于东睦股份而言,是一种战略布局所需。在对于新工艺、新技术以及新市场进行合理的布局和规划后,东睦股份认为收购富驰高科有利于增强公司技术和业务方面的互补性,同时具有较为明显的协同效应。用发展的眼光来看,这次并购有利于企业未来长期的健康发展,同时对巩固公司行业龙

头地位有着功不可没的作用。

(二)盈利能力攀升,收购助力稳健发展

2016 年至 2018 年,东睦股份营业收入同比增长 7.22%、21.49%、7.59%,净利润也在稳步上升。而 2019 年开始东睦股份主营业务的高速增长已有放缓之势。2019 年前三季度,公司实现营业收入 13.52 亿元,同比减少 9.83%;净利润 8 233.73 万元,同比减少 66.93%。公司解释称,首先是受到大环境宏观经济的影响,投资收益减少,导致订单不足,主营业务受到了较为明显的影响,使其营业收入和毛利率下降。而上海富驰近两年业绩表现稳定,根据年报资料显示,上海富驰 2018 年和 2019 年归属于母公司所有者的净利润为 3 565.89 万元、4 729.7 万元。

本次收购,东睦股份并不选择借助外力,资金全部来自公司的自筹资金,使得东睦股份资产负债率升高至 40%左右,同时产生了 4.13 亿元左右的商誉。但是根据财务报表数据显示,东睦股份偿债能力较为稳定,且公司经营活动产生的现金流量净额在 2019 年第三季度末为 1.99 亿元,同比提升了 42%,具有稳定的现金流入。

通过收购上海富驰,东睦股份将成为我国唯一一家集 PM、SMC 和 MIM 三个粉末冶金行业主流为一体的成长性企业,稳居行业制高点,扩展了粉末冶金新材料产业版图。

五、市场表现(600114)

东睦股份交易前后股价变动情况见图 18。

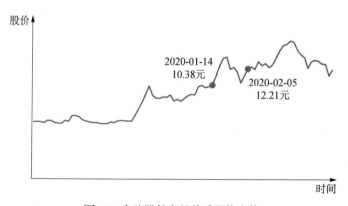

图 18　东睦股份交易前后股价走势

600278

东方创业：
集团内整合，传统外贸转型升级

一、收购相关方简介

(一) 收购方：东方国际创业股份有限公司

东方国际创业股份有限公司(以下简称"东方创业")于 1998 年 10 月 15 日由东方国际集团与集团内部的上海市丝绸进出口有限公司、上海市纺织品进出口有限公司、上海市针织品进出口有限公司、上海市家用纺织品进出口有限公司、上海市对外贸易有限公司共同发起设立。2000 年 6 月在上海证券交易所首次公开发行股票上市，首次发行 8 000 万股。本次并购交易前，东方创业的直接控股股东为东方国际(集团)有限公司，合计持有上市公司 63.41% 的股份，最终控制人为上海市国有资产监督管理委员会。东方创业的股权结构见图 19。

东方创业是一家集货物贸易和现代物流为一体，产业经营与资本运作相结合的综合型上市公司，主要从事纺织服务产品的进出口贸易，拥有从纺织服装产品国内外接单、打样设计、原材料和成品采购、工厂生产到全球物流配送的完整产业链。与此同时，公司下属还有多家全资控股的物流和航运公司，主要从事包括国际航运、国际船舶代理、国际货运代理、国际集装箱储运及报关、报检等在内的综合物流业务。东方创业已经是中国最大的纺织服装出口商之一，拥有多个知名品牌，在国际、国内市场上建立了广泛的业务合作渠道，市场声誉良好。公司从传统外贸企业起步，已经发展成为在国内外贸易、现代物流、资产经营和投资管理方面具有较强实力的大型国有控股企业。

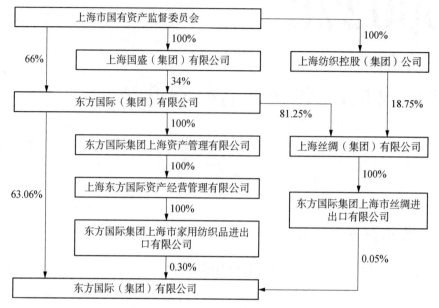

图19　本次交易前东方创业股权结构

（二）收购标的

1. 东方国际集团上海市对外贸易有限公司

东方国际集团上海市对外贸易有限公司（以下简称"外贸公司"）成立于1988年，在本次交易之前，东方国际（集团）有限公司持有其100%的股权。外贸公司主要从事进出口业务，进口业务产品包括贱金属及制品、化工及塑料产品、机电产品及机械设备、食品、木材等，出口产品包括化工及塑料产品、纺织产品、机电产品及机械设备、贱金属及杂项制品等。近年来公司积极进行业务创新和业务扩展，在深化传统进口业务的发展的同时，积极扩展以消费品进口为主的新业务，加强内外贸联动，扩大世界知名品牌内销业务的规模。截至2019年9月30日，外贸公司总资产合计28.54亿元，2019年1至9月的营业收入为61.75亿元。

2. 东方国际集团上海荣恒国际贸易有限公司

东方国际集团上海荣恒国际贸易有限公司（以下简称"荣恒公司"）成立于1992年，在本次交易之前，东方国际（集团）有限公司持有其100%的股权。荣恒公司的主营业务以出口业务为主，进口业务为辅，其中，出口业务商品以内衣和医药为主,进口业务产品主要为医疗器械(设备)、游乐场所游乐设备等。荣恒公司掌握和控制较为完整的产品供应链体系,在内衣业务和医药化工领域具有专业竞争优势。截至 2019 年 9 月 30 日,荣恒公司总资产合计 5.42 亿元,2019 年 1 至 9 月的营业收入为 7.96 亿元。

3. 上海新联纺进出口有限公司

上海新联纺进出口有限公司(以下简称"新联纺公司")成立于 1985 年,在本次交易之前,上海纺织(集团)有限公司持有新联纺公司 100%的股权。新联纺公司主要从事进出口业务,其中出口业务以纺织面料和服装为主,产品向欧美、日本、澳大利亚、东盟、中国香港等地出口,进口业务以乳制品、预包装食品、酒类及农产品为主,主要向澳大利亚、新西兰、欧美和日本市场进行采购。新联纺公司在多年的经营过程中,建立了良好的企业资质、资信,在纺织服装产品领域建立了全球化产业链布局,同时在进博会国家战略的指引下,加快进口业务转型发展的步伐,为加快新联纺走外贸综合发展之路打下了扎实基础。截至 2019 年 9 月 30 日,新联纺公司总资产合计 24.70 亿元,2019 年 1 至 9 月的营业收入为 58.88 亿元。

4. 上海纺织装饰有限公司

上海纺织装饰有限公司(以下简称"装饰公司")成立于 1990 年,在本次交易之前,上海纺织(集团)有限公司持有装饰公司 100%的股权。装饰公司主要从事纺织品、服装、家纺产品、新型面料的进出口业务,已形成以毛衫业务为核心,以服装等纺织品出口为重点,以风险可控进口业务为增长点的业务布局。装饰公司多渠道深挖掘国际经济贸易与合作,利用全球化采购和供应链管理优势,已与全球几十个国家和地区建立了广泛的经贸关系,致力于成为全球毛衫行业的领跑者。截至 2019 年 9 月 30 日,装饰公司总资产合计 7.94 亿元,2019 年 1 至 9 月的营业收入为 23.25 亿元。

5. 上海纺织集团国际物流有限公司

上海纺织集团国际物流有限公司(以下简称"国际物流公司")成立于 2004 年,在本次交易之前,上海纺织(集团)有限公司持有国际物流公司 100%的股权。国际物流公司主要从事物流业务,包括现代仓储服务、物流运输服务、进出口货物报关报检业务、国际国内货代业务;同时,公司也从事进口商品业务,主要进口产品包括皮草等,并基于公司仓储物流业务形成的供应链体系,开展相关的供应链服务。国际物流公司仓储资源较为丰富,仓储基地分布于上海浦东、奉贤、青浦和嘉定等地,拥有现代化立体货架式仓库,可为企业提供多元的一体化物流供应链服务。截至 2019 年 9 月 30 日,国际物流公司总资产合计 2.43 亿元,2019 年 1 至 9 月的营业收入为 2.60 亿元。

(三) 关联控股方: 东方国际(集团)有限公司、上海纺织(集团)有限公司

1. 东方国际(集团)有限公司

东方国际(集团)有限公司设立于 1994 年 6 月,是上海市纺织进出口公司、上海市服装进出口公司、上海市针织品进出口公司、上海市家用纺织品进出口公司、上海市丝绸进出口公司联合组建而成的有限责任公司。截至本次交易之前,东方国际(集团)有限公司持有东方创业 63.41%的股份,为上市公司的控股股东及实际控制人。

东方国际(集团)有限公司是上海市国有资产监督管理委员会下属的以时尚产业、健康产业和供应链服务为核心主业,以科技实业、产业地产、金融投资为支撑的大型综合性企业集团,是中国最大的纺织服装集团和最大的纺织品服装出口企业。东方国际(集团)有限公司名列 2018 年度中国企业 500 强第 175 位、中国服务业企业 500 强第 71 位和中国 100 大跨国公司第 75 位。东方国际(集团)有限公司在海外拥有 96 家业务机构,分布在五大洲 29 个国家和地区,所属企业 480 家,上市公司有 4 家,分别是东方创业、上海申达股份有限公司、上海龙头(集团)股份有限公司、联泰控股有限公司。

2. 上海纺织(集团)有限公司

上海纺织(集团)有限公司成立于 2001 年 12 月,是由上海纺织控股(集团)公司及华融资产、东方资产、信达资产、长城资产根据其所签订的《债转股协议》共同投资设立,设立时注册资本为人民币 980 761.43 万元。截至本次交易前,东方国际(集团)有限公司持有上海纺织(集团)有限公司 76.33%股权,上海纺织(集团)有限公司是东方国际(集团)有限公司的子公司。

上海纺织(集团)有限公司是中国最大的纺织集团之一,已成为集纺织品生产、销售及进出口贸易为一体的大型综合型企业。公司以贸易业务为核心主业,依托较强的纺织制造能力,已逐步建立了一个强大的对外贸易平台,并拥有一批老字号的市场知名纺织服装品牌。近年来,公司以"融合科技时尚、编织多彩生活"为使命,以"致力于成为全球资源的集成商和时尚生活的创造者"为愿景,积极探索了一条坚持"科技与时尚"发展理念,努力推进传统纺织制造业向设计、研发和品牌服务等高端提升、向生产性服务业和现代服务业延伸的战略转型之路,逐步形成了以先进制造业与现代服务业相融合、科技与时尚相辉映的高端纺织产业的新格局。上海纺织(集团)有限公司已发展成为一家以科技为先导,品牌营销和进出口贸易为支撑,以纺织先进制造业和时尚产业为依托,拥有较完整的纺织服装产业链的集科工贸为一体的企业集团。

二、收购事件一览

- 2019 年 4 月 30 日,东方创业披露《重大资产重组停牌公告》。
- 2019 年 5 月 20 日,东方创业发布《资产置换并发行股份及支付现金购买资产并募集配套资金暨关联交易预案》,并召开第七届董事会第十九次会议决议公告和第七届监事会第十二次会议决议公告通过本次预案。当日,东方创业股票开始复牌。
- 2019 年 5 月 31 日,东方创业收到上海证券交易所《资产置换并发行股份及支付现金购买资产并募集配套资金暨关联交易预案信息披露的问询函》。
- 2019 年 10 月 29 日,东方创业发布《资产置换并发行股份及支付现金购买资产并募集配套资金暨关联交易报告书(草案)》,对此次交易进行补充披露。
- 2019 年 11 月 14 日,东方创业召开 2019 年第二次临时股东大会,会议通过了此次交易。
- 2019 年 12 月 10 日,东方创业收到中国证券监督管理委员会出具的《中国证监会行政许可项目审查一次反馈意见通知书》,需公司及相关中介机构就有关问题作出书面说明和解释。
- 2020 年 3 月 4 日,东方创业发布《关于调整公司本次重组募集配套资金方案的公告》,根据新修订后的《上市公司证券发行管理办法》《上市公司非公开发行股票实施细则》对本次重组的募集配套资金方案进行调整。
- 2020 年 3 月 17 日,东方创业收到上海市国资委出具的《关于东方国际创业股份有限公司重大资产重组有关问题的批复》,同意东方创业调整后的募集配套资金方案。
- 2020 年 3 月 19 日,东方创业召开 2020 年第一次临时股东大会,会议通过《关于调整公司本次重组募集配套资金方案的议案》。

● 2020 年 3 月 25 日,本次重大资产重组事项获得中国证券监督管理委员会上市公司并购重组审核委员会有条件通过。

● 2020 年 5 月 18 日,东方创业收到中国证券监督管理委员会核发的《关于核准东方国际创业股份有限公司向东方国际(集团)有限公司等发行股份购买资产并募集配套资金的批复》。

● 2020 年 6 月 2 日,东方创业本次重大资产重组事项涉及的标的资产交割过户。

三、收购方案

本次交易构成重大资产交易与关联方交易。本次并购重组方案主要包括三部分:一是资产置换,二是发行股份及支付现金购买资产,三是募集配套资金。截至评估基准日 2019 年 5 月 31 日,各标的资产评估结果及交易价格如表15 所示。

表 15　本次交易标的资产评估结果与交易价格

标的资产		评估价值(元)	交易价格(元)
拟置出资产	创业品牌公司 60%股权	−43 925 869.92	1.00
拟注入资产	外贸公司 100%股权	1 194 913 865.84	1 194 913 865.84
	荣桓公司 100%股权	122 167 489.11	122 167 489.11
	新联纺公司 100%股权	491 207 318.61	491 207 318.61
	装饰公司 100%股权	231 583 334.17	231 583 334.17
	国际物流公司 100%股权	475 503 845.57	475 503 845.57

置出资产上海东方国际创业品牌管理股份有限公司(以下简称"创业品牌公司")的评估价值为 −4392.59 万元,交易价格为 1.00 元,注入资产的评估价值为 251 537.59 万元,交易价格为 251 537.59 万元。

(一) 资产置换

东方创业以持有的创业品牌公司 60%股份与东方国际(集团)有限公司持有的外贸公司 100%股权、荣恒公司 100%股权的等值部分进行置换。在本次交易前,东方创业持有创业品牌公司 60%股份,为创业品牌公司控股股东。截至 2019 年 9 月 30 日,创业品牌公司总资产合计 0.89 亿元,2019 年 1 至 9 月的营业收入为 1.00 亿元。

(二) 发行股份及支付现金购买资产

本次交易对价由上市公司以发行股份及支付现金方式支付,其中,以现金方式支付对价 37 730.64 万元,以股份方式支付对价 213 806.95 万元,股份发行价格为 11.34 元/股,发行股份数为 18 854.23 万股。

1. 发行股份购买资产

本次发行股份购买资产的定价基准日为上市公司审议本次重组事项的第七届董事会第十九次会议决议公告日,发行价格为定价基准日前 120 个交易日上市公司股票交易均价的 90%,即 11.43 元/股。根据东方创业 2019 年 6 月 19 日公告的《2018 年年度权益分派实施公告》,东方创业每股派发现金红利 0.09 元(含税),上述除息完成后,本次发行价格相应调整为 11.34 元/股。

东方创业目前的总股本为 52 224.17 万股,本次交易中,公司发行股份数为 18 854.23 万股,交易完成后总股本增加至 71 078.40 万股,东方创业的控制权不会发生变化,控股股东仍为东方国际(集团)有限公司。本次重组前后,东方创业股权结构变动如表 16 所示。

表 16　本次交易前后东方创业股权结构变化

交易对方	本次重组前		本次重组后①	
	持股数(股)	比例(%)	持股数(股)	比例(%)
东方国际(集团)有限公司	32 931.29	63.06%	42 803.60	60.22
上海纺织(集团)有限公司	—	—	8 981.93	12.64
东方国际集团上海市家用纺织品进出口有限公司	158.38	0.30	158.38	0.22
东方国际集团上海市丝绸进出口有限公司	24.74	0.05	24.74	0.03
其他股东	19 109.75	36.59	19 109.75	26.89
合计	52 224.17	100.00	71 078.40	100.00

---

① 这里不考虑募集配套资金的影响。

2. 支付现金购买资产

东方创业应自本次重组募集配套资金所涉股份发行完成后的 30 日内,将现金对价部分一次性足额支付至东方国际集团、纺织集团指定的账户。若东方创业未能成功募集配套资金,或所募集的配套资金尚不足以支付本协议约定现金对价,则东方创业以自有资金完成应履行的现金支付义务。

(三) 募集配套资金

东方创业采取询价发行的方式配套募集资金,向不超过 35 名符合条件的特定投资者非公开发行股份,募集配套资金不超过 135 000.00 万元。募集资金规模不超过本次以发行股份方式购买资产交易价格的 100%,且拟发行的股份数量不超过本次重组前公司总股本的 30%。本次募集配套资金的定价基准日为本次非公开发行股票发行期首日,发行价格不低于发行期首日前 20 个交易日公司股票均价的 80%。最终发行价格将在本次交易获得中国证监会核准后,由上市公司董事会根据股东大会的授权,与本次募集配套资金发行的主承销商协商确定。本次募集配套资金具体用途如表 17 所示。

表 17 本次交易募集配套资金用途

募集资金用途	募集资金计划使用金额(万元)	募集资金使用比例(%)
支付本次交易现金对价	37 730.64	27.95
埃塞俄比亚服装加工基地项目	30 000.00	22.22
补充上市公司和标的资产流动资金、偿还债务	67 269.36	49.83
合计	135 000.00	100.00

四、案例评论

(一) 积极应对行业疲软,促进外贸业务转型升级

自 2008 年金融危机爆发以后,全球经济在深度调整中曲折复苏。然而在目前,世界经济依然处于疲软态势,经济复苏前景并不乐观。2020 年以后,世界范围内暴发新冠肺炎疫情,迅速成为全球大流行病,给本就不乐观的全球经济再次添上更多迷雾。在这样的全球背景下,我国宏观经济也同样受到了重大打

击,特别是我国一直以来大力发展的外贸业务,由于外需的疲弱与国际贸易摩擦升级而承受巨大的经营压力。为应对这一系列复杂的国际经济环境,国内贸易企业面临转型升级的迫切需求。

东方创业从传统外贸企业起步,聚焦于货物贸易、现代物流、大健康产业的布局,目前东方创业的业务仍以进出口贸易为主。在此次重大资产重组交易中,东方创业被注入了 5 家东方国际集团下属的贸易类与物流类企业,涉及横向与纵向多方面并购业务,有助于加快公司在外贸业务领域的转型升级。被收购企业在交易前都具备持续经营能力,在交易完成后这五家企业都将成为东方创业的全资子公司。本次交易后,公司将进一步聚焦贸易及现代物流产业,在贸易行业及现代物流的业务规模将有较大幅度增长,这有利于提升东方创业在进出口贸易与交通物流方面的竞争能力,推动上市公司在贸易产业与物流产业上的协调联动作用,加快贸易业务的转型升级。

2020 年 12 月,东方创业再度与纺织集团达成协议,上市公司以 2.33 亿元的交易价格收购纺织集团持有的上海康健进出口有限公司(以下简称"康健公司")100%的股权。康健公司成立于 1992 年 10 月 23 日,主要从事医疗产品、化学药品等产品的进出口贸易业务。而东方创业的传统业务为纺织服装产品的进出口贸易,虽然近年来上市公司致力于发展多元化业务,控股了国内最大的医疗设备和器械进口经营企业之一的上海东松医疗科技股份有限公司,但是在医疗产品上的营业份额并不是很高。东方创业收购康健公司标志着公司向大健康产业的深耕,同时也是对公司传统外贸业务转型升级的进一步尝试。

(二) 减少同业竞争,激发公司发展活力

从经营业务的角度来看,目前东方创业的主营业务为以纺织品为核心的货物贸易业务,其母公司东方国际集团是中国最大的纺织服装集团和最大的纺织品服装出口企业。同时,东方创业还全资控股了多家物流与航运公司,从事包括国际航运、国际船舶代理、国际货运代理、国际集装箱储运及报关、报检等在内的综合物流业务。在本次交易中的五家被收购企业中,外贸公司、荣桓公司为东方国际集团的全资子公司,新联纺公司、装饰公司、国际物流公司为上海纺织集团的全资子公司,因此这五家企业与东方创业都为同一集团内部的兄弟公司。而在本次交易前,外贸公司、荣桓公司、新联纺公司、装饰公司主要从事日常商品的外贸业务,国际物流公司主要从事仓储与物流业务,故此五家企业的主营业务都与上市公司有所重叠。由于主营业务相近,那么在日常经营中难免会产生业务方面的竞争与冲突,本次交易也能够减轻该集团内部同业竞争的冲突。

其实东方创业所处的东方国际集团将解决同业竞争问题提上日程由来已久。早在 2017 年,在东方国际集团与上海纺织集团重组以后,东方国际集团针对同业竞争问题一直在进行积极的调研与方案论证工作,以寻求在不伤害公司独立性与股东利益的前提下解决同业竞争问题。2019 年,东方国际集团向社会公众补充承诺,集团内非上市公司进一步拓展的产品与业务将不与东方创业的产品的业务相冲突以保证投资者的利益。如果发生冲突,东方国际集团将通过如下两种方式,自联合重组完成后的五年内,并力争用更短的时间解决同业竞争问题:(1)停止经营构成竞争或可能构成竞争的业务;(2)将竞争业务转移至上市公司或无关联关系的第三方。

因此,在本次交易中,东方国际集团与上海纺织集团将与上市公司在产品业务方面有所冲突的五家企业转让给东方创业,主要是对 2019 年东方国际集团解决同业竞争承诺的进一步履行。先前东方国际集团于 2019 年承诺在五年内解决东方创业的同业竞争问题,而同年东方创业就已发布交易预案,披露了收购存在竞业关系的企业,可见东方创业在解决同业问题与向社会公众传递良好形象的决心。与此同时,这也真正减少了上市公司在集团内部的同业竞争,有利于提高东方创业的公司治理水平和经营的独立性。

(三) 整合集团内部资源,提高产业竞争力

本次交易中,东方国际集团承诺,外贸公司在 2020 年、2021 年、2022 年应实现的扣除非经常性损益后归属于母公司所有者的净利润应分别不低于2 254.04 万元、2 670.88 万元、2 940.08 万元。纺织集团承诺,下属拟注入标的公司新联纺公司、装饰公司、国际物流公司在 2020 年、2021 年、2022 年应实现的扣除非经常性损益后归属于母公司所有者的净利润合计数应分别不低于2 860.07 万元、3 253.51 万元、3 937.12 万元。

在完成本次并购重组以后,东方创业的总资产、净资产、营业收入规模等都有较大幅度的提升,有利于提升公司的盈利水平,增厚公司每股收益,为上市公司全体股东创造更多价值。根据东方创业披露的 2020 年三季报,从资产规模来看,截至 2020 年第三季度,东方创业的资产总额为 176.91 亿元,同比增长

97.43%。但与此同时,东方创业的资产负债率达到了 66.03%,同比上升接近 14 个百分点;从盈利能力来看,东方创业 2020 年前三季度的营业收入为 278.66 亿元,同比增长 115.78%;2020 年前三季度的净利润为 1.65 亿元,同比增长 74.62%。以上数据表明,在经过并购重组后,东方创业的资产规模与盈利能力都获得了大幅提升,东方创业在贸易与物流领域的竞争力进一步加强。但与此同时,东方创业的资产负债率也有所上升,这表明上市公司在未来可能会承担标的资产更大的负债压力。

五、市场表现(600278)

东方创业交易前后股价变动情况见图 20。

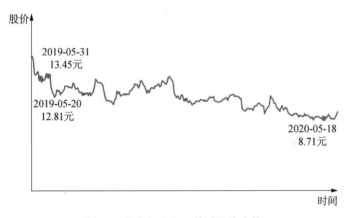

图 20　东方创业交易前后股价走势

第三辑　跨界并购

300650

太龙照明：
"蛇吞象"，发展"商业照明＋半导体"双主业

一、收购相关方简介

（一）收购方：太龙(福建)商业照明股份有限公司

2002 年,太龙(福建)商业照明股份有限公司(以下简称"太龙照明")的前身——厦门太龙照明科技有限公司(以下简称"厦门太龙")在厦门留学生创业园成立,第一款灯具设计定型。随着厦门太龙年产值突破 1 000 万元,太龙(漳州)照明工业有限公司(以下简称"太龙漳州")成立,总产值突破 1 亿元大关。2012 年,公司完成股份制改造,更名为"太龙(福建)商业照明股份有限公司",获得"福建省创新型试点企业"称号,并于 2017 年 5 月正式登陆深交所创业板,在 A 股挂牌上市。自公司设立之日起,太龙照明的控股股东和实际控制人一直为庄占龙。

太龙照明主营业务是提供集照明设计、开发制造、系统综合服务于一体的商业照明整体解决方案,主要产品包括照明器具、LED 显示屏和光电标识等三类。作为专注于光影营造的商业照明整体解决方案服务商,太龙照明依托"总部提供专业化设计、照明器具定制化开发、品牌终端门对门服务"的商业模式,以个性化、定制化的照明产品为载体,全面满足品牌客户终端门店对于环境营造和产品展示的照明需求。太龙照明前五大股东结构如表 18 所示。

表 18　太龙照明前五大股东结构

序号	股东名称	持股数量(股)	持股比例
1	庄占龙	33 048 000	30.78%

（续表）

序号	股东名称	持股数量(股)	持股比例
2	黄国荣	13 081 500	12.19%
3	苏芳	13 081 500	12.19%
4	向潜	7 739 000	7.21%
5	华宝信托有限责任公司-华宝-泰隆1号证券投资信托计划	3 340 693	3.11%

（二）收购标的：博思达资产组

1. 持股主体

（1）博芯技术香港有限公司

博芯技术香港有限公司(以下简称"香港博芯")于2017年9月22日在香港注册成立,并于同年11月由原股东Boost Up Group Limited将其持有的100%股权转让给Zenith Legend Limited。截至本次收购,香港博芯的控股股东为Zenith Legend Limited。香港博芯为控股主体,不存在实际生产经营业务。

（2）上海全芯共创企业管理咨询合伙企业(有限合伙)

上海全芯共创企业管理咨询合伙企业(有限合伙)(以下简称"上海全芯")于2017年11月21日在上海成立。截至本次收购,上海全芯的实际控制人为王陵女士(持有上海全芯99%股份)。上海全芯为控股主体,不存在实际生产经营业务。

（3）香港嘉和融通投资有限公司

香港嘉和融通投资有限公司(以下简称"香港嘉和")于2017年8月28日在香港注册成立。截至本次收购,香港嘉和的实际控制人为唐雪梅女士(持有香港嘉和100%股份)。香港嘉和为控股主体,不存在实际生产经营业务。

（4）Zenith Legend Limited

Zenith Legend Limited(以下简称"Zenith Legend")于2017年10月19日在英属维尔京群岛注册设立。截至本次收购,Zenith Legend的实际控制人为袁怡先生。Zenith Legend为控股主体,不存在实际生产经营业务。

（5）润欣勤增科技有限公司

润欣勤增科技有限公司(以下简称"香港勤增")于2001年7月30日在香

港注册设立,主要从事 IC 产品采购和销售业务。截至本次收购,香港勤增的控
股股东为上海润欣科技股份有限公司(以下简称"润欣科技"),实际控制人为郎
晓刚、葛琼夫妇。香港勤增持有 Upkeen Global 49% 的股权和 Fast Achieve
49% 的股权。

(6) Richlong Investment Development Limited

Richlong Investment Development Limited(以下简称"Richlong Investment")于
2009 年 8 月 11 日在英属维尔京群岛注册设立。截至本次收购,Richlong
Investment 的实际控制人为唐雪梅女士,下属持有 Fast Achieve 51% 的股权。
Richlong Investment 为控股主体,不存在实际生产经营业务。

2. 标的主体

(1) 全芯科电子技术(深圳)有限公司

2015 年,全芯科电子技术(深圳)有限公司(以下简称"全芯科")在深圳市注
册成立。此后全芯科于 2017 年 12 月完成股权转让,香港博芯持有其 70% 股
权,成为全芯科控股股东。截至本次收购,全芯科股权结构未发生变更。

(2) Upkeen Global

Upkeen Global Investments Limited(以下简称"Upkeen Global")于 2014 年
1 月 8 日在英属维尔京群岛注册成立。截至本次收购,经过 7 次股权转让,
Upkeen Global 的控股股东为 Zenith Legend(持有其 51% 股权),且不存在实际
生产经营业务。

(3) Fast Achieve

2017 年 11 月 15 日,Fast Achieve Ventures Limited(以下简称"Fast Achieve")在
英属维尔京群岛注册成立,由 Richlong Investment 持有其 51% 的股权,无实际
生产经营业务。

3. 业务主体:博思达资产组

(1) 博思达科技(香港)有限公司

博思达科技(香港)有限公司(以下简称"博思达")于 2010 年 3 月 18 日在
香港注册成立,是一家主要服务于中国手机及消费电子类 OEM、ODM、IDH
及 EMS 的电子元器件分销商,产品覆盖手机射频、手机电视芯片、陀螺仪、指南
针芯片等智能机关键元器件。截至本次收购,通过三次股权转让,成功科技(香
港)有限公司(以下简称"成功科技")持有博思达 49% 的股权。

(2) 芯星电子(香港)有限公司

芯星电子(香港)有限公司(以下简称"芯星电子")成立于 2019 年 3 月 27 日,主营业务为电子贸易、电子产品的设计及咨询,以及技术外包。截至本次收购,芯星电子的股权结构未发生变更,由成功科技持有其 49% 的股权。

(3) 全芯科微电子科技(深圳)有限公司

全芯科微电子科技(深圳)有限公司(以下简称"全芯科微")成立于 2017 年 9 月 18 日,主营业务为电子元器件代理及分销。博思达持有全芯科微 100% 股权。

(4) 博思达国际(香港)有限公司

博思达国际(香港)有限公司(以下简称"博思达国际")成立于 2014 年 10 月 3 日,无实际生产经营业务。经过两次股权转让,截至本次收购,博思达持有博思达国际 100% 股权。

综上所述,本次收购的标的资产为全芯科、Upkeen Global 和 Fast Achieve 的 100% 股权,其均为持股主体,主要持有的业务实体为博思达、芯星电子及其子公司全芯科微、博思达国际,而最主要的业务发生在博思达,因而本次交易的标的公司合称为"博思达资产组"。

二、收购事件一览

● 2020 年 5 月 23 日,太龙照明第三届董事会第十三次会议审议通过本次重大资产重组,并发行重大资产购买暨关联交易报告书(草案)。

● 2020 年 6 月 12 日,太龙照明回复深圳证券交易所对重组的问询函,并发布重大资产购买报告书(草案)(修订稿)。

● 2020 年 6 月 22 日,太龙照明第一次临时股东大会审议通过《关于本次重大资产重组具体方案的议案》。

● 2020 年 7 月 9 日,太龙照明收到福建省发展和改革委员会出具的《境外投资项目备案通知书》,对公司本次重大资产重组事项所涉境外投资事项予以备案。

● 2020 年 7 月 13 日,太龙照明收到福建省商务厅出具的《企业境外投资证书》,对公司本次重大资产重组事项所涉境外投资事项予以备案。

● 2020 年 9 月 1 日,太龙照明收到经外汇管理部门授权的银行出具的外汇登记业务凭证。

● 2002 年 9 月 29 日,太龙照明完成本次收购协议中约定的股权交割程序。

三、收购方案

本次并购重组交易方案分为以下三个部分:

(1) 太龙照明受让香港博芯、上海全芯和香港嘉和合计持有的全芯科 100%股权;

(2) 太龙照明受让 Zenith Legend 和香港勤增合计持有的 Upkeen Global 100%股权;

(3) 太龙照明受让 Richlong Investment 和香港勤增合计持有的 Fast Achieve 100%股权。

收购前后标的公司股权结构如图 21、图 22 所示。

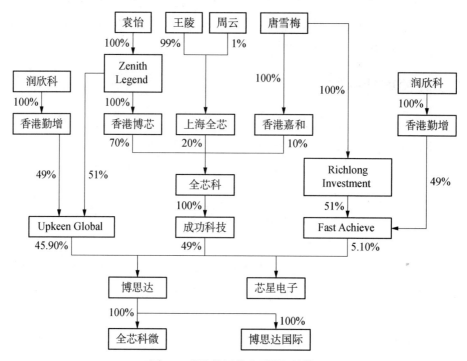

图 21　收购前标的公司股权结构

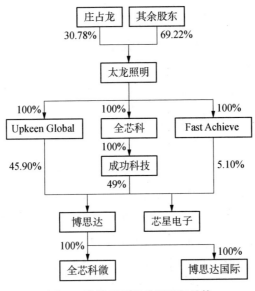

图 22　收购后标的公司股权结构

以上三部分内容不可单独拆分,共同构成本次太龙照明的整体收购。此次交易完成后,太龙照明持有全芯科的 100% 股权、Upkeen Global 的 100% 股权以及 Fast Achieve 的 100% 股权,结合其直接及间接持股,博思达及芯星电子在整体收购完成后成为太龙照明的全资子公司。本次交易的资金来源为太龙照明自筹资金(包括但不限于自有资金、非公开发行股票募集的资金及通过其他法律法规允许的方式筹集的资金)及银行贷款资金。

四、案例评论

(一) 以小吃大,埋下商誉减值"地雷"

太龙照明是商业照明的整体方案解决商,主要产品涵盖照明器具、LED 显示屏和光电标识三大类,旨在提供集照明设计、开发制造和系统综合为一体的一条龙服务。太龙照明的主要客户为为阿迪达斯、绫致时装、利郎、安踏等知名品牌服饰商,近年来销售规模稳步扩张;同时,公司将产业触角继续外延至商超、酒店、教育等领域,逐步构建其在商业照明领域中的品牌生态圈,形成企业发展的良性循环。

标的公司业务主体博思达是业内知名的半导体分销商,产品主要应用于无线通信、消费电子及工业物联网领域,其掌舵人袁怡是中美半导体领域的见证者和开拓者之一。目前,博思达不仅仅是全球头部射频芯片之一的 Qorvo 中国区第一大代理商,还代理了诸如 Pixelworks Inc、财富之舟集团、AKM、InvenSense 等国内外知名公司,涉及半导体、移动终端设备、消费电子等多个行业。下游客户方面,博思达客户主要是手机品牌企业和大型手机 ODM 企业,如小米公司、OPPO、华勤通讯和闻泰科技等。

根据本次《重大资产购买报告书》,2019 年博思达营业收入为 20.09 亿元,太龙照明营业收入为 5.6 亿元,博思达营业收入是上市公司收入的 3.59 倍,表明这是一场典型的"蛇吞象"式收购。然而另一方面,本次收购中资产评估机构给予博思达较高的评估价值,为上市公司埋下了商誉减值的高风险地雷。截至评估基准日 2019 年 12 月 31 日,博思达在收益法下的评估价值为 7.53 亿元,同期其经审计的净资产账面价值为 2.05 亿元,本次评估增值率高达 267.49%。基于较高的估值,收购完成后,太龙照明增加商誉 5.37 亿元,而这高额的商誉对于净利润仅仅 5251 万元的太龙照明来说风险巨大。一旦博思达业绩不及预期,发生商誉减值,将对太龙照明造成重创。

(二)"商业照明+半导体"双主业发展,提升公司综合实力

太龙照明上市以来,不断加大对商业照明领域的研发投入和渠道拓展力度,主营业务商业照明保持健康发展,在 2017 年、2018 年及 2019 年分别实现营业收入 3.38 亿元、4.87 亿元和 5.60 亿元。此外,太龙照明有必要在商业照明领域外,寻找公司新的业绩增长点,多元化发展企业,开拓新业务、新市场。

一方面,2019 年 10 月,国家发改委颁发的《产业结构调整指导目录》将半导体、光电子器件、新型电子元器件均列为鼓励类项目,半导体市场发展前景广阔;另一方面,随着 5G、物联网时代的来临,市场对于智能照明的需求逐渐兴起,智能照明产品所涉及的 5G、物联网技术,迫使公司亟需在半导体应用方案设计领域积极转型。

本次收购实现了上市公司对半导体行业的战略布局,通过积累高端的半导体渠道资源,为提升公司综合实力,向科技型企业转型奠定基础。

五、市场表现(300650)

太龙照明交易前后股价变动情况见图 23。

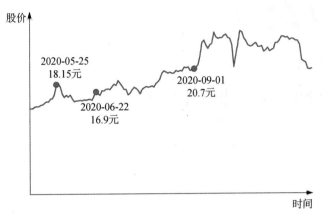

图 23　太龙照明交易前后股价走势

600257

大湖股份：
跨界并购，布局健康产业

一、收购相关方简介

(一) 收购方：大湖水殖股份有限公司

大湖水殖股份有限公司(以下简称"大湖股份")成立于1999年1月,于2000年6月在上海证券交易所上市,是全国第一家"水面资本化"模式的上市公司,也是农业产业化国家重点龙头企业。

大湖股份以生产健康湖泊产品及水资源综合利用为特色,以医药与健康产品贸易为发力点,在稳定现有业务的同时,积极向大健康大消费产业升级发展,并兼营浓香型与酱香型白酒业务。大湖股份建有国家级鱼类良种场,与中国水产科学研究院、中科院水生生物研究所、华中农业大学等科研院所建立了长期稳定的产学研合作关系,与国内外顶尖科研机构合作,建立水环境治理国家级实验室。公司淡水天然放养规模突破185万亩水面,实现同行领先;年优质鱼苗繁育能力突破30亿尾,实现全国领先;淡水珍珠加工突破传统方法,实现世界领先。公司主要产品为高品质的天然大湖淡水有机鱼、冰川鱼、大湖有机甲鱼、江苏阳澄湖大闸蟹、湘云鲫、德山酒等消费类名优产品,德山酒为中国驰名商标产品。公司积极推行标准化生产和管理,建立并实施了完善的食品安全保证体系,通过ISO9001质量管理体系认证、ISO14001环境管理体系认证,有机产品认证,"大湖"商标为中国驰名商标。

(二) 收购标的：东方华康医疗管理有限公司

东方华康医疗管理有限公司(以下简称"东方华康")于2017年9月设立,成立时注册资本为5 000万元。东方华康的主营业务范围包括从事医院管理、医疗产业投资、医疗器械经营、医疗科技与生物科技领域内的技术开发等业务，是立足于大健康产业发展前提下和中国进入老龄化社会康养融合迫切需求的背景下成立的集康复、护理、医养、教学于一体的医院投资、医院管理的大型集团公司。东方华康现拥有常州阳光康复医院、无锡国济康复医院、无锡国济护理院、无锡国济颐养院、上海金城护理院5所机构共计2100多张康复、护理床位。东方华康通过长期以来核心团队文化的建设和沉淀，已经拥有一支资深的、从业超过20年的上海社会办医经验的医院管理团队和高级职称的各个学科技术人才。并且，东方华康拟与荷兰THIM大学、香港理工大学、上海复旦大学医学院、上海中山医院、上海华山医院、江苏省人民医院医疗技术协作，在长期实践中形成了具有现代特色的医院经营管理模式。截至本次交易，东方华康的股权结构如表19所示。

表 19　本次交易前东方华康的股权结构

股东名称/姓名	出资额(万元)	持股比例(%)
咖辅健康科技(上海)有限公司	5 157.69	46.42
上海联创君浙创业投资中心	2 188.89	19.70
上海联创永沂二期股权投资基金合伙企业	2 000.00	18.00
上海擢英医管理合伙企业	1 000.31	9.00
李爱川	542.00	4.88
蒋保龙	222.22	2.00
合计	11 111.11	100.00

二、收购事件一览

● 2020年1月17日，大湖股份发布《关于现金收购东方华康医疗管理有限公司8%股权的公告》，并召开第七届董事会第十八次会议，审议通过了此次交易。

● 2020年4月14日，大湖股份收到上海证券交易所《关于对大湖水殖股份有限公司现金收购资产相关事项的问询函》。

● 2020年4月15日，大湖股份发布《关于现金收购东方华康医疗管理有限公司部分股权并增资的公告》,收购东方华康 32%股权并进行增资。增资完成后,大湖股份合计持有东方华康 60%股权。当日,大湖股份召开第七届董事会第二十一次会议和第七届监事会第十六次会议,审议通过了此次交易。

 ● 2020 年 4 月 23 日,大湖股份收到上海证券交易所《关于对大湖水殖股份有限公司现金收购资产相关事项的二次问询函》。

 ● 2020 年 5 月 30 日,大湖股份发布《关于现金收购东方华康医疗管理有限公司部分股权并增资暨关联交易的公告》。

 ● 2020 年 6 月 15 日,大湖股份召开 2020 年第二次临时股东大会通过本次交易。

 ● 2020 年 7 月 10 日,大湖股份已完成东方华康的资产过户手续,东方华康60%的股权已登记至大湖股份名下。

三、收购方案

在本次交易中,大湖股份合计以现金 25 000 万元收购东方华康原有股东增资稀释后所持有的 40%股权,并通过向东方华康增资 12 500 万元进一步取得标的公司 20%的股权。交易完成后,大湖股份持有东方华康 60%股权,并将东方华康纳入合并报表范围。

本次交易标的资产的评估情况以上海申威资产评估有限公司(以下简称"申威评估")分别于 2020 年 1 月与 2020 年 5 月开展的两次公司股东全部权益价值评估报告作为基础。其中 2020 年 1 月申威评估出具的评估报告以 2019年 9 月 30 日为评估基准日,采取收益法评估结果,评估结论为东方华康全部权益价值为 62 760.00 万元;2020 年 5 月申威评估出具的评估报告以 2019 年 12月 31 日为评估基准日,采取收益法评估结果,评估结论为东方华康全部权益价值为 62 600.00 万元。经大湖股份与东方华康各股东协商确认,本次投资东方华康股东全部权益评估值为人民币 62 500.00 万元。

本次交易完成后,大湖股份持有东方华康合计 60%的股权,成为东方华康的直接控股股东。交易完成后东方华康的股权结构如表 20 所示。

表 20　本次交易后东方华康的股权结构

股东名称/姓名	出资额(万元)	持股比例(%)
大湖水殖股份有限公司	8 333.34	60.00
咖辅健康科技(上海)有限公司	2 642.51	19.03
上海擢英医管理合伙企业	805.81	5.80
上海联创永沂二期股权投资基金合伙企业	748.15	5.38
上海联创君浙创业投资中心	742.60	5.35
李爱川	507.23	3.65
蒋保龙	109.25	0.79
合计	13 888.89	100.00

四、案例评论

(一)渔业公司逐浪大健康产业,攫取利润新增长点

大湖股份被称为"中国淡水鱼第一股",其传统主营业务为淡水鱼养殖,主要产品为淡水有机鱼、冰川鱼、江苏阳澄湖大闸蟹、湘云鲫等水产和德山酒等酒类产品。但此次交易中,大湖股份的收购标的东方华康却是一家主要从事医院管理、医疗产业投资、医疗器械经营等业务的康复医学类公司,该公司旗下共有4家医疗机构和1家养老机构。因此,本次交易为跨界并购。

然而,大湖股份跨界收购医疗类企业并非首次。近年来大湖股份的营业收入虽然保持增长态势,但公司的净利润却常年下挫,从 2010 年的 7 430 万元降至 2018 年的 1 700 万元,2019 年进一步由盈转亏,账面亏损 1.57 亿元。为弥补公司业绩,大湖股份逐渐从单一的传统淡水鱼养殖领域走出,向产业多元化方向转型,其中大健康产业是上市公司聚焦的重点之一,为此公司甚至提出了"大消费,大健康"战略。早在本次收购东方华康之前,大湖股份就已布局大健康产业,公司原有业务涵盖了健康水产品、药品和保健品等大健康产品,其全资子公司湖南德海医药贸易公司、大湖生物技术公司等与医疗机构、医药公司、健康养老机构等建立了长期合作关系,但是整体来说公司的医疗业务总占比并不大。2017 年,大湖股份拟以 10.4 亿元对价收购西藏深万投 51%的股权,对深圳万生堂实现间接控股,其中深圳万生堂是日本知名保健品企业冈本在中国大陆地

区的总经销商,其在国内一直保持较强的盈利能力。因此大湖股份希望通过收购西藏深万投来深入挺进大健康领域,提高医疗业务的占比,实现公司的战略转型。但上市公司针对西藏深万投的并购重组却波折不断,由于材料未按期申报、重组相关方违反《中华人民共和国证券法》有关规定等多种因素,导致这场长达两年的收购历程最后以失败告落。

由此观之,本次交易的成功完成对大湖股份弥补业绩亏损具有十分重要的意义。一方面,东方华康现拥有常州阳光康复医院、无锡国济康复医院、无锡国济护理院、无锡国济颐养院、上海金城护理院5所医疗机构和一支从业超过20年的上海社会办医经验的医院管理团队。通过跨界并购东方华康,可以帮助大湖股份进一步深耕大医疗产业,成功实现在大消费、大健康概念方向的转型,进而扭转近年来公司在渔业板块中业绩始终疲弱的现状。另一方面,最近几年国家对康复医疗的重视程度越来越高,通过不断出台相关政策来支持康复行业的发展,使得康复医疗行业在政策与需求的双重驱动下快速发展。本次交易顺应了康复医疗行业需求量持续扩大的发展趋势,进而稳步推进公司向大健康领域发展,培育公司新的利润增长点。

(二)亏损标的未来可期,有望弥补市场信心

在本次重大交易中,大湖股份溢价收购东方华康的行为引起了中国证监会与社会公众的关注。根据大湖股份披露的收购公告,东方华康在评估基准日的净资产价值为7 815.16万元,评估价值为37 656.00万元,属于溢价收购。然而,东方华康在2019年资产负债表日的净利润为-2661万元,也就是说大湖股份以接近382%的溢价收购了一家亏损标的。面对如此高昂的交易价格,证监会在向大湖股份的问询函中也指出"该价格显著高于同时期市场其他主体取得相关资产的价格"。如上文所述,此前大湖股份进行过为期两年的对西藏深万投的收购活动,但是最终宣告失败,这已经重挫了市场投资者的耐心,导致2019年下半年出现了大股东大规模减持的事件,使得大湖股份股价持续徘徊低位。而此次大湖股份溢价收购亏损标的东方华康的消息一出,大湖股份的股价再次出现了持续的下挫,这表明市场对大湖股份正在渐渐失去信心。

随后,大湖股份对问询函中的溢价收购亏损标的的合理性给出答复。根据大湖股份出具的对中国证监会的回函,东方华康2019年出现亏损主要是公司内部员工、设施设备、水电供应、消防、医废物处理、宣传推广等大量资金的先行投入所致。由于东方华康成立于 2017 年,距收购公告公布日不足三年,公司开业时间较短,而医疗行业前期投入较高,住院率与收费金额上升又需要一定时间,所以导致了目前的亏损。从披露的相关数据中看到,东方华康自 2017 年成立至 2019 年,始终处于亏损状态,但亏损原因皆与前期筹备有关:2017 年处于前期组建中,尚未正式开始营业,净利润为 -500 万元;2018 年东方华康旗下常州阳光康复医院有限公司刚刚开始运营,净利润为 -2 822 万元;2019 年旗下上海金城护理院有限公司、无锡市国济护理院有限公司、无锡市国济康复医院有限公司刚刚开业,净利润为 -2 785 万元,且截至评估基准日,东方华康旗下康复医院都未完成装修,床位使用率较低。

然而自 2020 年以后,随着东方华康各护理院及康复医院装修及床位扩张逐步完成,床位使用率提升一倍,盈利能力得到大幅增长。根据 2020 年 4 月 30日的营业数据,东方华康的净利润达到 216 万元,成功实现了扭亏为盈。根据评估结果,在未来东方华康的床位使用率将得到进一步提升,如果数据真实,那么这将继续有力支撑东方华康的盈利性与成长性。此外,在收购公告中东方华康也给出了相当高的业绩承诺。最新公告显示,东方华康承诺 2020 年、2021年、2022 年、2023 年、2024 年净利润分别不低于 2 000 万元、4 000 万元、4 500 万元、6 000 元、8 000 万元,5 年累计净利润不低于 2.45 亿元,远超 2019 年的亏损净利润。当然大湖股份也在公告中表示,标的公司目前的实际经营情况与承诺的业绩相差较大,标的资产未来可能存在经营业绩未达到预期或远低于预期的经营风险。但是在当前医疗需求持续升温的背景下,伴随收购标的建设期结束运营步入正轨,东方华康有望为大湖股份带来新的盈利机会以弥补市场信心。

(三) 增加风控措施,为交易保驾护航

上文提到,东方华康在并购交易前几年的净利润均为负值,这主要是因为公司于 2017 年刚刚成立,前期筹备需要大量资金投入叠加公司下属医院目前住院率不高,导致了东方华康近几年大的亏损业绩。虽然医疗产业是我国最近几年发展的重点领域,新冠肺炎疫情的暴发又进一步增强了国家对医疗行业的重视,但目前处于起步期的东方华康在未来究竟发展几何依旧存在着巨大的不确定性。为此,大湖股份对此次交易实际上也采取了多项风险控制措施,以降低本次对东方华康的收购风险。

首先,在本次交易中,为切实保障东方华康的盈利预测符合实际状况,交易各方同意暂缓支付3 000万元的股权转让款。同时,各方达成协议,等到东方华康附属机构上海金城护理院核定床位数达到804张,附属机构常州阳光康复医院、无锡国济康复医院、无锡国济护理院、无锡颐养院总核定床位数达到1 150张以后再予以支付剩余款项。其次,为了保证交易的顺利进行,交易对手方已经解除了对东方华康的股权质押限制,并且将其拟转让的东方华康的股权质押给上市公司,以此疏通在后续交付资产的障碍。此外,对于东方华康给予的高额业绩承诺,大湖股份也加强了对该补偿的保障措施。根据上市公司披露的收购公告,本次交易的本次业绩补偿方为咖辅健康、上海擢英与李爱川,为保证业绩补偿的正常履行,三者已将其合计持有的东方华康的28.4%股权质押给了大湖股份。

五、市场表现(600257)

大湖股份交易前后股价变动情况见图24。

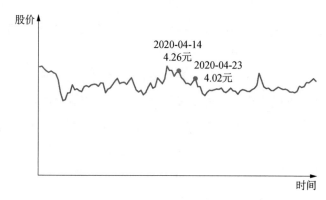

图24　大湖股份交易前后股价走势

600655

豫园股份：
"复星系"收购金徽酒，重塑白酒赛道

一、收购相关方简介

(一) 收购方：上海豫园旅游商城(集团)股份有限公司

上海豫园旅游商城(集团)股份有限公司源于 150 多年前清朝同治年间的老城隍庙市场，经历了由庙市、老城隍庙市场、豫园商场、豫园商城再到豫园股份的历史演变过程。上海豫园商场于 1987 年 6 月经上海市人民政府有关部门批准，改制为上海豫园商场股份有限公司。1992 年 5 月，上海豫园商场股份有限公司采用募集方式共同发起成立上海豫园旅游商城股份有限公司(以下简称"豫园股份")，同年 9 月豫园股份股票在上海证券交易所上市交易。2017 年 8 月 29 日，证券简称由"豫园商城"变更为"豫园股份"。

豫园股份地处上海中心商业区，经营范围包括黄金珠宝、餐饮、医药、工艺品、百货、食品、旅游、房地产、金融和进出口贸易等。公司旗下拥有众多以中国驰名商标、中华老字号、上海市著名商标和百年老店等为核心的产业品牌资源，包括"老庙黄金""亚一金店""南翔小笼"等。本次交易后，豫园股份成为金徽酒的控股股东，有助于提升豫园股份的业务拓展能力和资金实力，增强竞争实力，提升公司价值。同时，本次权益变动是豫园股份完善产业布局的重要举措，符合豫园股份践行"产业运营＋产业投资"双轮驱动，持续构建"家庭快乐消费产业＋城市产业地标＋线上线下会员平台"的三位一体战略，在快乐时尚消费主题下，通过投资收购获取优质资源，进一步丰富、充实快乐时尚版图中的战略性品牌及产品资源。豫园股份的股权结构如图 25 所示。

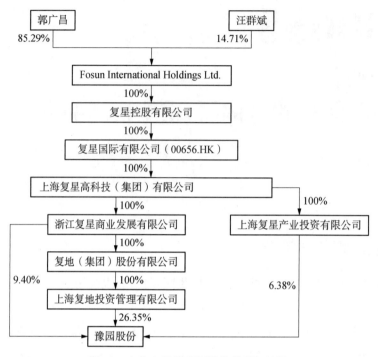

图25　本次交易前豫园股份的股权结构

(二) 收购标的：金徽酒股份有限公司

金徽酒股份有限公司(以下简称"金徽酒")由徽县金徽酒业有限公司整体变更而来,徽县金徽酒业有限公司由亚特集团于2009年12月23日出资设立。2016年3月,金徽酒在上海证券交易所上市,证券简称"金徽酒",证券代码为"603919"。金徽酒主营业务为白酒生产及销售,其代表产品有"金徽二十八年""金徽十八年""世纪金徽星级""柔和金徽""金徽正能量"等,营销网络已辐射甘肃、陕西、宁夏、新疆、西藏、内蒙古等西北市场,正逐步成为西北地区强势白酒品牌。

金徽酒的经营模式为"科技研发—原料采购—成品酒生产—产品销售",其成品酒生产流程包括酿造、老熟、勾调和包装四个环节。根据公司发展战略和市场需求,制定年度酿酒生产计划,由酿酒车间组织实施;原酒经过分级后分别在陶坛、不锈钢酒罐和槐木酒海储存,陈酿老熟后用于成品酒勾调;公司根据销售规划和市场订单确定成品酒生产计划,由包装中心负责实施。

截至目前,李明为金徽酒实际控制人。李明持有甘肃亚特98%股权,甘肃亚特持有金徽酒51.57%股权。

二、收购事件一览

● 2020 年 5 月 28 日,豫园股份公布《对外投资提示性公告》,通过协议转让方式收购甘肃亚特持有的金徽酒股份,豫园股份股票开市起复牌。

● 2020 年 6 月 4 日,豫园股份第十届董事会第七次临时会议同意本次交易已经签署的《股份转让协议》。

● 2020 年 7 月 7 日,豫园股份第十届董事会第八次临时会议同意《关于收购金徽酒股份有限公司股权项目补充协议的议案》。

● 2020 年 7 月 27 日,国家市场监督管理总局向豫园股份出具《经营者集中反垄断审查不实施进一步审查决定书》,决定对本次交易不实施进一步审查,可以实施集中。

● 2020 年 8 月 4 日,本次交易的股权过户手续已经办理完毕,豫园股份持有金徽酒 29.999 98%股权,成为金徽酒控股股东。

● 2020 年 9 月 8 日,豫园股份公布《要约收购报告书》,为巩固控制权,豫园股份通过全资孙公司进一步增持金徽酒股份。

● 2020 年 10 月 19 日,豫园股份的全资孙公司海南豫珠要约收购金徽酒股份交割完成。

三、收购方案

本次投资不属于关联交易,不构成《上市公司重大资产重组管理办法》规定的重大资产重组。2020 年 5 月 27 日,豫园股份发布公告称金徽酒控股股东甘肃亚特投资集团已签署《股份转让协议》,以 12.07 元/股的价格协议转让其持有的公司股份 152 177 900 股,占公司总股本的 29.999 98%,交易总价约为 18.37 亿元。以金徽酒停牌前价格 13.03 元/股粗略计算,此次交易中标的价格相当于折价 7.37%。本次权益变动为亚特集团通过协议转让方式减持公司股份,不触及要约收购。本次股权转让实施完成后,公司控股股东由亚特集团变更为豫园股份,公司实际控制人由李明先生变更为郭广昌先生。

为了进一步巩固对金徽酒的控制权,优化金徽酒持股结构,豫园股份通过海南豫珠进一步增持公司股份,以进一步巩固对金徽酒的控制权,优化金徽酒持股结构。海南豫珠系豫园股份的全资孙公司,向除豫园股份之外的其他所有持有上市流通普通股的股东发出部分要约。豫园股份在 2020 年 9 月 8 日公布了要约收购报告书,增持金徽酒 8% 的股权。在增持要约收购报告书提示性公告日前 30 个交易日内,金徽酒股份的每日加权平均价格的算术平均值为 17.62元/股。交易完成前后金徽酒的股权变化情况如表 21 所示。

表 21　交易完成前后金徽酒股权变化情况

股东名称	本次交易前 持股比例	本次交易后 持股比例
豫园股份	—	30.00%
亚特集团	51.57%	21.57%
海南豫珠	—	8.00%

四、案例评论

(一)"复星系"构建"产业运营＋产业投资"双支柱

豫园股份作为复星集团旗下最重要的产业旗舰平台之一,是复星集团开展"产业运营＋产业投资"商业模式的产业运营基础。复星集团长期布局"运营＋投资"双管齐下,布局全球资源系统,构建"复星"家庭快乐消费产业。一方面,通过产业运营,构建快乐消费平台,本次收购金徽酒正是拓宽了豫园股份旗下的消费大类。另一方面,借助豫园股份的产业投资,有利于金徽酒走出大西北,迈向全国的白酒市场,打破区域销售的局限性。本次收购响应了"复星系"持续锚定"1＋1＋1"的发展战略,即家庭快乐消费、城市产业地标、线上线下会员及服务平台。

白酒赛道一直以来都被复星集团视为战略部署,豫园股份加码布局酒业赛道,收购金徽酒,成为其控股股东。在复星集团对未来的发展布局中,文化餐饮和食品饮料业务是公司新一轮发展的重点产业之一。众所周知,老城隍庙餐饮集团作为豫园股份旗下著名的餐饮老字号,已经拥有成熟的销售链和运营链。近年来,豫园股份通过不断的整合提升,逐步形成以"老城隍庙"品牌为核心的中华传统饮食文化产品矩阵,积极布局休闲食品、餐饮食品、草本饮品、特色酒种等门类,打通从田间到餐桌的食品产业格局。而长久以来,金徽酒的销售一直局限于西北地区,难以提升品牌在全国范围内的知名度,本次交易后金徽酒归入豫园股份的麾下,能够借助豫园股份的区域优势和品牌优势,实现从西北地区走向华东地区,让金徽酒走进千家万户。

(二) 落子白酒板块,打造中华老字号家族

我国坐拥上下五千年的历史,而近年来频频出现文化侵占的现象,造成我国文化输出受阻。在文化的觉醒和保护下,国内陆续掀起"国货"新风尚。中华老字号是经历了数十载甚至数百载市场磨砺而保存至今的佼佼者,是承载着精深的服务理念、别具一格的工艺以及商业文化的历史传承者。作为我国弥足珍贵的民族品牌,也是属于我们国家民族的宝贵财富,而这些中华老字号正面临着如何保护传承的问题,引入资本商业化也正是改善中华老字号当前困局的优解。

收购标的金徽酒的前身系在康庆坊、永盛源多个老字号酒坊的基础上成立的甘肃省大型白酒企业,也是国内最早建立自有生产线的中华老字号白酒企业。豫园股份积极布局快乐消费产业链,丰富豫园股份旗下的中华老字号家族。豫园股份旗下现在已拥有 17 个中华老字号,因此豫园股份对于如何使中华老字号突破局限拥有其独特的见解和营销模式,并更有利于金徽酒更大程度地提升知名度。国潮好产品组合进一步丰富,动作背后细究是在豫园股份的三个"1"打造上。随着"国风""中国潮""民族文化自信"等逐渐影响消费者的消费行为,中华老字号品牌也将获得消费者更大的认同感。金徽酒加入豫园股份旗下,没准能使金徽酒打破销售地域的局限,使金徽酒迎来更多发展机会。

(三) 再度增持,保证绝对控股金徽酒

为了巩固豫园股份对金徽酒的绝对控制,2020 年 10 月 20 日,豫园股份发布公告称其全资孙公司海南豫珠完成了对金徽酒 8% 股份的要约收购。本次要约收购完成后,豫园股份直接或间接持有金徽酒 38% 的股权。豫园股份借助其孙公司海南豫珠再次增持金徽酒 8% 的股权,进一步优化了豫园股份的股权结构和控制权。公告公布当天,金徽酒股票以涨停收盘,每股报 23.84 元。

自 2016 年至 2019 年,金徽酒的营业收入和净利润均呈现出不断增长的态势。四个会计期间,金徽酒的营业收入分别为 12.77 亿元、13.33 亿元、14.62 亿元、16.34 亿元,实现净利润分别为 2.22 亿元、2.53 亿元、2.59 亿元、2.71 亿元。一方面,金徽酒拥有白酒的全产业链,并且不断优化产品结构和积极开拓市场,虽然当前金徽酒的销售辐射范围局限于西北地区,但在加入豫园股份后有望迈向全国白酒市场;另一方面,金徽酒积极布局多个产品线和多个消费层级,包括金徽十八年、柔和金徽、金徽正能量等百元以上高端线产品,覆盖多个收入等级的消费人群。根据 2019 年年报显示,这类百元以上的高端线产品全年实现营业收入高达 6.72 亿元,同比增长 26.42%。2016 年至 2018 年,公司高端线产品营收增速分别为 13.57%、23.21%、31.87%。产品的辐射范围也持续扩大,西北地区以外的区域自 2018 年起逐步扩张,根据金徽酒 2019 年年报显示,西北地区以外区域实现营收同比增长 62.79%,异地市场也逐渐打开。

　　从"复星系"的角度来讲,本次再度增持是战略型控股。为了优化"复星系"的白酒赛道,更好地开拓其白酒板块的消费业务,以海南豫珠通过要约收购的形式,掌握对金徽酒的绝对控制。从集团公司更宏观的视角看,这次未雨绸缪的增持计划将整个顶层设计做得更扎实。另外,对于金徽酒来说,有了豫园股份作为上市公司的资本引流加持,以及加入"复星系",可谓是"大树底下好乘凉",对于金徽酒未来的业务扩展和市场开拓、产品创新以及团队升级等都有很好的协同作用。在掌握对金徽酒的绝对控制后,复星将把金徽酒的品牌、产品与复星高效的运营模式和全球快乐生态系统嫁接,使金徽酒能更全面、更好地服务广大消费者对品质生活、美好生活的追求,实现品牌价值和市场份额的持续增长。

五、市场表现(600655)

　　豫园股份交易前后股价变动情况见图 26。

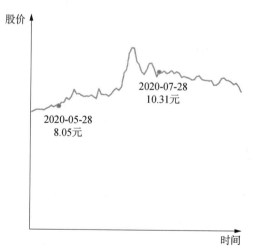

图 26　豫园股份交易前后股价走势

600727

鲁北化工：
关联收购，构建资源循环利用

一、收购相关方简介

（一）收购方：山东鲁北化工股份有限公司

1995年11月7日，经山东省人民政府批准，山东鲁北化工股份有限公司（以下简称"鲁北化工"）由鲁北集团作为独家发起人向社会公开募集设立。1996年7月2日在上海证券交易所挂牌交易。2006年7月21日，公司实施股权分置改革方案。截至目前，鲁北集团持有鲁北化工股权比例为34.24%。

鲁北化工的主营业务主要包括化肥业务、水泥业务、盐业业务和甲烷氯化物业务。公司所在地有较长的海岸线，有取之不尽、用之不竭的海水资源，拥有百万吨盐场及配套的水面养殖资源，有"西煤东运"至黄骅港的下海煤。丰富的海洋及煤炭资源，可为企业生产经营提供原料、燃料保证。公司致力于废酸资源化利用技术的研发与推广，在完善磷石膏制硫酸回转窑上协同处理废酸的基础上，研发了废硫酸裂解炉，烷基化废硫酸处理服务已经成为硫磷科技公司重要的利润增长点，提高了公司的盈利能力。鲁北化工的股权结构关系如图27所示。

（二）收购标的：山东金海钛业资源科技有限公司、山东祥海钛资源科技有限公司

1. 山东金海钛业资源科技有限公司

2012年4月，鲁北集团以货币方式出资设立金海钛业。山东金海钛业资源科技有限公司是国内最大的钛白粉生产企业之一，地处黄河三角洲高效生态经

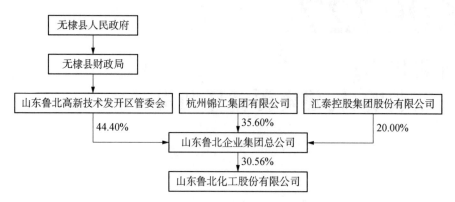

图27　本次交易前鲁北化工股权控制关系

济区与环渤海经济区叠加带,地理环境优越,是具有独立法人资格的新型化工企业,属山东鲁北企业集团总公司的下属企业之一。公司以专业生产钛白粉为主。公司拥有5万吨/年硫酸法钛白粉装置和12万吨/年硫酸装置,其中金红石型3万吨/年,锐钛型2万吨/年。公司主要生产多种类型的钛白粉以及硫酸、硫酸亚铁等。金海钛业钛白粉的境内销售主要采取直销模式和经销模式。直销模式下,金海钛业将产品直接销售给终端客户,客户根据其采购需求与公司签订购销合同。经销模式下,金海钛业以国内大中型经销商为主要销售渠道,利用渠道优势快速占领市场。

截至报告书签署日,金海钛业年产10万吨的硫酸法钛白粉生产线建设项目已获得滨州市经济和信息化委员会出具的准予备案通知,并取得滨州市行政审批服务局出具的环境影响报告书批复。截至报告书签署日,鲁北集团持有金海钛业66.00%股权,为金海钛业控股股东。

2. 山东祥海钛资源科技有限公司

2013年10月15日,鲁北集团出资2 000万元设立山东祥海钛资源科技有限公司。由于氯化法工艺技术要求较高,国内仅少数钛白粉企业具备氯化法生产能力。祥海钛业正在建设年产6万吨氯化法钛白粉项目,氯化法钛白粉具有工艺流程短、产品品质高、易于实现自动化、综合利用高、污染少等显著优势,属于国家鼓励类项目。截至本报告书签署日,祥海钛业年产6万吨氯化法钛白粉生产线项目已获得滨州市发展和改革委员会出具的有效性批复,氯化法生产线处于建设过程中,尚未投产。截至本报告书签署日,鲁北集团持有祥海钛业

100%股权,为祥海钛业控股股东。

(三) 关联控股方:山东鲁北企业集团总公司、杭州锦江集团有限公司

1. 山东鲁北企业集团总公司

山东鲁北企业集团总公司坐落于渤海南岸,地处黄河三角洲高效生态经济区与环渤海经济区叠加带,是国有控股的大型化工企业集团。公司横跨化工、建材、电力、轻工、有色金属等行业,年销售收入 120 亿元,位列中国制造业企业500 强、中国化工企业 500 强、中国化学肥料制造百强企业、中国建材百强企业、山东海洋化工行业十强企业,是目前世界上较大的磷铵、硫酸、水泥联合生产企业之一。截至本次并购交易公告日,鲁北企业集团持有鲁北化工 30.56%的股权,为鲁北化工的控股股东,因此鲁北企业集团与鲁北化工之间存在关联关系。

2. 杭州锦江集团有限公司

杭州锦江集团有限公司是我国环保能源行业领头羊,起源于 1983 年的杭州临安,耗时 30 年书写了从 2 000 元资产到 500 亿元规模不可思议的浙商传奇。1997 年,锦江与浙江大学联合开发异重循环流化床垃圾焚烧发电技术,目前在全国数十省市拥有生活垃圾焚烧发电电厂在运 15 家、在建及筹建 23 家。除了环保能源、有色金属、化工三大支柱产业之外,锦江还大力发展商贸、投资、矿产等产业。截至并购公告发布日,锦江集团持有鲁北化工控股股东鲁北集团35.60%的股权。鲁北集团、锦江集团为鲁北化工关联方,本次交易构成关联交易。

二、收购事件一览

● 2019 年 11 月 4 日,鲁北化工筹划重大事项开市停牌。

● 2019 年 11 月 16 日,鲁北化工公布《发行股份及支付现金购买资产并募集配套资金暨关联交易预案》。

● 2019 年 11 月 18 日,鲁北化工股票开市起复牌。

● 2019 年 11 月 30 日,鲁北化工收到上海证券交易所《关于对山东鲁北化工股份有限公司发行股份及支付现金购买资产并募集配套资金暨关联交易预案信息披露的问询函》。

● 2019 年 12 月 20 日,鲁北化工发布《发行股份及支付现金购买资产并募

集配套资金暨关联交易预案(修订稿)》,并回复上交所问询函的相关公告。

● 2020 年 2 月 26 日,鲁北化工第八届董事会第七次会议逐项审议通过了《关于调整重组方案中发行股份募集配套资金的议案》,并公布了《发行股份及支付现金购买资产并募集配套资金暨关联交易报告书(草案)(修订版)》。

● 2020 年 3 月 3 日,鲁北化工收到滨州国资委对本次交易事项的批复,同意公司发行股份及支付现金购买资产并募集配套资金暨关联交易方案。

● 2020 年 3 月 19 日,鲁北化工召开 2020 年第一次临时股东大会审议通过《关于本次发行股份及支付现金购买资产并募集配套资金暨关联交易方案的议案》。

● 2020 年 4 月 16 日,中国证监会决定对鲁北化工发起的行政许可申请予以受理。

● 2020 年 4 月 25 日,鲁北化工收到中国证监会的反馈意见。

● 2020 年 5 月 23 日,鲁北化工公布《中国证监会行政许可项目审查一次反馈意见通知书》之反馈意见回复。

● 2020 年 6 月 3 日,鲁北化工公布关于《中国证监会行政许可项目审查一次反馈意见通知书》之反馈意见回复修订的公告。

● 2020 年 6 月 10 日,鲁北化工开市起停牌,待收到并购重组委审核结果后,再及时公告并申请股票复牌。

● 2020 年 6 月 11 日,中国证监会召开并购重组委工作会议,审核通过鲁北化工本次重组事项,股票将自开市起复牌。

● 2020 年 7 月 4 日,鲁北化工公布《关于发行股份及支付现金购买资产并募集配套资金暨关联交易之标的资产完成过户》的公告。

● 2020 年 9 月 25 日,鲁北化工公布《发行股份及支付现金购买资产并募集配套资金暨关联交易实施情况暨新增股份上市报告书》。

三、收购方案

为有效提升鲁北化工的持续盈利能力,实现国有资产保值增值,拓展鲁北化工的产业布局,提升公司抗风险能力,收购金海钛业 100% 股权,祥海钛业 100% 股权。本次并购重组方案主要包括两部分:一是发行股份及支付现金购买资产;二是发行股份募集配套资金。

（一）发行股份及支付现金购买资产

鲁北化工向鲁北集团发行股份及支付现金收购其持有的金海钛业 66% 的股权,向锦江集团发行股份及支付现金收购其持有的金海钛业 34% 的股权。收购完成后,金海钛业成为上市公司的全资子公司。另外,上市公司向鲁北集团支付现金收购其持有的祥海钛业 100% 股权,收购完成后,祥海钛业成为上市公司的全资子公司。

标的公司的资产评估基准日为 2019 年 9 月 30 日。交易双方最终选定资产基础法评估值作为本次交易的定价基础,金海钛业 100% 股东权益交易价格为 138 048.62 万元,祥海钛业 100% 股东权益交易价格为 2000 万元。根据交易各方确认的交易价格,鲁北集团持有金海钛业 66% 的股权对应价值为 91 112.09 万元,锦江集团持有金海钛业 34% 的股权对应价值为 46 936.53 万元。经交易各方友好协商,鲁北化工向鲁北集团支付 50% 股份和 50% 现金,向锦江集团支付 20% 股份和 80% 现金。鲁北集团持有祥海钛业 100% 的股权对应价值为 2000 万元,全部由上市公司以现金支付。公司定价基准日前 60 个交易日股票交易均价的 90%、前 120 个交易日股票交易均价的 90% 均为 6.18 元/股,故本次发行股份购买资产对应的股票发行价格为 6.18 元/股。本次交易发行股份及支付现金情况具体如表 22 所示。

表 22　本次交易发行股份及支付现金情况

交易对方	标的资产	以股份支付对价（万元）	发行股份数（股）	现金支付的对价（万元）
鲁北集团	金海钛业 66% 股权	45 556.05	73 715 283	24 888.26
	祥海钛业 100% 股权	0.00	0.00	2 000
锦江集团	金海钛业 34% 股权	9 387.31	15 189 815	5 247.53
	小计	54 943.35	88 905 098	85 105.27

（二）发行股份募集配套资金

上市公司通过非公开发行股票方式募集配套资金不超过 54 900 万元,配套募集资金总额不超过本次交易中发行股份购买资产交易价格的 100%,为支付本次交易的现金对价及相关费用;且发行股份数量不超过本次交易前上市公司总股本的30%,即105 295 982股。本次募集配套资金全部用于支付本次交易对价及与本次交易相关的中介机构费用。若配套募集资金金额不足以满足上述用途需要,上市公司通过自有资金或资金自筹等方式补足差额部分。

四、案例评论

(一)收购污染企业,资源循环利用带动环保整治

金海钛业因环境保护和安全生产违法违规多次受到行政处罚,收购该污染企业标的受到证监会和投资者的强烈关注,对此鲁北化工提出资源循环利用的环保整治方案。金海钛业主要从事钛白粉的生产和销售,在钛白粉生产过程中会产生废硫酸和钛石膏,废硫酸可用于上市公司联产装置中的萃取环节,剩余部分可用于生产净水剂产品;钛石膏可用于鲁北化工联产装置中的石膏制酸生产环节,生产出的硫酸又可以重新用于金海钛业的钛白粉生产的酸解工序,从而实现资源的循环利用。其次,祥海钛业当前正在建设能够年产量达到6万吨的氯化法钛白粉产业链,而与此同时,金海钛业正在筹建能年产量高达10万吨的硫酸法钛白粉生产线。两条产业线可以实现资源循环利用,金海钛业生产链中产出的富钛料可以用作祥海钛业氯化法钛白粉的生产原料。而祥海钛业生产钛白粉过程中产出的废渣可以全部进入鲁北化工的联产装置中生产水泥。

对祥海钛业生产过程中形成的废渣进行循环利用,不仅可以作为原料生产水泥从而节省成本,并且能够提高生产废物的资源化利用率。一方面,废料的循环利用响应了国家环保经济产业的政策,有利于提升鲁北化工的社会形象,集环保效益、经济效益和社会效益于一体。另一方面,这也符合上市公司战略布局,有助于鲁北化工把握市场机遇,发展壮大。上市公司通过对钛白粉行业的布局,进一步提升上市公司的核心竞争力,增强持续盈利能力。鲁北化工通过联产装置对钛白粉废酸和石油化工的烷基化废硫酸进行资源化利用,在实现经济效益提高的同时,还实现了废硫酸的循环利用和环保处理,避免了废硫酸对环境的污染以及降低了废硫酸的处理成本。

(二)钛白粉产业链价格全线上涨,布局供给侧,把控原材料价格

自2020年7月以来,钛白粉价格已经连涨8个月。整个钛产业链全线涨

价,这是由于全球范围内的钛精矿矿源逐渐减少,导致整体产量大幅萎缩,全球的钛资源供应减少。在此背景下,随着我国后疫情时期逐渐复工复产,导致市场需求不断扩大,有限的钛精矿产量的供给无法满足市场的需求,造成供需缺口,再加之国内钛白粉生产企业开工率较高,进一步加剧了原材料价格上扬。原材料钛矿价格飞涨,给钛白粉企业的生产成本带来不小的压力。除了为保持盈利上调钛白粉产品价格外,钛白粉龙头企业已经开始延伸布局上游,提高对上游原材料价格的把控程度。

从供给端来看,目前最佳的氯化法钛白粉具有工艺流程短、产品品质高、易于实现自动化、综合利用高以及污染少等显著优势。但是氯化法钛白粉对生产的工艺技术要求极高,当前国内仅有屈指可数的几家企业具备氯化法的生产工艺,以至于整个钛白粉市场对拥有该技术的企业趋之若鹜。而鲁北化工本次收购的标的公司之一祥海钛业已有效掌握了氯化法钛白粉生产核心技术工艺,年产6万吨氯化法钛白粉生产线建成达产后,预计可实现年营业收入约10亿元,净利润约1.1亿元,经济效益可观。

(三)钛业资产注入上市公司,提升国有资产证券化率

本次并购交易将鲁北集团旗下拥有优质钛资源的企业注入上市公司,有利于钛产业链的整合,一方面提高国有资产的资本化率,另一方面加强鲁北化工的资源循环利用率和钛产业的竞争力。此外,有助于建立健全国有资本形态转换机制。坚持以管资本为主,以提高国有资本流动性为目标,积极推动经营性国有资产证券化。

完成收购后,金海钛业快速为鲁北化工带来现金流入。金海钛业2020年半年度经审计后实现净利润5443.96万元,加上年初未分配利润2.27亿元,截至2020年6月30日未分配利润2.82亿元,金海钛业以现金方式向鲁北化工分配利润1.5亿元,占可供分配利润的53.22%。与此同时,金海钛业、祥海钛业通过本次交易,可借助上市公司的资本市场平台拓宽融资渠道,增强资金实力,提升管理能力,优化产品结构,实现可持续发展的战略目标。

五、市场表现(600727)

鲁北化工交易前后股价变动情况见图28。

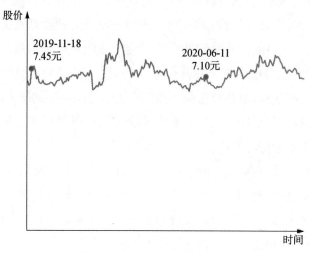

图28   鲁北化工交易前后股价走势

600774

汉商集团：
应对疫情之困，布局"商业与大健康"战略

一、收购相关方简介

（一）收购方：汉商集团股份有限公司、汉商大健康产业有限公司

1. 汉商集团股份有限公司

汉商集团股份有限公司(以下简称"汉商集团")是 1990 年经武汉市经济体制改革委员会武体改〔1990〕7 号文批准，由武汉市汉阳百货商场和交通银行武汉分行共同发起，以募集方式设立的股份有限公司。1992 年，公司增资扩股，募集法人股 1 441 万股，总股本变更为 4 202 万元。1993 年，武汉市汉阳区国有资产管理局以土地使用权折股 819 万股，总股本变更为 5 021 万元，公司于 1996 年 11 月 8 日在上海证券交易所挂牌交易。2019 年 3 月，汉商集团控股股东由武汉市汉阳区国有资产监督管理办公室变更为阎志及卓尔控股，实际控制人由武汉市汉阳区国有资产监督管理办公室变更为阎志，汉商集团十大控股股东情况具体如表 23 所示。

表 23　汉商集团十大控股股东情况

序号	股东名称	持股比例
1	武汉市汉阳控股集团有限公司	35.01%
2	卓尔控股有限公司	20.00%
3	阎志	19.50%
4	刘艳玲	1.30%
5	武汉市君悦达商业运营管理有限公司	1.15%

（续表）

序号	股东名称	持股比例
6	中国五环工程有限公司	0.67%
7	毛振东	0.54%
8	武汉致远市政建设工程有限公司	0.46%
9	贺瑞斌	0.46%
10	金年春	0.44%

2017 年以来，汉商集团及其子公司所从事的主要业务是零售、会展等。零售业务的主营业态有百货商场、购物中心和专业店，经营模式是"联营 + 租赁 + 品牌代理"，经营主体包括 21 世纪购物中心、银座购物中心、武展购物中心和武汉婚纱照材城。会展业务的经营主体包括武汉国际会展中心。受整体经济下行、新冠肺炎疫情等诸多因素的影响，公司所处零售、会展行业竞争日趋激烈，公司盈利水平增速有所放缓，发展进入瓶颈期，需要拓展新的业务板块和盈利增长点。面对外部经济下行、竞争加剧等诸多困难，汉商集团在积极推进公司商业板块加快发展、做大做强的同时，新增大健康产业板块，抓住资本市场的有利时机，在医用器械、医用耗材、医用药品等业务方面进行战略性布局，推进"商业与大健康产业并行"的发展战略，寻求新的发展机遇。

2. 汉商大健康产业有限公司

汉商大健康产业有限公司(以下简称"汉商大健康")是汉商集团的全资子公司，其主营业务包括：药品批发；药品零售；健康咨询服务；第一类医疗器械销售；卫生用品和一次性使用医疗用品销售；医院管理。

(二) 收购标的：成都迪康药业股份有限公司

成都迪康药业股份有限公司(以下简称"迪康药业")于 2015 年 1 月 9 日成立，经营范围包括研发、生产药品，迪康药业的股权结构如表 24 所示。

表 24　迪康药业股权结构

序号	股东名称	出资额(万元)	出资比例
1	蓝光发展	10 968.92	91.41%

（续表）

序号	股东名称	出资额（万元）	出资比例
2	蓝迪共享	1 031.08	8.59%
合计		12 000	100%

迪康药业属于传统处方药企业，是以制药为主，集药品及医疗器械的研发、制造和营销于一体的高新技术企业。迪康药业拥有多种各剂型药品的产业链，其中包括大量医保目录内药品，是国内拥有产品剂型比较丰富、药品生产批准文号比较多和覆盖治疗领域比较全面的药品生产企业之一。迪康药业在胃肠系统疾病、呼吸系统疾病、可吸收医疗耗材等领域具有优势，其核心产品有雷贝拉唑钠肠溶片、通窍鼻炎颗粒、盐酸吡格列酮片等，以及医疗器械可吸收医用膜、可吸收骨折内固定螺钉等，具有较强的市场竞争力。

二、收购事件一览

● 2020 年 7 月 29 日，汉商集团发布重大资产购买预案摘要。

● 2020 年 8 月 7 日，汉商集团收到上海证券交易所对公司重大资产购买预案信息披露问询函的公告。

● 2020 年 8 月 20 日，汉商集团发布上海证券交易所《关于汉商集团股份有限公司重大资产购买预案信息披露的问询函》的回复公告。

● 2020 年 9 月 24 日，汉商集团第十届董事会第十六次会议同意本次重大资产购买方案的议案。

● 2020 年 9 月 24 日，汉商集团第十届监事会第十次会议同意本次重大资产购买方案的议案。

● 2020 年 9 月 24 日，汉商集团独立董事就第十届董事会第十六次会议中重大资产并购议案发表同意意见。

● 2020 年 10 月 13 日，汉商集团第二次临时股东大会同意本次重大资产购买方案。

● 2020 年 10 月 23 日，汉商集团发布本次交易过户完成的公告。

三、收购方案

汉商集团及全资子公司汉商大健康以支付现金的方式购买蓝光发展和蓝迪共享合计持有的迪康药业 100% 股权。根据湖北众联资产评估有限公司出具的《标的资产评估报告》,以 2020 年 6 月 30 日为评估基准日,迪康药业 100% 股权的评估价值为 90 627 万元。经交易双方协商,本次交易标的资产迪康药业 100% 股权的交易作价为 90 000 万元,其中,蓝光发展持有迪康药业 91.41% 股权的交易价格为 822 669 105 元,蓝迪共享持有的迪康药业 8.59% 股权的交易价格为 77 330 895 元。

四、案例评论

(一) 缓解疫情危机,布局"商业与大健康产业"战略

汉商集团主营业务为零售(百货商场、购物中心和专业店)、会展等,受到整体经济下行、2020 年新冠肺炎疫情的影响,公司所处行业竞争日趋激烈,公司盈利水平受到严重影响,如表 25 所示,亏损严重。为了缓解疫情带来的经济危机,汉商集团急需拓展新的业务板块和盈利增长点。

表 25　汉商集团 2020 年各季度财务情况

报告期	净利润(万元)	净利润同比(%)	营业收入(万元)	营业收入同比(%)
20200930	−7 010.11	−355.59	1.58	−80.22
20200630	−4 532.79	−411.91	8 962.55	−84.02
20200331	−2 740.61	−1 074.73	3 712.44	−87.45

2020 年,新冠肺炎疫情席卷全球,当前疫情逐渐由暴发期向控制期过渡,我国生产生活秩序有序恢复,进入防控常态化的"后疫情时代",因此我国大健康产业发展进入新的发展机遇期。

目前,我国大健康产业主要有以下几个方面的问题:(1)服务项目定价困难。我国大健康产业的服务项目定价矛盾凸显,既要考虑产业发展需要,又要保障人民健康权益,平衡公平与效率之间的矛盾;(2)服务范围和空间分布不平衡。我国大健康产业大多停留在初级发展阶段,同时大健康机构大多分布在经

济发达地区,产业布局存在一定的失衡;(3)服务内容不全面。大健康产业提供的各项服务比较雷同,无法很好地满足不同健康水平人群的健康需求。因此我国大健康产业可以借鉴欧美国家大健康的发展模式,将大健康产业商业化,这样有利于企业之间良性竞争,使得服务项目合理定价;摸清市场健康方面的需求,拓宽服务范围,提升服务质量;推动大健康产业市场资源的有效配置,以及行业自我升级。

所以,汉商集团在积极推进公司商业板块加快发展、做大做强的同时,推进"商业与大健康产业并行"的发展战略,将商业化经营理念赋予大健康产业之中,一方面拓展新业务实现转型,从而缓解疫情带来的经济危机,另一方面我国大健康行业还处于初级发展阶段,试行商业与大健康产业并行,有助于探索我国大健康事业未来发展之路。

(二)发挥汉商集团资本运作优势,促进迪康药业业务转型发展

本次并购交易完成后,迪康药业成为汉商集团的全资子公司,汉商集团作为上市公司可以在规范运作、融资渠道、市场声誉、人才引进等方面为迪康药业提供建设性的意见。由于疫情的原因,迪康药业营收情况受到了很大的影响,2020年1—6月营业收入仅为2019年同期的56%,亏损279.13万元。迪康药业营收情况具体如表26所示。

表 26　迪康药业营收情况表

	营业收入(亿元)	净利润(万元)
2019 年 1—6 月	4.81	6 209.17
2020 年 1—6 月	2.7	− 279.13

作为迪康药业的实际控制人,蓝光发展也因为疫情出现了经济危机,所以希望通过出售迪康药业的股权来渡过危机。在疫情之下,作为处方药企业的迪康药业如何转型迎来新的增长点成了重中之重。医药企业中的处方药类企业最先转型走向大健康领域的龙头企业有云南白药、片仔癀、东阿阿胶。云南白药的核心产品是外用止血药,通过商业延伸研发出云南白药牙膏,并且在功能牙膏领域有了一定的占有率。片仔癀作为保密配方的外用药膏,延伸概念出了几十种化妆品,以量取胜,占据了国产化妆品领域的中高端市场。因此通过商

业延伸研发,赋予大健康概念,是传统处方药企业转型的有效方式。

在并购完成后,汉商集团可以利用自身的商业思维,帮助迪康药业的处方药进行商业延伸,赋予大健康概念,实现业务新增长。同时汉商集团利用其资本优势,拓展迪康药业医药制造主营业务和研发能力,打造全新产业链,从而提升市场知名度。

(三) 提高抗风险水平,提升汉商集团整体投资价值

迪康药业近些年主营业务稳定,本次并购交易完成后,迪康药业成为汉商集团的全资子公司,在一定程度上对汉商集团的资产质量、收入规模、盈利水平三个方面进行改善。主要财务指标的变化如表27所示。

表 27　本次交易完成前后汉商集团的主要财务指标

项　　目	交易前(万元) (2020/6/30)	交易后(万元)	变化率 (%)
资产总额	170 458.21	355 819.89	108.74%
归属于母公司所有者的净资产	57 539.82	68 961.22	19.85%
营业收入	8 962.55	44 503.59	396.55%
净利润	−5 519.10	−5 823.11	−5.51%
归属于母公司所有者的净利润	−4 532.79	−4 743.73	−4.65%
基本每股收益(元/股)	−0.20	−0.21	−4.65%
基本每股净资产(元/股)	2.54	3.04	19.85%

通过资产变化率(108.74%)、净资产变化率(19.85%)、营业收入变化率(396.55%),可以看出本次交易完成后汉商集团的总资产、净资产、营业收入规模显著增加。但2020年1—6月上市公司归母净利润和基本每股收益略有下降,主要原因为2020年上半年受新冠肺炎疫情影响,迪康药业主要产品的产销量有较大幅度减少,导致业绩下滑幅度较大。未来,随着迪康药业生产经营逐步恢复正常,相应的盈利能力将恢复正常水平,交易后汉商集团的持续经营能力和抗风险能力会得到增强。

五、市场表现(600774)

汉商集团交易前后股价变动情况见图29。

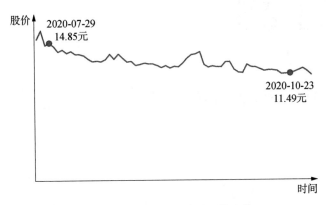

图 29 汉商集团交易前后股价走势

603123

翠微股份:
跨界并购,老牌零售进军第三方支付

一、收购相关方简介

(一) 收购方:北京翠微大厦股份有限公司

北京翠微大厦股份有限公司(以下简称"翠微股份")成立于 2003 年 1 月 23 日,由北京翠微国有资产经营公司(以下简称"翠微国资")为主发起人,联合其他 6 家单位共同发起设立。2012 年 5 月 3 日,公司在上海证券交易所正式挂牌交易,首次公开发行股票 7 700 万股。截至 2020 年 6 月 30 日,公司控股股东北京翠微集团(以下简称"翠微集团")及其一致行动人北京市海淀区国有资本经营管理中心(以下简称"海淀国资中心")分别持有上市公司 32.83%、29.71% 的股权,公司实际控制人为海淀区国资委。

本次交易前,翠微股份的股权结构如图 30 所示。

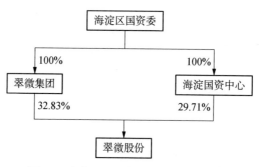

图 30　本次交易前翠微股份的股权结构

翠微股份是海淀区区属商业龙头企业、北京市十大商业品牌之一,也是北京市著名大型百货零售企业之一。公司主营商品零售业务,以百货业态为主,超市、餐饮等多种业态协同;公司业务模式包括联营、自营及租赁,以联营为主,营业收入主要来自商品销售和租赁业务收入。同时,公司在北京拥有翠微百货翠微店(A、B座)、牡丹园店、龙德店、大成路店、当代商城中关村店、鼎城店和甘家口百货7家门店,建筑面积共计40.23万平方米。为应对日益变化的经济形势和市场环境,促进生活与科技的融合,公司正积极拓展新零售业态、新生活领域以及延伸投资发展新兴领域,力争早日实现百货零售主业的升级转型。

(二) 收购标的:北京海科融通支付服务股份有限公司

北京海科融通支付服务股份有限公司(以下简称"海科融通")前身为北京北航融通信息技术有限公司(后更名为"海科有限"),于2001年4月正式成立。2013年6月,海科有限进行股份制改革,整体变更为股份有限公司并更改公司名称为"海科融通"。本次交易前,海科融通控股股东北京海淀科技发展有限公司(以下简称"海淀科技")持有公司35.0039%的股份,公司实际控制人为海淀区国资委。

本次交易前,海科融通的股权结构如图31所示。

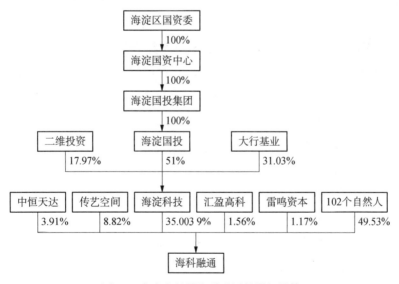

图31　本次交易前海科融通的股权结构

海科融通是一家主营第三方支付业务的公司,主营业务为收单服务。作为持卡人和商户之间的桥梁,与收单行、银行卡专业机构、发卡行共同完成交易资金的转付清算,多年来一直致力为小微商户提供完整的支付解决方案。公司于2011年获得中国人民银行颁发的《支付业务许可证》(全国范围银行卡收单支付牌照),拥有全国范围内经营第三方支付业务的从业资质。除了开发传统POS、智能POS、MPOS等多种收单产品,公司积极结合商户与用户需求,推出人脸支付终端、"海码"收款码、扫码枪、扫码盒等新兴支付受理方式,全面解决小微商户经营过程中的收款问题,并自主开发出多个APP服务商户收款结算管理等业务流程。

在本次重大资产重组交易前,为维护上市公司及广大中小股东利益,翠微股份提出仅收购海科融通与银行卡收单业务相关的核心资产,对海科融通持有的4家子公司类金融业务进行剥离,分别为:河北海通信息技术有限公司100%股权、北京中技科融小额贷款有限公司30%股权、火眼金科(北京)网络科技有限公司20%股权以及北京中创智信科技有限公司35%股权。同时,为避免本次交易完成后翠微股份新增大量商誉,2020年1月海科融通终止了对以轻资产运营的上海尤恩信息技术有限公司(以下简称"上海尤恩")的收购业务。此次收购上海尤恩终止后,双方业务合作协议仍继续执行,对海科融通商户拓展不存在重大影响。

(三) 关联控股方:北京市海淀区国有资本经营管理中心

海淀国资中心成立于2009年6月29日,注册资本100亿元人民币,是海淀区重要的基础设施投融资建设及国有资产运营主体。海淀国资中心主要从事海淀区基础设施投融资建设、国有资产运营等业务,其实际控制人为海淀区国资委。截至2019年末,公司资产规模为31 140 931.72万元,所有者权益为9 462 750.94万元,实现净利润110 271.46万元。

本次交易前,海科融通的控股股东为海淀科技,其间接控制方海淀国资中心为翠微股份控股股东翠微集团的一致行动人。翠微股份和海淀科技同受海淀区国资委控制。根据《重组管理办法》《上市规则》等法律、法规及规范性文件的相关规定,本次交易构成关联交易。

二、收购事件一览

● 2019年11月8日,翠微股份筹划重大资产重组开始停牌。

● 2019 年 11 月 22 日,翠微股份第六届董事会第三次会议审议通过《关于〈北京翠微大厦股份有限公司发行股份及支付现金购买资产并募集配套资金暨关联交易预案〉及其摘要的议案》,公司股票于当日开市起复牌。

● 2019 年 11 月 25 日,翠微股份收到上海证券交易所《关于北京翠微大厦股份有限公司的重大资产重组预案审核意见函》。

● 2019 年 11 月 30 日,翠微股份发布《关于延期回复上海证券交易所问询函的公告》。

● 2019 年 12 月 7 日,翠微股份发布《关于延期回复上海证券交易所问询函的公告》。

● 2019 年 12 月 16 日,翠微股份第六届董事会第五次会议审议通过《关于调整公司发行股份及支付现金购买资产并募集配套资金暨关联交易方案的议案》等相关议案;同时,公司对《问询函》中提出的问题进行了回复。

● 2020 年 4 月 1 日,翠微股份第六届董事会第七次会议审议通过《关于发行股份及支付现金购买资产并募集配套资金暨关联交易方案的议案》。

● 2020 年 4 月 15 日,翠微股份收到北京市国资委《关于同意北京翠微大厦股份有限公司发行股份购买资产并募集配套资金的批复》(京国资产权〔2020〕22 号)。

● 2020 年 4 月 22 日,翠微股份 2020 年第一次临时股东大会审议通过关于本次公司《发行股份及支付现金购买资产并募集配套资金暨关联交易报告书(草案)》及相关议案。

● 2020 年 5 月 8 日,翠微股份收到中国证券监督管理委员会(以下简称"中国证监会")出具的《中国证监会行政许可申请受理单》(受理序号:200896)。

● 2020 年 5 月 22 日,翠微股份收到《中国证监会行政许可项目审查一次反馈意见通知书》(200896 号)。

● 2020 年 6 月 17 日,翠微股份发布《发行股份及支付现金购买资产并募集配套资金暨关联交易报告书(草案)(修订稿)》等相关议案。

● 2020 年 7 月 2 日,翠微股份第六届董事会第九次会议审议通过《关于调整公司发行股份及支付现金购买资产并募集配套资金暨关联交易方案的议案》,调整内容为蒋聪伟与公司签署了相关解除协议,不再作为本次交易对方。

● 2020 年 7 月 9 日,中国证监会上市公司并购重组审核委员会审核本次发行股份募集配套资金暨关联交易事项,翠微股份自当日开市起停牌。

● 2020 年 7 月 10 日,本次重大交易事项获得中国证监会审核有条件通过,翠微股份自当日开市起复牌。

● 2020 年 9 月 12 日,翠微股份收到中国证券监督管理委员会《关于核准北京翠微大厦股份有限公司向北京海淀科技发展有限公司等发行股份购买资产并募集配套资金的批复》(证监许可〔2020〕2166 号)。

● 2020 年 10 月 1 日,海科融通收到中国人民银行营业管理部转发的中国人民银行办公厅出具的《中国人民银行办公厅关于北京海科融通支付服务股份有限公司变更主要出资人的批复》(银办函〔2020〕104 号)。

● 2020 年 12 月 5 日,翠微股份发布本次交易的标的资产已完成过户的公告。

● 2021 年 1 月 23 日,翠微股份发布《发行股份及支付现金购买资产并募集配套资金暨关联交易之实施情况暨新增股份上市公告书》。

三、收购方案

本次并购重组方案主要包括两部分:一是发行股份及支付现金购买资产;二是募集配套资金。

(一)发行股份及支付现金购买资产

翠微股份以发行股份及支付现金的方式购买海淀科技等 105 名股东所持有海科融通 98.2975% 的股权,共计新增股份数量为 223 598 470 股,其中股份支付比例为 70%,现金支付比例为 30%。

本次交易中翠微股份支付的交易对价计算公式为:交易对价=(海科融通 100%股权的交易价格÷海科融通的总股数)×各交易对方所持有海科融通的股数;发行股份数量的计算方法为:发行股份数量=(交易对价×70%)÷本次发行股份购买资产的股票发行价格,依据上述公式计算的发行股份数量按照向下取整原则精确至股,不足 1 股的部分由上市公司以现金购买。本次发行股份及支付现金购买资产的股份对价与现金对价计算公式分别为:股份对价=发行股份数量(取整后)×本次发行股份购买资产的股票发行价格,现金对价=交易对价-股份对价。在实际支付时,各交易对方取得的现金对价按照向下取整原则精确至元,不足 1 元的部分由交易对方赠与上市公司。根据上述计算公式,本次交易支付股份的总对价为 136 171.49 万元,支付现金的总对价为 58 359.25 万元。

本次交易中,发行股份及支付现金购买资产的定价基准日为翠微股份审议本次交易相关事项的第六届董事会第三次会议决议公告日。经上市公司与交易对方协商,确定本次发行价格为 6.20 元/股。对 2020 年 6 月 30 日,翠微股份派发现金红利 0.11 元(含税)进行除息计算后,本次发行价格由 6.20 元/股调整为 6.09 元/股。

(二) 股权变动

本次交易前后翠微股份的控股股东、实际控制人均未发生变化,其中翠微集团、海淀国资中心、海淀科技同受海淀区国资委控制,为一致行动人。具体股权结构变化情况如表 28 所示。

表 28　本次交易前后翠微股份股权结构变化情况

股东名称	本次交易前		本次交易后 (考虑募集配套资金)	
	持股数量(股)	持股比例	持股数量(股)	持股比例
翠微集团	172 092 100	32.83%	172 092 100	19.02%
海淀国资中心	155 749 333	29.71%	155 749 333	17.21%
海淀科技	—	—	79 623 834	8.80%
其他投资者	196 302 789	37.45%	340 277 425	37.60%
配套融资认购方	—	—	157 243 266	17.38%
合计	524 144 222	100%	904 985 958	100%

(三) 募集配套资金

本次重组事项中,翠微股份募集配套资金总额不超过 129 767.91 万元,融资规模不超过翠微股份本次交易中以发行股份方式购买资产交易价格的 100%,发行股份数量不超过本次交易前公司总股本的 30%。本次交易配套募集资金拟用于支付现金对价及支付系统智能化升级项目,具体如表 29 所示。

募集配套资金到位后,翠微股份将优先保障支付现金对价;中介机构费用自"支付系统智能化升级项目"中扣除,最终实际用于"支付系统智能化升级项目"的募集资金不超过 71 408.66 万元。

表 29　翠微股份募集配套资金用途

序号	项目名称	项目总投资额 （万元）	拟投入募集资金 （万元）
1	支付现金对价	58 359. 25	58 359. 25
2	支付系统智能化升级项目	80 000	71 408. 66
	合计	138 359. 25	129 767. 91

（四）签订业绩承诺

本次重组事项中,根据海科融通的资产评估报告,海淀科技等 106 名海科融通原股东作出业绩承诺,承诺海科融通 2020 年、2021 年、2022 年、2023 年分别实现的扣除非经常性损益后归属于母公司股东的净利润不低于 1. 745 亿元、2. 08 亿元、2. 4 亿元和 2. 4 亿元。若未达到业绩承诺,则海科融通原股东各自优先以在本次交易中获得的翠微股份进行补偿,不足部分以现金补偿。

四、案例评论

（一）海科融通第三次"卖身"终成功

在本次交易成功实施前,海科融通曾两次参与被并购重组事项中,但都以失败告终。在 2015 年 12 月和 2016 年 9 月,永大集团（002622）、新力金融（600318）先后宣布拟发行股份并支付现金购买海科融通 100％股权,但均宣布终止重组。其中,2016 年 6 月,永大集团因互联网金融行业的发展面临着监管政策的重大不确定性,宣布终止收购海科融通的重组程序;2018 年 3 月,新力金融公告《关于终止重大资产重组的公告》,公告中指明终止此次并购重组事项主要系标的公司与公司在 2016 年 7 月开始重组一事历时较久、市场环境变化较大,且与最初的规划存在不确定的风险。

截至翠微股份确认收购标的公司时,前两次重组终止的相关因素已经消除。首先,2016 年 9 月,海科融通已剥离互联网借贷平台业务（众信金融等子公司）,降低了方案推进的较大不确定性;其次,翠微股份与标的公司为同一控制下企业并购,具有良好的合作基础,且上市公司在停牌期间面临时间紧、任务重的压力下,集中精力完成了与 107 位交易对手签署协议等相关文件,较好地控制了筹划重组事项时间过长带来的市场环境变化的风险。

表 30　前两次重组与翠微股份重组交易方案对比

项目	翠微股份收购方案	新力金融收购方案	永大集团收购方案
标的资产	海科融通 98.297 5% 股权	海科融通 100% 股权	
交易作价	194 530.75 万元	237 872.58 万元	296 946.82 万元
评估基准日	2019 年 10 月 31 日	2016 年 7 月 31 日	2015 年 12 月 31 日
评估情况	收益法,评估值 19.79 亿元	收益法,评估值 24.98 亿元	收益法,预估值 30 亿元
支付方式	全部以"股份 + 现金"支付,70% 以股份支付,30% 以现金支付	全部以"股份 + 现金"支付,76.22% 以股份支付,23.78% 以现金支付(后变更为全现金支付)	部分以全股份支付、部分以全现金支付、部分以"股份 + 现金"支付,整体上 89.71% 以股份支付,10.29% 以现金支付
业绩承诺	2020—2023 年度扣除非经常性损益后前后孰低的净利润分别不低于 1.75 亿元、2.08 亿元、2.40 亿元、2.40 亿元	2016—2019 年度扣除非经常性损益后前后孰低的净利润分别不低于 1 亿元、1.95 亿元、2.7 亿元、3.35 亿元	2016—2018 年度,扣除非经常性损益前后归属于母公司股东的净利润孰低值分别不低于 2 亿元、2.6 亿元、3.4 亿元
配套融资	不超过 129 767.91 万元	不超过 150 000 万元	不超过 122 390.36 万元

(二) 跨界转型,老牌零售企业进军第三方支付领域

在本次交易中,翠微股份通过并购标的公司导入新的业务机会与发展模式,这将有助于其持续丰富自身客户结构和支付应用场景;同时,翠微股份成为继拉卡拉之后的 A 股第二家拥有第三方支付业务的公司。翠微股份是一家集百货、超市、餐饮、休闲娱乐等都市品质生活服务于一体的零售业企业,公司自 2003 年成立以来主营业务未发生过变化,为百货行业市场中的老牌经营企业。但目前国内百货行业市场成熟度高,上市公司面临的行业竞争日益加剧;同时,以淘宝、京东、拼多多、直播带货等为代表的快速崛起的电商产业,对传统零售行业产生了巨大的冲击。这些电商企业一方面改变和拓宽了商品的销售渠道,将线下商铺改造成了线上网店;另一方面,也深刻地改变了用户的消费习惯。面对这些行业内的竞争因素,翠微股份亟需通过产业协同和科技赋能,推动上市公司拓展新零售业态,实现百货零售主业的转型升级。海科融通于 2011 年获得中国人民银行颁发的《支付业务许可证》(全国范围银行卡收单支付牌照),属于国内较早获得第三方支付牌照的公司,多年来深耕第三方支付服务领域,始终致力于为小微商户提供完整的支付解决方案。海科融通目前主要通过传

统POS、QPOS、扫码类产品作为支付入口完成收单服务,服务范围为全国,具体情况如表31所示。

表31　海科融通的主要收单业务

序号	收单工具类型	收费模式	收费比例
1	传统POS	T+1模式、DS模式、T+0模式	借记卡:费率通常为0.55%,20元封顶; 贷记卡:商户签约手续费通常在0.53%至0.63%区间。
2	QPOS	T+1模式、DS模式、T+0模式	借记卡:费率通常为0.55%,20元封顶; 贷记卡:商户签约手续费通常在0.53%至0.63%区间。
3	扫码产品	T+1模式、DS模式、T+0模式	1. 借记卡 (1) 商户微信、支付宝、云闪付(1 000元以下)扫码费率为0.38%; (2) 商户云闪付(1 000元以上)费率为0.55%,20元封顶。 2. 贷记卡 (1) 商户微信、支付宝、云闪付(1 000元以下)扫码费率为0.38%; (2) 商户云闪付(1 000元以上部分)费率为0.55%。

当前,新兴支付技术正不断涌现,以微信支付、支付宝等为代表的账户服务机构提供了新的支付入口,为大众群体建立了个人账户,例如扫码支付、指纹支付、刷脸支付等。而在商户扫码支付产业链中,海科融通等收单机构与微信支付等账户服务机构处于支付产业链的不同位置,其中,海科融通从事的收单业务是与商户签约,为商户提供支付受理入口、交易处理和资金清算等服务,是商户扫码支付产业链中不可或缺的一环。

经过这次重大重组交易,翠微股份与海科融通的结合预期将展现出多方面的协同效应。首先,翠微股份旗下拥有7家大型自营百货门店,具有大量收单业务场景,在引入海科融通的第三方支付服务后,可以增强海科融通的盈利能力和收单业务。同时,海科融通的主要客户群体为小微企业,这些企业对于上游供应商议价能力较弱。而翠微股份基于其业务优势,具有较强的供应链管理能力,可以为海科融通的客户提供进货管理,在增强自身盈利能力的同时还可以降低小微企业经营成本。此外,门店的核心竞争力之一是消费者体验。随着新兴支付系统的不断迭代,商场需要满足消费者逐渐升级的支付需求。此次二者的合作,翠微股份主营业务将新增第三方支付业务,实现"商品零售 + 第三方支付"双主业并举的业务构成;海科融通在第三方支付体系的研发经验将有助于升级改造翠微股份的支付系统,并提供必要的技术支持。

(三) 加强优势互补,提高母公司盈利能力

根据翠微股份年报披露,公司近年来经营业绩表现呈下滑趋势。2015—2019 年实现营业收入分别为 57.61 亿元、53.80 亿元、50.80 亿元、50.07 亿元、49.36 亿元;2015—2019 年公司扣除非经常性损益后归属于母公司股东的净利润处于波动状态,分别为 1.50 亿元、1 亿元、1.29 亿元、1.46 亿元、1.11 亿元。截至 2020 年第三季度,受国内外疫情的影响,线下门店销售收入下降明显,为8.08 亿元,同比下降 77.82%,扣除非经常性损益后归属于母公司股东的净利润为 - 1.19 亿元,同比下滑 237.9%,降幅明显。

自 2016 年起,海科融通的收单交易规模、收单业务收入呈现增长趋势。2019 年 1—10 月,海科融通新拓展扫码类商户 27.71 万户,新增扫码交易量21.89 亿元,扫码交易量呈现高速增长趋势。其中,收单交易规模从 2016 年6 025 亿元增长至 2019 年 18 780 亿元,年均复合增长率为 3.9%;2016—2019年,收单业务收入由 99 782.9 万元增长至 292 702.22 万元,具体情况如表 32所示。

表 32　海科融通 2016—2019 年销售收入变动情况

项目	2019 年	2018 年	2017 年	2016 年
收单交易规模(亿元)	18 780	16 435.06	12 281.17	6 025
收单交易规模同比	14.27%	33.82%	103.83%	465.13%
收单业务收入(万元)	292 702.22	284 040.66	198 543.68	99 782.90
收单业务收入同比	3.05%	43.06%	98.98%	

此外,除布局智能 POS 外,海科融通还推出了兼容二维码扫码支付的"海码"、扫码盒等新兴支付工具,为其带来增量交易规模及收入。

本次交易完成后,翠微股份在原主营业务结构中导入海科融通的第三方支付业务及其未来增量业务收入,实现传统业务转型,充分发挥协同效应。这将

有益于提升翠微股份整体经营业绩,创造盈利增量,拓宽盈利来源;有助于改善公司盈利能力,提升可持续发展能力。

五、市场表现(603123)

翠微股份交易前后股价变动情况见图32。

图32　翠微股份交易前后股价走势

第四辑　同行并购

002812

恩捷股份：
横向并购，强强联合下沉基业

一、收购相关方简介

（一）收购方：云南恩捷新材料股份有限公司

云南恩捷新材料股份有限公司（以下简称"恩捷股份"）的前身为云南创新新材料股份有限公司（以下简称"创新股份"）。创新股份成立于 2011 年 5 月 12 日，由云南玉溪创新彩印有限公司（以下简称"创新彩印"）变更设立。创新彩印的前身为玉溪创新工贸有限公司（以下简称"创新工贸"）。创新工贸成立于 2001 年 7 月；2003 年 9 月公司更名为云南玉溪创新彩印有限公司；2002 年至 2005 年间，公司经营情况不佳导致公司经营活动现金流情况较差，遂于 2006 年 4 月引入外资企业英属维尔京群岛纽斯顿有限公司（以下简称"纽斯顿公司"），企业性质变更为外商投资企业，控股股东变更为纽斯顿公司；2010 年 12 月，创新彩印变更投资者股权，控股股东纽斯顿公司协同其他股东将其持有公司股权转让给玉溪合益投资有限公司（以下简称"合益投资"），创新彩印控股股东变更为合益投资，实际控制人变更为李晓明家族。

2018 年 10 月，创新股份已实施完毕重大资产重组，通过发行股份购买资产收购了上海恩捷新材料科技有限公司（以下简称"上海恩捷"）90.08% 股权，主营业务由烟标、BOPP 薄膜、液体无菌包装、特种纸业务扩充到锂电池隔离膜、铝塑膜、水处理膜等领域，遂将公司中文名称由"云南创新新材料股份有限公司"变更为"云南恩捷新材料股份有限公司"；中文简称由"创新股份"变更为"恩捷股份"；英文名称由"Yunnan Chuangxin New Material Co., Ltd."变更为"Yunnan Energy New Material Co., Ltd."；英文简称由"CHUANG XIN"变更为"ENERGY TECHNOLOGY";证券代码不变仍为"002812"。

2020 年 1 月,李晓明家族成员 PAUL XIAOMING LEE 先生及 Sherry Lee 女士签署《股份授权委托书》,Sherry Lee 女士将其持有的公司股份 73 470 459 股(占公司总股本 9.12%)对应的股东质询权、建议权、表决权等股东权利全权委托给其父 PAUL XIAOMING LEE 先生行使,至此公司控股股东由合益投资变更为 PAUL XIAOMING LEE 先生,实际控制人仍为李晓明家族成员。本次交易前,恩捷股份前十大股东持股情况如表 33 所示。

恩捷股份长期致力于锂电池隔膜产品的研发,主要经营产品为膜类产品、包装印刷产品、纸制品包装,通过多年积累建立了体系健全的研发队伍,研发范围覆盖了隔膜和涂布生产设备、隔膜制备工艺以及原辅料的改进、涂布工艺、浆料配方、回收及节能技术,以及前瞻性技术储备项目的研发。公司湿法锂电池隔膜生产规模目前处于全球领先地位,具有全球最大的锂电池隔膜供应能力。公司为全球出货量最大的锂电池隔膜供应商,市场份额也为全球第一。

恩捷股份控股子公司上海恩捷成立于 2010 年 4 月 27 日,主营业务专注于锂电池隔膜的研发、生产。得益于工艺、技术上的不断突破,上海恩捷产能规模不断扩张,先后建成了上海生产基地兼公司总部、珠海基地、江西基地及无锡基地,并始终坚持走自主创新驱动发展之路,积极开拓海外市场并参与全球竞争。公司技术团队经过多年的论证、实验掌握了锂电池隔膜的湿法技术、干法技术并设计出目前国际上最先进的锂电池隔膜生产设备。

表 33　本次交易前恩捷股份前十大股东持股情况

股东名称	股份数量(股)	持股比例
Paul Xiaoming Lee	127 792 657	14.41%
玉溪合益投资有限公司	119 449 535	13.47%
香港中央结算有限公司	77 233 138	8.71%
Sherry Lee	73 470 459	—
李晓华	69 837 889	7.88%
昆明华辰投资有限公司	23 383 775	2.64%
JERRY YANG LI	17 707 237	2.00%

（续表）

股东名称	股份数量（股）	持股比例
张勇	16 332 107	1.84%
珠海恒捷企业管理事务所（有限合伙）	15 526 817	1.75%
天津礼仁投资管理合伙企业（有限合伙）-卓越长青私募证券投资基金	12 500 000	1.41%
合计	553 233 614	54.11%

（二）收购标的：重庆云天化纽米科技股份有限公司

重庆云天化纽米科技股份有限公司（以下简称"纽米科技"）成立于2010年2月4日，由云南云天化股份有限公司（以下简称"云天化股份"）与成都慧成科技有限责任公司（以下简称"成都慧成科技"）共同投资设立。云天化股份是中国百强上市公司、中国化工企业百强、全球优秀的共聚甲醛生产商之一、全球优秀的玻纤生产商之一、中国较大的磷矿采选企业。成都慧成科技是专业从事新材料、新能源研究开发及制造的高科技企业，在新能源、新材料技术开发领域具有较大影响力和良好信誉。2014年8月，公司完成股份制改造；2015年1月16日，纽米科技在全国中小企业股份转让系统（新三板）挂牌上市，成为"锂电隔膜企业新三板挂牌第一股"，证券简称为"纽米科技"，代码为831742。2015年6月24日，纽米科技正式入围新三板"创新层"。截至收购交易日，纽米科技的控股股东是云天化集团有限责任公司（以下简称"云天化集团"），实际控制人是云南省人民政府国有资产监督管理委员会。本次交易前，纽米科技的股权结构如表34所示。

表34　本次交易前纽米科技股权结构

股东名称	股份数量（股）	持股比例
云天化集团有限责任公司	159 360 000	54.76%
云南云天化股份有限公司	62 840 000	21.59%
成都慧成科技有限责任公司	12 800 000	4.40%
昆明恒益股权投资基金管理有限公司-昆明融翎投资中心（有限合伙）	12 500 000	4.30%
重庆长寿经济技术开发区开发投资集团有限公司	12 500 000	4.30%

（续表）

股东名称	股份数量（股）	持股比例
云南九天投资控股集团有限公司	10 000 000	3.44%
社会公众股	21 000 000	7.22%
合计	147 576 000	100.00%

　　纽米科技是一家集锂离子电池隔膜研发、生产和销售于一体的高新技术企业。依托云天化股份的雄厚实力与成都慧成科技强大的研发能力和技术支持，纽米科技不断开拓进取，努力做大做强锂离子电池隔膜产业。纽米科技拥有干法、湿法锂离子电池隔膜生产技术的自主知识产权，拥有多项锂离子电池隔膜制备专有技术和国家发明专利，于 2016 年 11 月 17 日正式通过 ISO/TS16949 质量体系认证。纽米科技隔膜生产线完全自主设计，由国外顶级设备制造商制备，具有工艺控制稳定精确，生产速度快，产品幅度宽和得率高等特点。公司已形成以重庆、昆明两大生产基地为核心的完备生产体系。

二、收购事件一览

　　● 2020 年 11 月 23 日，纽米科技在云南省产权交易所公开挂牌转让并依法定程序公开征集受让方，征集受让方一家，股权转让比例合计为 76.3574%，挂牌底价为 6 800.00 万元。

　　● 2020 年 11 月 23 日，恩捷股份召开第四届董事会第十八次会议，审议通过《关于控股子公司上海恩捷新材料科技有限公司参与公开摘牌收购纽米科技 76.3574% 股权的议案》，同意公司控股子公司上海恩捷新材料科技有限公司作为一项受让方，参与上述纽米科技 76.3574% 股权转让项目。

　　● 2020 年 11 月 24 日，恩捷股份发布关于控股子公司上海恩捷新材料科技有限公司参与公开摘牌收购纽米科技 76.3574% 股权的公告。

　　● 2020 年 12 月 21 日，上海恩捷收到云南省产权交易所通知，上海恩捷成为纽米科技 22 220 万股（76.3574% 股权）的最终受让方。

　　● 2020 年 12 月 21 日，纽米科技召开第四届董事会第十九次会议，审议通过《关于控股子公司上海恩捷新材料科技有限公司签订〈产权交易合同〉及补充协议的议案》，同意上海恩捷于同日与云天化集团和云天化股份签订《产权交易合同》,同时与云天化集团和云南云天化集团财务有限公司签订《产权交易合同》的补充协议。

- 2020年12月24日,恩捷股份召开第四届董事会第二十次会议,审议通过《关于为纽米科技提供担保的议案》《关于对纽米科技提供财务资助的议案》,保证纽米科技的正常资金周转,确保生产经营的持续发展。

- 2021年2月26日,云天化集团、云天化股份和上海恩捷签订《〈产权交易合同〉的补充协议二》,明确云天化集团和云天化股份向上海恩捷转让纽米科技的股份数量及转让价格。

三、收购方案

(一)收购方案概述

本次并购交易内容为上市公司恩捷股份控股子公司上海恩捷以自有及自筹资金,在云南省产权交易所通过公开摘牌受让方式收购云天化集团和云南云天化股份持有的纽米科技的股份合计22 220万股,即76.357 4%股权。其中,云天化集团转让所持纽米科技15 936万股份,股权比例为54.762 9%;云天化股份转让所持纽米科技6 284万股份,股权比例为21.594 5%。

(二)交易价格

根据评估报告,以2020年8月31日为评估基准日,纽米科技资产合计为人民币92 859.93万元,负债合计为人民币84 076.04万元,净资产为人民币8 783.89万元。本次标的股权对应评估值为6 707.15万元。根据上海恩捷与云天化集团和云天化股份签订《产权交易合同》,云天化集团和云天化股份以人民币6 800.00万元将上述标的转让给上海恩捷,恩捷股份已于2020年12月21日一次性将交易价款人民币6 800.00万元支付至云南产权交易所资金监管账户。

(三)股权变动

本次交易前后纽米科技的股本结构变化如表35所示。

表35　本次交易前后纽米科技股权结构变化

股东名称	本次交易前		本次交易后	
	持股数(股)	持股比例	持股数(股)	持股比例
云天化集团有限责任公司	159 360 000	54.76%	—	—

（续表）

股东名称	本次交易前		本次交易后	
	持股数（股）	持股比例	持股数（股）	持股比例
云南云天化股份有限公司	62 840 000	21.59%	—	—
成都慧成科技有限责任公司	12 800 000	4.40%	12 800 000	4.40%
上海恩捷新材料科技有限公司	—	—	222 200 000	76.357 4%
昆明恒益股权投资基金管理有限公司-昆明融翎投资中心(有限合伙)	12 500 000	4.30%	12 500 000	4.30%
重庆长寿经济技术开发区开发投资集团有限公司	12 500 000	4.30%	12 500 000	4.30%
云南九天投资控股集团有限公司	10 000 000	3.44%	10 000 000	3.44%
社会公众股	21 000 000	7.22%	21 000 000	7.22%
合计	147 576 000	100.00%	147 576 000	100.00%

四、案例评论

（一）湿法隔膜市场成长空间大，行业整合是大势所趋

此次并购双方恩捷股份和纽米科技所处的锂离子电池隔膜行业是高性能膜材料行业的一个分支，是锂离子电池的组成要件。锂离子电池的主要材料包括正极材料、负极材料、电解液和隔膜，其中隔膜作为关键内层组件之一，其主要作用是使电池的正、负极分隔开来，防止两极接触而短路，达到阻隔电流传导、防止电池过热的功能。隔膜的生产工艺具有较高的技术壁垒，能够充分体现人才和技术的投入价值，被业内认为是锂离子电池产业链中最具投资价值的行业。隔膜的成本约占锂离子电池成本的 10%—20%，毛利率可达 50%—60%，是四大主要材料中毛利率最高的产品。隔膜的生产工艺主要有干法和湿法两大类，相比干法隔膜，湿法涂覆隔膜能使电池有更高的电容量和安全性，能够极大减少电池的爆燃起火概率，也因此成为市场主流产品，截至 2019 年底，湿法隔膜市场占有率约为 72.6%。

锂电池需求多点开花，隔膜行业竞争壁垒显著加速业内整合。随着国内外新能源汽车产业快速发展、电动自行车新国标实施以及储能应用场景的逐步成熟，锂电池具有的能量密度高、工作电压高、自放电率低、循环寿命长、充放电效

率高、工作温度范围宽、环境污染小等优势被逐步放大,十分切合新能源汽车、储能电站、电动自行车、电动工具等领域市场应用要求。随着上游市场快速发展,下游段锂电池需求量也急剧扩张,隔膜市场发展也由此进入快车道。但是,隔膜行业存在显著的技术壁垒、资金壁垒、研发壁垒和客户壁垒,新秀企业很难在较短的时间进入该行业,这使得行业二三梯队企业份额持续有所稀释,龙头则借助整合,不断巩固份额并全面铺开下游客户渠道。数据显示,行业龙头恩捷股份、苏州捷力、中材和中锂1H20合计出货量已占据73.7%。

(二)强化湿法隔膜领域布局,拓展3C消费类业务

恩捷股份此次收购标的公司纽米科技专门从事锂电池隔膜生产及经营,采用自主研发、自主设计的湿法、涂覆、三层复合干法的工艺技术体系生产高性能锂离子电池微孔隔膜,并持续推进功能性陶瓷涂布隔膜、PVDF+涂覆工艺探索与研发,能够生产 $5\,\mu m$—$32\,\mu m$ 的锂离子电池隔膜产品。其中,在 $5\,\mu m$ 超薄膜领域,纽米科技初步实现了进口产品的国产化替代,拥有上千万平方米的出货案例,应用于高端3C数码领域。纽米科技客户主要为国内外一流的3C消费类电池、电动工具电池、电动自行车电池以及汽车动力电池制造企业。2019年纽米科技前五大客户分别为珠海冠宇电池、LG化学、惠州锂威、宁波维科、江西赣锋电池。此外,纽米科技在湿法隔膜市场也拥有强大的实力。2019年纽米科技整体出货量高达7700万平方米,行业市占率2%,其中湿法出货6800万平方米,市占率3.4%。

恩捷股份继收购江西通瑞、苏州捷力之后,此次又拿下纽米科技这一湿法隔膜界实力派,有助于恩捷股份在拓展3C消费类锂电池隔离膜市场和客户范围、提高公司3C消费类锂电池隔离膜销售收入的同时,增强高端数码领域的技术能力并完善公司在锂电池湿法隔膜领域的战略布局。截至2019年底,恩捷股份湿法隔膜产能23亿平方米,公司规划到2020年底达到33亿平方米的产能规模。此次收购纽米科技也是为公司产能加码蓄力,将继续巩固湿法隔膜龙头地位。

(三)强强联合,纽米科技优化业务架构

截至2019年,纽米科技拥有湿法4条线产能1.3亿平方米,另有3条产线产能1.5亿平方米已经完成46%的投资,湿法隔膜业务主要在重庆基地;干法隔膜业务主要在昆明基地,拥有2条线对应产能6000万平方米/年。据年报数据披露,2018 年、2019 年,纽米科技 GGII 口径下出货量分别为 0.48 亿平方米、0.65 亿平方米,营业收入分别为 1.58 亿元、1.37 亿元,但由于产品良率较差、设备产能利用率较低以及大幅计提固定资产减值和原料采购成本较高等因素影响,纽米科技 2018—2019 年毛利率分别仅为 1%、-24%,净利率分别-93%、-161%。先进的产线设备给公司带来的更多是单位资本支出较大的负担,2019 年纽米科技的负债率达 81%,对母公司云天化集团合计欠款额超过 9 亿元。

恩捷股份生产设备供应商与纽米科技为同一家,双方均采用制钢所设备,但恩捷股份依托先进工艺技术,湿法隔膜良品率远高于同行,致使成本远远低于行业内其他公司。此次纽米科技并入恩捷股份后,有望优化产品工艺,推动产能发展,依托恩捷的供应链使生产成本得到有效控制。而纽米科技的客户群与恩捷股份重合度相对较低,此次并购后预计将有效推动恩捷股份客户群体的多元化,进一步提升市占率。强强联合,并购合作可谓是双赢选择。

五、市场表现(002812)

恩捷股份交易前后股价变动情况见图 33。

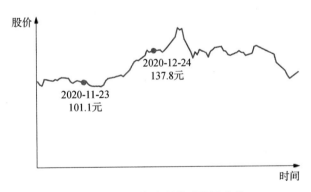

图 33　恩捷股份交易前后股价走势

002946

新乳业：
战略布局低温奶，全国版图再添一城

一、收购相关方简介

（一）收购方：新希望乳业股份有限公司

新希望乳业股份有限公司(以下简称"新乳业")前身是新希望乳业控股有限公司，于 2006 年 7 月 5 日由 Universal Dairy Limited、西藏新之望创业投资有限公司共同出资设立。2016 年 12 月 23 日，经股东大会审议通过，公司整体变更为股份有限公司，同时公司更名为新希望乳业股份有限公司。经中国证券监督管理委员会核准，新乳业于 2019 年 1 月 25 日在深圳证券交易所挂牌上市。截至 2020 年 5 月，Universal Dairy Limited 持有新乳业 65% 以上的股份，为其控股股东，公司实际控制人为刘永好先生和 Liu Chang 女士，其中刘永好先生与 Liu Chang 女士是父女关系。Liu Chang 女士通过 Universal Dairy Limited 持有新乳业 65.60% 的股份，刘永好先生通过新希望投资集团有限公司持有新乳业 15.74% 的股份。

新乳业是一家面向全国的乳制品企业，专门从事乳制品及含乳饮料的研发、生产和销售。自成立以来，新乳业便投入巨资积极建立自己的奶源基地，目前在全国拥有 11 个奶源基地，10 个直属牛场，年收奶量近 40 万吨。通过自有牧场，新乳业形成了"公司＋牛场＋农户"的经营模式，解决了"分散养殖，集中收购"这种传统模式所引发的乳制品企业与分散奶农之间的松散关系，强化了奶产品在收集过程中的控制与监管力度。公司依靠并购起家，聚焦低温乳品、以西南地区为大本营，深度布局华东、华中、华北、西北市场。基于完善的产业链建设和严格的质量管控体系，在 2008 年 9 月爆发的三聚氰胺事件中，新乳业

体系产品全部检验合格,成为行业、经销商和消费者心中的红榜产品。此外,新
乳业旗下的四川华西、阳坪乳业、昆明雪兰乳业、云南蝶泉乳业、青岛琴牌乳业、
杭州双峰乳业、安徽白帝乳业、河北天香乳业等品牌已是当地消费者的首选品
牌,成为区域市场的领导者。截至 2020 年 4 月,新乳业的股权结构如图 34
所示。

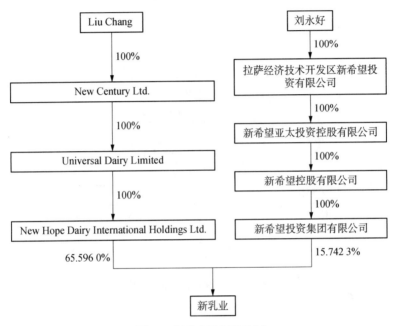

图 34　新乳业股权结构图

(二) 收购标的: 宁夏寰美乳业发展有限公司

　　宁夏寰美乳业发展有限公司(以下简称"寰美乳业")成立于 2007 年 3 月,
设立之初的第一大股东为永峰管理,持股 49%。2014 年 7 月,新华百货和上达
乳业投资(香港)有限公司(以下简称"上达投资")达成协议,将其持有的寰美乳
业 45%的股权全部转让给上达投资,截至 2020 年 4 月,寰美乳业的控股股东仍
为永峰管理,其持有寰美乳业 49%的股权,实际控制人为张文中先生,其控制寰
美乳业 55%的股权。

　　寰美乳业是一家乳制品及含乳饮料研发商,自成立以来一直致力于研制开
发与销售乳制品、食品及饮料,公司依靠先进的加工设备与技术、成熟的营销理

念、富有活力的企业文化及稳定的产品质量,逐步提高原料奶的渠道优势,加强对乳制品安全生产的管理,在宁夏市场取得了较好的市场口碑和较高的市场占有率,在西北和华北地区市场形成了强劲的增长态势。此外,寰美乳业的控股子公司宁夏夏进乳业集团股份有限公司作为区域龙头乳制品企业,在宁夏地区具有较强的本土品牌优势和竞争力,截至 2020 年,已拥有授权专利 37 项,其中外观专利 22 项,发明专利 8 项,实用新型专利 7 项,已获证商标 66 项。截至 2020 年 4 月,寰美乳业的股权结构如图 35 所示。

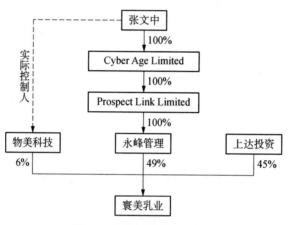

图35　寰美乳业股权结构图

二、收购事件一览

● 2020 年 5 月 6 日,新乳业发布了签署支付现金购买资产协议的公告,同时召开第一届董事会第二十一次会议,审议通过《关于公司重大资产购买方案的议案》及其相关议案。

● 2020 年 5 月 26 日,新乳业公告发布《重大资产购买报告书(草案)修订稿》。

● 2020 年 5 月 27 日,新乳业公告发布了国家市场监督管理总局反垄断局对本次交易有关各方实施经营者集中反垄断审查的批复。

● 2020 年 6 月 17 日,新乳业召开 2019 年年度股东大会,审议通过了本次重组方案及相关议案。

● 2020 年 7 月 10 日,新乳业本次交易中公开发行可转换公司债券申请获得中国证监会受理。

● 2020 年 7 月 30 日,新乳业公告发布了关于重大资产购买实施完成的公告,公司获得寰美乳业 60% 股权。

● 2020 年 9 月 28 日,新乳业公开发行可转债申请获得中国证监会发审会审核通过。

● 2020 年 12 月 24 日,新乳业公布本次公开发行可转换公司债券的发行结果。

三、收购方案

本次交易构成重大资产重组,不构成关联交易。本次交易分为两步: 第一步是标的公司首期 60% 股权收购,即新乳业通过支付现金方式收购寰美乳业 60% 的股权,第二步是标的公司剩余 40% 股权的后续收购,即新乳业通过公开发行 A 股可转换公司债券募集资金后,以支付现金的方式购买寰美乳业剩余的 40% 股权。

(一) 标的公司首期 60% 股权收购

本次重大资产重组的交易对方为永峰管理有限公司、上达乳业投资(香港)有限公司、物美科技集团有限公司。新乳业以支付现金的方式购买寰美乳业 60% 股权,交易完成之后,新乳业、永峰管理、上达投资和物美科技分别持有寰美乳业 60%、19.6%、18% 和 2.4% 的股权。本次交易以 2019 年 11 月 30 日作为评估基准日,运用资产基础法对寰美乳业进行评估,根据评估结果,寰美乳业 100% 股权的评估值为 171 136.05 万元,较其账面价值增值 132 951.08 万元,增值率为 348.18%。经交易各方协商,一致约定寰美乳业 60% 股权的交易价格为 102 660.00 万元,新乳业以现金支付。新乳业向交易各方支付的交易对价如表 36 所示。

表 36　新乳业向交易对方支付对价情况

序号	交易对方	出资比例	交易价格(万元)	现金支付(万元)
1	永峰管理	29.40%	50 303.40	50 303.40
2	上达投资	27.00%	46 197.00	46 197.00
3	物美科技	3.60%	6 159.60	6 159.60

(二) 标的公司剩余 40%股权后续收购

新乳业支付现金收购寰美乳业 60%的股权后,剩下的 40%股权通过公开发行 A 股可转换公司债券募集资金后以现金支付的方式进行收购。本次发行的可转换公司债券及未来转换的 A 股股票将在深圳证券交易所上市,新乳业优先向发行人在股权登记日(2020 年 12 月 17 日)收市后,中国结算深圳分公司登记在册的原股东进行配售可转债,原股东优先配售后的余额部分(含原股东放弃优先配售部分),通过深交所交易系统向社会公众投资者发行,发行日期为 2020 年 12 月 18 日,发行总额为人民币 71 800.00 万元,发行数量为 718 万张。本次募集资金扣除发行费用后,将全部投资于收购寰美乳业 40%股权项目及补充流动资金。募集资金投资的具体使用情况如表 37 所示。

表 37　用于新乳业收购寰美乳业 40%股权项目的资金配置

序号	项目名称	项目总投资额(万元)	募集资金计划使用金额(万元)
1	收购寰美乳业 40%股权项目	68 440.00	68 440.00
2	补充流动资金	3 360.00	3 360.00
	合计	71 800.00	71 800.00

四、案例评论

(一) 高价进军大西北,得奶源者得天下

新乳业是中国最大民营农牧集团——新希望集团旗下的大型集团化公司,作为国内领先的大型综合乳制品供应商,新乳业共有 14 家乳制品加工厂,位于中国的华中、华东、华北、西南等地区,旨在实现企业的"新鲜"核心价值理念,打造一家城市型的乳企联合体,专注于为消费者提供新鲜健康的优质乳品。在国内乳制品行业中,以蒙牛乳业、伊利股份为双巨头,形成了相对稳固的乳制品行业竞争格局。稀缺的奶源在激烈的竞争中不断地向巨头企业集中,各大乳品企业之间的竞争已经不在局限于市场占有率的争夺,而是上溯至奶源大战。由于我国的奶源地域分布不均,相较于南方的贫瘠,北方的奶牛资源更为丰富,因此新乳业一直想布局西北地区,早前就已开工建设宁夏海原、甘肃永昌牧场,意欲进一步辐射陕西、甘肃市场。而本次交易的标的公司——寰美乳业具有得天独

厚的地理优势,其坐落的地区宁夏具有丰富奶源供应,堪称养殖奶牛的黄金宝地。收购完成后,新乳业能够利用寰美乳业在西北地区打造的健全的营销渠道网络,进入宁夏地区及西北地区的乳制品市场,完美地契合了新乳业"走进西北"的战略目标。

此外,寰美乳业的控股子公司夏进乳业不仅与当地优质牧场和园区建立了深入长期合作,签约牧场和园区约 20 个,还建设了宁夏规模最大的万头现代化养殖牧场。并购完成后,新乳业可以将此前入股的现代牧业和夏进乳业的牧场资源进行联合,一南一北形成 L 形奶源供应体系,南北呼应的态势或将取代"北奶南调"。此次并购可使新乳业的业务覆盖区域拓展至西北地区,将西南、西北地区连成一片,打造更加庞大的西部市场,实现跨越式发展,同时进一步巩固新乳业的市场领先地位,提升新乳业在全国的影响力。

(二) 强强联合,完美实现"1+1>2"

寰美乳业是西北地区当之无愧的乳业龙头,其旗下的夏进乳业是宁夏区的龙头乳制品企业,具有较强的本土品牌优势和竞争力,覆盖了宁夏、陕西、甘肃等西北省份以及长江以北主要城市的乳制品市场,近 30 年的发展锻造了高壁垒渠道,拥有 400 多家稳定经销商,渠道网络广度和深度在区域内首屈一指,地区内的市场占有率超过 50%。根据财务报表,2017 年寰美乳业的营业收入为13.66 亿元,占新乳业的同期营业收入比重为 30.89%;2018 年营业收入为14.84 亿元,占新乳业的同期比重为 29.85%;2019 年 1—11 月的营业收入为13.81 亿元,占新乳业的同期比重为 26.68%。夏进乳业的年收入规模约 15 亿元,品牌利润超过 1 亿元,净利率达到 8.1%,高于行业平均水平。

此次并购完成后,新乳业落子宁夏,进一步扩大公司经营规模,逐渐完善产业布局,提高在西北地区的品牌影响力和市场占有率。未来有望继续开拓陕甘宁市场,充分发挥品牌、渠道优势,巩固龙头地位,推动公司由区域性龙头乳制品企业向全国性龙头乳制品企业发展壮大。从新乳业 2019 年的营业收入构成比例来看,西北地区的营业收入将超过 14 亿元,打败华东地区,仅次于新乳业在西南地区的收入。在西南西北领先发展的情况下,新乳业将大大提升自身的市场销售能力,利用联合发展完美实现"1+1>2"的协同效应。

(三) 持续进行全国布局,低温鲜奶未来可期

新乳业一直将主要发展优质低温鲜奶作为核心战略,由于低温鲜奶需要全程冷链运输,且工厂距离牧场不能太远,产品保质期只有几天,难以进行全国扩张,为了打破禁锢,多年前新乳业就开始通过并购的方式进行行业布局。在第一轮全国布局中,新乳业收购了部分区域型乳制品企业的股权,其中包括河北天香、杭州双峰、邓川蝶泉等。2015 年以来,新乳业先后收购苏州双喜、湖南南山、西昌三牧等乳业品牌,进行第二轮全国布局。为了拥有更优质的奶源,2019年 7 月,新乳业又宣布以 7.09 亿元收购现代牧业 9.28% 的股权。现代牧业收购完成后,新乳业将目光转向了寰美乳业及其旗下子公司,完善第三轮全国布局。

优质的奶源地需要合适的气候和优良的环境,在生态环境不断恶化的现状下,建立奶源的难度大大增加,乳企间对于奶源的争夺愈加激烈。目前区域乳企主要呈现出两种趋势:一方面,我国区域乳企的规模不尽相同,大大小小共有80 多家,它们在初始时并没有明面竞争,而是安居一隅,互不打扰,但随着行业龙头的渗透和彼此竞争的加剧,区域乳企出现优胜劣汰的局面;另一方面,低温奶市场仍具有较大的发展空间,巨头乳企虽然在一步步侵吞该市场,但它们并未能实现完全垄断,如果新乳业能够利用自身的"并购整合"优势抢占西北低温奶市场,无疑是一个可遇不可求的崛起机会。从数据来看,国内低温奶市场每年的平均增长速度为 20%,而甘肃和陕西的市场增速仅为 8% 和 16%,由此可见西北地区的低温奶市场仍具有较大的增长空间,值得深入开发。而标的公司的子公司夏进乳业地处西北低温奶核心消费市场,收购完成后,新乳业对夏进乳业全面赋能,植入低温奶制品,提供夏进乳业未来新的增长点,帮助夏进乳业充分占据西北地区的市场空间,从而促进新乳业做大做强,走向全国市场。

(四) 提升盈利能力,百亿元乳企有望再现

本次收购完成后,新乳业持有寰美乳业 100% 的股权,寰美乳业的经营状况将会纳入合并报表,新乳业的盈利水平将会得到大幅提升。

根据新乳业 2020 年 10 月 29 日发布的第三季度财务报告,其在第三季度末的总资产为 807 762.21 万元,比上年末增长 50.59%;前三季度的营业收入为 46.57 亿元,较上年同期增长了 10.32%;归属于股东净利润为 1.85 亿元,较上年同期增长了 3.70%。标的公司寰美乳业 2019 年的营业收入已达到 15 亿元左右,并且其在成本管理和团队管理方面实力优秀,现金流方面表现健康,资金储备充足,近年来一直保持着稳健的增长。2020 年 1—9 月新乳业的营业收入为46.57亿元,仅在第三季度的营业收入就已达到20多亿元,并购后新乳业可以利用其在西部地区的领先地位充分实现品牌扩张,打造扩散效应,其营业收入突破百亿元大关指日可待。

五、市场表现(002946)

新乳业交易前后股价变动情况见图36。

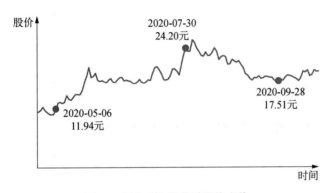

图36 新乳业交易前后股价走势

300015

爱尔眼科：
加速全国布局，并购王者再起航

一、收购相关方简介

（一）收购方：爱尔眼科医院集团股份有限公司

爱尔眼科医院集团股份有限公司（以下简称"爱尔眼科"）前身是长沙爱尔眼科医院有限公司，于2013年1月24日成立。2007年12月1日，经第一次股东大会审议通过，公司整体变更为股份有限公司。2009年9月25日，经中国证监会批准，爱尔眼科首次向社会公众公开发行人民币普通股3 350万股，并于2009年10月30日在深圳证券交易所挂牌上市。截至2019年9月30日，爱尔医疗投资集团有限公司直接持有爱尔眼科1 171 229 185股股份，占比37.81%，为爱尔眼科的控股股东，自然人陈邦持有爱尔投资79.99%的股权并直接持有爱尔眼科16.37%股权，为爱尔眼科的实际控制人。

爱尔眼科是全球知名的连锁眼科医疗机构，主要从事各类眼科疾病诊疗、手术服务与医学验光配镜，目前医疗网络已遍及中国大陆、欧洲、美国、东南亚，初步奠定了全球发展的战略格局。截至2019年，爱尔眼科已在中国大陆30个省市区建立了300多家专业眼科医院，覆盖了70%以上的全国医保人口，年门诊量超过650万人，在美国、欧洲和中国香港开设有80余家眼科医院。2017年，爱尔眼科荣获最佳持续投资价值奖、最具影响力上市公司领袖奖、金牌董秘奖、中国上市公司最佳股东回报奖等，2018年获评中国"最受投资者尊重的上市公司"前十强。

（二）收购标的

1. 天津中视信企业管理有限公司

天津中视信企业管理有限公司（以下简称"天津中视信"）位于天津市滨海

新区,于2019年9月由北京镕聿管理咨询有限公司、磐信(上海)投资中心(以下简称"磐信投资")共同出资设立,2019年9月29日,北京镕聿管理咨询有限公司将其持有的股权转让给磐茂(上海)投资中心(以下简称"磐茂投资"),转让完成后,磐信投资、磐茂投资各持有天津中视信50%的股权。截至本次交易前,天津中视信的股权结构如图37所示。

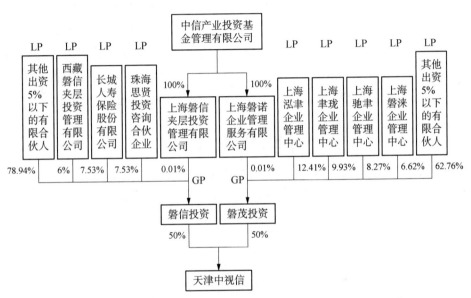

图37　交易前天津中视信股权结构图

天津中视信是一家企业管理服务商,主要从事企业管理服务、企业管理咨询。2019年10月22日天津中视信分别与中钰基金、安星基金、亮视交银签署了股权收购协议,向其收购阿迪娅爱尔、银川爱尔、西宁爱尔、烟台爱尔、玉林爱尔等合计26家眼科医院有限公司股权,完成后天津中视信通过这些眼科医院经营实体提供相关眼科医疗服务,主要包括屈光不正治疗、白内障治疗、青光眼治疗、眼前段治疗、眼后段治疗等,并在向患者提供诊疗服务的过程中,根据诊疗的需要为患者提供必要的药品。

2. 湛江奥理德视光学中心有限公司

湛江奥理德视光学中心有限公司(以下简称"奥理德视光")成立于2004年12月15日,注册资本为人民币50万元,其中广州奥理德医疗投资集团有限公司出资45万元,广东恒誉万佳集团有限公司出资5万元。历经多次股权变动后,众生药业持有奥理德视光100%股权,为控股股东。奥理德视光的主要业务为眼医学服务和视光业务,其全资拥有两家知名的眼科专科医院:湛江奥理德眼科医院和中山奥理德眼科医院,其中湛江奥理德眼科医院是粤西地区最具综合优势的眼科专科医院。自设立以来,湛江奥理德眼科医院对自身医疗水平十分重视,依托扎实的医疗服务和技术优势不断提升业界口碑,打造优质品牌形象。医院注重人才和设备方面的投入,拥有多位国内眼科专家,不断培养并建立优秀的医疗团队,同时引进国内外多种先进的眼科诊疗设备,增强技术实力,医疗水平在当地处于领先地位。奥理德视光与其全资子公司湛江奥理德眼科医院在同一地点经营,眼科业务形成有机结合,在区域内树立了专业医学验光配镜的品牌形象。截至本次交易前,奥理德视光的股权机构如图38所示。

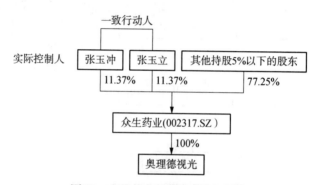

图38　交易前奥理德视光股权结构

3. 宣城市眼科医院有限公司

宣城市眼科医院有限公司(以下简称"宣城眼科")成立于2016年5月,其前身为2002年设立的宣城市眼科医院,宣城眼科是宣城、芜湖两地第一家眼科专科医院,主要从事眼科医疗服务。自成立以来,公司开展了多项先进眼科技术,如飞秒激光及准分子激光矫正近视、飞秒激光及超声乳化吸除白内障、玻璃体切割治疗复杂眼底病、斜弱视综合矫治等,专科设备先进齐全,专科技术在安徽省内领先,在区域行业内具有绝对优势地位。经过多年的发展和积淀,宣城眼科在行业内建立了良好的口碑和知名度。截至2019年10月,广东众生药业股份有限公司(以下简称"众生药业")持有宣城眼科80%的股份,为其控股股东,其股权结构如图39所示。

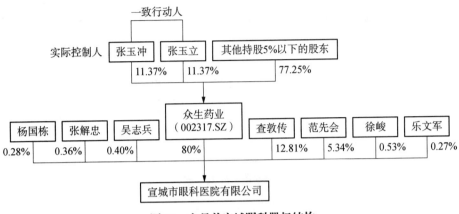

图39　交易前宣城眼科股权结构

4. 重庆万州爱瑞阳光眼科医院有限公司

重庆万州爱瑞阳光眼科医院有限公司(以下简称"万州爱瑞")成立于2015年1月21日,由重庆爱瑞阳光眼科医院管理有限公司货币出资675万元。

万州爱瑞是一家专业化全眼科二级专科医院,医院眼科诊疗项目齐全,几乎涵盖了眼科的所有相关疾病,开设的专业有白内障专科、屈光手术专科、视光专科、青光眼专科、眼底病专科、角膜与眼表疾病专科等。李马号为万州爱瑞的实际控制人,持股比例为58.91%。截至本次交易前,万州爱瑞的股权结构如图40所示。

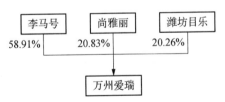

图40　交易前万州爱瑞股权结构

5. 重庆开州爱瑞阳光眼科医院有限公司

重庆开州爱瑞阳光眼科医院有限公司(以下简称"开州爱瑞")由重庆爱瑞阳光眼科医院管理有限公司于2015年3月18日全资设立,注册资本为700万元人民币。开州爱瑞是重庆爱瑞阳光眼科医院集团旗下的专业化全眼科专科医院,拥有强大的专家团队和先进的设施设备。医院设有近视防控、近视手术、验光配镜、小儿眼病、斜弱视、白内障、青光眼、眼底病等临床科室,诊疗项目涵盖眼科全部领域。李马号为开州爱瑞的实际控制人,持股比例为 58.91%。截至本次交易前,开州爱瑞的股权结构如图 41 所示。

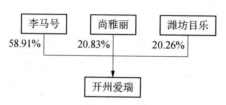

图 41　交易前开州爱瑞股权结构

二、收购事件一览

● 2019 年 10 月 23 日,爱尔眼科筹划发行股份及支付现金购买资产事项开始停牌。

● 2019 年 10 月 30 日,爱尔眼科第四届董事会第五十三次会议审议通过《关于本次发行股份及支付现金购买资产并募集配套资金交易方案的议案》及其相关议案,公司股票当日开始复牌。

● 2020 年 1 月 9 日,爱尔眼科公告发布了《发行股份及支付现金购买资产并募集配套资金报告书(草案)》。

● 2020 年 1 月 23 日,爱尔眼科公告发布了《发行股份及支付现金购买资产并募集配套资金报告书(草案)(修订稿)》。

● 2020 年 3 月 23 日,爱尔眼科第二次临时股东大会审议通过《关于调整公司本次发行股份及支付现金购买资产并募集配套金方案的议案》。

● 2020 年 4 月 23 日,中国证监会上市公司并购重组审核委员会审核本次发行股份及支付现金购买资产并募集配套资金事项,爱尔眼科自当日开市起停牌。

● 2020 年 4 月 24 日,本次重大交易事项获得中国证监会审核有条件通过,爱尔眼科股票自当日起开始复牌。

● 2020 年 6 月 1 日,爱尔眼科发布《关于发行股份及支付现金购买资产并募集配套资金事项获得中国证监会核准批文的公告》。

● 2020 年 6 月 13 日,爱尔眼科发布本次交易的标的资产过户完成的公告。

三、收购方案

本次交易构成重大资产重组，不构成关联交易。本次交易方案主要包括两个部分：一是发行股份及支付现金购买标的资产；二是发行股份募集配套资金。

(一) 发行股份及支付现金购买标的资产

在本次交易中，爱尔眼科以发行股份的方式向磐信投资、磐茂投资购买天津中视信 100% 股权，以发行股份及支付现金方式向众生药业购买其持有的奥理德视光 100% 股权与宣城眼科 80% 股权；以发行股份方式购买李马号、尚雅丽、潍坊目乐合计持有的万州爱瑞 90% 股权与开州爱瑞 90% 股权。

以 2019 年 9 月 30 日为评估基准日，采用收益法进行评估，天津中视信 100% 股权的评估值为 127 187.09 万元，奥理德视光 100% 股权的评估值为 21 700.07 万元，宣城眼科 100% 股权的评估值为 11 625.44 万元，万州爱瑞 100% 股权的评估值为 24 240.24 万元，开州爱瑞 100% 股权的评估值为 7 760.30 万元。经交易各方友好协商，天津中视信股权的交易价格为 127 188.00 万元，奥理德视光股权的交易价格为 21 700.00 万元，宣城眼科股权的交易价格为 9 300.00 万元，万州爱瑞股权的交易价格为 21 816.00 万元，开州爱瑞股权的交易价格为 6 984.00 万元。其中奥理德视光与宣城眼科股权交易价格的 70% 由爱尔眼科以现金方式支付，即 21 700.00 万元，其余对价均通过发行股份方式支付。

本次发行股份购买资产的定价基准日为爱尔眼科第四届董事会第五十三次会议的决议公告日。经交易各方协商，以定价基准日前 120 个交易日股票均价的 90% 作为本次发行股份购买资产的定价依据，即 27.78 元/股。经爱尔眼科召开 2019 年年度股东大会审议通过《2019 年度权益分配方案》，向全体股东每 10 股送红股 3 股、派发现金红利 1.5 元(含税)，并于 2020 年 5 月 28 日发放完成。利润分配实施完毕后，本次向交易对方发行股份的每股价格相应调整为 21.25 元。按照此价格发行，爱尔眼科向交易对方合计发行股份 77 782 588 股。

(二) 发行股份募集配套资金

本次交易爱尔眼科采用询价方式向不超过 35 名特定投资者非公开发行股份募集配套资金，募集配套资金总额不超过 71 020 万元，不超过本次以发行股份方式购买资产交易价格的 100%。且发行股份的数量不超过本次交易前爱尔眼科总股本的20%,即不超过805 430 919股。本次募集的资金将用于支付本次交易的现金对价、相关中介机构费用及补充上市公司流动资金。交易完成前后爱尔眼科股权结构变化情况如表38所示。

表38　交易前后爱尔眼科股权结构

股东名称	本次交易前		发行股份购买资产后 (不考虑配套融资)	
	持股数量(股)	持股比例(%)	持股数量(股)	持股比例(%)
爱尔投资	1 502 597 940	37.31	1 502 597 940	36.60
陈邦	659 300 928	16.37	659 300 928	16.06
其他股东	1 865 255 727	46.32	1 865 255 727	45.44
磐信投资	—	—	29 926 588	0.73
磐茂投资	—	—	29 926 588	0.73
众生药业	—	—	4 376 471	0.11
李马号	—	—	8 870 640	0.22
尚雅丽	—	—	3 137 374	0.08
潍坊目乐	—	—	1 544 927	0.04
合计	4 027 154 595	100.00	4 104 937 183	100.00

四、案例评论

(一) 增强协同效应,提升盈利能力

随着人口结构的老龄化,年龄相关性眼病患者不断增加,同时青少年的眼健康状态也日渐严重,市场对眼科医疗服务的需求逐渐增加,作为一家全国性连锁医疗机构,爱尔眼科的发展前景一片光明。此次并购的目标公司是多家眼科医院,属于爱尔眼科原有业务的扩展,有助于爱尔眼科实现自身的业务协同,充分发挥协同效应与规模效应,同时也是公司进行规模扩张,抓住医疗行业发展机遇的途径之一。

自成立以来,爱尔眼科已在技术、服务、品牌等多个方面形成了较强的核心竞争力,市场占比超过30%,是排名第二的华夏眼科医院的近3倍,爱尔眼科在全球布局上已经形成了一定的规模优势,是眼科专科连锁医院的龙头企业。而

标的公司虽然盈利时间不长,但其于当地而言十分珍贵,可能是当地唯一的一家眼科专科医院,区域优势突出,随着居民对眼睛健康的重视程度越来越高,标的公司具有广阔的成长空间。此外,天津中视信的下属医院主要扎根于三、四线城市,该地区人口基数大,但优质眼科医疗服务资源对比一、二线城市较为有限,大部分医院在当地占据着一定的优势地位。本次交易完成后,爱尔眼科将进一步提高其在眼科医疗服务领域的市场占有率与业务规模,增强区域间医院的协调效应,有助于加快其在三、四线城市的网络布局,服务人数大大增加,巩固爱尔眼科在国内的龙头地位。

(二) 巧妙引入"中间商",曲线拿下 26 城

作为中国目前规模最大的眼科医院,爱尔眼科通过并购基金进行收购的壮举不胜枚举。有所不同的是,在本次交易中,爱尔眼科引入了"中间商"——天津中视信,天津中视信是为本次交易而专门设立的公司,由中信产业基金间接控股。首先,天津中视信与爱尔眼科产业基金——中钰基金、安星基金、亮视交银签署股权收购协议,向其收购阿迪娅爱尔等合计 26 家眼科医院有限公司的股权,然后爱尔眼科通过发行股份收购"中间商"天津中视信,从而获得了 26 家眼科医院的所有权。26 家眼科医院股权的两次转手并不是爱尔眼科的一时兴起,而是大有文章。尽管其原股东爱尔眼科产业基金挂着"爱尔眼科"的名号,但实际上爱尔眼科并不是控股股东,无法对 26 家眼科医院实施控制。以中山爱尔眼科医院为例,其原控股股东为爱尔眼科的产业基金——中钰基金,但实际上爱尔眼科只拥有 9.8% 的基金份额,因此并不能有效控制中钰基金在各地投资控股的眼科医院。

这种巧妙的并购设计形成了爱尔眼科、爱尔眼科产业基金、中信产业基金的"三赢"状态:爱尔眼科通过此次收购可以扩大企业规模,进一步强化规模效应。受基金合伙期限和循环持股的限制,爱尔眼科直接对爱尔眼科产业基金发行股份存在局限性,此次设计有效地解决了收购问题。对于中信产业基金而言,其一直看好爱尔眼科的发展前景,此次通过设立天津中视信实施"先接手、后出售"的策略,其能够完美地成为公司的战略投资人,直接持有爱尔眼科的股份。

(三) 不设立业绩对赌,商誉减值仍需关注

为了降低投资风险,主并公司和标的公司可能会签订关于未来业绩承诺的

协议,如果标的公司未能完成一定期限内的业绩承诺,承诺人将要给主并公司一定的补偿。本次交易中,爱尔眼科豪掷18.7亿元收购30家眼科医院,交易价格十分庞大,但爱尔眼科并未与标的公司设置业绩承诺与补偿安排,在这种投资未得到任何保障的情况下,爱尔眼科的此次并购可能会给投资者带来一定的风险。同时本次交易爱尔眼科以不低于600%的溢价率收购标的公司,其中奥理德视光100%股权、宣城眼科医院80%股权、万州爱瑞90%股权、开州爱瑞90%股权对应的全部权益的评估增值率分别为607.22%、2 284.46%、2 245.43%、873.43%,大幅溢价会带来商誉的大幅积累,截至2019年末,爱尔眼科的商誉已经达到26.37亿元,占总资产比例为22.16%,相比上市初期的459.55万元增长逾400倍。

本次收购完成后上市公司将确认较大金额的商誉,若标的公司未来不能实现预期收益,则该商誉将存在减值风险,大额计提商誉减值将不利于爱尔眼科的业绩发展,甚至出现爆雷。在资本的加持下,爱尔眼科的扩张之路十分顺畅,但伴随杠杆扩张而来的商誉风险、资金压力等都是其走向世界的阻碍,需要持续关注。

五、市场表现(300015)

爱尔眼科交易前后股价变动情况见图42。

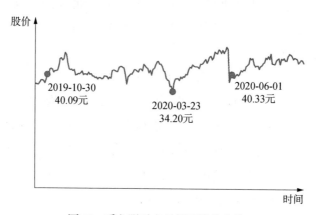

图42　爱尔眼科交易前后股价走势

300173

智慧松德：
高价并购锂电池，协同效应待发挥

一、收购相关方简介

（一）收购方：松德智慧装备股份有限公司

松德智慧装备股份有限公司的前身是中山市松德包装机械有限公司（以下简称"松德有限"）。2007 年 8 月 28 日，经松德有限股东大会审议通过，公司整体变更为中山市松德包装机械股份有限公司。2011 年 2 月，经中国证券监督管理委员会批准，中山市松德包装机械股份有限公司在深圳证券交易所挂牌上市。2015 年 3 月 6 日，公司名称变更为松德智慧装备股份有限公司（以下简称"智慧松德"）。截至 2020 年 3 月，佛山市国资委通过佛山公控间接持有智慧松德 26.28% 股权，为实际控制人。

智慧松德是中国印刷加工设备行业中一家处于领先地位的制造服务商，是当前国内凹印和柔印设备制造行业发展速度最快、技术最先进、规模最大的重点高科技民营企业，主要从事高端智能制造装备的研发、生产、销售，公司的主要业务为 3C 自动化设备及机器人自动化生产线，主要产品有玻璃精雕机、3D 热弯机、LCD 挤压封口自动线、保护片自动组装线，以定制化为主，注重满足客户的个性化需求。自成立以来，公司不仅努力开发具有国际水准的印刷成套设备，更注重提供系统的解决方案，在市场上具备较强的竞争优势。智慧松德的潜力受到政府的高度肯定，被广东省经济贸易委员会认定为广东省装备制造业 100 家重点培育企业之一，同时也被中山市人民政府认定为装备制造业的重点企业。

（二）收购标的：东莞市超业精密设备有限公司

东莞市超业精密设备有限公司（以下简称"超业精密"）位于广东省东莞市，

于 2012 年 10 月由邓赤柱和黄耀权共同出资 300 万元设立。公司主要从事锂电池自动化生产设备的研发、设计、制造、销售与服务,利用其研发及技术优势,为锂电池的生产企业提供自动化生产设备及自动化生产的整体解决方案。经过长期的研发投入和技术积累,公司取得了明显的技术优势,与 ATL、CATL、孚能科技、东莞维科等知名电池企业建立了稳定的战略合作关系。截至 2019 年 7 月 31 日,超业精密已获得 7 项发明专利、36 项实用新型专利以及 19 项软件著作权。截至 2020 年 3 月,超业精密共有股东 8 名,其中,自然人股东持股 11.50%,非自然人股东持股 88.50%,第一大股东为超源科技,无实际控制人,股权结构如图 43 所示。

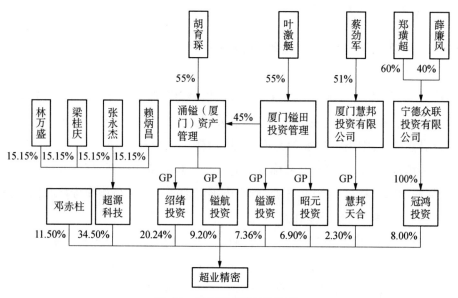

图 43　超业精密股权结构图

(三) 关联控股方:厦门绍绪智能设备投资合伙企业(有限合伙)、厦门镒航投资合伙企业(有限合伙)、厦门慧邦天合股权投资基金合伙企业(有限合伙)、厦门昭元投资合伙企业(有限合伙)、厦门镒源投资合伙企业(有限合伙)、宁德冠鸿投资有限公司

1. 厦门绍绪智能设备投资合伙企业(有限合伙)

厦门绍绪智能设备投资合伙企业(有限合伙)(以下简称"绍绪投资")于 2016 年 10 月由涌镒(厦门)资产管理有限公司、胡洪政、胡溢林共同设立,其中,涌镒(厦门)资产管理有限公司为普通合伙人及执行事务合伙人,胡洪政和胡溢林为有限合伙人。截至2020年3月,绍绪投资的实际控制人为胡溢林,控股99.975%。除持有超业精密股权外,绍绪投资未从事其他经营活动。

2. 厦门镒航投资合伙企业(有限合伙)

厦门镒航投资合伙企业(有限合伙)(以下简称"镒航投资")于2016年7月27日由涌镒(厦门)资产管理有限公司和谢进共同出资设立,总出资额为人民币10 500万元,涌镒(厦门)资产管理有限公司为普通合伙人和执行事务合伙人,谢进为有限合伙人。历经多次控制权变更后,截至2020年3月,镒航最终出资人为12名自然人。除持有超业精密股权外,镒航投资未从事其他实际经营活动。

3. 厦门慧邦天合股权投资基金合伙企业(有限合伙)

2016年1月8日,厦门慧邦投资有限公司、蔡劲军共同出资设立厦门慧邦天合股权投资基金合伙企业(有限合伙)(以下简称"慧邦天合"),厦门慧邦投资有限公司为普通合伙人和执行事务合伙人,蔡劲军为有限合伙人。截至2020年3月,慧邦天合的最终出资人为5名自然人。除持有超业精密股权外,慧邦天合未从事其他实际经营活动。

4. 厦门昭元投资合伙企业(有限合伙)

2016年7月25日,厦门镒田投资管理有限公司、苏国金共同出资7 700万元设立厦门昭元投资合伙企业(有限合伙)(以下简称"昭元投资"),厦门镒田投资管理有限公司为普通合伙人和执行事务合伙人,苏国金为有限合伙人。截至2020年3月,昭元投资的最终出资人为6名自然人。除持有超业精密股权外,昭元投资未从事其他实际经营活动。

5. 厦门镒源投资合伙企业(有限合伙)

厦门镒源投资合伙企业(有限合伙)(以下简称"镒源投资")于2016年12月22日由厦门镒田投资管理有限公司、林锦应等共同出资设立,厦门镒田投资管理有限公司为普通合伙人及执行事务合伙人,林锦应等4人为有限合伙人。截至2020年3月,镒源投资的最终出资人为9名自然人。除持有超业精密股权外,镒源投资未从事其他实际经营活动。

6. 宁德冠鸿投资有限公司

2017年2月24日,陈宁章出资1 000万元人民币设立宁德冠鸿投资有限公司(以下简称"冠鸿投资"),经过 2017 年股权转让后,冠鸿投资的控股股东变为宁德众联投资有限公司,实际控制人为郑璜超。除持有超业精密股权外,冠鸿投资未从事其他实际经营活动。

二、收购事件一览

- 2019 年 5 月 22 日,智慧松德因筹划重大资产重组开始停牌。
- 2019 年 6 月 5 日,智慧松德召开第四届董事会第二十六次会议,审议通过《关于公司发行股份及支付现金购买资产并募集配套资金暨关联交易方案的议案》及相关议案,智慧松德自当日开市复牌。
- 2019 年 10 月 1 日,智慧松德召开第四届董事会第三十次会议,审议通过本次重大资产重组调整方案及相关议案。
- 2019 年 12 月 3 日,智慧松德关于发行股份购买资产事项获佛山市国资委批复。
- 2019 年 12 月 5 日,智慧松德召开第四次临时股东大会,审议通过本次交易相关议案。
- 2020 年 2 月 26 日,中国证监会上市公司并购重组审核委员会审核本次发行股份及支付现金购买资产并募集配套资金暨关联交易事项,智慧松德自当日开市起停牌。
- 2020 年 2 月 27 日,智慧松德发行股份及支付现金购买资产并募集配套资金暨关联交易事项获得中国证监会上市公司并购重组审核委员会审核有条件通过,公司股票自当日开市起复牌。
- 2020 年 4 月 2 日,智慧松德发行股份及支付现金购买资产并募集配套资金暨关联交易获得中国证监会的核准批复。
- 2020 年 5 月 8 日,智慧松德发布本次交易的标的资产过户完成的公告。

三、收购方案

本次交易构成重大资产重组。此外,在不考虑募集配套资金的情况下,本次重组的交易对方绍绪投资、镒航投资、慧邦天合、昭元投资、镒源投资在交易完成后,将合计持有 5% 以上的智慧松德股份,构成上市公司与潜在关联方之间的交易,并且本次交易募集配套资金认购方之一佛山电子政务与上市公司同为受控股股东佛山公控控制的企业,因此本次交易也构成了关联交易。

本次交易由两部分组成:一是发行股份及支付现金购买资产;二是发行股份募集配套资金,但募集配套资金成功与否不影响发行股份及支付现金购买资产的实施。

(一)发行股份及支付现金购买资产

本次交易的标的资产为超业精密88%的股权,交易对方为超源科技、邓赤柱、绍绪投资、镒航投资、慧邦天合、昭元投资、镒源投资和冠鸿投资。本次交易的评估基准日为 2019 年 7 月 31 日,以收益法评估结果作为依据,超业精密100%股权的评估值为 88 110.70 万元,较净资产的账面价值增值 54 595.95 万元,增值率为 162.90%。经交易双方友好协商确定,超业精密88%股权的交易作价为 77 440.00 万元,其中采用现金支付 30 976.00 万元,其余对价均通过发行股份方式支付。

本次交易的定价基准日为智慧松德第四届董事会第二十六次会议决议公告日,经交易双方协定,本次发行股份购买资产的发行价格为 5.60 元/股,不低于定价基准日前 60 个交易日智慧松德股票交易均价的 90%,即 5.43元/股。按此价格发行股份,智慧松德向交易对方合计发行股份 82 971 425股。交易对方就本次交易取得智慧松德的股份数量和现金对价情况如表 39所示。

表 39　智慧松德向交易对方支付的现金与发行股份数量情况

序号	交易对方	出资比例	交易价格 (万元)	现金支付 (万元)	股份支付 (万元)	股份支付 (股)
1	超源科技	25.50%	22 440.00	8 976.00	13.464.00	24 042 857
2	邓赤柱	8.50%	7 480.00	2.992.00	4 488.00	8 014.285
3	绍绪投资	20.24%	17 811.20	7.124.48	10 686.72	19 083 428
4	镒航投资	9.20%	8 096.00	3 238.40	4.857.60	8 674 285
5	慧邦天合	2.30%	2 024.00	809.60	1 214.40	2 168 571
6	昭元投资	6.90%	6 072.00	2 428.80	3 643.20	6 505 714
7	镒源投资	7.36%	6 476.80	2 590.72	3 886.08	6 939 428
8	冠鸿投资	8.00%	7 040.00	2 816.00	4 224.00	7 542 857
	合计	88.00%	77 440.00	30 976.00	46 464.00	82 971 425

（二）发行股份募集配套资金

本次交易中,智慧松德向包括佛山电子政务在内的合计不超过 5 名符合条件的特定投资者非公开发行股票募集配套资金,募集资金总额不超 40 000.00 万元,不超过本次交易中以发行股份方式购买资产交易价格的 100%。本次募集资金的定价基准日为发行股份的发行期首日,发行价格为 6.1 元/股,发行数量不超过 175 854 150 股。佛山电子政务作为上市公司的关联方,认购金额不超过 13 000 万元,但不得低于募集配套资金总额的 10%,其认购价格与其他发行对象的认购价格相同。交易完成前后智慧松德股权结构变化情况如表 40 所示。

表 40　交易前后智慧松德股权结构

股东名称	本次交易前		发行股份购买资产后 (不考虑配套融资)	
	持股数量(股)	持股比例(%)	持股数量(股)	持股比例(%)
佛山公控	154 029 247	26.28	154 029 247	23.02
超源科技	—	—	24 042 857	3.59
邓赤柱	—	—	8 014 285	1.20
绍绪投资	—	—	19 083 428	2.85
镒航投资	—	—	8 674 285	1.30
慧邦天合	—	—	2 168 571	0.32
昭元投资	—	—	6 505 714	0.97
镒源投资	—	—	6 939 428	1.04
冠鸿投资	—	—	7 542 857	1.13
其他股东	432 151 256	73.72	432 151 256	64.58
合计	586 180 503	100.00	669 151 928	100.00

四、案例评论

（一）响应国家号召,把握锂电池发展机遇

近年来,政府大力培育新能源汽车产业,鼓励锂电池行业发展。2012 年 6 月,国务院就已经提出要大力推进动力电池技术创新,重点开展动力电池系统

安全性、可靠性研究和轻量化设计。动力电池与新能源汽车的关系密不可分，加快对动力电池的研发也即加强对新能源汽车行业的支持和鼓励，在推动电池产业健康发展的同时，交通运输部也在各大公共区域增加了充电桩的数量，进行动力汽车的宣传和推广，倡导人们出行使用新能源汽车。由于国家政策的大力支持，我国的新能源汽车行业得到了快速发展，在新能源汽车产销两旺的带动下，市场对于锂电产品的需求逐步扩大。在此背景下，锂电池生产企业不断扩张产能，新建或改造锂电池生产线，实现了动力锂电池和锂电池生产设备厂商的大飞跃。

未来新能源汽车可能会逐步替代传统汽车，锂电池的产能需求有望得到进一步扩张，市场对于锂电池自动化生产设备的需求也仍将维持高位。本次交易中的标的公司超业精密是一家锂电池高端装备的生产商，其制造的锂电池生产设备性能优良，在行业内具有较强的竞争力。并购成功后，智慧松德将在自身行业领域中新增锂电池高端设备制造业务，依托新能源行业的利好政策，智慧松德可以实现锂电池业务的销售增长，打造新的业绩增长点。

（二）延伸产业链，增强协同效应

作为一家上市公司，智慧松德主要从事于高端智能制造装备的研发、生产、销售，具体包括自动化专用设备、智能专用设备等。超业精密是一家专业从事研发锂电池自动化生产设备的高新技术企业，一直致力于服务国内锂电池知名企业，深入参与相关客户的产品研发过程，为下游锂电池生产企业提供高品质的锂电池生产中段设备及自动化解决方案，主要产品包括锂电池制造中段的冲片、叠片、焊接、包装等一系列核心制造设备，其在叠片机领域是国内龙头。在锂电池行业中，超业精密依托其高质量产品和高效率的运行方式获得了极高的市场认可度，在行业中处于领先地位。

本次交易完成后，标的公司超业精密与其他子公司在 3C 自动化设备上的研发和工程设计能力充分融合，发挥协同效应，使得智慧松德的研发能力得到有效提升。通过整合超业精密的技术优势，智慧松德能够延伸其在专用设备制造业中的产业链，利用规模效益优化公司的业务和产业布局，增强公司盈利能力，同时也在一定程度提升公司的抗风险能力。

（三）标的公司前景可观，业绩"对赌"或将实现

超业精密是软包锂电池设备的龙头企业，市场占有率达到 30% 左右，是国内各大锂电池生产企业的核心供应商,包括宁德新能源、宁德时代、孚能科技、冠宇电池、卡耐新能源和维科电池等。超业精密依靠优质的售后服务与客户形成了良好稳定的合作关系,并建立起合作黏性,在客户产能扩张的背景下,优质的客户资源为其提供了良好的业务开拓机会。此外,在锂电池行业中,生产流程十分复杂,由此工艺精度是企业考虑的重中之重,而超业精密所制造的锂电池生产设备具有较高的质量与工艺精度,受到下游客户——锂电池企业的赞扬,较高的市场地位显示了其具备持续开拓锂电池客户群体的能力,有利于保障超业精密的盈利能力的可持续性。

2018年底,超业精密实现营业收入32 966.24万元,较上一年增幅为102.37%,2019年1—7月实现的营业收入为23 091.17万元。2017年超业精密实现的净利润为2345.18万元,2018年净利润为4763.11万元,2019年1—7月净利润为4 969.02万元。由此可见,超业精密的营业收入和净利润均呈现出稳定增长的态势,盈利能力良好。目前超业精密的在手订单充足,预计在未来几年的收入金额能够基本覆盖所承诺的业绩,业绩承诺实现的概率极高。

综上,超业精密所生产的产品对应的应用领域发展前景较好,且依托自身的技术优势及客户资源优势,并受益于行业的较高速增长趋势,超业精密盈利能力具有可持续性,业绩承诺的可实现性较高。

(四) 提升公司盈利性,为股东创造价值

本次收购完成后,智慧松德持有标的公司88%的股权,标的公司作为上市公司的控股子公司将纳入合并报表,智慧松德的整体业务规模有所扩张,盈利能力持续增强。根据财务报表,智慧松德2020年第三季度末总资产为318 806.10万元,相较于上年度末增长115.04%;营业总收入为49 037.18元,比上年同期增加了252.07%;归属于公司股东净利润为57 541.57万元,较上年同期增长了493.20%。在智慧松德2019年的主营业务收入中,主要的收入来源于公司的3C行业,并购超业精密后,标的公司的锂电池业务收入在智慧松德的收入中占据着不小的比重,提升了公司的盈利水平。此外,通过本次交易,智慧松德能够与超业精密实现资源共享,进一步增强其在智能装备领域的研发实力和核心竞争力,不断提升上市公司价值,保障国有资产的保值增值,为公司股东创造更高的价值。

五、市场表现（300173）

智慧松德交易前后股价变动情况见图 44。

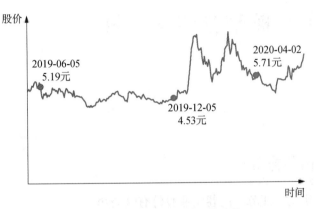

图 44 智慧松德交易前后股价走势

600370

三房巷：
"蛇吞象"，柳暗花明又一村

一、收购相关方简介

（一）收购方：江苏三房巷实业股份有限公司

江苏三房巷实业股份有限公司（以下简称"三房巷"）成立于1994年，主要从事纺织产品的生产、销售，PBT工程塑料的研发、生产与销售以及电力、蒸汽的生产、销售等业务，并于2003年3月首次公开发行股票并上市。

截至2019年12月31日，三房巷集团持有三房巷436 229 903股股份，占三房巷已发行股份总数的54.72%，系三房巷之控股股东；江阴兴洲投资股份有限公司持有三房巷集团27.04%的股权，系三房巷集团的第一大股东，卞兴才持有江阴兴洲投资股份有限公司50.99%的股份，系江阴兴洲投资股份有限公司的控股股东，卞兴才同时直接持有三房巷0.06%的股份，为三房巷的实际控制人。上市公司与控股股东、实际控制人之间的股权控制关系如图45所示。

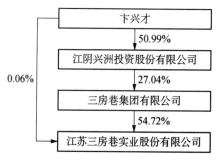

图45　本次交易前三房巷股权结构

三房巷自成立以来全力推进技术创新,目前具备高技术的整理工艺和手段,并按照市场需求研制和生产具有各种新型特点的产品,如光触媒体休闲面料、环保循环再生纱线印染、Silveclear DG‐300抗菌印染布、全棉印花布、SFX吸湿排汗印染布、免烫整理、TEFLON整理、防水处理、抗菌整理、酶洗整理面料及有光高强高档缝纫线等。三房巷生产的多种面料被鉴定为省级科技成果和省级纺织新产品,并且被列入国家级与省级火炬项目计划。

(二) 收购标的: 江苏海伦石化有限公司

江苏海伦石化有限公司(以下简称"海伦石化")前身为由印尼国际棉业有限公司于2003年5月28日出资设立的外商独资企业江苏海伦化学有限公司(以下简称"海伦化学")。2004年,印尼国际棉业有限公司与华利财务有限公司(Wardley Finance Limited)、环阳有限公司(X-Tra Cycle Limited)及三房巷集团签订《出资权转让协议》,约定印尼国际棉业有限公司将其持有的海伦化学25%、25%、50%的出资权分别无偿转让予华利财务有限公司、环阳有限公司及三房巷集团。2006年,华利财务有限公司与环阳有限公司分别将其持有的海伦化学25%的股权转让给三房巷集团与Mahogany Joy Investments Limited。随后,Mahogany Joy Investments Limited于2010年将25%的海伦化学股份转让给三房巷集团,海伦化学成为三房巷集团的全资子公司。同年,海伦化学名称由"江苏海伦化学有限公司"变更为"江苏海伦石化有限公司"。

截至交易发生日,三房巷集团持有海伦石化88.50%股权,为海伦石化的控股股东,卞兴才为海伦石化的实际控制人。海伦石化的股权结构如表41所示。

表41　本次交易前海伦石化股权结构情况

交易对方	出资额(万元)	出资比例(%)
三房巷集团有限公司	274 350.00	88.50
江苏三房巷国际贸易有限公司	21 700.00	7.00
上海优常企业管理中心	7 750.00	2.50
上海休玛企业管理中心	6 200.00	2.00
合计	310 000.00	100.00

海伦石化的主要经营范围为生产瓶级聚酯切片与PTA,所属行业属于化学

原料和化学制品制造业。海伦石化为瓶级聚酯切片行业的龙头企业,其瓶级聚酯切片生产采用先进的杜邦、布勒工艺技术,经过近20年的发展,海伦石化已开发出9种全系列的瓶级聚酯切片产品,其中"翠钰"牌瓶级聚酯切片获得"中国驰名商标"称号。标的资产凭借多年积累的技术实力及行业经验,积累了一批保持长期良好合作关系的优质国内客户,包括农夫山泉、康师傅、娃哈哈、益海嘉里等知名食品饮料行业企业,其瓶级聚酯切片产品拥有良好的业内口碑。

(三) 关联控股方:三房巷集团有限公司、江苏三房巷国际贸易有限公司

1. 三房巷集团有限公司

三房巷集团有限公司(以下简称"三房巷集团")前身是1980年10月30日成立的江阴县合成纤维厂。1993年,经江苏省经济体制改革委员会批准,在江阴县合成纤维厂的基础上建立江苏三房巷实业集团总公司,并于2000年改制为江苏三房巷集团有限公司。2019年,三房巷集团股东会作出决议,同意将公司名称变更为三房巷集团有限公司。目前,三房巷集团的主营业务以聚酯产业为核心,化工新材料、聚酯薄膜、纺织等多产业齐头并进,并同时涵盖投资、酒店、国际贸易等多项业务。

截至本次并购交易公告日,三房巷集团直接持有三房巷54.72%的股权,为上市公司的控股股东。因此,在本次交易中三房巷集团为上市公司的关联方。

2. 江苏三房巷国际贸易有限公司

江苏三房巷国际贸易有限公司(以下简称"三房巷国贸")成立于2001年3月,是经中华人民共和国对外贸易经济合作部批准设立的贸易公司,主要从事自营和代理各类商品及技术的进出口业务。

截至并购公告发布日,三房巷集团持有三房巷国贸87.50%的股权,江阴丰华合成纤维有限公司持有三房巷国贸12.50%的股权。三房巷集团为三房巷国贸的控股股东,卞兴才为三房巷国贸的实际控制人。因此在本次交易中,交易对方之一三房巷国贸是三房巷集团控制的下属企业,而三房巷集团为三房巷的控股股东,三房巷国贸为三房巷的关联方。

二、收购事件一览

- 2019年4月19日,三房巷筹划重大事项开始停牌。
- 2019年4月26日,三房巷发布《关于重大资产重组进展暨股票继续停牌

的公告》。

● 2019 年 5 月 8 日,三房巷发布《发行股份购买资产并募集配套资金暨关联交易预案》,并召开第九届董事会第六次会议和第九届监事会第五次会议通过本次重大资产重组。同日,三房巷股票复牌。

● 2019 年 5 月 20 日,三房巷收到上海证券交易所《关于江苏三房巷实业股份有限公司发行股份购买资产并募集配套资金暨关联交易预案信息披露的问询函》。

● 2019 年 8 月 17 日,三房巷发布《发行股份购买资产并募集配套资金暨关联交易预案(修订稿)》,针对之前的预案进行补充披露,并对上海证券交易所问询函进行回复。

● 2019 年 12 月 30 日,三房巷发布《发行股份购买资产并募集配套资金暨关联交易报告书(草案)》,并召开第九届董事会第十一次会议通过本草案。

● 2020 年 1 月 22 日,三房巷召开 2020 年第一次临时股东大会通过本次交易相关事项。

● 2020 年 3 月 17 日,三房巷收到《中国证监会行政许可项目审查一次反馈意见通知书》。

● 2020 年 4 月 15 日,中国证监会上市公司并购重组审核委员会召开 2020 年第 12 次并购重组委工作会议,对三房巷发行股份购买资产并募集配套资金暨关联交易事项进行审核。根据会议审核结果,公司本次发行股份购买资产并募集配套资金暨关联交易事项未获通过。

● 2020 年 5 月 11 日,三房巷收到中国证监会核发的《关于不予核准江苏三房巷实业股份有限公司发行股份购买资产并募集配套资金申请的决定》。

● 2020 年 6 月 12 日,三房巷发布《发行股份购买资产并募集配套资金暨关联交易报告书(草案)》,并披露前次未通过并购重组委事项的落实情况说明。

● 2020 年 7 月 2 日,三房巷收到《中国证监会行政许可项目审查一次反馈意见通知书》。

● 2020 年 7 月 16 日,三房巷发布《发行股份购买资产并募集配套资金暨关联交易报告书摘要(修订稿)》,并对《中国证监会行政许可项目审查一次反馈意见通知书》进行回复。

● 2020 年 7 月 28 日,本次重大交易获得中国证监会上市公司并购重组审核委员会审核有条件通过。

● 2020 年 9 月 8 日,三房巷发布《关于发行股份购买资产并募集配套资金暨关联交易获得中国证监会核准批复的公告》。

● 2020 年 9 月 12 日,三房巷完成交易标的的资产过户及相关工商变更登记。

三、收购方案

本次交易方案包括发行股份购买资产、非公开发行股票募集配套资金两部分。

(一) 发行股票购买资产

本次交易以发行股份的方式支付。三房巷拟发行股份购买三房巷集团、三房巷国贸、上海优常与上海休玛合计持有的海伦石化 100%股权,本次交易完成后,海伦石化成为上市公司的全资子公司。

交易以 2019 年 8 月 31 日作为评估基准日,并选用收益法作为评估方法。根据评估结果,海伦石化股东全部权益的评估值为 765 500.00 万元,经审计后合并口径归属于母公司股东权益 379 289.05 万元,评估增值 386 210.95 万元,增值率为 101.82%。根据评估结果,本次评估资产账面价值与评估结论存在较大差异的原因为海伦石化拥有企业账面值上未反映的客户资源、业务网络、品牌优势等重要的无形资源价值,因此采用收益法比账面值增值较大。

交易价格以评估值为基础,并就疫情对于标的资产经营情况、评估价值、业绩承诺等方面的影响进行充分评估后,经交易各方友好协商,标的资产海伦石化 100%股权的交易作价由原交易方案的 765 000.00 万元下调为 735 000.00 万元。

本次发行股份购买资产的发行价格确定为 2.60 元/股,不低于定价基准日前 20 个交易日三房巷股票交易均价的 90%。2020 年 4 月 13 日,三房巷召开的 2019 年年度股东大会审议通过每 10 股派发 0.3 元人民币的利润分配方案,并于 2020 年 4 月 27 日进行了除权除息,因此将发行股份购买资产的发行价格相应调整为 2.57 元/股。根据调整后股票价格,本次发行股份购买资产的股份发行数量为 2 859 922 177 股。具体交易情况如表 42 所示。

表 42 本次交易具体发行数量与股份对价

交易对方	股份对价(万元)	所获股份数量(股)
三房巷集团有限公司	650 475.00	2 531 031 128
江苏三房巷国际贸易有限公司	51 450.00	200 194 552
上海优常企业管理中心	18 375.00	71 498 054
上海休玛企业管理中心	14 700.00	57 198 443
合计	735 000.00	2 859 922 177

本次重组前,上市公司的总股本为 797 244 230 股,根据本次交易方案,上市公司将发行 2 859 922 177 股普通股用于购买海伦石化,本次交易前后上市公司的股权结构变化如表 43 所示。

表 43 本次交易前后上市公司的股权结构变化

交易对方	本次重组前		本次重组后*	
	持股数(股)	比例(%)	持股数(股)	比例(%)
三房巷集团有限公司	436 229 903	54.72	2 967 261 031	81.14
江苏三房巷国际贸易有限公司	—	—	200 194 552	5.47
上海优常企业管理中心	—	—	71 498 054	1.96
上海休玛企业管理中心			57 198 443	1.56
其他股东	361 014 327	45.28	361 014 327	9.87
合计	797 244 230	100.00	3 657 166 407	100.00

* 此处不考虑募集配套资金的影响

(二) 募集配套资金

上市公司在发行股份购买资产的同时,拟向不超过 35 名投资者非公开发行股票募集配套资金不超过 8 亿元,募集资金总额不超过本次交易中以发行股份方式购买资产的交易价格的 100%;本次募集配套资金发行股份的数量不超过上市公司本次发行前总股本的 30%,即不超过 239 173 269 股。本次募集配套资金的具体用途如表 44 所示。

表44　三房巷募集配套资金的具体用途

项目名称	使用募集资金总额(万元)
海伦石化PTA技改项目	40 000.00
补充流动资金	30 500.00
中介机构费用及其他相关费用	9 500.00
合计	80 000.00

四、案例评论

(一) 吞并龙头企业,打造化工产业链平台

收购方三房巷的主营业务虽然为纺织产品的生产与销售,但同时也涉足工程塑料等产品的销售,其控股股东三房巷集团也涉足化工领域,业务范围覆盖PTA、瓶级聚酯切片、涤纶纤维等多项化工业务。随着近年来棉花、染料等原材料的价格上涨,以传统纺织品为主营业务的三房巷的利润遭受挤压。但与此同时,受到经济增长与供给侧结构性改革的深化等因素的影响,工程塑料领域展现了巨大的发展前景,但身处该行业需要面临的问题依旧是高昂的原材料价格,因此也给欲在该行业持续经营的企业带来一定的障碍。

收购标的海伦石化的主营业务为瓶级聚酯切片与PTA的生产,其中PTA为化工产业中的重要原材料之一,且PTA与瓶级聚酯切片业务存在上下游关系。经过几十年的生产经营,海伦石化已经开发出9种全系列的瓶级聚酯切片产品,同时凭借多年先进生产经验培养了包括农夫山泉、哇哈哈、康师傅等在内的多家优质客户。2019年,海伦石化收购了多家瓶级聚酯切片生产企业,使得公司成为国内少数"PTA-瓶级聚酯切片"一体化布局的优势企业。目前,海伦石化已经是我国国内生产瓶级聚酯切片的领头企业,不论是产量还是产能都居于全国首位。同时海伦石化也是目前亚洲PTA与瓶级聚酯切片领域最大的生产商之一,在瓶级聚酯切片产品与PTA的生产上具有显著的规模优势。因此,三房巷收购瓶级聚酯切片领域的龙头企业海伦石化,对其深耕化工塑料领域具有十分重要的意义。

一方面,由于海伦石化本身就在生产PTA与瓶级聚酯切片上拥有十分成熟的经验,而三房巷及其控股股东三房巷集团也同样在化工板块上开展相应的

业务,因此海伦石化的并入有助于上市公司将从 PTA 到瓶级聚酯切片的较为完整的化工产业链与内部原有的化工产业相结合,并依托集团实力,打造一个更为完整的化工产业链平台。与此同时,海伦石化生产的 PTA 属于化工生产的重要原材料,海伦石化也是上市公司的上游企业,三房巷并购海伦石化可以解决原材料价格高昂的问题,立足于化工产业具有巨大发展潜力的宏观背景下,获得新的利润增长点。

另一方面,上市公司将海伦石化纳为全资子公司,相当于把拥有强劲实力的瓶级聚酯切片和 PTA 生产业务与我国资本市场相结合,有助于上市公司借助资本市场,拓宽融资渠道,提升品牌影响力,从而进一步推动瓶级聚酯切片和PTA 业务的战略布局及业务发展。此外,由于瓶级聚酯切片的上游产业为炼油与石化产业,下游又涉及纺织、消费等领域,所以与瓶级聚酯切片相关的配套企业与产品应用领域较多,本次交易之前也有许多企业,特别是中小微企业与海伦石化有客户往来关系,覆盖就业人数众多。因此,借助资本市场进一步发展与扩大海伦石化的原有化工产业链有利于促进当地经济发展、拉动就业及带动中小微企业发展,在当前也具有十分重要的社会经济意义。

(二)上市公司"蛇吞象",显著修复盈利能力

本次交易是一场典型的"蛇吞象"式企业合并。截至 2019 年底,收购方三房巷的资产总额为 17.9 亿元,2019 年全年的营业收入为 10.41 亿元,而被收购方海伦石化的资产总额为 133.44 亿元,2019 年全年的营业收入为 211.08 亿元,不论是资产总额还是营业收入,海伦石化的规模都远远超过三房巷。

根据三房巷近 5 年来披露的年报,近 10 年来三房巷的业绩表现并不理想,上市公司的营业收入总体呈现下降的趋势。从 2011 年的 15.28 亿元跌落到2019 年的 10.41 亿元,其间还多次出现超过 10% 的同比降幅。因此从财务数据的角度来看,海伦石化的注入将会极大弥补上市公司目前盈利能力的缺陷,其营业收入、净利润等指标均会发生不同幅度的增长,使得其 10 亿元左右的营收规模跃升至 100 亿元级别。也正因为如此,三房巷对此次收购也可谓是使出了浑身解数,比如在证监会否决交易预案时迅速补充披露信息并再多次发布修改后的交易草案、通过分立存续的方式,注资新设公司,化解海伦石化原来存在的巨额未分配利润的问题,等等。

与此同时,交易对手方三房巷集团、三房巷国贸也给予了三房巷高昂的业绩承诺。收购方案中显示,海伦石化承诺2020年、2021年、2022年实现的经审计的净利润分别不低于4.72亿元、6.83亿元和7.32亿元。若实际经营情况低于其对应的净利润承诺数,三房巷集团、三房巷国贸须就不足部分向上市公司进行补偿。从承诺的数据中可以看出,本次交易中的净利润承诺数占到目前三房巷营业收入的一半左右,这也表明本次交易将显著影响上市公司的收入与利润水平。

(三) 并购过程一波三折,高溢价收购引争议

虽然三房巷收购海伦石化的收购预案最终得到了中国证监会的批准,但其收购过程并不是一帆风顺的。从2019年4月三房巷开始筹划重大资产重组而停牌到2020年9月成功完成资产过户手续总共花费了17个月之久,甚至在交易途中其收购方案还被中国证监会并购重组委否决了一次,当时并购重组委给出的审核意见是:"申请人未充分说明并披露本次交易有利于改善上市公司财务状况和增强持续盈利能力,不符合《上市公司重大资产重组管理办法》第四十三条的相关规定。"除此以外,三房巷并购海伦石化的交易方案也引起了社会上很大的争论,原因是标的公司海伦石化的未来盈利能力并不明确。从方案中对海伦石化的评估数据中可以看到,海伦石化在评估基准日确定的净资产价值为37.93亿元,评估价值为76.56亿元,较其账面净资产增值38.63亿元,溢价率高达101.85%。但海伦石化是否真的能够在未来给上市公司带来令投资者满意的回报却是存疑的。

首先,从三房巷公布的数据中看出,海伦石化在2017年的营业收入为176.77亿元,净利润为-2086.40万元。而到了2018年海伦石化的营业收入增长为225.86亿元,净利润由负转正为6.96亿元,同比增长28%。在接近收购报告发布日的时刻海伦石化的业绩突然扭亏为盈,实现净利润的正增长,这不免有些可疑。

其次,通过对海伦石化的交易占比进行分析,多年来海伦石化的营业收入中有三分之一来自关联交易,2018年与2019年向关联方销售的收入总额为77.12亿元与58.19亿元,分别占其全年总营业收入的34%与28%,其中三房巷集团是海伦石化的第一大客户,如此高占比的关联交易也不禁令人对海伦石化未来实际的盈利能力产生怀疑。

最后,上市公司控股股东三房巷集团曾多次非经营性地占用海伦石化的资金。在中国证监会对上市公司的问询函中就已经提到,海伦石化存在被控股股东及其关联方长期占用资金的问题。2017年与2018年三房巷集团占用海伦石化累计发生金额分别为170.91亿元与298.87亿元,大额的非经营性资金占用也会在并购重组完成以后对上市公司的运行产生影响。针对诸多疑问,三房巷都一一进行了答复与补充。尽管最终中国证监会批准通过了三房巷收购海伦石化的交易方案,但海伦石化最终是否能真正地如约带给上市公司良好的发展前景,这仍然值得后续关注。

五、市场表现(600370)

三房巷交易前后股价变动情况见图46。

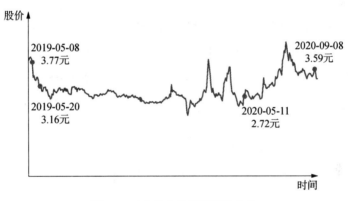

图46　三房巷交易前后股价走势

600679

上海凤凰：
产业并购整合，老凤凰展翅远飞

一、收购相关方简介

(一) 收购方：上海凤凰企业(集团)股份有限公司

上海凤凰企业(集团)股份有限公司(以下简称"上海凤凰")的历史可追溯到 1958 年,经过几十年的发展至 1992 年上海凤凰自行车公司成立时,年销售收入总额达 12.7 亿元,列全国轻工系统第一位。1993 年,整体改制成股份有限公司,并成功上市发行股票,1993 年 8 月于上海证券交易正式挂牌交易。2006年 2 月,实施并完成股权分置改革方案,公司股票实现全部流通。2015 年上海凤凰通过收购自行车零部件生产企业华久辐条,推动公司的自行车业务从整车向上游零部件延伸。上海凤凰的股权结构如图 47 所示。

上海凤凰的经营范围包括：生产销售自行车、助动车、两轮摩托车、健身器材、自行车工业设备及模具等;房地产开发与经营,城市和绿化建设,旧区改造,商业开发,市政基础设施建设,物业、仓储、物流经营管理等。本次收购实施后,有利于提升上海凤凰的综合实力、国际化产业布局,构建位于天津的自行车生产基地,整合同业资源以及完善出口日本的销售渠道。

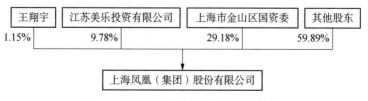

图 47　本次交易前上海凤凰的股权结构

（二）收购标的：天津爱赛克车业有限公司、天津天任车料有限公司

1. 天津爱赛克车业有限公司

天津爱赛克车业有限公司(以下简称"爱赛克")于 2008 年 12 月成立于天津市。截至收购前,辛建生和赵丽琴夫妻二人通过持有天津富士达、天津富士达科技 100%的股权,合计控制爱赛克 63.00%的股权,富士达科技为爱赛克的实际控股股东。此外,自然人宋学昌和窦佩珍分别直接持有爱赛克 21.00%和 16.00%的股权。

爱赛克主要从事自行车整车的研发、生产和销售。爱赛克依托天津的生产基地,将自行车整车销往日本,是日本中高端自行车领域重要的整车供应商。爱赛克与日本自行车的知名品牌如丸石、祭本、坂本、穗高等保持了长期友好的合作关系,在日本市场有着较高的市场占有率。爱赛克通过了日本制品安全协会 SG 制品安全认证,ISO9001 质量管理体系认证,建构了 5S 现场管理体系,公司产品的质量、生产工艺、服务等方面都得到了客户的充分认可,客户黏性较强。爱赛克基于多年来在日本客户中的深厚积累,持续为客户提供优质产品,已在下游行业中形成良好的口碑,有着良好的渠道优势。

2. 天津天任车料有限公司

天津天任车料有限公司(以下简称"天津天任")于 2003 年 3 月 20 日成立。赵丽琴、辛建生分别委托堂侄赵翔及堂侄女赵莹代为持有天津格雷的股权,赵翔和赵莹为堂兄妹关系,分别直接持有天津格雷 80.00%、20.00%的股权,合计间接持有天津天任 100.00%的股权。赵丽琴、辛建生为天津格雷的实际控制人。天津天任位于滨海新区大港顺达街的房产为生产厂房及办公楼等,天津天任拥有的房产面积合计 82862.67 平方米。同时,天津天任拥有年产 300 万辆自行车的产能及全套符合要求的环保设备。收入来源主要为厂房与设备的租赁收入及代收水电费收入。

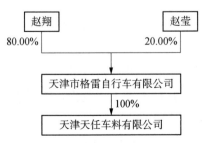

图 48 本次交易前天津天任的股权结构

二、收购事件一览

● 2020 年 1 月 7 日，上海凤凰筹划重大事项开始停牌。

● 2020 年 1 月 18 日，上海凤凰第九届董事会第八次会议审议通过了《关于公司符合发行股份及支付现金购买资产并募集配套资金条件的议案》。

● 2020 年 2 月 10 日，上海凤凰收到上海证券交易所下发的《关于对上海凤凰企业(集团)股份有限公司重大资产重组预案信息披露的问询函》。

● 2020 年 2 月 25 日，上海凤凰披露了对"问询函"的回复，并按要求对预案及其摘要的部分内容进行了修订。

● 2020 年 7 月 28 日，上海凤凰发布《上海凤凰企业(集团)股份有限公司发行股份及支付现金购买资产并募集配套资金暨关联交易报告书(草案)》，并公告《关于本次交易摊薄公司即期回报及填补措施》。

● 2020 年 8 月 13 日，上海凤凰披露《关于本次交易标的资产经营业绩受疫情影响情况的说明》。

● 2020 年 8 月 21 日，本次重大资产重组事项获得中国证监会受理。

● 2020 年 9 月 5 日，上海凤凰收到《中国证监会行政许可项目审查一次反馈意见通知书》。

● 2020 年 9 月 29 日，上海凤凰回复《中国证监会行政许可项目审查一次反馈意见通知书》，并再次公告本次交易报告书(草案)修订稿。

● 2020 年 10 月 28 日，中国证监会上市公司并购重组审核委员会(以下简称"并购重组委")召开并购重组委工作会议，审核本次交易事项。上海凤凰自开市起停牌。

● 2020 年 10 月 29 日，本次交易事项经过并购重组委审核获得有条件通过，上海凤凰股票自开市起复牌。

● 2020 年 11 月 3 日，上海凤凰再次公告修订本次交易报告书(草案)。

● 2020 年 11 月 21 日，上海凤凰收到中国证监会核发的《关于核准上海凤凰企业(集团)股份有限公司向江苏美乐投资有限公司等发行股份购买资产并募集配套资金的批复》，并发布本次发行股份及支付现金购买资产并募集配套资金暨关联交易报告书。

● 2020 年 12 月 12 日，本次交易完成对天津爱赛克 100% 的股权、天津天任 100% 的股权的过户手续及相关工商变更备案登记。

● 2020 年 12 月 12 日，上海凤凰发布本次交易新增股份上市公告书。

三、收购方案

本次交易不构成关联交易，构成重大资产重组。本次并购重组方案主要包括两个部分：一是发行股份及支付现金购买资产；二是发行股份募集配套资金。

（一）发行股份及支付现金购买资产

本次交易标的资产为天津爱赛克和天津天任车料 100% 的股权。本次发行股份的交易对方为天津富士达科技有限公司、宋学昌、窦佩珍。本次重组支付现金的交易对方为天津格雷。本次交易中，发行股份及支付现金购买资产的股份发行定价基准日为 2020 年 4 月 30 日，结合标的资产评估情况，本次发行股份的价格为定价基准日前 60 个交易日股票交易均价的 90%，即 11.38 元/股。

爱赛克车业账面股东权益为 7 263 万元，100% 股权的评估值为 4.84 亿元，评估增值 4.11 亿元，增值率为 566%。天津天任账面股东权益为 6 251 万元，100% 股权的评估值为 1.79 亿元，评估增值 1.16 亿元，增值率为 186%。根据评估结果，标的资产总对价为 66 267.00 万元。其中，以发行股份支付的对价金额为 43 400.00 万元；以现金方式支付的对价金额为 22 867.00 万元，本次发行股份及支付现金购买资产所涉及的发行股份数量的计算方法为：发行股份的数量＝（标的资产的交易价格－现金支付部分）÷发行价格。股份数量根据前述公式计算并向下取整，小数不足 1 股的部分，交易对方自愿放弃。

（二）发行股份募集配套资金

本次交易发行股份募集配套资金向不超过 35 名特定投资者非公开发行股份。本次募集配套资金不超过 50 000.00 万元，募集配套资金总额不超过本次交易中以发行股份方式购买资产对应的交易价格的 100%，且发行股份数量不超过本次交易前上市公司总股本的 30%，具体如表 45 所示。本次募集配套资金用于支付本次交易的现金对价、支付本次交易的中介机构费用、本次并购交易税费及补充上市公司流动资金。

表45　本次交易发行股份及支付现金情况

交易对方	标的资产	以股份支付对价(万元)	发行股份数(股)	现金支付的对价(万元)
富士达科技	爱赛克车业100%股权	25 492.00	22 400 702	5 000.00
宋学昌		10 164.00	8 931 458	0.00
窦佩珍		7 744.00	6 804 920	0.00
小计		43 400.00	38 137 080	5 000.00
天津格雷	天任车料100%股权	——	——	17 867.00
合计		434 000	38 137 080	22 867.00

四、案例评论

(一) 收购渠道布局日本市场,凤凰能否涅槃

作为我国传统自行车品牌,上海凤凰的主营业务分为两大部分,即自行车整车业务和房地产开发与经营。但作为传统制造业的上海凤凰持续面临利润接连下降的压力,自ofo共享单车失败后,一直致力于寻求新的投资机会为该传统制造业注入新活力,希望能够找到新的利润增长点。国内的共享单车市场在2018年达到拐点,不少共享单车运营公司纷纷倒闭,而上海凤凰作为共享单车主要生产供给方的自行车整车和零部件企业,因共享单车运营企业拖欠货款,受到了相当大的影响。行业中下游企业的不稳定,直接影响到了作为整车企业的上海凤凰。根据2019年年报显示,上海凤凰自行车收入占其总营业收入的75.48%。上海凤凰以内销业务为主,外销为辅。目前,国际最大的自行车进口国为美国及日本,两国的年进口量分别超过1 800万辆和650万辆,且美国和日本主要进口中高端自行车,而上海凤凰目前生产的自行车整车销售暂时未进入上述两个市场。

对于自行车这类近乎完全竞争的传统制造行业,销售渠道资源是自行车企业的核心竞争力之一。一旦企业建立了完整的销售渠道网络,企业便可通过侧重不同的营销网络向不同层次、地域、人群的市场推出不同的产品,抢占市场先机。完整渠道的构建需要较高的资金成本和时间成本,对于新进入者而言,难以构建完整的销售渠道,这就成为进入自行车新市场的关键壁垒。

本次交易标的的公司爱赛克成立十余年来一直深耕于日本市场。首先,爱赛克车业在日本具有品牌优势,拥有的"丸石"品牌自行车于1894年在日本横滨成立,是日本历史最悠久的自行车品牌之一。其次是渠道优势,爱赛克与日本自行车知名品牌如祭本、坂本、穗高等长期合作,在日本市场有着较高市场占有率,根据日本自行车行业协会统计数据,2019年日本市场自行车总产量及自行车进口量合计约712.48万辆,爱赛克车业销往日本的自行车数量约为72万辆,日本市场占有率约为10%。最后,标的公司还具有技术优势,通过了ISO9001质量管理体系认证、日本制品安全协会SG制品安全认证。该公司产品的质量、生产工艺、服务等方面都得到了客户的充分认可,客户黏性较强。

本次交易完成后,上海凤凰获得爱赛克100%的股权,以及标的公司在日本自行车市场的销售渠道。这有助于开拓自行车出口规模,利用其长期合作的战略客户,快速推动企业产品进入日本市场,打通日本市场的营销渠道,实现公司海外中高端市场的快速增长,进一步提高上市公司在国际市场的竞争力。

(二)高溢价收购关联方资产,难逃利益输送之嫌

2020年初新冠肺炎疫情突然来袭,多数行业均遭受不同程度的负面影响,自行车行业反而迎来发展契机。为避免传染,疫情期间许多人宁愿避开公共交通,改用自行车出行,带动自行车销量增加。2020上半年上海凤凰营收及利润均大幅增长。公司上半年实现营收6.19亿元,同比增加56.34%,净利润4330.64万元,同比大涨135.16%。上海凤凰2020年上半年的净利润,已经超过了2019年全年。

爱赛克车业账面股东权益为7263万元,100%股权的评估值为4.84亿元,评估增值4.11亿元,增值率高达566%。这笔高溢价的收购引发了证监会和广大投资者的关注。为了快速回收资本以及打消投资者的顾虑,上海凤凰与交易对方签署了业绩承诺协议。交易对方富士达科技、宋学昌、窦佩珍承诺标的公司2020年度、2021年度、2022年度、2023年度实现的净利润分别不低于3338万元、4027万元、4870万元和5414万元。

本次收购的高溢价率是否真的合理,这是广大投资者最为关心的。第一,从业务角度看。日本丸石作为爱赛克车业旗下的完整产业链,系由辛建生实际控制的公司,其最重要的就是在日本拥有完整的营销渠道。本次收购完成后,日本丸石也纳入上海凤凰的业务体系中,日本丸石的实际经营和管理由上海凤凰来控制。上海凤凰将在宏观层面布局,把握日本丸石的未来发展方向,结合上海凤凰的海外市场经营战略,充分利用资源整合带来的正向协同效应。上海凤凰有望通过本次资产整合,打通日本的营销渠道,进一步开拓海外市场,提升上海凤凰的国际竞争力。

第二,从品牌扩张角度看。日本丸石作为日本自行车行业的中高端品牌,实际上是受爱赛克车业控制的在日本的重要销售渠道。本次收购的标的除了爱赛克车业的全部生产链,还包括日本丸石在日本的完整销售渠道。完成本次收购后,日本丸石纳入上海凤凰的体系内,有利于扩大上海凤凰在海外的知名度,实现品牌扩张战略。

第三,从业绩增长的角度看。上海凤凰自2018年共享单车行业扩张进入尾声起,其经营业绩一直难以找到新的增长点。而日本丸石在报告期内,以轻便型自行车为主要销售产品,并且该产品的销售规模占比高达99%。日本丸石的轻便车在2018年前两个季度的实际销量为180 284辆,占2020年全年销量预测的77.5%,有望突破全年的销售业绩预测。日本丸石在日的可喜业绩有望为上海凤凰开拓海外市场,成为上海凤凰新的利润增长来源。

(三) 打造天津制造基地,利于开拓日本市场

经过多年发展,中国自行车行业已经步入成熟期,行业内部经过整合已经形成高度集中的态势。在我国形成了长三角产业基地、天津自行车产业基地、深圳自行车产业基地的三大产业基地,其中以天津自行车生产基地最为庞大,也是我国的主要出口基地。而上海凤凰的主要生产基地位于长三角地区。本次收购完成后,上海凤凰将在天津打造自行车的生产基地,提升运营效率、降低成本。

收购标的之一的天津天任拥有最为稀缺的年产300万辆自行车产能的环评批复,其次还在天津拥有可以直接使用的生产用厂房土地。在收购完成后,上海凤凰可以利用天津天任已有的资源优势开展自行车生产,这也是收购天津天任的重要原因之一。同时,随着采购、销售规模的扩大,上海凤凰在采购和销售市场上的地位、议价能力及获取信息能力将得到提升。爱赛克车业向天津天任租赁厂房进行生产经营。通过本次收购,上海凤凰获得天津天任位于天津市滨海新区大港的土地及房产,用于拓展新的生产制造基地。此外,上海凤凰在并购完成后,通过更加专业化的分工,提升运营效率,管理费用、销售费用等期间费用分摊得以优化,从而降低运营成本,提升公司持续盈利能力。

五、市场表现(600679)

上海凤凰交易前后股价变动情况见图 49。

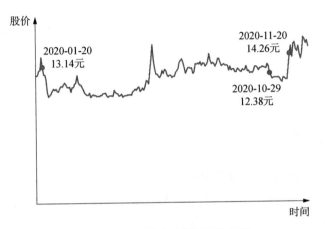

图 49 上海凤凰交易前后股价走势

601880

辽港股份（原"大连港"）：
供给侧改革，打造辽宁港统一平台

一、收购相关方简介

（一）收购方：大连港股份有限公司

大连港股份有限公司（以下简称"大连港"）成立于 2005 年 11 月，由大连港集团有限公司（以下简称"大连港集团"）与大连融达投资有限责任公司、大连德泰控股有限公司、大连海泰控股有限公司及大连保税正通有限公司共同发起设立，注册资本为 196 000 万元。作为国内第一家拥有"A＋H"股双重平台的港口类上市公司，大连港于 2006 年 4 月 28 日在香港联交所上市，股票代码为 2880.HK；2010 年 12 月 6 日，公司在上海证券交易所正式挂牌交易，首次公开发行 A 股完成后，公司总股本为 442 600 万股，其中 A 股 336 340 万股，H 股 106 260 万股。2021 年 2 月 2 日，基于重大资产重组后新上市公司的业务范围拓宽至辽宁省范围内的港口经营业务，公司名称由"大连港股份有限公司"变更为"辽宁港口股份有限公司"，证券简称由"大连港"变更为"辽港股份"，英文名称由"Dalian Port（PDA）Company Limited"更名为"Liaoning 的 Port Co．，Ltd．"。

大连港自上市以来，公司实际控制人共发生过两次变更。第一次变更发生于 2018 年 2 月，公司实际控制人大连市国资委，将公司控股股东大连港集团 100%的股权无偿划转至辽宁省国资委下属子公司港航发展（后更名为辽宁港口集团有限公司，以下简称"辽港集团"），使得公司实际控制人由大连市国资委变更为辽宁省国资委。2019 年 9 月，公司实际控制人实现第二次变更。招商局集团有限公司（以下简称"招商局集团"）通过下属子公司招商局（辽宁）港口发展有限公司（以下简称"招商局辽宁"）持有辽港集团的 51%股权，并成为大连港的实际控制人。

本次交易前,大连港的股权结构如图 50 所示。

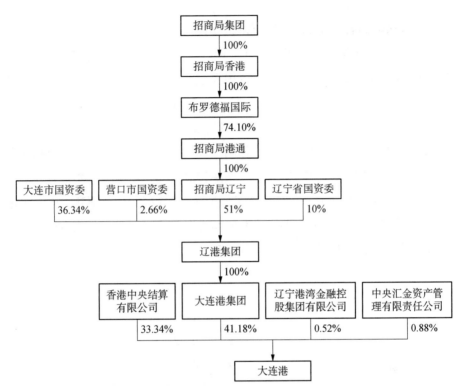

图 50　本次交易前大连港股权结构

大连港位于渤海湾入口,靠近国际主航道,是东北亚重要的枢纽港之一。作为大连地区港口物流业务的统一运作平台,大连港是中国东北最大的综合性码头运营商之一,通过积极建设大型化、专业化、现代化的国际深水中转港和现代物流港,不断完善铁路集疏运网络系统、高速公路集疏运网络系统、海上中转系统,致力于提供最优化的一体式综合物流供应链服务。公司主营业务包括油品/液体化工品码头、集装箱码头、汽车码头、矿石码头、杂货码头、散粮码头、客运滚装码头运营及相关物流业务,以及港口增值与支持业务。

本次并购重组旨在整合辽宁省港口的优势资源,有助于解决辽宁省各港口间恶性竞争、同业竞争等多项问题,深化辽宁省港口整合前期取得的成果,并进一步推动辽宁省港口的深度整合,大连港的自贸区政策优势、港航金融优势和物流体系优势将得到充分发挥。截至 2019 年底,大连港的总资产为 3 509 827.45 万元,2019 年度营业收入为 664 590.73 万元,归属于上市公司股东的净利润为 71 823.05 万元。

(二) 收购标的: 营口港务股份有限公司

营口港务股份有限公司(以下简称"营口港")成立于 2000 年 3 月 6 日,由营口港务局作为主发起人,联合大连吉粮海运有限公司、辽宁省五金矿产进出口公司、吉林省利达经济贸易中心、中粮辽宁粮油进出口公司共同发起设立。2002 年 1 月 31 日,营口港在上交所正式挂牌交易。

与大连港的实际控制人变动情况相同,在本次交易前,营口港实际控制人先后变更过两次。2018 年 2 月 12 日,公司实际控制人由营口市国资委变更为辽宁省国资委,港航发展成为营口港的间接控股股东。2019 年 9 月,招商局集团通过下属子公司招商局辽宁持有辽港集团的 51% 股权,并成为营口港的实际控制人。

本次交易前,营口港的股权结构如图 51 所示。

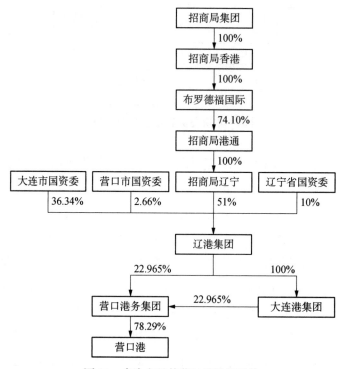

图 51 本次交易前营口港股权结构

营口港位于辽宁省南部,连接东北经济区和环渤海经济区,背靠东北三省及内蒙古东部广阔经济腹地,是距东北三省及内蒙东四盟腹地最近的出海口。营口港主营码头及其他港口设施服务,货物装卸,仓储服务,船舶港口服务,港口设施设备和港口机械的租赁、维修服务等。截至 2019 年末,营口港拥有生产性泊位 33 个,其中包括集装箱、矿石、钢材、粮食、滚装汽车、煤炭、大件设备、成品油及液体化工品等八类货种专用码头。营口港经营的主要货种包括集装箱、金属矿石、钢材、煤炭及制品、粮食、非矿、矿建材料、成品油及化工产品、滚装汽车、化肥等。

(三) 关联控股方: 招商局集团有限公司、辽宁港口集团有限公司、大连港集团有限公司

1. 招商局集团有限公司

招商局集团有限公司(以下简称"招商局集团")成立于 1986 年 10 月,前身为轮船招商总局,是中国近代第一家民族工商企业。本次交易属于招商局集团内部港口板块的重组整合,旨在优化旗下港口产业的布局,通过整合大连港及营口港,优化辽宁省港口的产业布局,推动辽宁省内港口集约化发展,有效提升存续公司核心竞争力,最终实现国有资产的保值增值。

本次交易的收购方与被收购方大连港和营口港的实际控制人均为招商局集团,构成关联交易。

2. 辽宁港口集团有限公司

辽宁港口集团有限公司(以下简称"辽港集团")成立于 2017 年 11 月 27 日,公司主营国际、国内货物装卸、运输、中转、仓储等港口业务和物流服务;为旅客提供候船和上下船舶设施和服务;拖轮业务;港口物流及港口信息技术咨询服务等。辽港集团是大连港、营口港的间接控股股东,属于辽宁省国资委下属子公司。

3. 大连港集团有限公司

大连港集团有限公司(以下简称"大连港集团")成立于 1951 年 1 月 1 日,是经大连市人民政府批准,由原大连港务局依法改制,以其占有、使用的国有资产出资而成立,具有独立法人资格的国有独资公司。大连港发展的长期目标是成为具有区域化发展空间、国际化竞争能力的港口综合物流经营商和港口资源开发运营商。为此,公司制定了港口经营国际化、港口发展区域化、港口服务物流化和港口管理数字化的发展战略。

本次交易前,大连港集团是大连港和营口港的母公司,分别持有两家公司股权比例为 41.18%、17.98%①。

二、收购事件一览

- 2020 年 6 月 20 日,大连港筹划重大资产重组开始停牌。

- 2020 年 7 月 8 日,大连港重大资产重组方案获得国务院国资委批复;公司公告本次换股吸收合并营口港并募集配套资金暨关联交易预案,公司 A 股股票自当日开市起复牌。

- 2020 年 7 月 21 日,大连港收到上海证券交易所对公司换股吸收合并营口港并募集配套资金暨关联交易预案信息披露的问询函(以下简称"《问询函》")。

- 2020 年 7 月 29 日,大连港及相关中介机构就《问询函》所列问题进行了逐项落实与回复,并对本次交易相关的信息披露文件进行了修订、补充和完善。

- 2020 年 9 月 5 日,大连港召开第六届董事会第四次(临时)会议,审议通过本交易方案、本重大资产报告书(草案)及相关议案和《换股吸收合并协议补充协议》。

- 2020 年 9 月 26 日,本次交易经大连港 2020 年第二次临时股东大会、2020 年第一次 A 股类别股东会、2020 年第一次 H 股类别股东会审议通过。

- 2020 年 12 月 2 日,经大连港、营口港、大连港集团确认,本次交易将增加中国国际金融股份有限公司作为大连港 A 股异议股东收购请求权提供方及营口港异议股东现金选择权提供方。

- 2021 年 1 月 7 日,大连港收到中国证券监督管理委员会核发的《关于核准大连港股份有限公司吸收合并营口港务股份有限公司并募集配套资金的批复》(证监许〔2020〕3690 号)。

- 2021 年 1 月 29 日,基于大连港以发行 A 股方式换股吸收合并营口港务股份有限公司,鉴于整合后新上市公司的业务主要系辽宁省范围内的港口经营

---

① 大连港集团对营口港的持股比例计算为:(大连港集团持营口港务集团)22.965%×(营口港务集团持营口港)78.29%=17.98%。

业务,公司名称由"大连港股份有限公司"更名为"辽宁港口股份有限公司",并完成工商变更登记手续;营口港股票自 2021 年 1 月 29 日起终止上市。

三、收购方案

本次并购交易方案主要包括两部分:一是大连港以发行 A 股方式换股吸收合并营口港;二是大连港发行股份募集配套资金。本次并购重组属于关联交易,并构成重大资产重组。

(一) 换股吸收合并

本次并购交易的方案主要为由大连港向营口港的所有换股股东发行 A 股股票,交换该等股东所持有的营口港股票。

根据《重组管理办法》第四十五条规定,上市公司发行股份的价格不得低于市场参考价的 90%。2020 年 6 月合并双方 2019 年度利润分配方案实施完毕,确定本次换股吸收合并中,大连港的换股价格为 1.69 元/股,营口港的换股价格为 2.54 元/股;二者换股比例为 1:1.5030,即每 1 股营口港股票可以换得 1.5030 股大连港 A 股股票。截至 2021 年 1 月 7 日,大连港的 A 股股票为 7 735 820 000 股,H 股股票为 5 158 715 999 股,参与本次换股的营口港股票为 6 472 983 003 股。参照换股比例 1:1.5030 计算,大连港为本次换股吸收合并发行的 A 股股份数量合计为 9 728 893 454 股。

本次换股吸收合并完成后,营口港终止上市并注销法人资格,大连港或其全资子公司承继及承接营口港的全部资产、负债、业务、人员、合同及其他一切权利与义务。大连港因本次换股吸收合并所发行的 A 股股票将申请在上交所主板上市流通。

(二) 发行股份募集配套资金

大连港采用询价方式向不超过 35 名特定投资者非公开发行 A 股股份,募集配套资金发行股份的数量不超过本次交易前大连港总股本的 30%,即不超过 3 868 360 799 股;募集配套资金不超过 21 亿元,且不超过本次换股吸收合并交易金额的 100%。本次募集配套资金用于补充合并后存续公司的流动资金及偿还债务,以及支付本次交易的中介机构费用。

(三) 股权变动

本次交易前后收购方股权结构变化情况如表 46 所示(不考虑收购请求权

与现金选择权行权因素)。

表 46　本次交易前后大连港股权结构变化情况

股东名称	本次交易前		本次交易后(考虑募集配套资金)	
	持股数量(股)	持股比例	持股数量(股)	持股比例
A 股	7 735 820 000	59.99%	18 707 317 004	78.38%
其中:大连港集团	5 310 255 162	41.18%	5 310 255 162	22.25%
营口港务集团	—	—	7 616 325 313	31.91%
辽宁港湾金控	67 309 590	0.52%	67 309 590	0.28%
配套融资认购方	—	—	1 242 603 550	5.21%
其他股东	2 358 255 248	18.29%	4 470 823 389	18.73%
H 股	5 158 715 999	40.01%	5 158 715 999	21.62%
其中:大连港集团	722 166 000	5.60%	722 166 000	3.03%
布罗德福国际	856 346 695	6.64%	856 346 695	3.59%
群力国际	2 714 736 000	21.05%	2 714 736 000	11.37%
其他股东	865 467 304	6.71%	865 467 304	3.63%
合计	12 894 535 999	100%	23 866 033 003	100%

注:营口港务集团通过非公开协议转让方式向攀钢集团有限公司转让其持有的营口港 465 828 544 股股份(占营口港总股本的 7.20%)。截至 2021 年 2 月 5 日,该股权转让交割已完成,营口港务集团对存续公司的持股数量减少至 6 916 185 012 股、持股比例降低为 30.57%

四、案例评论

(一)响应供给侧结构性改革,港口整合释放新活力

港口是国家重要基础设施和综合交通运输体系重要枢纽。自 2015 年以来,我国不断推进和深化供给侧结构性改革,优化港口总体布局,并坚持整合港口优势资源,推动区域港口一体化改革的顶层设计。2014 年 5 月,我国交通运输部印发《关于推进港口转型升级的指导意见》,提出了"科学配置港口资源,引导港口集约发展"的指导意见。随后,在 2015 年 2 月出台了《区域港口发展一体化试点方案》,方案中明确指出在江苏南京以下沿江区域港口、广西北部湾沿海港口开展区域港口发展一体化试点改革工作。

2017 年 6 月 10 日,为响应党中央、国务院"供给侧结构性改革"的号召,同

时为实现辽宁沿海港口经营主体一体化,辽宁省人民政府与招商局集团在沈阳签署了《港口合作框架协议》,框架协议中双方合作建立辽宁港口统一经营平台,以大连港集团、营口港集团为基础,目的是整合辽宁省内港口经营主体,实现辽宁省港口行业的可持续健康发展。辽宁省一共六个港口,分别为大连港、营口港、丹东港、葫芦岛港、锦州港和盘锦港,其中 2019 年度,大连市及营口市两地口岸的货物吞吐量合计为 60 459 万吨,占辽宁省港口货物吞吐总量的 70.20%。

大连港与营口港优势资源合并将给大连港带来新的业务增长动力。大连港、营口港位于渤海湾沿岸,地理位置相近,直线距离不超过 200 公里,辐射范围高度重叠。从主要货种来看,两港在合并前存在货种重叠的情况,大连港和营口港的货种主要是以油品、煤炭、矿石、粮食为代表的大宗商品以及贸易集装箱。两港在合并后各项业务吞吐量增幅明显,码头资源综合利用能力将大大提高,产生良好的协同效应。以钢铁、散粮和矿石为例,合并后存续公司的吞吐量将分别达到 2 868 万吨、1 429 万吨、7 434 万吨,增幅高达 359.78%、216.15%、127.97%,具体如表 47 所示。

表 47 本次交易前后大连港各项业务吞吐量对比

项目	大连港	营口港	合并后存续公司	增幅
集装箱(万 TEU)	1 022	548	1 569	53.62%
油品(万吨)	5 748	629	6 378	10.94%
散粮(万吨)	452	977	1 429	216.15%
钢铁(万吨)	624	2 245	2 868	359.78%
矿石(万吨)	3 261	4 173	7 434	127.97%
煤炭(万吨)	1 054	501	1 555	47.53%
其他(万吨)	1 785	2 135	3 920	119.61%
汽车(辆)	837 758	—	837 758	0.00%

(二) 横向深度整合,集中辽宁省港口优势资源

大连港与营口港的此次合并,将充分融合二者在优势领域的资源,提升对外核心竞争力。首先,在货物吞吐量方面,2019 年度,大连港实现货物吞吐量总量 2.66 亿吨,营口港实现货物吞吐量总量 1.98 亿吨,双方合后将囊括大连、营

口两个港口货物吞吐总量,合计达到 4.64 亿吨。其次,在低陆路运输方面,营口港具有明显的成本优势;同时,营口港下属的专业性码头将为合并后的大连港注入优质资源,实现集装箱、汽车、煤炭、散粮、矿石、成品油及液体化工品等码头资源中的统一战略规划。这将使得港口合并协同效应得到充分释放,进一步规范辽宁港口资产体系,增厚港口整体资产业务的盈利空间,推动港口优势资源集约化发展。此外,在物流运输体系方面,大连港体系建设完善,常年深耕环渤海原油中转、铁矿石国际分拨、冷链物流、环渤海内支线等方面的物流体系。而营口港具备哈大公路、沈大高速公路、长大铁路等公路和铁路网络的衔接以及 40 多条海铁联运集装箱班列,以及经满洲里连接欧亚大陆桥、经二连浩特直达蒙古国的国际集装箱班列。此次合并后,营口港在集疏运输拥有的条件优势将助推大连港进一步搭建多层级的现代物流体系。

(三) 集约发展,打造辽宁港口的统一上市平台

合并前,大连港与营口港之间处于彼此同质化竞争的格局。大连港与营口港均经营港口业务,包括码头运营和物流运输等;同时,大连港港口业务主要经营地为辽宁省大连市,营口港主要经营地为辽宁省营口市的鲅鱼圈港区,货源腹地与大连港重合。在合并之前,二者需要通过竞争同一地域上的资源和相同性质的客户群体来满足各自业务发展的需要,导致二者之间会产生在战略定位、业务经营上难以协调的矛盾和冲突;同时,还在一定程度上阻碍了各自独立实施重大资本运作,最终影响双方的长远发展。由此,二者间一直存在同业竞争的难题。

本次交易完成后,大连港和营口港之间存在的同业竞争问题将得到彻底解决。2019 年 9 月,招商局集团通过下属间接子公司招商局辽宁收购辽港集团并取得大连港、营口港的间接控制权。当时招商局集团和招商局辽宁曾承诺,在 2022 年底以前,尽最大努力通过包括但不限于资产重组、业务调整、委托管理等多种措施稳妥推进解决两港口同业竞争问题。本次大连港吸收合并营口港也是招商局集团和招商局辽宁兑现资本市场承诺的结果,同时,有助于彻底解决双方同业竞争问题,打造统一的港口上市平台,提升资源配置效率和市场竞争力,维护全体股东利益。本次交易完成后,大连港正式更名为辽港股份,成为辽宁港口集团旗下港口主业的核心上市平台。

五、市场表现(601880)

大连港交易前后股价变动情况见图 52。

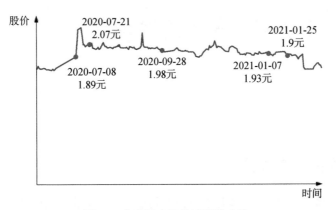

图 52　大连港交易前后股价走势

688001

华兴源创：
科创首单并购，体现注册制效率

一、收购相关方简介

（一）收购方：苏州华兴源创科技股份有限公司（以下简称"华兴源创"）

2005年6月15日，公司前身苏州华兴源创电子科技有限公司设立（以下简称"华兴有限"），注册资本为100万元人民币，股东为陈文源和张茜，分别持股90%和10%。2018年4月20日，经华兴有限股东会审议通过，整体变更为股份有限公司，变更后的公司名称为"苏州华兴源创科技股份有限公司"，变更后注册资本为36 090万元。公司于2019年7月22日在科创板挂牌，首次公开发行后公司股本40 100万元。陈文源、张茜夫妇是上市公司的控股股东及实际控制人。本次交易前，华兴源创的股权结构如图53所示。

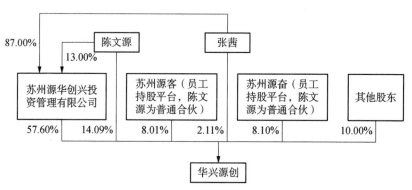

图53 本次交易前华兴源创股权结构

注："苏州源客"为苏州源客企业管理合伙企业的简称；"苏州源奋"为苏州源奋企业管理合伙企业的简称

公司是国内领先的检测设备与整线检测系统解决方案提供商,主要从事平板显示及集成电路的检测设备研发、生产和销售,公司主要产品分为检测设备和检测治具。截至 2019 年末,检测设备和检测治具的营收分别为 86 694.22 万元和 34 599.12 万元,在总营收中占比 68.92% 和 27.51%。公司主要产品应用于 LCD 与 OLED 平板显示、集成电路、汽车电子等行业;主要客户包括 LG、三星、京东方等,最终用于苹果手机等产品;收购欧立通后形成了第三大业务板块,即以可穿戴产品领域为主的智能组装及测试设备。

(二)收购标的:苏州欧立通自动化科技有限公司(以下简称"欧立通")

苏州欧立通自动化科技有限公司成立于 2015 年 2 月,位于常熟市虞山高新区(筹),设立时,欧立通注册资本为 600 万元,其中,自然人李齐花以货币认缴 500 万元,自然人陆国初以货币认缴 100 万元。经过两次增资和股权转让,公司注册资本扩为 10 000 万元。本次交易前,欧立通共有李齐花和路国初两名股东,分别持股 65% 和 35%,两位股东为夫妻关系。公司属"专用设备制造业",是一家集研发、生产自动化设备、检测设备、精密模具、治具和技术解决方案的综合性公司。

欧立通主营业务包括自动化智能组装、检测设备,产品可广泛应用于以可穿戴产品(如智能手表、无线耳机等)为代表的消费电子行业,主要用于智能手表等消费电子终端的组装和测试环节。与广达、仁宝、立讯等大型电子厂商建立合作关系。公司超过 90% 的收入来源于终端客户苹果公司及其代工厂广达、仁宝、立讯等。欧立通原收入主要来源于苹果智能手表的组装、检测设备及治具,借助与苹果公司及其供应链企业的合作基础,逐步拓展至无线耳机、智能音箱、无线充电器等其他非智能手表领域相关业务。

二、收购事件一览

● 2019 年 12 月 6 日,欧立通作出董事决定并召开股东会审议通过了本次交易方案。

● 2019 年 12 月 6 日,华兴源创第一届董事会第十三次会议及第一届监事会第七次会议审议通过《关于公司符合发行股份及支付现金购买资产并募集配套资金交易条件的议案》、本次交易方案的议案、本次交易预案及其摘要的议案等;同时,华兴源创与李齐花、陆国初签署了《发行股份及支付现金购买资产协

议》及《盈利补偿协议》

● 2020 年 3 月 6 日,华兴源创与李齐花、陆国初签署了《发行股份及支付现金购买资产协议和盈利补偿协议之补充协议》;同日,华兴源创第一届董事会第十四次会议及第一届监事会第八次会议审议通过本次交易及相关议案(调整后)。

● 2020 年 3 月 25 日,华兴源创 2020 年第一次临时股东大会审议通过本次交易及交易报告书(草案)及其摘要等议案。

● 2020 年 3 月 27 日,本次交易获得上海证券交易所受理。

● 2020 年 4 月 11 日,华兴源创收到上海证券交易所的问询函。

● 2020 年 5 月 14 日,华兴源创回复上海证券交易所的问询函。

● 2020 年 5 月 25 日,华兴源创收到上海证券交易所关于本次交易的审核意见,同意公司本次发行股份购买资产并募集配套资金申请,并要求补充披露标的公司估值合理性及业绩承诺可实现性和标的公司对核心客户单一产品依赖风险及毛利率的合理性。

● 2020 年 6 月 4 日,华兴源创第一届董事会第十七次会议审议通过了签署补充协议(二)、调整盈利补偿期间和累计净利润承诺数、调整发行价格和发行数量三项议案;对上海证券交易所审核意见进行回复。

● 2020 年 6 月 8 日,本次交易提交中国证监会注册。

● 2020 年 6 月 12 日,本次交易得到中国证监会批复同意。

● 2020 年 6 月 15 日,发布本次发行股份及支付现金购买资产并募集配套资金暨关联交易报告书。

● 2020 年 6 月 19 日,华兴源创发布本次交易过户完成公告。

三、收购方案

本次交易属于重大资产重组;交易对方李齐花、陆国初为夫妻关系,本次交易完成后,本次交易对方李齐花、陆国初将直接合计持有上市公司 5%以上股份,根据上交所《股票上市规则》的规定,本次交易构成关联交易;本次并购重组方案主要包括三部分:一是发行股份及支付现金购买资产;二是发行股份募集配套资金;三是业绩承诺及补偿。

(一) 发行股份购买标的资产

华兴源创通过发行股份及支付现金的方式购买李齐花和陆国初持有的欧

立通100%的股权,交易各方确定标的资产的交易金额为104 000万元。其中以发行股份的方式支付交易对价的70%,即72 800万元,以现金方式支付交易对价的30%,即31 200万元。

本次交易的标的资产为欧立通100%股权,本次交易以标的资产的评估结果作为本次交易的定价依据。根据中水致远评估机构出具的评估报告,评估机构采用资产基础法和收益法两种评估方法对欧立通股东全部权益价值进行评估,最终选用收益法评估结果作为评估结论。根据收益法评估结果,欧立通在评估基准日即2019年11月30日评估值为104 070.00万元,较母公司账面净资产21 103.72万元增值82 966.28万元,增值率为393.14%;较合并口径账面净资产21 095.19万元增值82 974.81万元,增值率为393.34%。

以上述评估值为基础,交易各方确定标的资产的交易金额为104 000万元。其中以发行股份的方式支付交易对价的70%,即72 800万元,以现金方式支付交易对价的30%,即31 200万元。经友好协商,本次发行股份购买资产的价格为25.92元/股。据此计算,华兴源创向欧立通全体股东发行股份的数量为28 086 418股,其中李齐花18 256 172股,路国初9 830 246股,如表48所示。

表48 上市公司向交易对方分别支付对价的金额及具体方式

交易对方	所持欧立通股权比例	总对价(万元)	现金对价(万元)	股份对价(万元)	发行股份数量(股)
李齐花	65.00%	67 600	20 280	47 320	18 256 172
陆国初	35.00%	36 400	10 920	25 480	9 830 246
合计	100.00%	104 000	31 200	72 800	28 086 418

在不考虑募集配套资金的情况下,上市公司股本结构变化如表49所示。

表49 本次交易前后上市公司股权结构变化

股东名称	本次交易前		本次交易后	
	股份数量(股)	股份比例	股份数量(股)	股份比例
苏州源华创兴投资管理有限公司	230 976 000	57.60%	230 976 000	53.83%
陈文源	56 516 940	14.09%	56 516 940	13.17%
苏州源客企业管理合伙企业(有限合伙)	32 481 000	8.10%	32 481 000	7.57%

（续表）

股东名称	本次交易前		本次交易后	
	股份数量（股）	股份比例	股份数量（股）	股份比例
苏州源奋企业管理合伙企业（有限合伙）	32 481 000	8.10%	32 481 000	7.57%
张茜	8 445 060	2.11%	8 445 060	1.97%
实际控制人合计控制	360 900 000	90.00%	360 900 000	84.11%
李齐花	—	—	18 256 172	4.25%
陆国初	—	—	9 830 246	2.29%
交易对方合计持有			28 086 418	6.55%
其他股东	40 100 000	10.00%	40 100 000	9.35%
上市公司股本	401 000 000	100.00%	429 086 418	100.00%

（二）发行股份募集配套资金

2020年6月12日，上市公司获得中国证监会批复，同意公司向特定对象发行股份募集配套资金不超过53 200万元。经容诚会计师事务所（特殊普通合伙）审验，截至2020年12月17日，公司实际发行人民币普通股（A股）9 450 355股，每股面值人民币1.00元，每股发行价格为人民币35.66元，共计募集资金人民币33 699.97万元，扣除相关发行费用1 132.08万元（不含税）后，本次发行实际募集资金净额为人民币32 567.89万元，计入股本人民币945.04万元，超出股本部分计入资本公积人民币31 622.85万元。

本次发行前后前十大股东变化情况如表50所示。

表50　发行前后上市公司前十大股东变化

发行前			发行后		
股东名称	持股数量（万股）	持股比例	股东名称	持股数量（万股）	持股比例
苏州源华创兴投资管理有限公司	23 098	53.83%	苏州源华创兴投资管理有限公司	23 098	52.67%
陈文源	5 652	13.17%	陈文源	5 652	12.89%
苏州源客企业管理合伙企业（有限合伙）	3 248	7.57%	苏州源客企业管理合伙企业（有限合伙）	3 248	7.41%

（续表）

发行前			发行后		
股东名称	持股数量（万股）	持股比例	股东名称	持股数量（万股）	持股比例
苏州源奋企业管理合伙企业（有限合伙）	3 248	7.57%	苏州源奋企业管理合伙企业（有限合伙）	3 248	7.41%
李齐花	1 826	4.25%	李齐花	1 826	4.16%
陆国初	983	2.29%	陆国初	983	2.24%
张茜	845	1.97%	张茜	845	1.93%
招商银行股份有限公司-华夏上证科创板 50 成分交易型开放式指数证券投资基金	239	0.56%	法国巴黎银行	280	0.64%
华泰创新投资有限公司	162	0.38%	厦门创新兴科股权投资合伙企业（有限合伙）	140	0.32%
中国工商银行股份有限公司-易方达上证科创板 50 成分交易型开放式指数证券投资基金	133	0.31%	申万宏源证券有限公司	129	0.29%

　　本次向特定对象发行股票募集资金总额为 33 699.97 万元,将用于的项目如表 51 所示。

表 51　发行股票募集资金用途

序号	项目名称	拟投入募集资金金额(万元)
1	本次交易的现金对价	31 200.00
2	上市公司补充流动资金	1 099.97
3	重组相关费用	1 400.00
	合计	33 699.97

（三）业绩承诺与补偿

　　根据本公司与业绩承诺人签署的盈利补偿协议及盈利补偿协议之补充协议,李齐花、陆国初承诺:标的公司 2019 年、2020 年、2021 年和 2022 年累计实现的经具备证券从业资格的会计师事务所审计的扣除非经常性损益前后孰低的归属于母公司所有者净利润不低于41 900万元。

若盈利补偿期间内欧立通实现的累计实际净利润数低于累计净利润承诺数,则应根据下述公式,以本次交易取得的新增股份对华兴源创进行补偿,补偿义务人取得的新增股份不足以补偿的部分,应当另行以现金方式对华兴源创进行补偿:

应补偿股份数＝本次交易最终交易作价×(1－累计实际净利润数÷累计净利润承诺数)÷本次发行价格

另需补偿的现金金额＝不足补偿的股份数量×本次发行价格

承诺期内补偿义务人向华兴源创支付的全部补偿金额合计不超过交易对方合计获得的交易对价。

四、案例评论

(一) 收购并表大幅提升公司业绩,促可持续发展

本次并购的成功大幅提升了华兴源创的盈利水平。欧立通是国内独具特色和优势的消费电子智能组装检测设备供应商,其产品可广泛应用于以可穿戴产品(如智能手表、无线耳机等)为代表的消费电子行业,主要用于智能手表等消费电子终端的组装和测试环节。2017年、2018年、2019年1—11月,欧立通营收分别为7 394.98万元、24 150.70万元、28 142.00万元,净利润分别为1 330.93万元、8 231.48万元、11 673.44万元,业绩增幅明显。收购完成后并表大幅提升了上市公司业绩,根据华兴源创经审计的财务数据,公司2020年实现营业总收入167 749.64万元,同比增长33.37%;归属于上市公司股东的净利润26 511.39万元,同比增长50.25%。此外,交易对方承诺欧立通2019年至2022年累计实现归母净利润不低于41 900万元,截至2020年末,其在业绩对赌期已累计实现归母净利润16 517.41万元,未出现重大不能实现业绩对赌情况。如上述承诺净利润顺利完成,上市公司将增加新的利润增长点,盈利能力将明显提高,进一步促进公司可持续发展。

(二) 拓宽产业链,协同效应明显

华兴源创与欧立通属于同一行业,均为专用设备制造业及智能装备行业,此次收购在产品结构、客户营销、应用场景等方面协同效应明显。在产品结构方面,上市公司可以在平板显示检测设备、集成电路测试设备产品线的基础上,

深入拓展应用于可穿戴设备等消费电子终端整机的组装、测试设备,丰富智能装备产品线,从而进一步构建更加完整的消费电子智能设备应用链和产品图谱;在客户营销方面,收购完成后上市公司可以向苹果等全球知名的消费电子品牌厂商提供更加丰富的智能设备,从功能测试到贴合组装、从模组检测到终端整机组装测试等,并且通过交叉营销提高市场占有率;在应用场景方面,上市公司平板显示检测设备主要应用场景是平板、智能手机等消费电子领域,而标的公司则主要是智能手表、无线耳机等可穿戴设备领域,目前消费电子领域出货量略有波动,可穿戴设备领域则更为稳定,因此此次收购有助于公司分散对于智能手机屏幕检测领域的业务风险,促进公司的可持续发展。

(三) 近 4 倍溢价加上大额商誉,是机遇也是挑战

本次收购欧立通 100%股权,溢价 3.93 倍,形成商誉 59 402.39 万元,若标的公司未来不能实现预期收益,则该等商誉将存在减值风险,将对上市公司的经营业绩产生较大不利影响。虽然为应对该风险,交易对方做出了 4 年归母净利润不低于 41 900 万元的业绩承诺,但也应注意到,欧立通的未来仍存在诸多风险。

据本次交易报告书披露,标的公司最大的经营风险为对核心客户及其单一产品的依赖风险。从客户集中度来看,2017 年、2018 年、2019 年 1—11 月,欧立通来自前五大客户的销售收入占比分别为 99.56%、99.92%和 99.28%。受到消费电子行业竞争充分、终端消费者的产品需求和偏好变化大、消费电子产品更新周期短等特点的影响,市场需求存在波动性,可能对标的公司的经营业绩产生重大不利影响;从下游产品集中度来看,2017 年、2018 年、2019 年 1—11月,标的公司主要产品为苹果公司智能手表组装测试设备及治具等,上述产品收入占标的公司主营业务收入的比例在 90%以上,虽然标的公司正在积极拓展非智能手表领域相关业务,但短期内,标的公司业绩对智能手表业务相关产品存在较大依赖。标的公司智能手表业务订单规模与苹果公司智能手表每一代产品的创新程度相关,与智能手表销量不存在直接的线性相关关系。若未来智能手表业务需求发生重大变化,或标的公司无法持续保持在智能手表业务领域的竞争优势,将对标的公司的业绩造成重大不利影响。

(四) 科创首单并购重组,审批体现科创板速度

2020 年 3 月 27 日,上交所受理本次交易;4 月 10 日,华兴源创发布公告称,当日收到了上海证券交易所对公司发行股份及支付现金购买资产并募集配套资金申请文件的审核问询函,这代表注册制下的并购重组审核已正式按下启动键;5 月 25 日,在审核问询进行了仅一个半月之后,审核结果就已经出炉,体现了"科创板速度";2020 年 6 月 8 日,本次交易提交中国证监会注册;2020 年 6 月 12 日,中国证监会同意本次交易的注册申请,在 6 月 8 日提请注册后,证监会按法定程序同意注册,用时仅 4 个交易日。

华兴源创是科创第一股,本次交易也是科创板首单重组并购,从上交所受理到最终获中国证监会批复仅用了不到三个月的时间,真正体现了"科创板速度"。

五、市场表现(688001)

华兴源创交易前后股价变动情况见图 54。

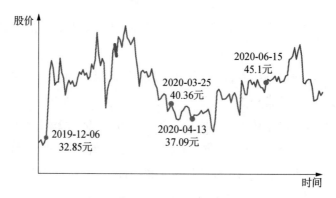

图 54　华兴源创交易前后股价走势

第五辑　借壳上市

002082

万邦德：
集团内统筹，"左右倒手"借壳上市

一、收购相关方简介

(一) 收购方：万邦德医药控股集团股份有限公司

万邦德医药控股集团股份有限公司(以下简称"万邦德")原名浙江栋梁新材股份有限公司(以下简称"栋梁新材")，系经浙江省人民政府证券委员会《关于同意设立浙江栋梁铝业股份有限公司的批复》(浙证发〔1999〕第14号)批准，由湖州市织里镇资产经营有限公司、陆志宝等共同发起设立，于1999年3月31日在浙江省工商行政管理局登记注册，总部位于浙江省湖州市。公司注册资本23 800万元，股份总数23 800万股(每股面值1元)，均为无限售条件的流通股。公司股票于2006年11月20日在深圳证券交易所挂牌交易。

2016年、2017年万邦德集团有限公司(以下简称"万邦德集团")对前栋梁新材进行了两次股权收购，实现"买壳"动作。2016年3月，万邦德集团与上市公司原控股股东、实际控制人陆志宝先生签署《陆志宝与万邦德集团有限公司关于浙江栋梁新材股份有限公司之股份转让协议》，万邦德集团与陆志宝先生并列成为上市公司第一大股东。根据一致行动安排，上市公司实际控制人由陆志宝先生变更为陆志宝先生及赵守明、庄惠夫妇，即三人共同控制上市公司。

2017年6月，万邦德集团与公司原实际控制人之一的陆志宝先生签署《陆志宝与万邦德集团有限公司关于浙江栋梁新材股份有限公司之股份转让协议》，股权转让完成后，陆志宝先生及赵守明、庄惠夫妇三人的一致行动安排实质上自动终止。同时，万邦德集团成为上市公司控股股东，赵守明、庄惠夫妇合计持有万邦德集团100%股权，为上市公司的实际控制人。

2018年1月24日起公司证券简称由"栋梁新材"变更为"万邦德",公司英文简称由"DLXC"变更为"WBDE",公司证券代码不变,仍为"002082"。

万邦德属有色金属加工和医疗器械行业,主要经营活动为铝合金型材、板材的研发、生产和销售,高端医疗器械研制、医疗设备制造和提供医院工程服务等。产品主要有铝合金型材、板材,骨科植入器械、医用高分子制品、手术器械、医疗设备和医院工程服务等。

(二) 收购标的:万邦德制药集团有限公司

万邦德制药集团(以下简称"万邦德制药")的前身万邦有限系由浙江万邦实业股份有限公司(成立于1999年5月,于2008年9月注销,系实际控制人赵守明、庄惠夫妇曾经控制的公司,简称"万邦实业")与自然人庄惠共同以货币方式出资设立,注册资本1000万元。后几经股权变动和业务调整,于2014年7月23日,公司更名为"万邦德制药集团股份有限公司"。截至2019年12月18日,万邦德制药的控股股东为万邦德集团,直接持有万邦德制药37.8067%的股权。赵守明、庄惠夫妇为万邦德制药实际控制人,二人直接持有并通过万邦德集团间接持有万邦德制药的股权比例达到65.2377%,具体如图55所示。

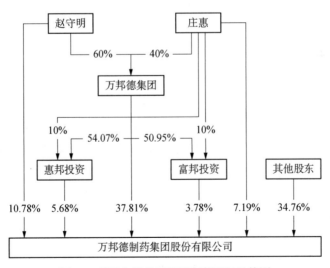

图55　并购交易前万邦德制药股权结构图

万邦德制药是专业从事现代中药、化学原料药及其制剂研发、生产和销售的高新技术企业。公司拥有药品生产批准文号190个,涉及18个剂型,形成

"以天然植物药为特色,以心脑血管和神经系统用药为主,呼吸系统及其他领域用药为辅"的产品格局,产品覆盖心脑血管疾病、神经系统疾病、呼吸系统疾病和消化系统疾病等多个治疗领域。现今万邦德制药已有68个品种进入2018年版《国家基本药物目录》,14个品种进入2017年《浙江省基层医疗卫生机构基本药物目录外常用药品清单》。万邦德制药的核心产品银杏叶滴丸、石杉碱甲是全国独家品种。银杏叶滴丸是预防、治疗心脑血管疾病的一线用药,系中药现代化新型口服制剂升级产品,列入科技部火炬项目、国家重要保护品种、国家医保目录、国家基本药物目录,并且万邦德制药是银杏叶滴丸国家药典标准的起草单位。

(三)关联控股方:万邦德集团

万邦德集团成立于2008年3月,公司主要经营业务包括:船舶、汽车零部件、摩托车零部件、助动自行车制造、销售;化工产品、仪表、仪器、工艺品、纺织品、服装销售;第一类医疗器械、第二类医疗器械、第三类医疗器械制造、销售;房地产开发经营;货物进出口、技术进出口。

在本次重组的交易对方中,万邦德集团为上市公司控股股东,赵守明、庄惠夫妇为上市公司实际控制人,惠邦投资和富邦投资为赵守明、庄惠夫妇实际控制的公司。

二、收购事件一览

● 2018年6月13日,万邦德召开第七届董事会第十次会议,审议通过《关于本次发行股份购买资产暨关联交易方案的议案》及《关于〈万邦德新材股份有限公司发行股份购买资产暨关联交易预案〉及其摘要的议案》等相关议案,并同意与交易对方签署相关协议。

● 2018年7月19日,万邦德披露了《万邦德新材股份有限公司发行股份购买资产暨关联交易预案》(修订稿)。

● 2019年1月27日,万邦德召开第七届董事会第十五次会议,审议通过《关于调整本次发行股份购买资产股票发行价格的议案》。

● 2019年4月16日,万邦德召开第七届董事会第十八次会议,审议通过《万邦德新材股份有限公司发行股份购买资产暨关联交易报告书》等相关议案,并同意与交易对方签署相关补充协议。

● 2019 年 5 月 15 日,万邦德召开 2018 年年度股东大会,审议通过《关于〈万邦德新材股份有限公司发行股份购买资产暨关联交易报告书(草案)(修订稿)〉及其摘要的议案》《关于提请股东大会批准实际控制人及其一致行动人免于以要约方式收购公司股份的议案》等相关议案,并同意与交易对方签署相关补充协议。

● 2019 年 9 月 25 日,经中国证券监督管理委员会上市公司并购重组审核委员会召开的 2019 年第 44 次并购重组委工作会议审核,万邦德 2018 年度股东大会审议通过的发行股份购买资产方案未获通过。

● 2019 年 11 月 6 日,万邦德收到中国证监会《关于不予核准万邦德新材料股份有限公司发行股份购买资产申请的决定》(证监许可〔2019〕2014 号),审核意见为申请人未能充分说明标的资产盈利预测的合理性及持续盈利能力稳定的依据,不符合《上市公司重大资产重组管理办法》第四条和第四十三条的相关规定。

● 2019 年 11 月 10 日,万邦德召开第七届董事会第二十四次会议,审议通过了《关于继续推进本次重大资产重组事项的议案》。

● 2019 年 11 月 28 日,万邦德召开第七届董事会第二十五次会议,审议通过了《关于本次交易方案不构成重大调整的议案》《关于〈万邦德新材股份有限公司发行股份购买资产暨关联交易报告书(草案)〉及其摘要的议案》《关于公司发行股份购买资产暨关联交易之并购重组委审核意见落实情况的说明的议案》《关于签订附条件生效的〈盈利预测补偿协议的补充协议(二)〉的议案》等议案。

● 2019 年 12 月 17 日,万邦德召开第七届董事会第二十六次会议,审议通过了《关于签订附条件生效的〈盈利预测补偿协议的补充协议(三)〉的议案》。

● 2020 年 1 月 8 日,万邦德召开第七届董事会第二十七次会议,审议通过了《关于批准本次重大资产重组相关资产评估报告的议案》《关于〈万邦德新材股份有限公司发行股份购买资产暨关联交易报告书(草案)(修订稿)〉及其摘要的议案》。

● 2020 年 1 月 20 日万邦德公告,收到中国证券监督管理委员会(以下简称"中国证监会")于 2020 年 1 月 16 日核发的《关于核准万邦德新材股份有限公司向万邦德集团有限公司等发行股份购买资产的批复》(证监许可〔2020〕116号)。当日万邦德对外披露《收购报告书》。

● 2020 年 4 月 21 日万邦德医药控股集团股份有限公司发布关于变更公司名称暨完成工商变更登记的公告,并购结束。

三、收购方案

(一) 本次交易方案概述

本次交易方案为上市公司向交易对方万邦德集团、九鼎投资、惠邦投资、江苏中茂、富邦投资、青岛同印信、南京金茂、太仓金茂、上海沁朴、台州禧利、台州国禹君安、扬州经信、无锡金茂、台州创新、赵守明、庄惠、周国旗、杜焕达、夏延开、童慧红、张智华、王国华、沈建新、许颛良、王吉萍、朱冬富、陈小兵发行股份购买其合计持有的万邦德制药 100% 股份。

(二) 交易价格

1. 评估作价情况

本次交易中,卓信大华以 2018 年 12 月 31 日为基准日对购买资产进行评估,并出具《资产评估报告》,本次评估采用市场法和收益法两种方法,并以收益法评估结果作为最终评估结论。收益法下购买资产评估值为 273 100.00 万元,较购买资产的账面价值 64 907.79 万元增值 208 192.21 万元,增值率为 320.75%。经交易各方友好协商,以购买资产评估值为基础,本次交易中购买资产的交易价格为 273 000.00 万元。

2. 加期评估情况

由于上述评估报告的有效期截至 2019 年 12 月 31 日,卓信大华以 2019 年 6 月 30 日为基准日,对本次交易标的资产进行了加期评估。本次加期评估采用市场法和收益法两种方法,并以收益法评估结果作为最终评估结论。收益法下购买资产评估值为 281 700.00 万元,较购买资产的账面价值 71 158.22 万元增值 210 541.78 万元,增值率为 295.88%;较 2018 年 12 月 31 日为评估基准日的评估结果对应的交易作价增加 8 700.00 万元,增幅为 3.19%,标的资产估值未发生减值,有利于维护上市公司和全体股东的利益。

最后,本次交易标的资产的作价以 2018 年 12 月 31 日为基准日的评估结果为依据,加期评估结果不作为作价依据,发行股份购买资产的具体情况如表

52 所示,并购交易前后万德邦股权变动情况如表 53 所示。

表 52　本次发行股份购买资产的具体情况

交易对方名称/姓名	持万邦德制药股权比例(%)	总对价金额(元)	发行股份数(股)
万邦德集团	37.8067	1073574583.36	149522922
赵守明	10.7832	306204588.47	42646878
九鼎投资	9.4589	232406360.55	32368573
庄惠	7.1888	204136387.05	28431251
惠邦投资	5.6754	161160306.40	22445725
江苏中茂	4.0484	99469918.28	13853749
富邦投资	3.7836	107440201.64	14963816
青岛同印信	3.0000	810000.00	1406685
南京金茂	2.8377	69721906.80	9710571
太仓金茂	1.4188	34860953.40	4855285
上海沁朴	1.3621	33466517.18	4661074
周国旗	1.1667	31850000.00	4435933
台州禧利	1.1600	31668.000.00	4410584
台州国禹	1.1111	33333.33	4224698
扬州经信	0.9459	23240633.33	3236857
无锡金茂	0.9459	23240633.33	3236.857
杜焕达	0.9459	23240633.33	3236857
夏延开	0.9459	23240633.33	3236857
童慧红	0.9459	23240633.33	3236857
张智华	0.9459	23240633.33	3236857
沈建新	0.8333	22750000.00	3168523
台州创新	0.7400	20202000.00	2813649
王国华	0.5500	15015000.00	2091225
许颙良	0.4729	1620320.08	1618428
王吉萍	0.4729	11620320.08	1618428
朱冬富	0.227	5577751.73	776845
陈小兵	0.227	5577751.73	776845
合计	100	2730000000.00	380222829

表 53 并购交易前后万德邦股权变动情况

股东名称	本次交易前		本次交易后	
	持股数量（股）	持股比例	持股数量（股）	持股比例
万邦德集团	44 943 360	18.88%	194 466 282	31.46%
赵守明	—	—	42 646 878	6.90%
九鼎投资	—	—	32 368 573	5.24%
庄惠	—	—	28 431 251	4.60%
惠邦投资	—	—	22 445 725	3.63%
富邦投资	—	—	14 963 816	2.42%
江苏中茂	—	—	13 853 749	2.24%
青岛同印信	—	—	11 406 685	1.85%
南京金茂	—	—	9 710 571	1.57%
太仓金茂	—	—	4 855 285	0.79%
上海沁朴	—	—	4 661 074	0.75%
周国旗	—	—	4 435 933	0.72%
台州禧利	—	—	4 410 584	0.71%
台州国禹君安	—	—	4 224 698	0.68%
扬州经信	—	—	3 236 857	0.52%
无锡金茂	—	—	3 236 857	0.52%
杜焕达	—	—	3 236 857	0.52%
夏延开	—	—	3 236 857	0.52%
童慧红	—	—	3 236 857	0.52%
张智华	—	—	3 236 857	0.52%
沈建新	—	—	3 168 523	0.51%
台州创新	—	—	2 813 649	0.46%
王国华	—	—	2 091 225	0.34%
许颙良	—	—	1 618 428	0.26%
王吉萍	—	—	1 618 428	0.26%
朱冬富	—	—	776 845	0.13%
陈小兵	—	—	776 845	0.13%
其他 A 股股东	193 056 640	81.12%	193 056 640	31.23%
总股本	238 000 000	100.00%	618 222 829	100.00%

3. 本次交易构成关联交易、重大资产重组和重组上市

在本次重组的交易对方中，万邦德集团为上市公司控股股东，赵守明、庄惠夫妇为上市公司实际控制人，惠邦投资和富邦投资为赵守明、庄惠夫妇实际控制的公司，根据《上市规则》及《深圳证券交易所中小企业板上市公司规范运作指引》的相关规定，本次交易构成关联交易。上市公司在召集董事会审议相关议案时，关联董事已回避表决；上市公司在召集股东大会审议相关议案时，关联股东已回避表决。

本次交易中，因累计计算后购买资产的资产总额及资产净额均超过上市公司截至 2016 年 12 月 31 日相关指标的 100%，为购买资产而发行的股份占上市公司本次交易首次董事会决议公告日前一个交易日的股份的比例亦超过 100%，符合《重组管理办法》第十三条所认定的构成重组上市的情形。

4. 业绩承诺及补偿安排

根据交易各方签署的《盈利预测补偿协议》及其补充协议，本次重组中，补偿义务人对交易标的的业绩作出承诺并制定业绩补偿措施。业绩承诺人承诺，万邦德制药 2019 年至 2022 年度的净利润（即归属于母公司所有者的净利润，以具备证券资质的会计师事务所审计的扣除非经常性损益后的净利润为准）分别将不低于人民币 18 450 万元、22 650 万元、26 380 万元、31 250 万元。

四、案例评论

（一）"左手倒右手"，买壳、并购两步走

一直徘徊于资本市场门口的万邦德制药终于历尽艰辛进入资本市场。早在 2013 年，万邦德制药就曾谋求在创业板上市，最终被证监会终止审查。2015 年至 2017 年，上市公司万邦德即此前的栋梁新材曾两度发起对万邦德制药的收购，但最终未能成行。

2017 年 6 月 26 日，万邦德集团与上市公司原实际控制人之一的陆志宝签署《陆志宝与万邦德集团关于栋梁新材之股份转让协议》，陆志宝同意将其持有的上市公司 22 471 680 股无限售流通股股份转让给万邦德集团，占上市公司总股本的 9.44%。本次股权转让后，陆志宝不再持有上市公司股份，不再是上市公司的股东。万邦德集团持有上市公司 44 943 360 股份，占上市公司股本总额的 18.88%，成为上市公司第一大股东，上市公司实际控制人变更为万邦德集团

的实际控制人赵守明、庄惠夫妇。

完成控制上市公司栋梁新材更名万邦德后,公司便开始将医疗及医药领域作为并购主要方向。此番,万邦德并购"同门兄弟",实现完成"左手倒右手"交易,是给买壳、并购两步走的借壳上市操作画上完美句号。

(二)收购医药剥离铝业,实现价值重估

然而,借壳上市并非故事的终点。2021年3月2日晚间,万邦德发布多份公告,宣布完成资产剥离。公告显示,公司本次重大资产出售标的的栋梁铝业100%股权和湖州加成51%股权的工商变更登记手续已经于3月1日办理完成;本次标的资产过户完成后,公司不再持有栋梁铝业和湖州加成的股权。目前,公司已经收到交易对方支付的转让款6.9亿元,为本次交易对价的51.07%;后续6.61亿元款项,交易对方将在协议生效后12个月内及时并足额支付。

本次交易完成后,上市公司将完全聚焦医药制造和医疗器械业务板块,这意味着万邦德自2017年开启的向医疗大健康转型战略进入到了一个新的里程。此前,公司逐步收购万邦德医疗、康慈医疗和万邦德制药,投资建设中非健康产业园,并计划停止经营有色金属贸易业务。通过本次资产出售,上市公司未来持续经营能力全面提升。公司一方面可以减轻资金压力,另一方面可以降低财务费用,优化资产结构,改善财务状况,同时为新药研发、新产品的扩展储备长期发展资金。

随着标的资产剥离,万邦德将业务聚焦于医药制造和医疗器械的专业化医药集团,赛道切换有助于公司实现价值重估。

(三)集团内统筹布局,上市公司成功转型大健康

万邦德并购万邦德医药并出售栋梁铝业和湖州加成的股权后,上市公司主要保留医疗器械业务和医药制造业务。

根据公司财务数据显示,2020年前三季度,子公司万邦德医疗科技有限公司、浙江康慈医疗科技有限公司和万邦德制药有限公司合计实现收入9.07亿元,实现营业利润1.27亿元。同期,栋梁铝业和湖州加成合计实现收入21.61亿元,实现营业利润1.09亿元。万邦德医疗器械业务和医药制造业务的营业利润实际上是超过铝加工业务的。

从盈利角度看,上市公司保留的制药业务2020年前三季度的营业利润率

20.95%,铝加工业务 2020 年前三季度的营业利润率为 5.04%。剥离传统资产后,万邦德下一步计划将本次剥离铝业取得的 13.51 亿元现金主要用于石杉碱甲控释片新药研发、国际化制剂生产车间技改、万邦德-中非医疗科技园项目建设等,进一步深化医药大健康产业发展。

　　万邦德借助并购后的果断转型,为上市公司向医药大健康产业转型奠定基础。

五、市场表现(002082)

　　万邦德交易前后股价变动情况见图 56。

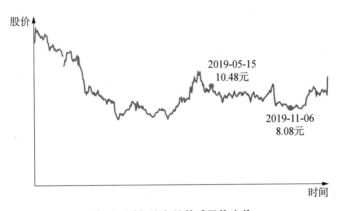

图 56　万邦德交易前后股价走势

002758

华通医药：
借壳上市，重焕新生

一、收购相关方简介

（一）收购方：浙江华通医药股份有限公司

浙江华通医药股份有限公司(以下简称"华通医药")的前身为绍兴县供销社钱清医药经营部,后在县供销社主持下由县供销社等股东以货币出资方式于1999年8月16日成功设立,经济性质由集体变更为企业法人,以绍兴县华通医药有限公司(以下简称"华通有限")作为存续主体。2010年9月8日华通有限整体变更设立为股份有限公司,更名为浙江华通医药股份有限公司。2015年5月,华通医药正式在深圳证券交易所中小板挂牌上市,控股股东为浙江绍兴华通商贸集团股份有限公司(以下简称"华通集团"),持有华通医药26.25%的股权,实际控制人为绍兴市柯桥区供销合作社联合社。2019年9月1日,凌渭土等44名华通集团股东与浙农控股集团有限公司(以下简称"浙农控股")签订了关于华通集团57%的股份转让协议,截至本次收购交易日,浙农控股及浙江省兴合集团有限责任公司(以下简称"兴合集团")合计持有华通集团70%的股份,已实现对华通集团的控制,华通医药实际控制人由此变更为浙江省供销社。华通集团持有华通医药26.23%的股权,仍为华通医药的控股股东。本次交易前,华通医药的股权结构如表54所示。

表 54　本次交易前华通医药股权结构

股东名称	股份数量（股）	持股比例
华通集团	55 125 000	26.23%
其他股东	155 018 883	73.77%
合计	210 143 883	100.00%

华通医药主要从事药品的商贸流通及综合服务等业务，包括药品批发、药品零售、药品生产销售等，兼顾从事医药物流、医药会展、医疗服务等业务。药品批发业务中，华通医药终端网络覆盖优势明显，但业务范围主要集中在绍兴地区；药物流业务中，也主要为自身的批发、零售业务提供配套物流服务，皆存在一定的区域和业务的局限性。本次交易是浙江省供销社系统内商贸流通与综合服务企业的联合与合作，是浙江省供销社体系内市场化整合改革的延续与深化。华通医药与标的公司浙农集团股份有限公司均系供销社企业，通过将标的公司构建的流通渠道网络、知名的产品品牌等优质资产注入上市公司，华通医药有望成为服务城乡居民生产生活的大型综合服务平台及全国供销社系统的龙头企业。

（二）收购标的：浙农集团股份有限公司

浙农集团股份有限公司（以下简称"浙农股份"）是浙江农资集团有限公司（以下简称"浙农集团"）整体变更设立的股份有限公司。浙农集团前身为始创于 1952 年的浙江省农业生产资料公司，是由生产资料公司于 1999 年 8 月 11 日改制设立的有限责任公司。2016 年 12 月 30 日，浙农集团由有限责任公司变更为股份有限公司，企业名称变更为浙农集团股份有限公司。本次交易前，浙农股份的股权结构如图 57 所示。

浙农股份系浙江省供销社控制的为农服务载体和大型商贸流通综合服务企业，以贯彻城乡一体化和乡村振兴战略、提高为农服务能力为发展愿景，立足供销社系统网络，深耕浙江、面向华东、辐射全国，构建了以农资综合服务和汽车商贸服务为双轮驱动的产业生态圈，打造城乡居民生产生活大型综合服务平台。

浙农股份主营业务布局涵盖农资流通服务、汽车流通服务。其中，农资流通服务业务主营产品为化肥、农药，为适应现代农业规模化、集约化、专业化需

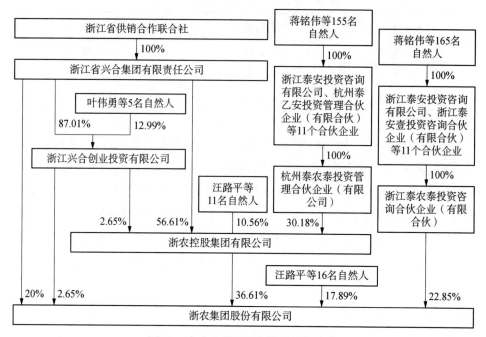

图57　本次交易前浙农股份股权结构

求,公司在从事农资商贸流通的同时,依靠资源和技术优势,推广作物配套解决方案和提供线上线下一体化、全程化的农技服务。同时,依托自身渠道资源和城乡一体化网络,向上游生产商直供生产化肥所需的原材料等化工原料。浙农股份已在浙江省内建立了包括 9 个区域分销中心、39 个县级配送中心和近2 000 家基层农资连锁网点的分销网络;在北京、上海、江苏、安徽、四川、海南、山东、陕西、湖南、辽宁、江西、福建等省份设有区域公司。浙农股份汽车流通服务业务包括整车销售、维修保养以及其他综合服务,各项业务联动发展,共同构成了汽车经销和服务一体化的完整业务链条。同时,公司以品牌建设和营销网点建设为重点,抓住市场机遇加快发展,已在浙江省的杭州、宁波、绍兴、金华、嘉兴、台州、丽水以及江苏省的苏州、无锡等地设立了功能完善的品牌4S 店,取得了宝马、奥迪、MINI、凯迪拉克、现代、通用别克、庆铃等著名汽车品牌的区域经销权,已建成标准化汽车 4S 店近 30 家。浙农股份自成立以来,十分重视业绩的提升和品牌的建设,在宝马等知名汽车品牌经销企业中处于领先地位。

（三）关联控股方：浙农控股集团有限公司

浙农控股集团有限公司成立于 2015 年 6 月 29 日，作为浙江农资集团有限公司分立存续新设主体，接手原浙农集团旗下塑料、房地产、金融投资、进出口等其他板块资产。浙农控股是全国供销社系统中大型流通企业之一，拥有较强的综合实力。浙农控股在保持传统农资业务稳定发展的同时，适当加大多元化经营的力度，已先后介入多个行业领域，向着以农资、塑化、汽车、外贸、房地产、金融投资等六大产业为主的方向发展，其中农资、汽车商贸流通与综合服务业务由本次交易标的公司浙农股份经营。

本次交易的交易对方浙农控股，系华通集团控股股东，通过华通集团间接控制华通医药 26.23% 的股权，为上市公司的关联方。同时，本次交易中，华通医药向浙农控股发行的股份数，超过本次交易后上市公司总股本的 5%。因此，本次交易构成关联交易。

二、收购事件一览

● 2019 年 4 月 8 日，华通医药发布《浙江华通医药股份有限公司关于筹划重大资产重组的停牌公告》，控股股东华通集团与浙农控股筹划股权转让事项，公司筹划通过发行股份购买资产方式收购浙农股份 100% 股权。

● 2019 年 4 月 19 日，华通医药召开了第三届董事会第二十次会议、第三届监事会第十七次会议，审议通过了《关于〈浙江华通医药股份有限公司发行股份购买资产暨关联交易预案〉及其摘要的议案》及相关议案。

● 2019 年 4 月 20 日，华通医药发布《第三届董事会第二十次会议决议公告》《第三届监事会第十七次会议决议公告》《关于发行股份购买资产暨关联交易预案披露及公司股票复牌的提示性公告》《关于筹划实际控制人变更的进展公告》。

● 2019 年 5 月 13 日，华通医药收到深圳证券交易所下发的《关于对浙江华通医药股份有限公司的重组问询函》[中小板重组问询函（需行政许可）〔2019〕第 17 号]。

● 2019 年 5 月 29 日，华通医药发布《关于发行股份购买资产暨关联交易预案的修订情况说明的公告》《发行股份购买资产暨关联交易预案（修订稿）》《发行股份购买资产暨关联交易预案摘要（修订稿）》。

- 2019 年 6 月 20 日,根据深圳证券交易所相关规定,华通医药披露《关于披露重大资产重组预案后的进展公告》。

- 2019 年 9 月 16 日,华通医药召开了第三届董事会第二十三次会议、第三届监事会第二十次会议,审议通过了《关于〈浙江华通医药股份有限公司发行股份购买资产暨关联交易报告书(草案)〉及其摘要的议案》等相关议案。

- 2019 年 9 月 17 日,发布《关于本次重大资产重组涉及各主要股东权益变动的提示性公告》《拟发行股份购买资产涉及的浙农集团股份有限公司股东全部权益价值项目资产评估报告》《发行股份购买资产暨关联交易报告书(草案)摘要》《发行股份购买资产暨关联交易报告书(草案)》。

- 2019 年 9 月 20 日,华通医药发布《关于公司控股股东股权部分转让过户完成暨实际控制人变更完成的公告》,公司控股股东未发生变化,实际控制人由绍兴市柯桥区供销合作社联合社变更为浙江省供销合作社联合社。

- 2019 年 9 月 24 日,华通医药收到深圳证券交易所下发的《关于对浙江华通医药股份有限公司的重组问询函》[中小板重组问询函(需行政许可)〔2019〕第 37 号]。

- 2019 年 10 月 9 日,华通医药发布《关于发行股份购买资产暨关联交易报告书(草案)修订情况说明的公告》《发行股份购买资产暨关联交易报告书(草案)(修订稿)》《发行股份购买资产暨关联交易报告书(草案)(修订稿)摘要》。

- 2019 年 10 月 11 日,华通医药召开了第四届董事会第一次会议、第四届监事会第一次会议,审议通过了《关于〈浙江华通医药股份有限公司发行股份购买资产暨关联交易报告书(草案)(修正案)〉及其摘要的议案》等相关议案。

- 2019 年 10 月 12 日,华通医药披露了《发行股份购买资产暨关联交易报告书(草案)(修订稿)》及其摘要等相关文件,将重大资产重组财务数据基准日更新至 2019 年 7 月 31 日。

- 2019 年 11 月 1 日,华通医药向中国证监会报送了《浙江华通医药股份有限公司上市公司发行股份购买资产核准》行政许可申请材料。

- 2019 年 11 月 7 日,华通医药收到中国证监会出具的《中国证监会行政许可申请受理单》(192726 号)。次日披露了《关于收到〈中国证监会行政许可申请受理单〉的公告》(公告编号:2019 - 098 号)。

- 2019 年 12 月 3 日,华通医药收到中国证监会出具的《中国证监会行政许可项目审查一次反馈意见通知书》(192726 号)。

● 2020 年 1 月 11 日,华通医药披露《关于延期回复〈中国证监会行政许可项目审查一次反馈意见通知书〉的公告》。

● 2020 年 6 月 30 日,华通医药收到中国证券监督管理委员会出具的《关于核准浙江华通医药股份有限公司向浙农控股集团有限公司等发行股份购买资产的批复》(证监许可〔2020〕124 号),核准公司向浙农控股集团有限公司、浙江泰安泰投资咨询合伙企业(有限合伙)、浙江省兴合集团有限责任公司、浙江兴合创业投资有限公司、汪路平等 16 名自然人发行股份资产收购相关资产。

● 2020 年 10 月 26 日,华通医药召开 2020 年第一次临时股东大会、第四届董事会第八次会议、第四届监事会第七次会议,选举了新任董事(董事长)、监事(监事会主席),并聘任了相关高级管理人员。

● 2020 年 11 月 14 日,华通医药发布《发行股份购买资产暨关联交易之资产交割完成公告》,浙农股份 100% 股权已过户至公司,并完成相关工商变更登记手续。

● 2020 年 12 月 1 日,华通医药召开第四届董事会第十次会议,审议并通过了《关于变更公司经营范围的议案》《关于变更公司注册资本的议案》《关于修订〈公司章程〉的议案》及《关于拟变更公司名称及证券简称的议案》,同意公司变更经营范围、注册资本等事宜。

● 2020 年 12 月 29 日,华通医药收到浙江省市场监督管理局换发的《营业执照》,中文名称由"浙江华通医药股份有限公司"变更为"浙农集团股份有限公司",英文名称由"Zhejiang Huatong Pharmaceutical Co., Ltd."变更为"ZJAMP Group Co., Ltd.",证券简称暂时不变,仍为"华通医药",证券代码不变,仍为"002758"。

三、收购方案

(一)并购交易方案概述

本次并购交易的方案主要为上市公司华通医药发行股份购买浙农控股、浙江泰安泰投资咨询合伙企业(有限合伙)(以下简称"泰安泰")、兴合集团、浙江兴合创业投资有限公司(以下简称"兴合创投")、汪路平等 16 名自然人合计持有的浙农股份 100% 股权。本次交易后,浙农股份成为上市公司的全资子公司。

此外,华通医药与浙农控股、泰安泰、兴合集团、兴合创投、汪路平等 16 名自然人签署了《业绩承诺补偿协议》,浙农控股、泰安泰、兴合集团、兴合创投、汪路平等 16 名自然人承诺,浙农股份 2019 年度、2020 年度、2021 年度和 2022 年度经审计的税后净利润分别不低于 21 240 万元、22 721 万元、24 450 万元和 25 899 万元。

(二) 交易价格

本次交易标的资产为浙农股份 100% 股权,根据中企华评估出具的评估报告,以 2019 年 3 月 31 日为评估基准日,标的资产浙农股份 100% 股权的评估值为 266 722.45 万元。鉴于中企华评估出具的以 2019 年 3 月 31 日为评估基准日的标的资产评估报告已超过有效期,中企华评估又以 2019 年 12 月 31 日为补充评估基准日对标的资产进行了补充评估。根据标的资产补充评估报告,截至 2019 年 12 月 31 日,标的资产的评估值为 274 593.12 万元,经验证评估基准日 2019 年 3 月 31 日的评估结果未发生减值,不涉及调整标的资产的交易作价,亦不涉及变更本次交易方案。

本次发行股份购买资产所发行股份的定价基准日为上市公司第三届董事会第二十次会议决议公告日。本次交易的股份发行价格为定价基准日前 20 个交易日上市公司股票交易均价的 90%,原发行价格为 9.76 元/股。由于在本次交易的定价基准日至发行日期间,上市公司向全体股东每 10 股派发 2018 年年度权益现金红利 0.8 元(含税)、每 10 股派发 2019 年年度权益现金红利 0.8 元(含税),最终本次发行股份购买资产原发行价格相应进行调整,为 9.60 元/股。

本次发行股份的发行对象为浙农股份的全部股东,包括浙农控股、泰安泰、兴合集团、兴合创投、汪路平等 16 名自然人。本次发行股份的数量将根据标的资产最终交易价格除以发行价格确定。每一交易对方取得股份数量 = 每一交易对方持有的标的股权交易作价/本次发行价格,不足一股的部分向下取整。根据标的资产的评估作价,本次发行股份购买资产的股份发行数量为 277 835 875 股。

(三) 股权变动

本次交易前后上市公司的股本结构变化如表 55 所示。

表 55　本次交易前后上市公司股权结构变化情况

股东名称	本次交易前		本次交易新增	本次交易后	
	持股数(股)	比例	持股数(股)	持股数(股)	比例
华通集团	55 125 000	26.23%	—	55 125 000	11.30%
浙农控股	—	0.00%	101 714 094	101 714 094	20.84%
泰安泰	—	0.00%	63 482 171	63 482 171	13.01%
兴合集团	—	0.00%	55 567 177	55 567 177	11.39%
兴合创投	—	0.00%	7 365 921	7 365 921	1.51%
汪路平等 16 名自然人	—	0.00%	49 706 512	49 706 512	10.19%
其他股东	155 018 883	73.77%	—	155 018 883	31.77%
合计	210 143 883	100.00%	277 835 875	487 979 758	100.00%

四、案例评论

(一)"资产剥离＋新资注入",借壳上市重换新生

2019 年 9 月,华通医药控股股东华通集团的股东凌渭土等 44 人与浙农控股签署股份转让协议,转让其持有的华通集团 57% 股权。在协议股权转让协议的同时,华通集团签署下列资产剥离协议:华通集团部分转让方受让绍兴至味食品有限公司 100% 股权、绍兴华通色纺有限公司 35% 股权、绍兴华都投资管理有限公司 40% 股权、绍兴供销大厦有限公司 16.67% 股权、浙江吉麻良丝新材料股份有限公司 26.25% 股权、绍兴土特产有限公司 20.83% 股权、绍兴松盛园食品销售有限公司 51% 股权。至此,华通集团通过资产剥离成为持股平台,控股股东变更为浙农控股。

此次并购重组可视为在全国供销社体系内,将排名领先的优质资产注入上市公司,使得华通医药在原有药品商贸流通与综合服务等业务基础上,新增农资、汽车等贸易流通服务,增强市场竞争力,而浙农股份也完成借壳上市。此外,本次并购重组交易还签署了业绩承诺书,交易对方浙农控股、泰安泰、兴合集团、兴合创投、汪路平等 16 名自然人承诺,浙农股份 2019 年度、2020 年度、2021 年度和 2022 年度经审计的税后净利润分别不低于 21 240 万元、22 721 万元、24 450 万元和 25 899 万元,也从侧面反映公司对未来经营发展的决心和信心。

（二）原有经营表现不佳，卖壳自救或为优选

华通医药业绩逐渐下滑，高质押比例隐藏危机。在两票制、医保控费、"4＋7"带量采购全国扩围等政策出台并实施的背景下，医药流通行业销售增速不断下滑，药品流通行业竞争压力进一步加大。2015年至2019年，华通医药营业收入从12.20亿元逐年增长至16.79亿元，而净利润却从4 695万元逐年减少至1 970万元，业绩陷入增收不增利的困境。细观华通医药主营业务表现，药品批发、药品零售、药品生产三大板块作为公司主要营收来源，2019年其营业收入占全年比例分别为65.83%、18.89%、13.18%，分别实现营业收入11.05亿元、3.17亿元、2.21亿元，同比分别增长3.21%、25.35%、32.83%；毛利率分别为8.22%、23.31%、41.05%，但同比分别增长1.17%、−2.97%、−7.18%，可见业务盈利能力不容乐观。此外，华通医药2018年发行可转换公司债券更加剧了自身财务成本负担。2018年、2019年华通医药利息费用分别为2 167.33万元、2 860.54万元，占同期净利润比值分别为69.77%、145.20%，公司资产负债率分别为57.77%、57.23%，负债率较高，截至2020年上半年末，公司广义货币资金为4.08亿元，总债务为4.53亿元，整体债务负担较重，且短期债务与长期债务之比为1.39，债务结构有待优化。并且，华通医药股东股权质押比例过高，其控股股东华通集团质押4 641.00万股，质押占其持股比例达到84.14%，第二大自然人股东钱木水100%股权质押，第三、第四大自然人股东沈建巢、朱国良的股权质押比例也都超过了90%。

卖壳自救，或为上上之选。本次华通医药收购标的浙农股份主营的农资、汽车产品涵盖国内外知名品牌，上游渠道对接全球头部企业，并通过综合服务模式提升自身附加值，盈利能力持续提高。年报数据显示，华通医药2018年末的资产总额为151 120.56万元，资产净额为63 634.15万元；2018年度的营业收入和净利润分别为152 268.91万元、3 456.33万元。而浙农股份2018年末的资产总额为1 000 744.92万元、资产净额为161 607.22万元；2018年度的营业收入和净利润分别为2 271 361.56万元、25 487.90万元。浙农股份2018年末的总资产、净资产及2018年度营业收入、净利润占华通医药2018年末或2018年度相应指标的比例均达到100%以上，资产实力十分雄厚。

（三）响应乡村振兴政策号召，探索供销社下属企业新发展模式

供销社是党和政府做好"三农"工作，实现城乡融合发展道路的重要载体。

在国家乡村振兴战略下,拓展经营服务领域,提高为农服务能力,将成为供销社的重要使命和战略任务,也将成为供销社在新的历史阶段下的发展机遇。自社会主义建设时期以来,供销社长期从事城乡生产和生活资料流通业务,承担着供应城乡物资、助力城乡发展、服务人民生产生活的重要职能。改革开放以来,经济高速增长,人民群众收入水平和消费能力不断提高,城乡物资供应与商贸流通行业在市场化改革浪潮中趋于重构。在上述背景下,供销合作社下属企业正以现代商贸流通企业的形式,从传统物资流通向现代流通模式积极转型。此次并购双方华通医药与浙农股份,均系供销社下属企业,同样从事商贸流通与综合服务业务,地缘相近、理念相通,具有良好的协作基础。

　　本次交易是浙江省供销社系统内商贸流通与综合服务企业的联合与合作,将在全国供销社体系内排名领先的优质资产注入华通医药,有利于盘活存量,将华通医药打造成为服务城乡居民生产生活的大型综合服务平台及全国供销社系统的龙头企业。同时,浙农股份也将借力资本市场的融资渠道、公众影响力等,进一步巩固品牌与渠道优势,推动主营商品特色化发展,提升综合服务附加值。

五、市场表现(002758)

　　华通医药交易前后股价变动情况见图58。

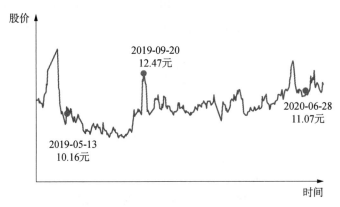

图58　华通医药交易前后股价走势

002793

罗欣药业(原东音股份)：
港股私有化,转战 A 股借壳

一、收购相关方简介

(一) 收购方：浙江东音泵业股份有限公司

浙江东音泵业股份有限公司(以下简称"东音股份")的前身系由温岭市东音电器公司改制设立的台州东音电器有限公司,经过股东股权转让及合并温岭市大溪水泵厂后,台州东音电器有限公司于 2000 年 6 月 23 日正式更名为台州东音泵业有限公司,后于 2008 年 5 月 4 日又更名为浙江东音泵业有限公司。2012 年 6 月,东音有限整体变更为股份公司,随后于 2016 年 4 月在深圳证券交易所中小板挂牌上市,设定公司股票简称为"东音股份",股票代码为"002793"。自此之后的五年内,上市公司控股股东和实际控制人均未发生变动,控股股东、实际控制人为方秀宝。本次交易前,东音股份的股权结构如图 59 所示。

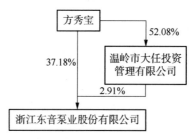

图 59　本次交易前东音股份股权结构

东音股份的主营业务为井用潜水泵、小型潜水泵、陆上泵的研发、生产和销售业务,核心产品为井用潜水泵。截至 2019 年 5 月 31 日,东音股份的总资产为 135 393. 52 万元,2019 年前 5 个月营业收入为 42 702. 91 万元,归属于母公司所有者的净利润为 3 870. 04 万元。本次重大资产重组实施后,东音股份将转型进入医药制造行业,主营业务转变为医药产品的研发、生产和销售。未来有望凭借持续加大的研发投入以及丰富的研发产品线,置入资产罗欣药业的盈利能力和资产规模有望进一步提升,从而保障上市公司更坚实稳健的持续经营。同时,本次交易完成后,浙江东音泵业股份有限公司的证券简称将由"东音股份"变更为"罗欣药业";证券代码"002793"保持不变。

(二) 收购标的:山东罗欣药业集团股份有限公司

山东罗欣药业集团股份有限公司(以下简称"罗欣药业")成立于 2001 年 11 月,并于 2005 年 12 月 9 日向境外投资人发行 H 股在香港联交所创业板挂牌上市。随后的近 10 年间,罗欣药业经过 6 次股权转让,于 2014 年 6 月更名为山东罗欣药业集团股份有限公司。2017 年 3 月,罗欣药业收到联合要约人 Giant Star 和 Ally Bridge 就公司全部已发行的 H 股自愿有条件的要约。2017 年 5 月,罗欣药业股东大会审议通过公司 H 股在香港联交所撤销上市地位的议案,当年 6 月,罗欣药业完成私有化退市。罗欣药业私有化退市后,经过数次股权变动,截至本次重大资产重组交易前,其控股股东为山东罗欣控股有限公司(以下简称"罗欣控股"),共直接控制罗欣药业 48.08% 的股权份额;实际控制人为刘保起、刘振腾父子,其中刘保起及刘振腾通过控制罗欣控股、刘振腾通过控制克拉玛依珏志及 Giant Star 合计持有罗欣药业 61.78% 的股份。罗欣药业的股权结构如图 60 所示。

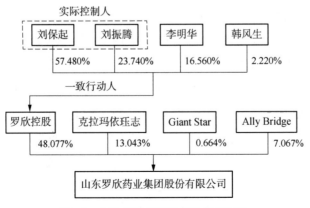

图 60　本次交易前罗欣药业股权结构

罗欣药业是集药品研发、生产、销售及医疗健康服务为一体的大型医药企业集团,系国家高新技术企业、国家技术创新示范企业以及国家火炬计划重点高新技术企业。罗欣药业以研发和创新作为企业长久发展的核心动力。在创新药研发方面,罗欣药业子公司罗欣药业(上海)有限公司借助张江高科技园区的多项优势,积极布局创新药研发体系,拥有新药证书 48 项、在研 1 类新药 6 项;积极与 Bausch Health Companies Inc.、CJ HealthCare Corporation、阿拉宾度制药有限公司(Aurobindo Pharma)、阿斯利康公司、法国 YSLAB、帝国制药等全球知名的企业合作,进一步打造大健康平台。此外,罗欣药业积极发掘非洲、南美洲及部分"一带一路"沿线国家等新兴市场的机会,有 39 项药品注册批件在菲律宾、埃塞俄比亚、玻利维亚、乌克兰等国家申请中。罗欣药业自 2006 年起连续获得"中国制药工业百强企业"、2009 年起连续获得"中国医药工业百强企业"、2011 年起连续获得"中国医药研发产品线最佳工业企业"称号。

二、收购事件一览

● 2019 年 4 月 24 日,东音股份召开第三届董事会第七次会议,审议通过了与本次交易的重组预案相关的议案。

● 2019 年 5 月 20 日,东音股份召开职工代表大会审议通过与本次交易相关的职工安置方案。

● 2019 年 5 月 31 日,东音股份召开第三届董事会第九次会议,审议通过了与本次交易的重组报告书(草案)相关的议案。

● 2019 年 6 月 17 日,东音股份 2019 年第一次可转换公司债券持有人会议审议通过了与本次交易的重组报告书(草案)相关的议案。

● 2019 年 6 月 18 日,东音股份召开 2019 年第一次临时股东大会,审议通过了与本次交易的重组报告书(草案)相关的议案,并审议通过豁免罗欣控股及其相关一致行动人因本次发行触发的要约收购义务、审议通过豁免方秀宝及其一致行动人李雪琴、方东晖、方洁音股份锁定承诺相关事项。

● 2019 年 12 月 31 日,中国证监会核发《关于核准浙江东音泵业股份有限公司重大资产重组及向山东罗欣控股有限公司等发行股份购买资产的批复》(证监许可〔2019〕3006 号),核准本次交易。

● 2020 年 1 月 2 日,东音股份发布《关于重大资产置换及发行股份购买资产暨关联交易事项获得中国证券监督管理委员会核准》的公告。

● 2020 年 4 月 28 日,东音股份收到浙江省市场监督管理局换发的《营业执照》并完成工商变更登记手续,将公司名称由"浙江东音泵业股份有限公司"变更为"罗欣药业集团股份有限公司",英文名称由 "Zhejiang Doyin Pump Industry Co., Ltd." 变更为 "Luoxin Pharmaceuticals Group Stock Co., Ltd.",公司证券简称由"东音股份"变更为"罗欣药业"并完成相关经营范围、注册资本等信息的变更。

三、收购方案

本次并购交易为东音股份以重大资产置换及发行股份的方式购买罗欣药业 99.654 76%的股权。本次并购交易方案包括三个部分:一是东音股份与罗欣药业间进行重大资产置换;二是东音股份控股股东、实际控制人及其一致行动人定向转让股份;三是东音股份以非公开发行 A 股股份的方式并按持有罗欣药业股权的比例向交易对方即罗欣药业部分股东发行股份,以购买置入资产与置出资产差额部分。

(一) 重大资产置换

根据坤元评估出具坤元评报〔2019〕268 号评估报告,以 2018 年 12 月 31 日为评估基准日,东音股份将截至评估基准日扣除 2018 年度现金分红金额、保留货币资金 2.679 1 亿元及可转债外的全部资产及负债作为置出资产,与罗欣药业 99.654 76%股权中的等值部分进行资产置换。根据评估报告,选用资产基础法评估结果作为最终评估结论,本次交易置出资产的评估值为 90 324.75 万元,经交易各方友好协商,以置出资产评估值为基础,本次交易的置出资产的交易价格为 90 325 万元;选用收益法评估结果作为最终评估结论,本次交易罗欣药业股东全部权益价值的评估值为 756 502.87 万元,对应 99.654 76%股权(以下简称"标的资产")的评估值为 753 891.12 万元,经交易各方友好协商,以标的资产评估值为基础,本次交易的标的资产的交易价格为 753 891 万元。

(二) 股份转让

东音股份控股股东、实际控制人方秀宝及其一致行动人李雪琴、方东晖、方洁音分别转让 19 447 500 股、20 338 400 股、4 095 000 股、16 380 000 股,合计 60 260 900 股东音股份股票。股份转让价格为 14.271 2 元/股,交易对价合计为

859 995 356 元。上述股票的受让方为克拉玛依市得怡欣华股权投资有限合伙企业(以下简称"得怡欣华")、克拉玛依市得怡恒佳股权投资有限合伙企业(以下简称"得怡恒佳")、成都得怡欣华股权投资合伙企业(有限合伙)(以下简称"得怡成都")。经东音股份 2019 年第二次临时股东大会批准,东音股份 2019 年半年度的权益分派方案为以本次权益分派股权登记日收市后的总股本为基数,以资本公积金每 10 股转增 7 股。根据《股份转让协议》及其补充协议,上市公司如有送股、资本公积金转增股本等除权事项,股份转让方因该等事项孳生股份的,应赠予股份受让方相应数量的股份。因此,股权转让及因权益分派事项股份转让方赠予股份合计所授予受让方股份的具体情况如表 56 所示。

本次股份转让完成后,得怡欣华持有上市公司 24 961 414 股股份,得怡恒佳持有上市公司 35 789 757 股股份,得怡成都持有上市公司 41 692 359 股股份;上述股份的受让方合计持有上市公司 102 443 530 股股份。

表 56　股权转让情况

受让方	方秀宝	李雪琴	方东晖	方洁音	合计股数(股)
得怡欣华	24 961 414	—	—	—	24 961 414
得怡恒佳	—	34 575 280	1 214 477	—	35 789 757
得怡成都	8 099 336	—	5 747 023	27 846 000	41 692 359
合计	33 060 750	34 575 280	6 961 500	27 846 000	102 443 530

(三) 发行股份购买资产

东音股份以非公开发行 A 股股份的方式并按持有罗欣药业股权的比例向罗欣药业部分股东发行股份,以购买置入资产与置出资产差额部分。本次交易中,置出资产最终作价为 90 325 万元,购买资产的最终作价为 753 891 万元,上述差额 663 566 万元由东音股份以发行股份的方式向交易对方购买。本次发行股份购买资产的定价基准日为东音股份第三届董事会第七次会议决议公告日。本次发行股份购买资产的股份发行价格为 10.48 元/股,不低于定价基准日前 120 个交易日上市公司股票交易均价的 90%。经上市公司东音股份 2019 年第二次临时股东大会批准,上市公司 2019 年半年度的权益分派方案为以本次权益分派股权登记日收市后的总股本为基数,以资本公积金每 10 股转增 7 股。2019 年 9 月 23 日,该次分红派息实施完毕。根据上述权益分派事项,上市公司本次发行股份购买资产的股份发行价格调整为 6.17 元/股。根据调整后的发行价格计算,上市公司向交易对方发行股份的数量为 1075 471 621 股,发行数量已经中国证监会核准。本次交易完成后,本次交易的交易对方将成为上市公司股东,上市公司的控股股东变更为罗欣控股,上市公司的实际控制人变更为刘保起、刘振腾父子,具体如表 57 所示。

此外,罗欣控股等交易对方承诺本次重大资产重组实施完毕后,罗欣药业在 2019 年度、2020 年度和 2021 年度实现的净利润分别不低于 5.5 亿元、6.5 亿元和 7.5 亿元。

表 57　本次交易前后上市公司股权结构变化

股东名称	本次交易前		本次交易后	
	持股数量(股)	持股比例	持股数量(股)	持股比例
方秀宝	133 355 016	37.18%	100 294 266	6.993 3%
李雪琴	34 575 280	9.64%	—	—
方东晖	27 846 000	7.76%	20 884 500	1.456 2%
方洁音	27 846 000	7.76%	—	—
温岭市大任投资管理有限公司	10 442 080	2.91%	10 442 080	0.728 1%
其他股东	124 606 510	34.74%	124 606 510	8.688 6%
得怡欣华	—	—	24 961 414	1.740 5%
得怡恒佳	—	—	35 789 757	2.495 6%
得怡成都	—	—	41 692 359	2.907 1%
罗欣控股	—	—	518 843 206	36.177 9%
克拉玛依珏志	—	—	140 754 819	9.814 6%
Ally Bridge	—	—	76 271 995	5.318 3%
合计	358 670 886	100.00%	1 434 142 507	100.00%

四、案例评论

(一) 财务窘况初现端倪，控股股东卖壳或切中下怀

东音股份主要经营井用潜水泵、小型潜水泵、陆上泵的研发、生产和销售，核心产品为井用潜水泵，2016年4月在深圳证券交易所中小板挂牌上市。上市三年后，东音股份便急忙卖壳变现，其初露端倪的财务问题和营运能力以及控股股东个人特质或能给予答案。

一方面，年报披露数据显示，2016至2018年间，东音股份营业收入逐年增长，分别为6.37亿元、8.28亿元、9.35亿元，增长率方面，三年同比增速则分别为9.1%、29.91%、12.97%，2018年增速表现远不及2017年一半的水平。再观盈利数据，2016年至2018年，东音股份的营业毛利分别为1.83亿元、2.52亿元、2.43亿元，归属于母公司股东的净利润分别为1亿元、1.16亿元、1.11亿元，呈现先上升后下降的趋势。整体来看，东音股份增收不增利的财务问题已初现端倪。此外，2018年东音股份新增短期借款1.1亿元以及2.81亿元可转债长期负债，更加大公司偿债压力。自上市三年来，东音股份的资产负债率分别为14.09%、16.10%、35.09%，逐年攀升。东音股份所处传统制造行业，2016年至2018年，东音股份的净营运周期分别为103.97天、104.96天、110.07天，逐渐变长，可见公司对上下游资金的占用和自身资金的营运周转逐渐吃力。

另一方面，根据2018年可转债转股一系列操作来看，东音股份控股股东或许对股价市值及现金持有具有较强的诉求。在2018年多数可转债上市破发大背景下，东音转债也不例外，上市后始终低于面值，导致持债股东一直处于浮亏状态。彼时，实际控制人方秀宝及其一致行动人共计配售东音转债1.85亿元，占发行总量的65.77%。此外，方宝秀当时累计质押股份占其持有公司股份总数的45.25%，占公司总股本的17.75%。这导致股价下跌对大股东股权质押带来较大冲击，资金成本压力也显著提升。为配合大股东减持转债获取现金流，缓解资金压力，公司提前下修转股价，大股东提前获利套现。种种迹象表明，东音股份卖壳脱身或为及时止损的优选。

(二) 港股私有化脱身，转战A股借壳上市

罗欣药业于2005年12月在港交所创业板上市，上市以来从事制造及分销

药物产品,但由于投标价格持续下降、药品比例、医疗保险费用控制以及仿制药质量一致性评价、化学药品注册分类改革及药品审评审批改革等政策的推出,制药企业的经营环境自 2015 年以来变得逐渐艰难,并面临不断上升的销售及盈利能力压力,叠加港股创业板存在流动性较差以及再融资规模小等劣势,罗欣药业股价长期处于低位,其间罗欣药业虽有意转战香港主板市场,但不幸均遭否决。2017 年 3 月 13 日,Giant Star 和 Ally Bridge 作为联合要约人以 17 港元/股发起私有化要约,斥资约合 23 亿港元,当年 6 月,撤销了公司港股上市地位。

目前,在我国人口增长、老龄化进程加快、城镇化率提高、居民人均可支配收入增长的背景下,叠加国家产业政策支持以及财政投入加大利好因素,我国医药行业持续发展,已成为全球药品消费增速最快的地区之一。罗欣药业作为国家高新技术企业、国家技术创新示范企业和国家火炬计划重点高新技术企业,应借助资本力量增强经营实力,此时借壳上市或为快速吸纳资本的优选方案,本次借壳的壳公司东音股份不同于一般的壳公司存在盈利负增长、身负诉讼等历史问题,其经营相对稳健且几乎没有债务等历史遗留难题。通过此次借壳,罗欣药业完成与 A 股资本市场的对接,将盈利状况良好的医药资产注入上市公司,使上市公司成为一家规模较大、产品线丰富、行业地位突出、市场份额较高,且具有较强竞争力和长期发展潜力的医药企业,从而进一步推动自身业务发展,提高企业社会知名度及抗风险能力。

(三) 高业绩承诺亮眼,壳主兑现尚可期

罗欣药业可谓是仿制药时代的细分领域龙头,具有足够的规模基数和品种积累,在港股上市期间能保持较为稳定的分红便是明证。根据统计数据显示,2017 年罗欣药业在抗生素类药品市场上占有 2.35% 的份额,排在全国第八名;在消化类用药市场上,罗欣药业占有 7.71% 的市场份额,排第三名;在呼吸类用药市场上,罗欣药业以 2.29% 的市场占有率排第五名。2018 年罗欣药业销售收入 62 亿元,其中第一大类产品抗生素的细分品类抗生素头孢类产品贡献了 6.7 亿元收入,占总收入的 11%。基于公司历史经营表现,罗欣药业控股股东罗欣控股等交易对方承诺本次重大资产重组实施完毕后,罗欣药业在 2019 年度、2020 年度和 2021 年度实现的净利润分别不低于 5.5 亿元、6.5 亿元和 7.5 亿元,给本次借壳收购增添较大保障。

　　但是仿制药行业具有门槛低等特点,整体市场竞争激烈,例如罗欣药业销售额最高的抗生素板块,市场占有率最高的白云山也只有5%的市场份额。随着药品集中采购等一系列控药价政策的出台,仿制药更是面临巨大的降价压力,利润空间被进一步压缩。面对盈利困境,很多传统仿制药生产商在大力向创新药转型。2018年,罗欣药业研发投入仅5亿元,占总收入的8%,其研发管线仍然以3、4类药和仿制药为主,创新药极少。理性看待此次业绩承诺,罗欣药业自身经营存在一定短板,未来面对日渐趋紧的政策环境恐力不从心,加之在研新药中短期内难以落地,业绩要如约实现各年的承诺数,难度不小。

五、市场表现(002793)

　　东音股份交易前后股价变动情况见图61。

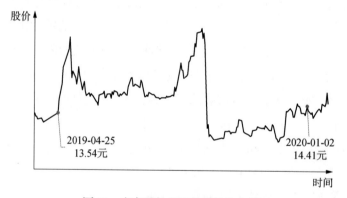

图61　东音股份交易前后股价走势

600517

国网英大(原置信电气):
国网借壳,打造"制造＋金融"

一、收购相关方简介

(一) 收购方: 国网英大股份有限公司

上海置信电气股份有限公司(以下简称"置信电气"或"国网英大")由原上海置信电气工业有限公司整体变更设立。公司于 2003 年 9 月 18 日在上海证券交易所公开发行普通股股票。截至 2019 年 6 月 30 日,国网电科院为置信电气的直接控股股东,直接持有置信电气 31.57% 的股份,国务院国资委为公司的实际控制人。

置信电气属于电工电气装备制造业,该公司及各子公司主要从事电气及新材料设备、电力运维业务、低碳节能与工程服务相关的研发、生产、销售和技术服务。置信电气是国内最大的专业化非晶变生产商,是国内电网雷电监测与防护领域的行业龙头,是沪深两市第一家涉足碳资产管理业务并且业务链完整的上市公司。电网是该公司产品和技术的主要应用场所,中低压电气一次设备及配电网运维用于配电网建设及各类行业终端用户;新材料设备用于各级输电线路;电网运维服务用于电网的运行监测、日常维护与检修、集中检修等环节;节能与工程服务、碳资产业务、工业企业电力运维以各类工业行业为主要市场。此次交易结束后,上市公司中文名称由"上海置信电气股份有限公司"变更为"国网英大股份有限公司"。

(二) 收购标的: 英大国际信托有限责任公司、英大证券有限责任公司

1. 英大国际信托有限责任公司

英大信托前身为济南国际信托投资公司,于 1998 年被山东电力集团公司

收购,自 1999 年起即为山东电力集团及其下属的县级供电公司和产业单位提供资金支持和配套服务,形成了成熟的产品和服务模式、积累了熟悉电力行业的业务团队。随着国家电网公司的组建,英大信托的业务范围逐步拓展至国家电网公司整个系统。作为关系国民经济命脉和国家能源安全的特大型国有重点骨干企业,国家电网公司具有企业主体多、资产存量高、资金流量大等特点,需要有效的金融服务提高资产管理和资金运作效率与效益。

多年来,英大信托在为国家电网公司及其下属企业提供服务的过程中,积累了丰富的行业经验,充分了解了客户的管理要求、财务特征、资金需求规律、投融资现状等,英大信托通过开发符合电网安全性要求的信息系统、差异化设计信托产品、提供其他增值服务等方式,提高了资金供需匹配的效率和精准度,极大增加了关联方客户的黏性,并形成了英大信托差异化发展的竞争优势,也同时为英大信托深耕电力能源行业和产业链领域积累了丰富的发展经验。本次交易前英大信托股权控制关系如图 62 所示。

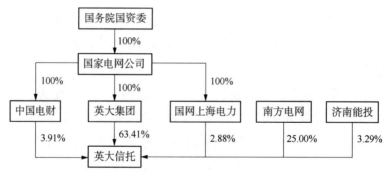

图 62　本次交易前英大信托股权控制关系

2. 英大证券有限责任公司

英大证券有限责任公司(以下简称"英大证券")的前身是于 1995 年 10 月 23 日在深圳成立的蔚深证券有限责任公司。2006 年 6 月 19 日,英大证券股东会作出决议公司注册资本由 1 亿元增至 12 亿元,新增出资由国家电网公司认购 6.6 亿元、中国电财认购 2.16 亿元、国网新源认购 1.2 亿元、深圳能发认购 1.04 亿元;并且公司名称由"蔚深证券有限责任公司"变更为"英大证券有限责任公司"。

英大证券主要业务板块包括证券经纪、信用交易、投资银行、自营投资、资产管理、期货等。经纪业务及信用业务是英大证券重要的业务板块,既是其主要的收入及利润来源,又是客户和资产积累的重要渠道。根据 2018 年、2019 年年报以及 2020 年半年报,英大证券的经纪业务及信用业务收入占营业收入的比例分别为 47.15%、42.66%、36.64%。本次交易前英大证券股权控制关系如图 63 所示。

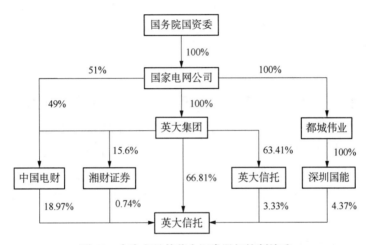

图 63　本次交易前英大证券股权控制关系

(三) 关联控股方:国网英大国际控股集团有限公司、中国电力财务有限公司、国网上海市电力公司、国网新源控股有限公司、深圳国能国际商贸有限公司

1. 国网英大国际控股集团有限公司

英大集团的前身为国网资产管理有限公司。2007 年,国家电网公司出资设立国网资产管理有限公司,2010 年 12 月 6 日,公司名称变更为"英大国际控股集团有限公司"。英大集团是国家电网公司的全资子公司,主营业务包括投资与资产管理、资产托管、为企业重组提供咨询服务等。英大集团是国家电网公司的全资子公司,英大集团为上市公司的关联方。

2. 中国电力财务有限公司

中国电财前身为中国电力信托投资有限公司,于 1993 年 12 月设立。中国电财主要面向国家电网公司成员单位及经中国银监会核准的服务对象,开展资金结算、资金监控、资金备付、资金运作、融资等资金管理业务。中国电财控股股东及实际控制人为国家电网公司,最终实际控制人为国务院国资委。

3. 国网上海市电力公司

国网上海电力前身为上海市电力公司,于1989年10月设立。国网上海电力控股股东及实际控制人为国家电网公司,最终实际控制人为国务院国资委。国网上海电力从事上海地区电力的输送、配给以及销售,同时负责统一调度上海地区的变电、输电、配电,参与制定、实施上海电力、电网发展规划和农村电气化。截至报告书签署日,国网上海电力为国家电网公司的全资子公司,国网电科院为国家电网公司的全资子公司。因此,国网上海电力与上市公司之间存在关联关系。

4. 国网新源控股有限公司

2005年3月23日,国家电网设立国网新源控股有限公司,国家电网公司持有国网新源100%股权。国网新源主要从事开发、投资、建设和经营管理抽水蓄能电站、新能源电站和可再生能源项目等业务,同时经营与上述业务相关的工程咨询、安装施工、检修、调试、技术咨询、技术服务、培训、劳务输出、科技开发等业务。截至报告书签署日,国家电网公司直接持有国网新源70%股权,国网新源为上市公司的关联方。

5. 深圳国能国际商贸有限公司

深圳国能前身为深圳市国电物流有限公司。2015年6月18日,深圳市国电科技商贸物流有限公司与深圳市国电科技工贸有限公司分别出资450万元与50万元共同组建深圳市国电物流有限公司。深圳国能主营业务涉及集物流方案设计、信息化管理、保税仓储、JIT配送、采购、报关报检、信用结算、供应链管理等商贸物流服务,同时面向国内外资源市场,开展葡萄酒、橄榄油等海外资源性物资进口贸易。国家电网公司间接持有深圳国能100%股权,深圳国能为上市公司的关联方。

二、收购事件一览

● 2019年3月18日,置信电气开始重大资产重组停牌。

● 2019年3月30日,置信电气第六届董事会第三十次会议审议通过了《关于〈上海置信电气股份有限公司发行股份购买资产并募集配套资金暨关联交易预案〉及其摘要的议案》。

- 2019 年 4 月 1 日,置信电气股票开市起复盘。
- 2019 年 4 月 9 日,置信电气收到上海证券交易所问询函。
- 2019 年 4 月 17 日,置信电气发布关于对上海证券交易所问询函回复的公告,并公布《发行股份购买资产并募集配套资金暨关联交易预案(修订稿)》。
- 2019 年 9 月 24 日,置信电气公布《发行股份购买资产并募集配套资金暨关联交易报告书(草案)》。
- 2019 年 10 月 17 日,置信电气召开第二届临时股东大会通过《关于公司发行股份购买资产并募集配套资金涉及关联交易的议案》;并收到国务院国有资产监督管理委员会《关于上海置信电气股份有限公司资产重组及配套融资有关问题的批复》,原则同意公司本次资产重组及配套融资的总体方案。
- 2019 年 10 月 29 日,置信电气收到《中国证监会行政许可申请受理单》。
- 2019 年 11 月 18 日,置信电气收到《中国证监会行政许可项目审查一次反馈意见通知书》。
- 2019 年 12 月 12 日,置信电气收到英大信托转来的《北京银保监局关于英大国际信托有限责任公司变更股权的批复》,北京银保监局同意置信电气国际控股集团有限公司、中国电力财务有限公司、济南市能源投资有限责任公司和国网上海市电力公司将其持有的英大信托合计 73.49% 的股权转让给置信电气。
- 2019 年 12 月 26 日,本次发行股份购买资产并募集配套资金暨关联交易事项获中国证监会并购重组委审核有条件通过。
- 2020 年 2 月 7 日,置信电气收到中国证监会核发的《关于核准上海置信电气股份有限公司向国网英大国际控股集团有限公司等发行股份购买资产并募集配套资金的批复》,并公布《发行股份购买资产并募集配套资金暨关联交易报告书》。
- 2020 年 2 月 18 日,置信电气公布本次发行股份购买资产之标的资产过户手续及相关工商变更登记已经完成。
- 2020 年 3 月 3 日,置信电气公布《发行股份购买资产并募集配套资金暨关联交易报告书》。
- 2020 年 3 月 3 日,置信电气本次资产重组配套融资调整方案获国务院国资委批复。

● 2020 年 4 月 30 日,置信电气公布《关于变更证券简称并实施的公告》,公司中文名称由"上海置信电气股份有限公司"变更为"国网英大股份有限公司"。

三、收购方案

本次并购重组方案主要包括两部分:一是发行股份购买股份;二是募集配套资金。

(一) 发行股份购买资产

本次交易标的为英大信托 73.49% 的股权和英大证券 96.67% 的股权。本次发行股份购买资产的交易对方为英大集团、中国电财、济南能投、国网上海电力、国网新源、深圳国能、湘财证券和深圳免税集团。本次发行股份购买资产以 2019 年 3 月 31 日为评估基准日,发行股份购买资产的发行价格为定价基准日前 120 个交易日上市公司股票交易均价的 90%,即 3.64 元/股。由于证券行业和信托公司受整体经济环境影响较大、未来收益不确定性较强,因此市场法评估的结果能够更加直接地反映评估对象价值。故选用市场法结果作为评估结果,英大信托 73.49% 股权评估价值为 941 411.37 万元,英大证券 96.67% 股权评估值 498 360.63 万元,合计高达 143.98 亿元。

协议经各方同意规定了期间损益归属,自评估基准日至重组交割日,标的公司如因实现盈利或其他原因而增加净资产的,标的资产对应的增值部分归置信电气所有。如英大证券因发生亏损或其他原因而导致净资产减少的,英大证券 96.67% 股权对应的减值部分,于重组交割日,由英大集团、中国电财、国网新源、深圳国能、湘财证券及深圳免税集团按照本次发行股份购买资产前各自在英大证券的相对持股比例,以现金方式向上市公司补足。如英大信托因发生亏损或其他原因而导致净资产减少的,英大信托 73.49% 股权对应的减值部分,于重组交割日,由英大集团、中国电财、济南能投及国网上海电力按照本次发行股份购买资产前各自在英大信托的相对持股比例,以现金方式向上市公司补足。

(二) 募集配套资金

公司向不超过 10 名符合条件的特定投资者非公开发行股份募集配套资金总额不超过 300 000 万元,募集配套资金总额不超过本次交易中以发行股份方式购买资产的交易价格的 100%,且发行股份数量不超过本次发行前总股本的 20%,即 271 233 564 股。募集配套资金认购对象所认购股份数量 = 认购本次发行股份的资金金额/本次募集配套资金的股份发行价格。本次交易股份发行数量及对价具体如表 58 所示。

在我国证券行业以净资本和流动性为核心的风险控制指标体系下,证券公司相关业务资质的取得、业务规模的大小与其净资本实力直接挂钩。目前,英大证券净资本、核心净资本落后于行业平均水平,因此,为优化业务结构、加快业务发展、增强风险抵御能力,英大证券需要增加净资本。本次募集配套资金在扣除中介机构费用及本次交易税费等其他相关费用后,全部用于向英大证券增资,以支持英大证券发展所需的净资本。

表 58　本次交易股份发行数量及对价

序号	交易对方	标的资产	交易对价 (万元)	股份对价 (万元)	发行数量 (万股)
1	英大集团	英大信托 63.41%股权	812 300.3	812 300.3	223 159.42
		英大证券 66.81%股权	344 439.41	344 439.41	94 626.21
		小计	1 156 739.71	1 156 739.71	317 785.63
2	中国电财	英大信托 3.91%股权	50 101.32	50 101.32	13 764.1
		英大证券 18.97%股权	97 811.12	97 811.12	26 871.19
		小计	147 912.44	147 912.44	40 635.29
3	济南能投	英大信托 3.29%股权	42 092.99	42 092.99	11 564.01
4	国网上海电力	英大信托 2.88%股权	36 916.76	36 916.76	10 141.97
5	国网新源	英大证券 5.04%股权	25 967.56	25 967.56	7 133.94
6	深圳国能	英大证券 4.37%股权	22 505.21	22 505.21	6 182.75
7	湘财证券	英大证券 0.74%股权	3 818.66	3 818.66	1 049.08
8	深圳免税集团	英大证券 0.74%股权	3 818.66	3 818.66	1 049.08
合计			1 439 772	1 439 772	395 541.76

四、案例评论

(一) 注入国有金融资产,挽救业绩颓势

自 2017 年起至交易当年,置信电气营业收入和利润水平出现双双下滑的困难局面。2017 年实现营业收入 57.3 亿元,扣除非经常损益后净利润 1.5 亿

元,同比下降18%、60%。2018年境况也不见好转,而是加速下滑,营业收入更是降至49.3亿元,与此同时扣非后的净利润由盈转亏,亏损高达3 200万元。2019年度净利润同比下降18.13%。这主要系国家宏观环境影响,国家电网2019年配网设备招标总量较2018年下降了约40%。其次,置信电气经营业绩下滑还存在收入结构调整、产能利用率较低、主要原材料价格上升、资产减值损失增加等原因。此次置信电气以高达143.98亿元的金额收购英大信托和英大证券,推测是预见其业绩滑坡后的"脱困"之举。

当置信电气面临经营业绩不断下挫的时候,几乎所有上市券商的股价全线看涨。根据数据显示,2019年全年上市券商的上涨幅度均强于上证指数,市场对券商板块的看好也引发了券商的上市潮,吸引大量的未上市券商也想快速进入资本市场搭上这班"券商的资本快车"。英大证券和英大信托隶属于国家电网的下属金融机构,本就处于券商行业中下游的英大证券和英大信托面临着更大的压力。一方面为了解决置信电气业绩困境,另一方面为了使英大证券、英大信托更好地开展资本市场业务,这场曲线救国的借壳上市方案也就成了最优的解决方案。

英大信托充分利用自身信托业务优势,结合电力行业企业特点,开发了具有针对性的信托产品。报告期内,英大信托与关联方开展的财产权信托主要有电费收益权信托和应收债权信托,该等信托产品能够有效解决国家电网公司及所属企业的资金运作需要,提高公司资金运作效率。英大证券致力于打造为电网产业链及能源领域的特色精品券商,目前已形成为客户提供综合化、全方位金融服务的经营模式,各项业务已初步形成稳定发展的良好格局,收入结构持续优化,业务收入分布趋于平衡、合理,抗风险能力逐步提高。

(二)"金融＋制造"双主业架构,换血董监高

本次重组完成后,置信电气业务范围增加了信托、证券、期货等金融业务,电气板块与金融板块的业务整合、协同存在一定的难度。同时金融业务的复杂性和特殊性对上市公司的管理能力和风险控制能力提出了更高的要求。

上市公司采取了以下系列措施。首先,换血董监高。为了使金融业务和现有业务的协同发展,置信电气紧急对现有的部门进行调整;此外积极推进金融单位混合所有制改革,优化金融业务管控界面,于2020年4月17日召开董事会、监事会、股东大会,根据新的股权结构和业务体系,改组了董事会和监事会,选聘了新的经营班子。其次,更换企业证券简称。为了使金融业务在上市公司内更有利地开展,原证券简称于 2020 年 5 月 8 日起由"置信电气"变更为"国网英大"。最后,规范内部治理。为了规范"一委三会一层"运行,还调整了组织机构、配套制度、管理机制。以此优化直管单位管控模式、建立灵活高效的市场化经营机制,建立权责分明、有效制衡的公司治理体系,从而优化金融业务布局。为了在重组后更好地提高经营效率和经营业绩,置信电气的董事会在北京设立国网英大有限公司分公司,使原来的电气业务和金融业务最大程度地融合,充分实现金融结合传统电气业务的正向协同作用。

(三)金融资本腾挪入驻上市公司,构建央企金控平台

国家电网作为中国 500 强的大型国资委控股集团,旗下拥有上百家分布在不同领域的公司,覆盖了电力、金融、地产等多个行业,其中多数企业已经完成上市,但国家电网旗下的金融资产还未登陆资本市场,国家电网一直在致力于英大金融资产的上市。英大信托、英大证券借壳置信电气,是国家电网内部的资本整合。此次收购完成后,置信电气实现对国家电网旗下的信托、证券、期货等金融资产的整合,也将因此成为继中航资本(600705. SH)、五矿资本(600390. SH)等之后的又一家央企金控平台。

英大证券隶属于国家电网,成立于 1996 年。截至 2019 年第三季度末,总资产达 144.17 亿元,总负债 105.87 亿元。受到市场整体行情影响,英大证券自 2018 年起出现业绩大幅下滑的困局。2018 年末,英大证券营业收入和净利润分别同比下滑 14.36% 和 73.24%。英大信托也是国家电网的下属金融机构,成立于 1987 年,2018 年英大信托实现营业收入同比增长 5.6%,但实现净利润却同比下降 3.1%。两家金融平台的业绩受阻,也许通过借壳上市借助资本市场的力量能够挽救业绩困局。未来,英大证券将充分利用上市公司平台对接资本市场,形成持续的资本补充能力,以满足各项业务发展过程中对资本的需求,进一步优化收入和盈利结构,逐步降低传统业务占总体营业收入的比重,降低英大证券受宏观经济及资本市场影响并引起业绩大幅波动的风险。此外,对置信电气原有的传统电气业务和新纳的金融业务相整合,使资本市场更好地服务于实体经济,充分响应国家政策促进产融结合。挖掘金融市场中数据、资本、渠道等资源,通过金控平台的证券、信托、期货等金融业务,为实体经济开源引流,提高国有资产的流动性,以及与资本市场的联动性。

五、市场表现(600517)

国网英大交易前后股价变动情况见图64。

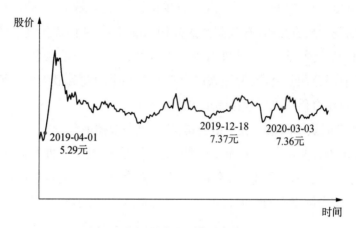

图 64　国网英大交易前后股价走势

600817

宏盛科技：
资产换股权，宇通系重振版图

一、收购相关方简介

（一）收购方：郑州宇通集团有限公司、拉萨德宇新创实业有限公司（一致行动人）、西藏德恒企业管理有限责任公司（一致行动人）

1. 郑州宇通集团有限公司

郑州宇通集团有限公司（以下简称"宇通集团"）成立于 1963 年，公司的核心企业郑州宇通客车股份有限公司（以下简称"宇通客车"）于 1997 年在上海证券交易所上市，获得中国工商银行 AAA 级信用等级。

宇通集团的基本业务由客车及其零部件板块、环卫及工程机械板块、金融组成。其中客车及其零部件板块以上市公司宇通客车为主体，主营客车产品及其零部件的研发生产与销售；环卫及工程机械板块以郑州宇通重工有限公司（以下简称"宇通重工"）为主体，主要负责环卫产品工程机械的研发、生产与销售，同时提供环卫服务；金融板块运营主体主要包括郑州宇通集团财务有限公司、安驰担保等公司，目前主要提供宇通集团成员企业存贷款、担保、融资租赁等金融服务。

宇通集团直接控制的核心企业有拉萨德宇新创实业有限公司（以下简称"德宇新创"）和西藏德恒企业管理有限公司（以下简称"西藏德恒"），直接持股比例均为 100%，同时宇通集团直接控制宇通重工，直接持股比例为 88.56%。

在本次收购中，由于宇通集团为德宇新创及西藏德恒的控股股东，根据《收购管理办法》第八十三条规定，投资者之间有股权控制关系，如无相反证据则互为一致行动人，因此在本次收购中，德宇新创、西藏德恒属于宇通集团的一致行动人。

收购人及其一致行动人之间的股权控制关系如图 65 所示。

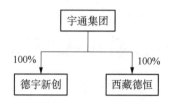

图 65　收购人及其一致行动人之间的股权控制关系图

2. 拉萨德宇新创实业有限公司(一致行动人)

德宇新创于 2017 年 6 月 12 日成立,经营范围包括:企业管理咨询(不含投资管理和投资咨询业务);创意服务;教育咨询;会议服务;网上电子产品、机械设备销售;产品设计;技术研发与推广;网络工程;供应链管理。

德宇新创由宇通集团 100% 控股,同时持有宇通重工 11.44% 股权。宇通重工的股权结构见图 66。

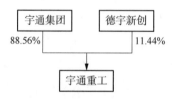

图 66　宇通重工的股权结构

3. 西藏德恒企业管理有限责任公司(一致行动人)

西藏德恒于 2017 年 5 月 27 日成立,经营范围包括企业管理服务、商务信息服务、会务服务。

西藏德恒由宇通集团 100% 控股,同时直接持股郑州德恒宏盛科技发展股份有限公司(以下简称"宏盛科技")比例为 25.88%。

(二) 收购标的:郑州德恒宏盛科技发展股份有限公司

宏盛科技于 1992 年 6 月 6 日成立,其经营范围主要为汽车内饰业务和自有房屋租赁业务。1994 年 1 月宏盛科技在上海证券交易所上市,2009 年 5 月 4 日宏盛科技实行退市风险警示(股票简称"ST 宏盛")。

宏盛科技的股权结构见图67。

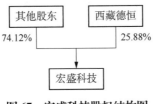

图 67　宏盛科技股权结构图

二、收购事件一览

● 2020 年 1 月 7 日,宏盛科技筹划重大事项开始停牌。

● 2020 年 1 月 19 日,宏盛科技第十届董事会第八次会议审议通过了《关于同意〈郑州德恒宏盛科技发展股份有限公司发行股份购买资产并募集配套资金暨关联交易预案〉及其摘要的议案》等与本次交易相关的议案。

● 2020 年 1 月 21 日,宏盛科技发布了重大资产重组的一般风险提示暨股票复牌公告。

● 2020 年 1 月 21 日,宏盛科技发布了发行股份购买资产并募集配套资金暨关联交易预案。

● 2020 年 1 月 31 日,宏盛科技发布了股票交易异常波动公告。

● 2020 年 2 月 11 日,宏盛科技收到上海证券交易所《关于对郑州德恒宏盛科技发展股份有限公司重大资产重组预案信息披露的问询函》的公告。

● 2020 年 4 月 11 日,宏盛科技发布发行股份购买资产并募集配套资金暨关联交易预案(修订稿)。

● 2020 年 6 月 1 日,宏盛科技发布发行股份购买资产并募集资金暨关联交易报告书。

● 2020 年 9 月 18 日,宏盛科技收到中国证监会上市公司并购重组审核委员会审核公司发行股份购买资产暨关联交易事项的提示性公告。

● 2020 年 9 月 24 日,宏盛科技发布中国证监会上市公司并购重组审核委员会审核公司发行股份购买资产暨关联交易事项的停牌公告。

● 2020 年 9 月 25 日,宏盛科技发布发行股份购买资产暨关联交易事项获得中国证监会上市公司并购重组审核委员会审核通过暨公司股票复牌的公告。

● 2020 年 10 月 10 日,宏盛科技发布《关于发行股份购买资产并募集配套资金暨关联交易获得中国证监会核准批复的公告》。

● 2020 年 11 月 4 日,宏盛科技发布发行股份购买资产暨关联交易标的资产过户完成的公告。

三、收购方案

宏盛科技向宇通集团和德宇新创以发行股份购买资产的方式,购买其持有的宇通重工 100% 股权,从而使得宇通集团及其一致行动人对宏盛科技持股比例从 25.88% 增加至 69.09%(考虑募集配套资金的影响),因此宇通集团成为宏盛科技实际控制人,成为此次并购的收购方。

并购前后交易双方、一致行动人关系如图 68 所示。

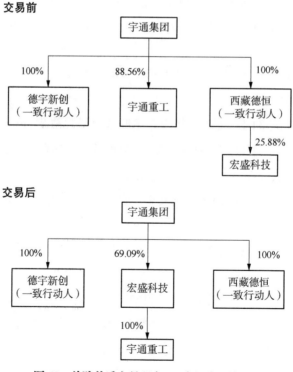

图 68　并购前后交易双方、一致行动人关系图

并购方案主要包括两部分：一是发行股份购买资产；二是募集配套资金。

(一) 发行股份购买资产

宏盛科技向宇通集团和德宇新创发行股票购买宇通集团下核心子公司宇通重工100%的股权，根据天健兴业出具的天兴评报字(2020)第0281号《资产评估报告》，截至评估基准日2019年12月31日，宇通重工的股东全部权益价值的评估值为250567.60万元。基于上述评估结果并考虑到宇通重工在基准日后向原股东分配了30000万元现金分红，交易双方协商确定宇通重工100%股权最终的交易价格为220000.00万元。

本次发行股份购买资产的交易方为宇通集团和德宇新创，标的资产为宇通重工100%的股权。收购人及其一致行动人取得本次发行新股的种类均为境内上市A股普通股。

根据本次交易的初步定价及发行股份价格，本次交易中上市公司向宇通集团和德宇新创发行股份共计332829046股，具体情况如表59所示。

表59　发行股份购买资产情况

序号	交易对方名称	发行股份(股)
1	宇通集团	294756351
2	德宇新创	38072695
	合计	332829046

本次交易完成后宇通集团拥有宏盛科技59.70%股份，西藏德恒拥有宏盛科技8.43%股份，德宇新创拥有宏盛科技7.71%股份，因此宇通集团及其一致行动人对宏盛科技持股比例增加至75.84%，具体情况如表60所示。

表60　本次交易前后宏盛科技股权结构变化(不考虑募配)

股东名称	本次交易前		本次交易后(不考虑募配)	
	持股数量(股)	持股比例	持股数量(股)	持股比例
西藏德恒	41639968	25.88%	41639968	8.43%
宇通集团			294756351	59.70%
德宇新创			38072695	7.71%

（续表）

股东名称	本次交易前		本次交易后(不考虑募配)	
	持股数量(股)	持股比例	持股数量(股)	持股比例
控股股东及其关联方合计	41 639 968	25.88%	374 469 014	75.84%
配套资金投资者				
ST宏盛其他A股股东	119 270 114	74.12%	119 270 114	24.16%
合计	160 910 082	100.00%	493 739 128	100.00%

（二）募集配套资金

本次交易中,宏盛科技采用询价方式向不超过 35 名特定投资者非公开发行股份募集配套资金。本次配套融资总额不超过 30 000.00 万元,不超过本次发行股份购买资产交易价格的 100%;且发行股份数量不超过本次交易前宏盛科技总股本的 30%,募集配套资金后,宇通集团及其一致行动人对宏盛科技持股比例为 69.09%,具体情况见表 61。

表 61　本次交易前后宏盛科技股权结构变化(考虑募配)

股东名称	本次交易前		本次交易后(考虑募配)	
	持股数量(股)	持股比例	持股数量(股)	持股比例
西藏德恒	41 639 968	25.88%	41 639 968	7.68%
宇通集团			294 756 351	54.38%
德宇新创			38 072 695	7.02%
控股股东及其关联方合计	41 639 968	25.88%	374 469 014	69.09%
配套资金投资者			48 273 024	8.91%
ST宏盛其他A股股东	119 270 114	74.12%	119 270 114	22.01%
合计	160 910 082	100.00%	493 739 128	100.00%

四、案例评论

（一）宇通四两拨千斤获宏盛,重工登A股宇通重振版图

本次并购过程较为独特,宏盛科技发行股份(价值 220 000.00 万元)从宇通集团和德宇新创手中购买宇通重工 100% 的股权,发行股份后宇通集团及其一

致行动人持有宏盛科技 69.09%股权,实际控制了宏盛科技,此时宏盛科技成为宇通集团的子公司,同时宇通重工成为宇通集团的孙公司。从结果导向来看,本次并购虽然以宏盛科技发行股份收购宇通重工开始,但是最终宇通集团成为宏盛科技的实际控制者,所以确定宇通集团为本次并购的收购方,宏盛科技为本次并购的被收购方,收购标的为宏盛科技。

并购过程中最大的收益方是宇通集团,宇通集团作为收购方不花费一分一毫就获得宏盛科技的实际控制权,同时其原核心企业、宏盛科技收购的标的宇通重工依旧为宇通系的成员。宏盛科技虽然经营状况较差,已经实行退市风险警示,但其上市交易资格背后的隐形价值却是巨大的,宇通重工的主营业务是工程机械和环保产业,在新基建和碳中和的政策下迎来窗口期,但缺少资本的推动,并购完成后宇通重工借宏盛科技的上市资格登陆 A 股市场,将拓宽融资渠道。

本次交易使得并购双方达到双赢,为宏盛科技焕发生机,提高盈利能力,实现业务转型。而宇通重工能够借助宏盛科技的资本平台、管理和资本运作的经验登陆 A 股资本市场,拓宽融资渠道,成就未来环卫蓝海的新宇通。

本次并购案例中的并购方式值得实力雄厚,但顾虑 IPO 时间长、手续繁琐,想尽快上市的企业借鉴。这些企业可以寻找带有"ST"帽子的目标公司,因其经营情况差,盈利情况糟糕,非常希望能够注入大量资金和优质资产,改善自身经营情况。而对于实力雄厚,但还没有上市的企业来说可以借目标公司的上市交易资格,拓宽其融资渠道进行产业升级。之后可由目标公司发行股份购买实力雄厚企业旗下的子公司,使得目标公司的实际控制权转移至实力雄厚企业,这样对于实力雄厚的企业来说被收购的子公司只是变为孙公司,依旧在自身旗下,同时又被赋予了上市交易资格。

(二)剥离发展空间有限业务,成就碳中和下的环卫蓝海龙头

2020 年 11 月,宏盛科技的经营实体转变为宇通重工。宏盛科技在重组前的主营业务为汽车内饰业务和自有房屋租赁业务,2019 年宏盛科技自有房屋租赁营业收入仅为 636 万元,发展空间十分受限,之前宏盛科技一直未能够摘 ST帽子的主要原因在于经营盈利能力较差,这其实与其经营业务有关。并购完成后,未来宏盛科技将以"新能源设备＋环卫服务＋工程机械服务"一体化发展。

宇通重工的新能源环卫业务在碳中和、碳达峰的目标下迎来了新一轮重要窗口期,目前资本市场对拥有环卫装备制造、环卫运营投资全产业链的环卫整体解决方案提供商较为追捧,并购完成后宏盛科技被注入这一优质环卫业务,从而进入碳中和战略产业链,相信这会对其业务转型有很大的帮助。

"新基建"政策的推出,对工程机械行业带来较大的发展机遇,宇通重工的工程机械产品广泛应用于高铁、机场、港口、码头、矿山、建筑工程、水利工程和市政工程等的建设中。近年来,宇通重工的强夯机和桥梁检测车产品已逐步建立起行业领先地位。本次交易完成后,宇通重工作为工程机械行业的优质龙头企业会使得宏盛科技的业务得以拓宽,成为行业内的翘楚,这对摘帽有着巨大的好处。

(三) 标的盈利能力强,焕新 ST 宏盛新业绩

宏盛科技早在 2009 年实行退市风险警示,财报显示宏盛科技在近 5 年内利润大多亏损(表 62)。

表 62　宏盛近 5 年净利润情况

	2015 年	2016 年	2017 年	2018 年	2019 年
净利润(万元)	−2 659.73	−355.92	−26.60	627.58	455.64

宏盛科技在这次并购中购进宇通重工 100% 的股权,宇通重工 2017 年至 2019 年的净利润分别为 20 958.61 万元、11 412.72 万元和 33 042.05 万元,可见宇通重工的盈利能力远远高于宏盛科技,所以并购交易完成后将直接提升宏盛科技的整体盈利能力,摆脱退市风险警示,为股东带来收益。

一些证券机构在研究冷门股时发现一些冷门股"咸鱼翻身",业绩增长迅速,重新获得了市场的青睐。其中最受关注的便是宏盛科技。2020 年以来宏盛科技的累计涨幅已经高达近 120%,这一利好来自宏盛科技的重组。重组完成后,一些证券公司对宏盛科技未来的盈利增速预测高达 15 670%,这可谓是"咸鱼翻身"中的佼佼者。

表 63　盈利预测增速居前的冷门股

简称	年内涨跌幅(%)	2021 年盈利预测增速(%)
ST 宏盛	119.94	15 670.62
天山铝业	42.12	1 312.31

(续表)

简称	年内涨跌幅(%)	2021 年盈利预测增速(%)
海欣食品	126.76	1 173.87
双星新材	129.82	284.87
亚泰集团	1.88	257.30
亚玛顿	69.87	209.26
大立科技	139.01	203.59
金春股份	—	199.17
安洁科技	15.00	196.46
盛新锂能	108.81	188.35
引力传媒	−24.19	157.14
海南瑞泽	−6.62	124.64
中嘉博创	−10.63	116.25

五、市场表现(600817)

宏盛科技交易前后股价变动情况见图 69。

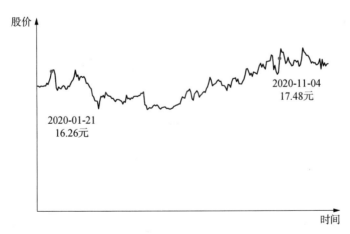

图 69　宏盛科技交易前后股价走势

603477

巨星农牧(原振静股份)：
一波三折,规避借壳成疑

一、收购相关方简介

(一) 收购方：四川振静股份有限公司

四川振静股份有限公司(以下简称"振静股份")成立于 2013 年 12 月 24 日,主营中高档天然皮革的研发、制造与销售,拥有汽车革、鞋面革、家具革三大产品线,产品链条完整,柔性化的生产方式能够满足客户多样化、个性化的需求。振静股份实际控制人为贺正刚,其通过直接持股和间接持股共计持有公司 52.71% 股份。公司的股权结构如图 70 所示。

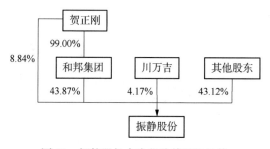

图 70　振静股份本次收购前股权结构

振静股份产品以往主要应用于中高档家具革制造,与国内外知名家具品牌制造商如顾家家居、慕思家居、亚振家居等建立了长期良好合作关系。随着国内乘用车市场蓬勃发展,特别是自主品牌的迅速崛起,公司自 2015 年起逐渐加大汽车座椅革的技术研发和工艺设计投入,取得了"汽车内饰件用真皮皮革面料的生产"ISO/TS16949：2009 认证(现 IATF16949 认证),与广州汽车集团股份有限公司、深圳市比亚迪供应链管理有限公司形成稳定合作关系,获得部分车型座椅真皮定点供应商资质,汽车革领域将成为公司未来重要的业务拓展方向与业绩增长点。凭借在家具革、汽车革领域的经验与优势,公司逐步打开鞋面革市场,已得到 New balance、PUMA、新百丽等知名鞋履品牌商认可。

振静股份 2017 年 12 月 18 日在 A 股上市,但在上市之后,公司业绩增速大幅放缓。数据显示,2015 年和 2016 年公司归母净利润分别同比增长 57.69%、46.76%,但 2017 年降为 7.02%,2018 年公司即迎来了营收和净利润双降,分别同比下降 5.58% 和 5.47%。为扭转业绩下降趋势,2019 年振静股份开始物色标的公司,着手收购事宜。

(二) 收购标的:巨星农牧股份有限公司

巨星农牧股份有限公司(以下简称"巨星农牧")成立于 2008 年 7 月 7 日,是以生猪养殖为主的大型畜禽养殖企业。经过十余年规模化猪场管理的实践,巨星农牧积累了丰富的养殖管理经验,已形成生猪养殖行业较为完整的一体化产业链,是四川省集种猪、饲料、商品猪生产于一体的农业产业化重点龙头企业之一,先后荣获"中国畜牧行业百强优秀企业""四川省科学技术进步一等奖"等荣誉。

巨星集团、星晟投资、和邦集团等 41 名股东持有巨星农牧 100% 的股份,控股股东为巨星集团,具体股权结构如图 71 所示。

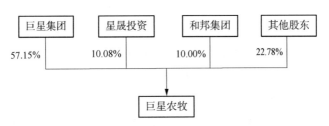

图 71　巨星农牧本次收购前股权结构

巨星农牧在生猪养殖方面优势明显。巨星农牧目前已与世界知名种猪公司和养猪技术服务公司建立紧密合作关系;同时,巨星农牧重视自主创新,拥有一支包括遗传育种基因工程、兽医学、动物营养学等专业博士、硕士在内的高素质员工队伍,拥有发明专利、实用新型专利超过 80 项,通过资源整合和自主创新奠定了巨星农牧在行业中的技术优势。此外,巨星农牧已搭建了"种＋料＋

管理"的先进养殖体系,形成了猪场选址及建设、基因选种育种、饲料原材料采购及生产、营养方案设计研发、生产管理、养户开发及管理的人才梯队和标准化工作流程。巨星农牧已经与政府签订协议,完成了 7 个生猪养殖基地的布局,已落实的土地储备可满足 10 万头以上种猪场的建设需求。

二、收购事件一览

● 2019 年 9 月 9 日,振静股份以发行股份方式购买巨星农牧股权,公司股票自 2019 年 9 月 9 日起停牌不超过 10 个交易日。

● 2019 年 9 月 23 日,振静股份召开第二届董事会第十八次会议,审议通过了《关于公司发行股份及支付现金购买资产并募集配套资金方案的议案》。上市公司振静股份与巨星集团、星晟投资、和邦集团等 41 名巨星农牧股东(以下简称"交易对方")签署了《发行股份及支付现金购买资产协议》,在协议中称"本次交易预计构成重组上市,本次交易完成后,巨星集团持有的上市公司股份预计将超过和邦集团及贺正刚合计所持有的上市公司股份,上市公司控股股东预计将变更为巨星集团、实际控制人预计将变更为唐光跃"。

● 2019 年 9 月 24 日,振静股份股票复牌,且收到上交所《关于对四川振静股份有限公司发行股份及支付现金购买资产并募集配套资金暨关联交易预案信息披露的问询函》。

● 2019 年 9 月 26 日,振静股份发布《重大资产重组方案修订公告》,改称"公司控股股东四川和邦投资集团有限公司和实际控制人贺正刚承诺本次交易不会导致公司控制权的变更,本次重组不构成重组上市"。

● 2019 年 11 月 13 日,振静股份发布《发行股份及支付现金购买资产暨关联交易预案(二次修订稿)》,对控制权相关细则进行补充,具体为"本次交易完成后巨星集团不向上市公司董事会推荐董事候选人,不拥有董事会席位"以及"和邦集团和贺正刚先生承诺本次交易完成后 36 个月不放弃上市公司控制权。巨星集团及唐光跃先生已出具承诺函,承诺本次交易完成后 36 个月不谋求上市公司控制权"。

● 2020 年 3 月 6 日,振静股份第三届董事会第三次会议审议通过了《发行股份及支付现金购买资产暨关联交易报告书(草案)》。

● 2020 年 3 月 20 日,振静股份 2019 年年度股东大会审议通过了《关于调整公司发行股份及支付现金购买资产方案的议案》,当日收到了中国证监会出具的《中国证监会行政许可申请受理单》。

- 2020 年 4 月 15 日,振静股份收到证监会反馈意见。
- 2020 年 6 月 11 日,证监会并购重组委对振静股份发行股份及支付现金购买资产暨关联交易事项进行审核,振静股份股票自 6 月 11 日(星期四)开市起停牌。
- 2020 年 6 月 12 日,振静股份披露《关于发行股份及支付现金购买资产暨关联交易事项获得中国证监会上市公司并购重组委审核有条件通过暨公司股票复牌的公告》,振静股份股票自 2020 年 6 月 12 日(星期五)开市起复牌。
- 2020 年 7 月 8 日,振静股份收到中国证监会出具的《关于核准四川振静股份有限公司向四川巨星企业集团有限公司等发行股份购买资产的批复》,本次交易已取得中国证监会核准。
- 2020 年 7 月 10 日,交易涉及购买资产的过户事宜已办理完毕。巨星农牧 100% 股权已过户至振静股份名下,巨星农牧成为振静股份的全资子公司。
- 2020 年 7 月 28 日、2020 年 8 月 14 日,分别召开第三届董事会第九次会议、2020 年第一次临时股东大会,审议通过《关于拟变更公司名称并修订的议案》,同意将公司中文名称由"四川振静股份有限公司"变更为"乐山巨星农牧股份有限公司"。
- 2020 年 9 月 24 日,证券代码 603477.SH 的证券名称由"振静股份"变更为"巨星农牧"。

三、收购方案

本次收购中振静股份以发行股份及支付现金相结合的方式购买巨星集团、星晟投资、和邦集团等 41 名股东持有的巨星农牧 100% 股权,本次收购前后上市公司振静股份的股权结构变化情况如表 64 所示。

表 64 本次收购前后振静股份股权结构变化情况

股东名称	本次交易前		本次交易后	
	持股数量(股)	持股比例	持股数量(股)	持股比例
和邦集团	105 290 000	43.87%	129 654 123	27.71%

（续表）

股东名称	本次交易前		本次交易后	
	持股数量（股）	持股比例	持股数量（股）	持股比例
贺正刚	21 210 000	8.84%	21 210 000	4.53%
贺正刚及其控制的和邦集团合计	126 500 000	52.71%	150 864 123	32.24%
巨星集团	—	—	123 498 238	26.39%
巨星集团一致行动人	—	—	3 489 525	0.75%
巨星集团及一致行动人合计	—	—	126 987 763	27.14%
星晟投资	—	—	24 547 022	5.25%
其他股东	113 500 000	47.29%	165 512 721	35.37%
总股本	240 000 000	100.00%	467 911 629	100.00%

（一）标的资产定价

本次收购标的资产为巨星农牧100%股权。本次收购的评估机构中联评估采用收益法和市场法对标的资产进行了评估，并采用收益法评估结果作为最终评估结论，巨星农牧100%股权评估值为182 122.48万元，较基准日账面净资产增值103 331.51万元，增值率为131.15%。经过振静股份与交易对方协商，标的资产巨星农牧100%股权的交易作价确定为18.2亿元，较基准日账面净资产增值103 209.03万元，增值率为130.99%。

（二）支付方式

本次购买标的公司巨星农牧100%股权的价格为18.2亿元，其中以发行股份的方式支付170 250.00万元，以现金方式支付11 750.00万元。本次收购中，除巨星集团外，其他交易对象均以发行股份方式支付交易对价。

（三）业绩承诺

根据振静股份与巨星集团、和邦集团签署的《业绩承诺补偿协议》及其补充协议，本次收购的业绩补偿期限为本次收购实施完毕的当年及之后连续两个会计年度，即2020年度、2021年度及2022年度；如本次收购无法在2020年度内实施完毕，则业绩补偿期限相应顺延。

巨星集团承诺巨星农牧2020、2021和2022年度的净利润总额不低于

5.77亿元,和邦集团承诺巨星农牧2020、2021和2022年度的净利润分别不低于1.58亿元、1.59亿元和2.60亿元。

如标的公司巨星农牧2020年度、2021年度、2022年度累积实现的净利润数/截至当期期末累积实现的净利润数低于巨星集团、和邦集团相应承诺净利润数的,则巨星集团、和邦集团应就未达到承诺净利润数的部分分别按照85%和15%的比例向振静股份承担补偿责任,且巨星集团与和邦集团间负有连带补偿责任。

四、案例评论

(一)丰富业务类型,提升振静股份盈利能力

对于收购方振静股份而言,本次收购可以丰富业务类型,提升公司盈利能力。振静股份主营业务为中高档天然皮革的研发、制造与销售,拥有汽车革、鞋面革、家具革三大产品线。收购完成后,振静股份主营业务新增畜禽养殖及饲料生产和销售,丰富了振静股份的业务类型,有效拓宽盈利来源,提升可持续发展能力、抗风险能力及后续发展潜力。

收购后巨星农牧成为上市公司全资子公司,巨星农牧盈利能力较强、发展潜力较大,注入振静股份后可实现振静股份主营业务的转型,增强公司的持续盈利能力和发展潜力,提高公司的资产质量和盈利能力,提高公司价值和股东回报,实现利益相关方共赢的局面。

(二)通过资本市场持续推动巨星农牧快速发展

对于标的方巨星农牧而言,本次收购是通过资本市场持续推动巨星农牧快速发展的重要途径。原先巨星农牧打算借壳上市,但由于监管原因只能紧急调整方案规避借壳嫌疑,最终以成为振静股份全资子公司的方式完成上市。巨星农牧如此希望踏入资本市场,是因为生猪养殖是技术密集型和资本密集型产业,目前巨星农牧正处于快速发展阶段,资金需求量大。通过本次收购巨星农牧实现了与资本市场的对接,有助于提升其在行业中的综合竞争力、品牌影响力和行业地位,拓宽融资渠道,为后续发展提供充足动力。

(三)跨界并购,业务整合风险依然存在

本次收购属于跨界并购,振静股份是主营中高档天然皮革业务的上市公司,而巨星农牧是主营畜禽养殖和销售及饲料业务的公司,收购完成后巨星农

牧成为振静股份的全资子公司,振静股份的业务得到了拓展。但是从公司经营和资源整合的角度来看,振静股份与巨星农牧仍需要在业务体系、组织结构、管理制度、资金运用等方面进行优化整合以提高公司的整体绩效。振静股份与巨星农牧的既有业务存在差异,且均已积累了丰富的生产运营经验,具备成熟的管理体系,整合所需的时间以及整合效果存在不确定性。虽然本次收购开拓了振静股份新的业务增长点,增强振静股份整体抗风险能力和持续盈利能力,但是会使振静股份面临业务转型的风险,如何进行更好的业务转型、发展业务优势、促进业务稳步快速发展,成为振静股份及其管理团队需要解决的重要问题。

五、市场表现(603477)

振静股份交易前后股价变动情况见图72。

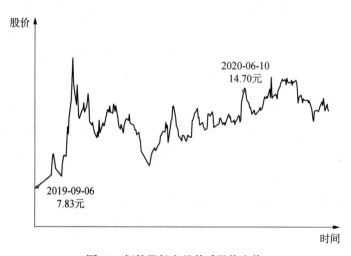

图72　振静股份交易前后股价走势

第六辑　科技并购

000725

京东方 A：
大手笔收购中电熊猫，夺得液晶第一宝座

一、收购相关方简介

（一）收购方：京东方科技集团股份有限公司

京东方科技集团股份有限公司（以下简称"京东方"）的前身为北京电子管厂，该厂成立于 1952 年，作为国家重点工程之一，是中国著名电子器件产品生产厂家。1965 年该厂开始生产集成电路，成为中国第一家能批量生产集成电路的企业；1970 年该厂生产的集成电路被用于中国第一颗人造卫星；1978 年，生产了中国第一支 18 英寸的彩色显像管；1982 年开始生产液晶显示屏。从 1987 年起，公司开始与国外企业合资，成立了多家合资公司。1992 年 6 月在北京电子管厂的基础上组建了北京东方电子集团公司。1993 年 4 月在集团公司的基础上进行股份制改组，建立公司，注册资金 26 158 万元。截至 2020 年 9 月 30 日，京东方前十大股东持股情况如表 65 所示。

表 65　京东方前十大股东持股情况（截至 2020 年 9 月 30 日）

股 东 名 称	股份数量(万股)	持股比例(%)
北京国有资本经营管理中心	406 333. 33	11. 68
香港中央结算有限公司	181 278. 84	5. 21
合肥建翔投资有限公司	107 886. 93	3. 1
重庆渝资光电产业投资有限公司	101 488. 81	2. 92
北京京东方投资发展有限公司	82 209. 22	2. 36

（续表）

股 东 名 称	股份数量(万股)	持股比例(%)
合肥建新投资有限公司	80 000	2.3
北京亦庄投资控股有限公司	50 700.8	1.46
中意资管-招商银行-中意资产-启航 1 号资产管理产品	32 572.85	0.94
中意资管-招商银行-中意资产-承平 1 号资产管理产品	30 564.37	0.88
招商银行股份有限公司-银河创新成长混合型证券投资基金	30 399.98	0.87
合计	1 001 946.32	31.72

作为一家为信息交互和人类健康提供智慧端口产品和专业服务的物联网公司,京东方核心事业包括端口器件、智慧物联、智慧医工。端口器件产品广泛应用于手机、平板电脑、笔记本电脑、显示器、电视、车载、可穿戴设备等领域;智慧物联为新零售、交通、金融、教育、艺术、医疗等领域搭建物联网平台,提供"硬件产品＋软件平台＋场景应用"整体解决方案;在智慧医工领域,京东方通过移动健康管理平台和数字化医院为用户提供全面的健康服务。

2019 年,京东方新增专利申请量 9 657 件,其中发明专利超 90%,累计可使用专利超 7 万件。美国专利服务机构 IFI Claims 发布数据显示,2019 年京东方全球排名跃升至第 13 位,连续 4 年在 IFI TOP50 榜单中实现排名与美国专利授权量双增长。世界知识产权组织(WIPO)发布 2019 年全球国际专利申请(PCT)情况,京东方以 1 864 件 PCT 专利申请量位列全球第 6。2020 年 7 月 7 日,京东方获评"新财富最佳上市公司";同年 10 月 15 日,京东方上榜 BrandZ 最具价值中国品牌 100 强榜单。

(二) 收购标的:南京中电熊猫平板显示科技有限公司、成都中电熊猫显示科技有限公司

1. 南京中电熊猫平板显示科技有限公司

南京中电熊猫平板显示科技有限公司(以下简称"南京平板显示")成立于 2012 年 11 月,初始注册资本为 175 亿元。其中,冠捷投资有限公司认缴出资 1.4 亿元,占注册资本的 0.8%;南京中电熊猫液晶显示科技有限公司认缴出资

173.6 亿元,占注册资本的 99.2%。本次交易前,南京平板显示的股东持股情况如表 66 所示。

南京平板显示主要经营研发、生产和出售 TFT - LCD 面板、彩色滤光片和液晶整机模组,提供与产品和业务有关的服务。南京平板显示的生产线项目总投资 291.5 亿元,以第六代 TFT - LCD 生产线为契机,在国家相关部委和江苏省、南京市等政府部门的大力支持下,由夏普提供全方位技术支持,导入夏普 GDM 技术、4 次光罩技术、光配向技术等该领域世界最新技术,并通过采购新型设备、翻新现有设备扩大产能规模。南京平板显示将为我国电子技术升级和产业结构调整作出积极贡献。

表 66　本次交易前南京平板显示股东持股情况

股 东 名 称	持股比例
南京华东电子信息科技股份有限公司	57.646%
中国电子有限公司	17.168%
南京新工投资集团有限责任公司	11.451%
夏普株式会社	7.718%
南京中电熊猫信息产业集团有限公司	6.017%
合计	100.00%

2. 成都中电熊猫显示科技有限公司

成都中电熊猫显示科技有限公司(以下简称"成都平板显示")于 2015 年 12 月 7 日成立,初始注册资本为 3 100 万元。初始股东华东科技出资人民币 1 100 万元,占注册资本的 35.48%;成都先进制造出资人民币 1 000 万元,占注册资本的 32.26%;成都西航港工业发展投资有限公司出资人民币 1 000 万元,占注册资本的 32.26%。本次交易前,成都平板显示的股东持股情况如表 67 所示。

表 67　本次交易前成都平板显示股东持股情况

股 东 名 称	持股比例
成都先进制造产业投资有限公司	30.714%
成都空港兴城投资集团有限公司	21.428%

（续表）

股东名称	持股比例
南京中电熊猫信息产业集团有限公司	17.143%
成都空港兴城建设管理有限公司	14.286%
南京华东电子信息科技股份有限公司	11.429%
四川省集成电路和信息安全产业投资基金有限公司	5.000%
合计	100.00%

成都平板显示主要经营薄膜晶体管液晶显示(TFT－LCD)面板和模组、液晶显示器、电视机、仪器仪表、机械设备及配件研发、生产、销售及技术服务，货物进出口和技术进出口对外贸易经营。成都平板显示生产线总投资 280 亿元人民币，设计产能每月生产 12 万玻璃基板，主要产品为 23.8－70 寸 TV 显示屏。

二、收购事件一览

● 2020 年 9 月 24 日，京东方第九届董事会第十七次会议审议通过《关于拟收购南京中电熊猫平板显示科技有限公司及成都中电熊猫显示科技有限公司部分股权的议案》。

● 2020 年 10 月 20 日，京东方收到了产权交易所的通知，获得南京平板显示受让资格，并于当日交易双方签署了《产权交易合同》，公司成为待定受让方。

● 2020 年 11 月 23 日，京东方收到产权交易所的通知，公司获得南京平板显示最终受让资格。

● 2020 年 11 月 30 日，京东方第九届董事会第十九次会议审议通过《关于向成都中电熊猫显示科技有限公司增资的议案》，调整了成都平板显示股权交易方案，即通过非公开协议增资的形式向成都中电熊猫显示科技有限公司增资 75.5 亿元人民币。

● 2020 年 12 月 17 日，京东方向南京平板显示的股东，合计支付了产权交易价款总额的 60%(即人民币 335473.284 万元)，并于当日与成都显示股东签订了《增资协议》及《一致行动人协议》。

● 2020 年 12 月 24 日，京东方根据《增资协议》认缴增资 75.5 亿元人民币，并以货币形式向成都平板显示注资 30.2 亿元人民币，成都平板显示根据约定办理完成增资相关手续。

● 2020 年 12 月 25 日,南京平板显示完成工商变更登记手续,取得了南京市市场监督管理局换发的《营业执照》,京东方完成收购南京平板显示部分股权事项。

三、收购方案

(一) 南京平板显示股权收购方案

京东方以 559122.14 万元现金收购南京平板显示 80.831% 的股权(南京华东电子信息科技股份有限公司持有的南京平板显示的 57.646% 股权,中国电子有限公司持有的南京平板显示的 17.168% 股权和南京中电熊猫信息产业集团有限公司持有的南京平板显示的 6.017% 股权)。

本次交易中,中瑞世联资产评估集团有限公司以 2020 年 6 月 30 日为评估基准日,对南京平板显示全部权益价值采用资产基础法和市场法进行了评估。根据评估报告,南京平板显示公司全部权益的评估价值为 680553.76 万元人民币。南京平板显示公司 80.831% 股权的对应评估值为 550093.75 万元人民币,挂牌价为 559122.14 万元人民币,最终交易价格为 559122.14 万元人民币。本次交易前后南京平板显示股东持股情况如表 68 所示。

表 68　本次交易前后南京平板显示股东持股情况

股　东　名　称	本次交易前持股比例	本次交易后持股比例
南京华东电子信息科技股份有限公司	57.646%	——
中国电子有限公司	17.168%	——
南京新工投资集团有限责任公司	11.451%	11.451%
夏普株式会社	7.718%	7.718%
南京中电熊猫信息产业集团有限公司	6.017%	——
京东方科技集团股份有限公司	——	80.831%
合计	100.00%	100.00%

(二) 成都平板显示股权交易方案

1. 增资协议

本次增资协议是京东方以非公开协议方式认购成都平板显示新增注册资

本。成都平板显示原先的六个股东(成都先进制造产业投资有限公司、成都空港兴城投资集团有限公司、南京中电熊猫信息产业集团有限公司、成都空港兴城建设管理有限公司、南京华东电子信息科技股份有限公司、四川省集成电路和信息安全产业投资基金有限公司)同意接受京东方对成都平板显示进行投资、认购成都平板显示新增注册资本,并放弃其优先认购权(如有)。京东方以1元/出资额认购成都平板显示新增注册资本,本次增资完成后,成都平板显示注册资本为人民币2 155 000万元,其中京东方认缴出资为人民币755 000万元,持有成都平板显示35.034 8%的股权。

本次交易中,中瑞世联资产评估集团有限公司以2020年6月30日为评估基准日,对成都平板显示全部权益价值采用资产基础法和市场法进行了评估。根据评估报告,采用资产基础法评估结果作为评估结论。经评估,成都平板显示股东全部权益评估价值为1 279 512.45万元。由于成都平板显示产线2018年量产,生产设备较新,VA和氧化物(Oxide)等工艺稳定,能够对应8K超高清、高刷新率等高端产品,盈利能力较强且提升潜力较大;可经济切割50、58、70寸等差异化尺寸产品,有效完善京东方产品和产线体系;并与京东方成都、重庆、绵阳现有产线达成高效联动,进一步强化集聚发展,对京东方未来发展具有巨大促进作用,故京东方向成都平板显示溢价增资,以1元/股价格向成都平板显示增资75.5亿元,较每股评估值(0.91元/股)溢价约10%。增资的资金不超过60%来源于外部融资,剩余资金由公司自筹。本次增资后成都平板显示股权结构如表69所示。

表69　本次增资后成都平板显示股权结构

股 东 名 称	出资金额 (万元人民币)	持股比例
成都先进制造产业投资有限公司	430 000	19.95%
成都空港兴城投资集团有限公司	300 000	13.92%
南京中电熊猫信息产业集团有限公司	240 000	11.14%
成都空港兴城建设管理有限公司	200 000	9.28%
南京华东电子信息科技股份有限公司	160 000	7.42%
四川省集成电路和信息安全产业投资基金有限公司	70 000	3.25%

（续表）

股 东 名 称	出资金额 （万元人民币）	持股比例
京东方科技集团股份有限公司	755 000	35.03%
合计	2 155 000	100.00%

2. 一致行动人协议

京东方与成都先进制造产业投资有限公司、成都空港兴城投资集团有限公司、成都空港兴城建设管理有限公司签署一致行动人协议并据此采取一致行动，以便按照京东方意愿控制成都平板显示的决策、经营和管理。协议的有效期自各方签署之日起至京东方及其下属子公司控股（直接或间接持股比例超过50%）且实现实际控制成都平板显示之日止。

四、案例评论

（一）抢抓市场机遇，巩固行业领先地位

此次交易标的南京平板显示和成都平板显示产线属于中电熊猫产线，一直以来备受业内关注，其一大原因在于 IGZO 背板技术。IGZO(Indium Gallium Zinc Oxide)铟镓锌氧化物，是一种薄膜电晶体技术，属于金属氧化物面板技术的一种，具有高分辨率、高刷新率、高亮度及低能耗的特点，是中电熊猫的核心技术。IGZO 面板技术是大尺寸 OLED 必备的技术，不论京东方还是 TCL 科技都没有攻克这一难题，所以京东方争取到这个机会，来加快 OLED 研发的进程，而 OLED 是未来显示技术的重要方向。并且，成都平板显示产线 VA 和氧化物等工艺稳定，能够对应 8K 超高清、高刷新率等高端产品，盈利能力较强且提升潜力较大；可经济切割 50、58、70 寸等差异化尺寸产品，有效完善京东方产品和产线体系；并能够与京东方成都、重庆、绵阳等现有产线高效联动，进一步强化集聚发展，对京东方未来发展具有巨大促进作用。

此前，京东方友商 TCL 科技收购投资不断，先是投资了日本 JOLED 面板公司，并将在广州建设大尺寸 OLED 印刷产线，随后又百亿元收购中环集团，紧接着拿下三星的液晶产线，产能迅速扩张。虽然京东方自己不再新建液晶产线，但是收购成熟产线也能补充关键技术和产能。收购南京平板显示和成都平

板显示生产线部分股权,符合京东方成为半导体显示领域全球领导者的发展目标,能够充分发挥公司市场、技术、运营等全方位能力和经验优势,化行业低谷为发展机遇,完善公司技术储备,提升生产制造能力,丰富产品组合,强化客户合作,拓展高端产品市场,继续巩固行业领先地位。

(二)贯彻落实国家战略性新兴产业发展规划和政策要求

半导体显示产业在我国电子信息产业中具有重要战略地位,作为战略性新兴产业列入国家"十二五""十三五"发展规划,国家相继出台了一系列政策措施,鼓励对该产业进行更大投入,加速全球产业重心向中国大陆转移。本次交易进一步发展壮大半导体显示产业,符合国家发展规划和战略要求,符合《成都市国民经济和社会发展第十三个五年规划纲要》,契合《南京市数字经济发展三年行动计划(2020—2022 年)》发展新型显示的目标。同时,贯彻落实国家"六保""六稳"政策,通过收购产线,保持人员就业稳定,再通过创新改革,创造更多就业岗位;形成更强大的高科技产业集群,推动战略性新兴产业快速发展,加强产业转化能力。

(三)顺应发展趋势,促进行业良性发展

作为中国显示的龙头企业,京东方的这次收购,除了给自身带来业绩的提升之外,也将进一步促进整个显示产业的良性发展。过去两年整个显示行业处于产能的快速扩充期,包括韩国、中国大陆和中国台湾几十家面板厂在激烈竞争。特别是在需求淡季的时候,这种非理性的价格竞争,已经严重损害了整个显示产业的利润。2019 年电视面板的价格同比下降了 30% 以上,并导致多家面板企业出现严重亏损,行业整合已成必然趋势。

与此同时,由于疫情的重大影响,全球居家办公和居家学习的需求大涨,2020 年笔记本电脑的出货量预计将有高达 20% 以上的增长,显示器的增长幅度同样也不低,从而带动了对显示产业的旺盛需求。目前全球面板企业普遍处于满产状态,却仍然满足不了客户的订单需求。根据市场调研机构 Omdia 预测,2020 年到 2025 年全球市场对 LCD 面板需求的年均复合增长率为 3.2%。京东方的此次收购,在巩固其市场龙头地位的同时,也将为显示行业的良性发展提供支持。

五、市场表现(000725)

京东方 A 交易前后股价变动情况见图 73。

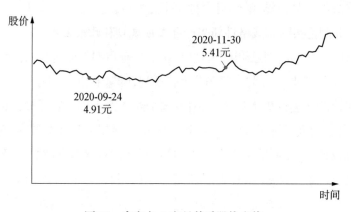

图 73　京东方 A 交易前后股价走势

002514

宝馨科技：
委托表决权，易主输血

一、收购相关方简介

（一）收购方：江苏捷登智能制造科技有限公司

江苏捷登智能制造科技有限公司(以下简称"江苏捷登")为本次收购上市公司设立的主体,由南京捷登智能环保科技有限公司与靖江港口集团有限公司于2020年10月22日投资设立。其中南京捷登持股70%,港口集团持股30%。江苏捷登注册资本为5 000万元,上述两位股东除完成注册资本实缴义务外,还需分别另行投入6.65亿元和2.85亿元资本金,总计投入10亿元资本,这也使江苏捷登具备了强大资金实力。

据公开资料显示,靖江港口集团由靖江经济开发区管理委员会及靖江市人民政府国有资产监督管理办公室共同控制,具有国资背景。南京捷登于2020年10月21日注册,由马伟100%控股,尚未开展实际经营业务。江苏捷登股权结构如图74所示。

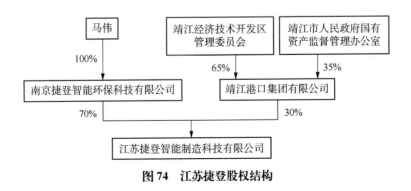

图74 江苏捷登股权结构

江苏捷登融合民资与国资,旨在积极探索服务区域实体经济发展新路径,充分运用政府、企业、市场三方面资源,通过市场化运作、专业化管理增值产业投资,做强实体经营,助推上市公司及地方经济稳步发展。

(二) 收购标的:苏州宝馨科技实业股份有限公司

苏州宝馨科技实业股份有限公司(以下简称"宝馨科技")成立于 2001 年,分别于 2008 年、2009 年设立菲律宾公司和厦门分公司,2010 年 12 月在深圳中小板上市。宝馨科技专注于设计开发、生产制造精密钣金结构件产品,并提供技术支持、性能测试、成套装配、售后维护等全方位服务。产品广泛应用于电力设备、通信设备、金融设备、医疗设备、新能源设备、轨道交通设备等领域。此外,宝馨科技还参与研发制造自动化湿化学设备、高压电极锅炉设备、烟气流量监测设备,并一直跟进煤改电集中供暖(冷)项目。截至 2019 年底,公司净资产为 10.26 亿元,2019 年归属母公司净利润为 6 629.74 万元。

根据公司财务报告披露,2013 年宝馨科技为寻求新业务领域,发挥业务间协同效应,创造利润增长点,结合当时政府在环保产业的提倡与支持,决定收购在烟气监测领域具有较强技术优势和盈利能力的南京友智科技有限公司(以下简称"友智科技")。2013 年,宝馨科技通过发行股份和支付现金相结合的方式购买陈东、汪敏共同持有的友智科技 100%股权。交易完成后,陈东及汪敏对宝馨科技持股 17.86%。2014 年,宝馨科技时任实际控制人广讯公司二次转让部分股份给公司股东陈东、杨荣富。由此,陈东、汪敏夫妇合计持股达 27.61%,陈东变更为宝馨科技实控人。

二、收购事件一览

● 2020 年 11 月 26 日,宝馨科技发布公告,公司实际控制人陈东、汪敏与江苏捷登签署了《关于苏州宝馨科技实业股份有限公司之股份转让协议》《关于苏州宝馨科技实业股份有限公司之股份表决权委托协议》。

● 2020 年 12 月 25 日,宝馨科技收到中国证券登记结算有限责任公司于 2020 年 12 月 23 日出具的《证券过户登记确认书》,股份转让事项已完成过户登记手续。

三、收购方案

陈东将其持有的上市公司 27 701 714 股无限售条件流通股份(占上市公司股本总额的 5.00%)及其所对应的股份代表的股东权利和权益,依法转让给江苏捷登。此外,陈东及其一致行动人汪敏承诺自标的股份交割完成之日起,将其持有的上市公司 101 085 894 股股份(占上市公司总股本的 18.25%)的表决权委托江苏捷登行使。交割完成之后,江苏捷登合计持有宝馨科技 23.25% 表决权,成为公司的控股股东,实际控制人变更为马伟。

(一) 股权收购

宝馨科技实际控制人陈东以 7 元/股的价格将其合计持有的公司 27 701 714 股股份(约占上市公司股本总额的 5.00%)转让给江苏捷登,转让价款全部以现金方式支付。标的股份转让的总价款(含税)共计人民币 193 911 998 元。

(二) 控制权收购

1. 表决权委托

在本次收购中,为了使江苏捷登取得宝馨科技的实际控制权,陈东及其一致行动人汪敏承诺自标的股份交割完成之日起,将其持有的上市公司 101 085 894 股股份(占上市公司总股本的 18.245 4%)的表决权委托给江苏捷登行使,并就此签署相应的《股份表决权委托协议》。

标的股份交割完成且《股份表决权委托协议》生效后,江苏捷登合计持有上市公司 23.245 4% 的股份表决权,成为上市公司的控股股东,参与决定宝馨科技的经营管理决策。

2. 不谋求控制权承诺

标的股份交易完成后,为保证江苏捷登的实际控制权不受陈东及其一致行动人的影响,陈东及其一致行动人承诺不会以谋求控制上市公司为目的而直接或间接地增持上市公司股份,或利用持股地位或影响力干预影响江苏捷登对公司的控制权,或影响干预上市公司的正常经营活动。另外,在江苏捷登拥有对宝馨科技的实际控制权期间,陈东及其关联方承诺在协议转让股份时,应优先转让给江苏捷登。

(三) 股权变动

本次交易前后上市公司的股本结构变化如表 70 所示。

表70　本次交易前后上市公司股权结构变化

股东名称	本次交易前		本次交易后	
	持股比例	拥有表决权比例	持股比例	拥有表决权比例
陈东	21.54%	21.54%	16.54%	0.00%
汪敏	1.70%	1.70%	1.70%	0.00%
江苏捷登	0.00%	0.00%	5.00%	23.24%

四、案例评论

(一) 解除质押危机，注入资金活力

资料显示，自宝馨科技上市后，2011—2013 年公司归属于上市公司股东的扣除非经常性损益的净利润环比增长率为－39.35%、－12.91%、－21.85%，业绩表现令人堪忧。2013 年，为拓宽增长乏力的利润空间，宝馨科技开始向外扩张新的业务范围，最终将收购目标聚焦到了当时由陈东、汪敏夫妇 100% 控股的友智科技。2014 年，宝馨科技通过向陈东、汪敏夫妇定向发行 24 328 859 股股票及支付现金 423 000 万元购买其持有的友智科技 100% 股份，陈东及汪敏也通过此次交易合计获得宝馨科技 17.86% 的股权。后来，宝馨科技时任控股股东广讯有限公司再次转让公司 9.75% 的股权给陈东。经过这一次股权受让，陈东及其一致行动人合计持股 27.61%，成为宝馨科技的实际控制人。信息披露显示，当时的陈东并未以自有资金支付交易对价，而是选择向东方证券质押手中持有的全部股权，加杠杆完成了这次收购，这也为陈东后续陷入资金困境埋下了伏笔。事实上，此后的几年中，陈东一直处于高比例股权质押的危险状态，截至 2020 年 12 月 25 日，宝馨科技股东质押公告披露，陈东已质押股份占其所持股份的比例仍然高达 99.54%。公司持续低迷的经营状况外加实际控制人的质押问题使公司陷入资金枯竭的危机，此次引入国资控股股东，能在一定程度上释放公司财务压力，注入流动资金，解燃眉之急，尽快缓解公司当下疲软的营运能力。

(二) 委托表决权，蓄势赶超

在本次收购中，陈东夫妇采取了以委托表决权出让控制权，另外转让小部分股权的交易模式，不仅给予国有资本充分的经营决策权，借助国有企业多样

的资源和丰富的管理经验,实现优势互补,挖掘宝馨科技的发展潜力,还可以从公司新一轮运转中分享收益。另外,收购完成后,为了进一步加强和稳固控制股东的实际控制权,宝馨科技第五届董事会一次会议审议通过了《关于公司非公开发行股票方案的议案》,方案披露公司将向控股股东江苏捷登定向发行不超过16 000万股股票(含本数),发行价格初步定在2. 96元/股。宝馨科技迅速定向增发,一方面稳固国资控制权,有利于提振投资者信心,另一方面也为公司后续发展提供强有力的资金支持,优化资本结构,带领企业尽快走出财务困境,实现宝馨科技在智能制造和节能环保业务的可持续发展。

(三) 国资领跑,迎接新机遇

2019年4月17日,宝馨科技前三大股东陈东、汪敏和杨荣富与海南省发展控股有限公司(以下简称"海南发展")签署《股份转让框架协议》,宝馨科技三大股东同意将公司8. 11%的股份转让给海南发展,双方商定转让价格为8. 60元/股。此外,陈东及汪敏还计划将持有公司17. 44%的表决权及提名权委托给海南发展。但遗憾的是,历经8个多月协商,双方就控制权转让事项及交易条件最终未能达成一致。这是宝馨科技寻求国资入主的第一次尝试。在宣告此次失利四天之后,宝馨科技再次发布公告,三大股东拟将持有的9. 03%股权以及陈东夫妇持有的17. 43%表决权转让和委托给盐城高新区投资集团有限公司,股份交易价格为7. 67元/股。然而因未获得江苏省国有资产监督管理委员会的批准又是昙花一现。两次"虎头蛇尾"的股权转让之后,宝馨科技终于成功引入国资。

宝馨科技是数控钣金细分龙头企业,拥有先进的数控设备和技术,其研发、设计和生产的工业级数控钣金结构件产品仅次于军用级,广泛应用于电力设备、通信设备、金融设备、医疗设备、新能源设备、轨道交通设备等多个领域,其配套业务客户涵盖国内外各种知名品牌的终端设备制造商。公司在中国的苏州、厦门和菲律宾建有生产基地,且和诸多知名企业保持着合作,在行业内确立了专业领先的品牌形象,具有相对有利的竞争优势。近年来,国家也在不断提倡智能制造,此次国资入驻,将借助国有企业市场资源和政策倾斜的优势,在股东资金支持的基础上推动融合发展,未来宝馨科技的自主造血能力有望得到显著提升。

合理的股权质押可以帮助持股人在短时间获得较低成本的资金,灵活运用现金流创造更多的价值。但是当公司业绩增长乏力,债务负担沉重,市场预期下降时,过度质押将可能导致企业在经济下行时期陷入泥潭,或是被恶意收购,引发控制权不稳定。宝馨科技此次能否顺利借助国资绝处逢生,让我们拭目以待。

五、市场表现(002514)

宝馨科技交易前后股价变动情况见图75。

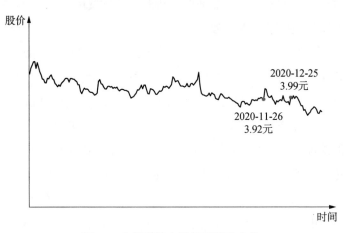

图75 宝馨科技交易前后股价走势

002645

华宏科技：
"淘金"新三板，布局再生能源

一、收购相关方简介

(一) 收购方：江苏华宏科技股份有限公司

江苏华宏科技股份有限公司(以下简称"华宏科技")成立于 2004 年，并于 2011 年在深交所挂牌上市，目前控股 7 家子公司，业务主要聚焦再生资源业务板块和电梯部件业务板块。尤其在金属再生能源加工设备领域，公司生产的各类金属破碎、液压剪切、金属打包、金属压块等设备，各类非金属打包、压缩设备，以及报废汽车拆解设备已经广泛应用于再生资源产业的国家循环经济园区、国家城市矿业示范基地、钢铁和有色金属企业、废钢加工配送中心、环卫等各个行业和领域的固废处理，产品获得了客户的广泛认同，赢得了市场充分的肯定。

华宏科技除了在生产体系层面具备成熟的工艺制造流程和完整的质量控制标准之外，其营销体系也已经完成全国销售服务的全覆盖，并为海外 60 多个国家及地区的客户提供了高品质产品和高效服务。营销服务团队把握行业客户的产品及运营需求，运用专业技术优势和丰富应用经验，为国内外客户提供各类高效完善的再生资源产业项目解决方案以及完整的综合服务支持。

公司凭借在再生资源领域的丰富经验和优异表现，被指定为中国废钢铁应用协会、中国物资再生协会、中国再生资源回收利用协会、中国循环经济协会、美国废料回收工业协会(ISRI)、中东回收局(BMR)的常务理事单位和副会长单位。此外，公司还先后获得"国家火炬计划重点高新技术企业""江苏省星火龙头企业""江苏省创新型企业""江苏省名优企业"无锡市科技进步奖等多项荣誉。截至 2019 年年底,公司实现营业总收入 216 134.04 万元,同比增长 12.81%,净利润达 18 206.68 万元,同比增长 13.72%,其中归属上市公司股东净利润为 17 900.47 万元。

(二) 收购标的:吉安鑫泰科技股份有限公司

吉安鑫泰科技股份有限公司(以下简称"鑫泰科技")成立于 2012 年,经股权转让和增资,于 2016 年改制为股份有限公司,同年挂牌新三板(代码:838975)。公司自成立以来,始终专注于钕铁硼废料的综合利用,集研发、采购、生产、销售于一体,是一家专业处理钕铁硼废料的高新技术企业。鑫泰科技年回收 11 000 吨钕铁硼废料,年产超 3 000 吨稀土氧化物。依靠先进的技术水平,公司的回收率和加工成本两项指标均显著优于行业平均水平,为国内稀土综合利用细分行业龙头企业。公司内部拥有 2 个研发团队(研发人员超过 50 人),外部拥有 2 个院士专家团队、6 座高校、3 个外部研发机构,为企业积累了丰富的自主研发核心技术。公司实行现代化企业管理,先后通过 ISO9001 质量管理体系、ISO14001 环境管理体系、ISO45001 职业健康安全管理体系、IATF16949 汽车行业质量管理体系等国际认证;荣获国家高新技术企业、省级企业技术中心、省发展升级示范企业、省小巨人企业、省专精特新中小企业、节能减排示范企业等各项称号。

鑫泰科技在公布与华宏科技的收购事宜之后于 2019 年 10 月发布公告,称考虑到公司下一步业务发展与资本市场的结合等原因,申请公司股票在全国中小企业股份转让系统终止挂牌。2019 年 12 月 12 日,鑫泰科技正式终止挂牌。截至 2019 年 6 月 30 日,公司实现归属母公司净利 4 042.13 万元。

二、收购事件一览

● 2019 年 7 月 5 日,华宏科技发布第五届董事会第十四次会议决议公告,审议通过《关于公司符合发行股份及支付现金购买资产并募集配套资金条件的议案》。

● 2019 年 9 月 28 日,华宏科技发布第五届董事会第十八次会议决议公告,逐项审议通过了《关于公司发行股份及支付现金购买资产并募集配套资金方案的议案》。

● 2019 年 11 月 1 日,华宏科技发布第五届董事会第二十一次会议决议公告,审议通过《关于签署附条件生效的〈盈利补偿协议之补充协议〉的议案》。

● 2019 年 11 月 19 日,华宏科技发布 2019 年第一次临时股东大会决议的公告,会议通过了《关于公司发行股份及支付现金购买资产并募集配套资金方案的议案》。

● 2019 年 11 月 27 日,证监会依法受理审核《江苏华宏科技股份有限公司上市公司发行股份购买资产核准》行政许可申请材料。

● 2019 年 12 月 12 日,鑫泰科技发布公司股票在全国中小企业股份转让系统终止挂牌的提示性公告。

● 2020 年 1 月 16 日,证监会并购重组委核准公司本次发行股份及支付现金购买资产并募集配套资金事项获得无条件通过。

● 2020 年 1 月 23 日,华宏科技发布关于发行股份及支付现金购买资产并募集配套资金事项获得中国证监会核准的公告。

● 2020 年 3 月 25 日,标的资产鑫泰科技 100% 股权已过户至华宏科技名下,资产过户事项完成。

● 2020 年 4 月 14 日,华宏科技发布新增股份上市公告书。

三、收购方案

(一) 收购方案概述

本次交易中,华宏科技通过发行股份及支付现金相结合的方式购买鑫泰科技 100% 股权。同时,华宏科技向不超过 10 名特定投资者发行股份募集配套资金,募集资金总额不超过 31 800.00 万元,配套融资发行的股份数量不超过 6 000 万股,发行股份的价格确定为每股人民币 7.70 元,不低于上市公司董事会决议公告日前 60 个交易日均价的 90%。募集配套资金全部用于支付本次交易的现金对价和中介机构费用,不足的部分由上市公司以自有资金或自筹资金支付。交易完成后,鑫泰科技成为华宏科技的全资子公司。

(二) 交易价格

根据评估报告,以 2019 年 6 月 30 日为评估基准日,以收益法作为评估方法,标的资产鑫泰科技 100% 股权的评估值为 81 130.00 万元,较账面净资产(母公司口径)29 245.89 万元增值 51 884.11 万元,增值率为 177.41%。经交易各方协商,确定本次交易的最终交易价格为 81 000.00 万元。其中 50 944.81 万元以公司向交易对方发行股份的方式支付,按照发行价格 7.70 元/股计算,合计发行股份数量为 66 162 076 股,交易完成后华宏科技股权结构变化情况如表 71所示。

表 71　交易完成后华宏科技股权结构变化情况

股东名称	本次交易前 (截至 2020 年 2 月 28 日)		本次交易完成后	
	持股数量(股)	持股比例	持股数量(股)	持股比例
江苏华宏实业集团有限公司	229 988 717	49.69%	229 988 717	43.47%
胡士勇	20 168 460	4.36%	20 168 460	3.81%
胡士勤	7 757 100	1.68%	7 757 100	1.47%
胡士清	7 757 100	1.68%	7 757 100	1.47%
胡士法	7 757 100	1.68%	7 757 100	1.47%
周经成	39 979 720	8.64%	39 979 720	7.56%
周士杰	13 552 447	2.93%	13 552 447	2.56%
南通苏海投资管理中心 (有限合伙)	4 066 457	0.88%	4 066 457	0.77%
刘卫华	—	—	11 545 993	2.18%
夏禹谟	—	—	8 887 599	1.68%
余学红	—	—	10 512 972	1.99%
张万琰	—	—	7 155 073	1.35%
刘任达	—	—	6 577 656	1.24%
陈圣位	—	—	6 156 378	1.16%

(三)业绩承诺安排

除张昊辰外,刘卫华等 19 名交易对方作为业绩对赌的补偿义务人(以下简称"乙方")承诺:经上市公司聘请的具有证券从业资格的会计师事务所审计的标的公司 2020 年度、2021 年度实际净利润分别不低于人民币 8 500 万元、10 000 万元,2022 年度实际净利润不低于资产评估报告中收益法评估对应的该年度预测净利润(即 9 711.21 万元)。

若标的公司在 2020 年度实际实现净利润低于承诺净利润或者 2021 年度与 2022 年度实现净利润的合计数低于承诺净利润的,每一位乙方应当按照其在本次交易前持有鑫泰科技股份数占全体乙方合计持股的比例对华宏科技承担补偿义务,乙方在对华宏科技进行业绩承诺补偿时,优先以其通过本次交易取得的上市公司股份进行补偿。乙方当期应补偿股份数量 = 乙方当期应补偿金额 ÷ 本次交易的股份发行价格。如果乙方持有的上市公司股份不足以完全履行本协议约定的补偿义务的,或乙方当期违反《发行股份及支付现金购买资产协议》约定的锁定期安排或乙方持有的甲方股份由于质押、被冻结、强制执行或其他原因被限制无法进行回购或转让的,则在前述任何情况下,乙方应就股份不足补偿的部分,以现金方式进行足额补偿。计算公式为:当期应补偿金额 = (当期承诺净利润数 − 当期实际净利润数) ÷ 业绩承诺期间内承诺的净利润数总和 × 拟购买标的资产交易作价总额。

四、案例评论

(一) 进军稀土废料,集齐三大再生资源综合回收利用业务

此次并购交易中,华宏科技以 8.1 亿元的对价拿下鑫泰科技 100% 的股权。以月平均市盈率为估值指标,以 2019 年 6 月 30 日为截止期限,标的公司的估值约为 48 506.19 万元,溢价率达 40%,足以揭示华宏科技决心拓展资源回收利用业务的强烈愿望。其实,这并不是华宏科技在再生能源回收利用领域的第一次并购尝试。除去本次交易,华宏科技已经拥有报废汽车业务(中物博)、废钢加工及贸易业务(东海华宏和迁安聚力)两大废料利用业务。本次收购完成后,公司将增加第三个再生能源综合回收利用业务板块——钕铁硼废料回收利用。

钕铁硼废料回收利用行业的生产原材料来自钕铁硼永磁材料生产过程中的边角废料,因此这一行业的生产规模和钕铁硼永磁材料的产量紧密相关。可以说,钕铁硼废料综合利用行业的市场表现与钕铁硼永磁材料的市场前景息息相关。在钕铁硼废料回收利用行业,下游需求旺盛,钕铁硼废料回收利用行业所生产的稀土氧化物供不应求,导致本行业对原材料钕铁硼废料的需求非常旺盛。然而,钕铁硼废料供不应求,行业中的小企业因为无法获得稳定的货源而难以开展持续生产,所以原材料是否短缺是钕铁硼废料回收利用行业的进入壁垒之一。根据企业统计,现阶段全国钕铁硼废料处理企业有 20 多家,其中稀土

氧化物年产量超过 1 100 吨的企业只有 3 家,鑫泰科技便是其中一家,在原材料获取竞争中占据有利优势地位。自 2016 年在新三板挂牌以来,鑫泰科技的经营业绩一直保持迅速上涨的势头。2016 年至 2018 年净利润同比增长率为 10.44%、85.40%、-26.4%,虽然 2018 年的增长比率略有下降,但 2019 年半年度同比数据很快就实现了强劲恢复。华宏科技通过此次收购整合,可以利用鑫泰科技的规模优势、研发优势、管理优势,同时借助资本市场实现公司废弃资源综合利用业务外延式发展,迅速扩大生产规模,提高市场影响力和盈利能力,进一步提升公司在废弃资源综合利用行业地位。与此同时,鑫泰科技也可以利用上市公司优势,通过多元的融资渠道获得更多较低成本的资金,满足自身业务发展需要,释放产能,提升盈利水平。

(二) 子公司间形成上下游,创造协同效应

2018 年,华宏科技为延伸公司在废弃资源综合利用领域的产业链条,以人民币 3 000 万元收购了北京中物博汽车解体有限公司(以下简称"中物博")100% 股权,使其成为自己的全资子公司,着手布局报废汽车回收拆解业务。据悉,中物博主要从事收购、加工、拆解废旧金属材料及非金属材料、废旧机械设备、军队退役报废装备、中央在京单位及北京市属各单位报废汽车。报废汽车中含有大量的磁废材料,本次收购标的鑫泰科技的第二大营收来源就是磁废材料的处理。根据财报披露,鑫泰科技 2018 年全年实现净利润 3 923.98 万元,同比下降 26.40%,2019 年中报显示公司实现净利润 4 025.41 万元,同比增长 188.95%,业绩相较上年取得明显改善。华宏科技完成本次收购之后可以为鑫泰科技提供丰富的原材料,使子公司之间形成直接上下游关系,有助于降低采购成本,增强业务间协同效应,继续改善鑫泰科技的盈利能力,为华宏科技创造新的利润增长点。

(三) 政策、市场双驱动,业务前景势不可挡

稀土永磁材料属于国家重点新材料和高新技术产品,一直受到国家相关产业政策的支持。2016 年国务院发布的《"十三五"国家战略性新兴产业发展规划》,强调要促进特色资源新材料可持续发展,推动稀土等特色资源高质化利用,加强专用工艺和技术研发。2017 年工信部、国家发改委、科技部和财政部发布的《新材料产业发展指南》,强调高性能稀土永磁材料是关键战略材料,应推动其在高铁永磁电机、稀土永磁节能电机以及伺服电机等领域的应用。稀土废料回收利用工序短、成本低、"三废"少,是落实国家循环经济政策的有益实践。

在行业发展层面,高性能钕铁硼永磁材料主要应用于新能源和节能环保领域,如风力发电、新能源汽车及汽车零部件、节能变频空调、节能电梯、机器人及智能制造。这些行业预期在未来都将取得革命性的强劲发展,钕铁硼永磁材料下游需求将拥有广阔的市场空间。

鑫泰科技主要致力于钕铁硼废料的综合利用,生产各类应用于磁性材料、计算机、通信设备等高科技领域的高纯稀土氧化物。此次收购完成后,华宏科技将在政策鼓励和市场认可的双驱动下,使公司在废弃资源综合利用业务领域开拓出大好前景。

五、市场表现(002645)

华宏科技交易前后股价变动情况见图76。

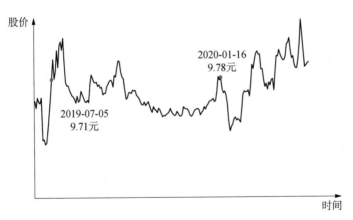

图76　华宏科技交易前后股价走势

603819

神力股份：
战略转型，切入安防军工领域

一、收购相关方简介

（一）收购方：常州神力电机股份有限公司

常州神力电机股份有限公司（以下简称"神力股份"）成立于 1991 年 12 月 16 日，是国内领先的电机核心部件供应商。公司主要从事电机（包括发电机和电动机）定子、转子冲片和铁芯的研发、生产和销售，主要产品是电机的重要核心部件，产品规格系列十分丰富，可应用于不同种类和型号的电机，主要包括柴油发电机、风力发电机、轨道交通、电梯和中高压电机。客户包括康明斯、上海三菱、科勒、西门子、通用电气、庞巴迪、东芝等国内外电机制造领先企业。

电机用途广泛，专业化程度高，行业维持较高景气度。电机广泛应用于工业、农业、国防、公用设施和家用电器等各经济领域，行业呈现出"规模化生产、专业化服务"的发展趋势，电机零部件配套市场逐步从电机整机行业分离并发展完善。我国电机制造行业产量逐年增长，出口额逐年上升，出口产品档次有所提高。公司产品下游柴油发电机、风力发电机、轨道交通电机、电梯曳引机、高压电机、微特电机市场均呈现出较高的景气度。总体而言，随着宏观经济下行，行业低端产品竞争激烈，电机行业整体毛利率出现下滑，而高端产品特别是高能效电机市场前景广泛，是未来电机行业的发展方向。

公司于 2016 年 11 月 25 日上市，控股股东为陈忠渭，持股比例 36.20%，公司股权结构如图 77 所示。神力股份产品市场主要分布在国内，截至 2019 年底，公司总资产为 113 638.15 万元，2019 年度营业收入为 110 216.68 万元，归属于上市公司股东的净利润为 9 517.13 万元。

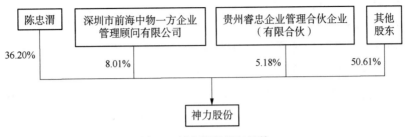

图 77 神力股份股权结构

（二）收购标的：深圳砺剑防卫技术有限公司

深圳砺剑防卫技术有限公司(以下简称"砺剑防卫")成立于 2014 年 5 月，是一家专注于公共安全、防爆安检领域的国家级高新技术企业，在荧光检测技术、信息化开发和系统集成的大屏显示系统方面进行了大量投入及研发，并取得了系列化的研发成果和产品，目前已陆续推向市场。公司控股股东为砺剑防务技术集团有限公司，持有公司 69.09% 的股份。公司股权结构如图 78 所示。

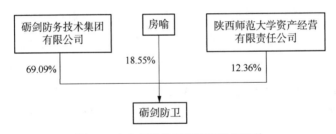

图 78 本次收购前砺剑防卫股权结构

砺剑防卫的主要产品是其自主研发的反恐安检装备(主要为爆炸物与毒品探测仪器设备)和系统解决方案，已广泛应用于警卫安保、反恐安保、边检缉毒等领域，并在大型的峰会、展会、论坛等活动中得到广泛使用，获得用户的高度认可和一致好评。同时，砺剑防卫逐步向民用领域大范围拓展，产品最终用户涵盖城市地铁、铁路等轨道交通、货场及分拣中心等仓储物流、民航运输和高速公路等核心领域。

砺剑防卫属于安检设备行业，未来随着国家政策的驱动和国际安全形势的影响，全球安检设备需求将持续增长。我国安检设备行业新的增长点主要来源于：(1)轨道交通安检市场增长空间巨大；(2)航空公司大规模自采安检设备；

(3)邮政快递行业货物防爆毒品检测全面铺开;(4)医院安检制度落地催生智能安检设备新需求。随着安检设备行业的快速发展,砺剑防卫将凭借其在安检设备领域的优势,以荧光检测技术为核心,持续拓展微波检测技术、光谱检测技术、多视角X光检测技术,以及生物基因诊断检测技术,逐步形成一家在公共安全、防爆安检、健康检测、食品检测、动植物检疫等领域拥有核心技术优势的高新技术企业。

(三)关联方:砺剑防务技术集团有限公司

本次交易对方砺剑防务技术集团有限公司(以下简称"砺剑集团")为砺剑防卫的控股股东,持有砺剑防卫69.09%的股权。同时,砺剑集团是神力股份持股5%以上的深圳市前海中物一方企业管理顾问有限公司的控股股东,因此本次并购构成关联交易。

砺剑集团创立于2013年8月,是贯彻落实国家军民融合、创新驱动战略的大型混合所有制军民融合创新示范平台,是一个尖端技术产业集聚的国家高新技术企业和各类资质齐全的军民融合体系级供应商。公司股权结构如图79所示,深圳市全盈生物科技有限公司、深圳市智惠科技有限公司均分别持有公司36.90%的股权。自组建以来,砺剑集团始终秉承"砥节砺行、胜自砺剑"的企业精神,以市场需求为导向,突破体制障碍,大胆进行模式创新,通过"原始创新、二次研发、产业实体、资本投资"的全链条良性循环,解决了科研成果资本化"最后一公里"问题,国务院发展研究中心评价"该平台是机制体制的一次重大创新"。

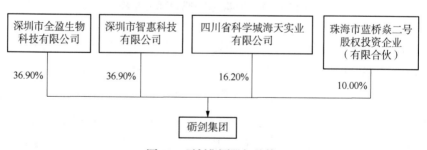

图79　砺剑集团股权结构

砺剑集团拥有1个国家级技术研发中心、20家实体公司、5只基金等近40家系列机构,形成了以"新材料、高端装备、应急安保、环境工程、军民融合服务"为主的五大产业组团。其中,新材料产业是航空航天、新能源及高科技产业的重要基础,实现了芳纶、环保涂料、缓冲材料等产业化,拥有自主知识产权,部分技术打破国外垄断,带动了行业水平的提高。高端装备产业是国家核心竞争力的重要标志,是战略性新兴产业的重要一环,自主研发的工业 CT 系统、微纳 CT 和轻型激光雷达产品应用覆盖装备检测、激光测绘、智慧城市等领域,多项技术国际领先。应急安保是砺剑集团一个重要产业板块,通过自主研制的爆炸物探测仪、净化除氡机、单兵制氧机等产品技术,为人们提供国际水平的安防保障措施及地下空间系统解决方案。环境工程产业致力于为人民创造健康美好的生活环境,通过高端设备与仪器提供空气质量改善、文物环境保护、水环境监测及生态抗菌等方面的高科技创新产品,解决了多个技术难题。

二、收购事件一览

- 2020 年 10 月 15 日,第三届董事会第十六次会议审议通过了《关于收购砺剑防卫 55%股权并增资暨关联交易的议案》,同意公司以现金 26 400 万元购买砺剑集团持有的砺剑防卫 55%股权,并对砺剑防卫增资 3 000 万元。
- 2020 年 11 月 4 日,第三届董事会第十八次会议审议通过了《关于签署〈股权转让及增资协议之补充协议〉的议案》。
- 2020 年 11 月 21 日,2020 年第三次临时股东大会审议通过了《关于收购砺剑防卫 55%股权并增资暨关联交易的议案》《关于签署〈股权转让及增资协议之补充协议〉的议案》。
- 2020 年 12 月 5 日,砺剑防卫收到深圳市市场监督管理局核发的《变更(备案)通知书》,控股子公司砺剑防卫完成工商变更登记。

三、收购方案

(一) 合并方案概述

神力股份以现金 26 400 万元购买砺剑集团持有的砺剑防卫 55%的股权,同时对砺剑防卫增资 3 000 万元。本次收购和增资的资金由公司自有及自筹资金支付。本次跨界收购增值率高达 1534%,标的公司砺剑防卫的控股股东砺剑集团签署了业绩承诺。

(二) 交易价格

中联国际评估咨询有限公司对砺剑防卫截至 2020 年 6 月 30 日基准日的

股东全部权益价值的评估值为48 138万元,本次交易以评估价值取整后的48 000万元为基础,根据转让股权比例,经双方协商确定标的公司55%股权的转让价格为人民币26 400万元。同时,公司对砺剑防卫增资3 000万元。

标的公司2020年6月30日经审计的净利润为－669.50万元,股东全部权益的账面值为2 946.28万元,经评估的股东全部权益价值为人民币48 138万元,增值额45 191.72万元,增值率高达1 534%。

(三)业绩承诺

砺剑集团承诺,标的公司砺剑防卫2020年度、2021年度和2022年度经审计的累计净利润总额应不低于12 000万元,在2020年度、2021年度和2022年度实现的净利润分别不低于人民币1 500万元、4 000万元和6 500万元。

(四)股权结构

本次股权转让及增资完成后,神力股份持有砺剑防卫57.65%的股权,成为砺剑防卫的控股股东。标的公司砺剑防卫的股东出资情况如表72所示。

表72　本次交易前后标的公司砺剑防卫的股东及出资情况

股东名称	本次交易前		本次交易后	
	出资额(万元)	出资比例	出资额(万元)	出资比例
常州神力电机股份有限公司	—	—	918.75	57.65%
砺剑防务技术集团有限公司	1 036.36	69.09%	211.36	13.26%
房喻	278.18	18.55%	278.18	17.45%
陕西师范大学资产经营有限责任公司	185.46	12.36%	185.46	11.64%
合计	1 500.00	100.00%	1 593.75	100.00%

四、案例评论

(一)通过收购切入安防军工领域,为神力股份战略转型奠基

砺剑防卫是国内安防检测细分行业的稀有标的,砺剑防卫建立了以荧光检测技术为核心的完整知识产权体系,开发出了国际技术领先的爆炸物探测仪。

同时砺剑防卫持续完善智能安防领域的业务能力,拥有了智能安检系统的集成能力,并已进入主要优质客户的采购体系,营销网络覆盖华南、华北、华中以及部分"一带一路"沿线国家和地区。基于砺剑防卫的技术领先性、拥有资质的稀缺性及客户资源的优质性,砺剑防卫是国内安防领域的稀缺标的,是上市公司神力股份通过收购进入智能安防、军工以及高端检测领域的最佳切入点。

同时,砺剑集团是国内大型的民营军工集团,拥有较多的军工安防领域的管理经验和较为广泛的军工产业上下游资源。因此,本次股权收购后,神力股份可以通过砺剑集团和砺剑防卫的现有管理层,较好地管理和整合新并入上市公司的安防检测设备业务,开始切入安防军工领域,使神力股份业务从单一业务逐步趋向多元化,降低单一业务所带来的经营风险,有效地向"电机零部件+安防军工"双轮驱动战略转型。

(二)高溢价收购,看好安防设备行业发展前景

本次高溢价收购,主要是因我国安防设备市场规模呈现稳步增长态势,其中,防爆领域是增长较快的细分领域,具备非常广阔的市场前景。近年来,随着国内防爆领域需求的扩张,国内防爆安检系统产量趋于稳定,部分产品出口到国外,行业产销已经形成了较大的规模。2011年国内防爆安检系统产量约6.94万套,需求量约为6.83万套,到2018年国内防爆安检系统产量达到了8.91万套,需求量增长至8.55万套。本次收购完成后,处于安防设备行业的砺剑防卫纳入了上市公司神力股份合并范围内,为神力股份带来全新的增长点。

安防设备行业下游应用市场未来需求不断提升,有利于拓展神力股份的业务规模、构建新的盈利增长点,为神力股份的股东带来更好的回报。2019年度,国内共有19座城市轨道交通项目相关单位发布了轨道交通安检设备项目,共计33个项目,中标总金额约44 695.58万元,相比2018年同比增长42.86%。在航空领域,航空公司开始启动自采安检设备,将带来新的市场机会,目前砺剑防卫已经开始涉足该领域。物流行业也陆续启动包裹防爆检测试点,未来有望开始启动全面采购。同时,医院也将陆续开始设置安检设施。此外,公司的毒品检测仪产品因其快速、携带方便和准确率高的特点,将有望广泛应用于戒毒所、医院、军队征兵、海关边检和公路交通安全中高危人群普查等领域,带来新的业务增长点。

（三）产业政策引导并购行为，军民融合是产业政策大力支持的重点方向

《常州市国民经济和社会发展第十三个五年规划纲要》提出"推进军民融合发展，支持优势民营企业进入军品科研、生产、维修等领域"，《2020 年常州市政府工作报告》提出"鼓励企业参与国防建设，推进军民融合深度发展"。神力股份通过本次收购逐步升级转型为军民融合企业，符合地方经济发展规划和产业政策大力支持的重点方向，有利于神力股份的长远发展。

本次收购前，神力股份主营业务仅涉及大中型电机定转子冲片、铁芯生产等传统制造领域。通过本次收购，公司将获得以荧光检测技术为核心的完整知识产权体系，同时实现涵盖微波检测技术、X 光多维成像技术、生物检测技术和光谱检测技术的技术布局。在产业政策的大力支持下，神力股份将大力围绕医疗、食品和环境安全等大安防领域发展技术性创新业务，实现从传统制造向以技术为驱动的高端制造转变，优化业务结构和资源配置，推动公司战略转型，加快产业转型升级，增加业务技术附加值，改善公司资产质量，从而提升公司后续发展的市场空间、盈利能力和核心竞争力。

五、市场表现（603819）

神力股份交易前后股价变动情况见图 80。

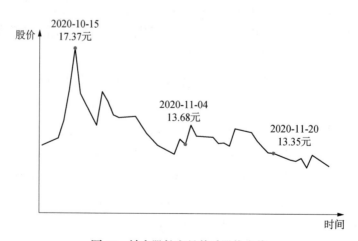

图 80　神力股份交易前后股价走势

第七辑　混合所有制改革

000927

中国铁物（原一汽夏利）：
央企混改借壳，"国民轿车"退场

一、交易相关方简介

（一）收购方：天津一汽夏利汽车股份有限公司

天津一汽夏利汽车股份有限公司（简称"一汽夏利"）是中国第一汽车集团公司控股的经济型轿车制造企业，前身为天津汽车夏利股份有限公司，成立于1997年8月。1999年7月27日，公司在深圳证券交易所挂牌上市，主营业务为整车制造、发动机、变速器生产、销售以及科研开发。

公司主要生产"夏利""威乐""威志""骏派"等品牌的轿车。其中，"夏利"作为家喻户晓的轿车品牌，是中国第一个产量过百万的民族轿车品牌，曾连续18年蝉联自主品牌轿车销量冠军，产品远销俄罗斯、伊朗、叙利亚、阿尔及利亚、厄瓜多尔等国家。

近年来由于市场竞争业态转变、产品技术更新滞后等多重因素，上市公司产品销量持续低迷、整体业绩不断下滑。截至本次交易前，上市公司实际控制人与控股股东关系见图81。

（二）收购标的：中铁物晟科技发展有限公司、北京中铁物总贸易有限公司、中国铁路物资天津有限公司

1. 中铁物晟科技发展有限公司

中铁物晟科技发展有限公司（简称"中铁物晟"）成立于2018年，系中国铁路物资股份有限公司（简称"中国铁物"）设立的市场化债转股实施平台。

公司设立以来，先后承接了中国铁物的核心业务和优质资产，涵盖了铁路建设、运营维护的各个环节和物资单元，包括铁路油品供应、铁路轨道、铁路装

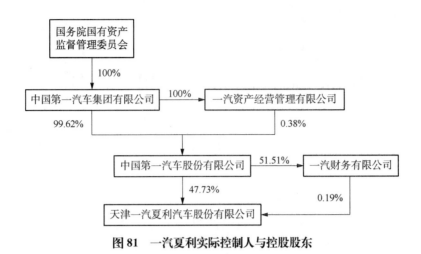

图81　一汽夏利实际控制人与控股股东

备等等,拥有贯穿我国铁路市场的综合性服务能力和全国性网络布局。2018年和2019年分别实现营业收入4154086228.47万元、4481054.77万元;净利润分别为8283952.10万元、99815.75万元。截至本次重组方案签署前,公司股权结构见表73。

表73　本次交易前中铁物晟股权结构

序号	股东名称	出资额(万元)	股权比例(%)
1	铁物股份	100222.40	33.41
2	芜湖长茂	85011.74	28.34
3	结构调整基金	56674.49	18.89
4	工银投资	28337.25	9.45
5	农银投资	14168.62	4.72
6	润农瑞行	8501.17	2.83
7	中国铁物	5667.45	1.89
8	伊敦基金	1416.86	0.47
	合计	300000.00	100.00

2. 北京中铁物总贸易有限公司

公司前身为2000年成立的北京中铁华卫国际贸易有限公司,注册资金

45 459.04 万元。2002 年更名为北京中铁物总贸易有限公司(简称"物总贸易"),系中国铁路物资股份有限公司的全资子公司。

公司主营业务为铁路、重大工程建设项目及车辆厂提供钢材、钢轨、机车车辆配件等物资供应,是中国铁物工程建设项目物资供应市场运作的重要力量。公司先后参与京沪、京石、沪昆、兰新及沪通长江大桥等重点铁路建设项目及国家电网、北京市保障房及北京新机场等地方重点项目,提供招标代理及物资供应等综合服务。

3. 中国铁路物资天津有限公司

中国铁路物资天津有限公司(简称"中国铁物天津公司")系中国铁路物资股份有限公司的全资子公司。公司于 1987 年在天津注册成立,2010 年完成改制,注册资金 47 622 万元。

公司经营范围包括金属和非金属材料及制品、油品、铁路建设用材批发、外贸等。主要经营产品有钢材、柴油、煤焦炭、矿粉等。业务上,公司紧紧围绕"两根钢轨"和终端客户开发,聚焦铁路建设、基建工程项目以及铁路配套服务。

(三) 关联控股方:中国铁路物资集团有限公司

公司前身为中国铁路物资总公司,1987 年 8 月,经国务院批准,中国铁路物资总公司正式成立。2014 年 8 月,更名为中国铁路物资集团有限公司(简称"中国铁物")。中国铁物作为国资委直接管理的大型央企,是我国业务规模最大、服务能力最强、专业经验最丰富的铁路生产性服务综合提供商。

公司经营主要围绕国内外铁路运营、装备制造、建设施工,涉及铁路油品、轨道、装备、铁建、工业、物流、国际及相关多元等领域,涵盖与之相关的物资设备供应管理、质量监控、研发制造、运营维护、招标代理、国际贸易、物流服务、信息咨询、融资租赁等业务形态,同时也是全国重要的铁路用油供应商、大维修钢轨供应商、铁路线路产品质量监督商。

2019 年,中国铁物资产总额达 5 573 683.39 万元,营业收入为 6 517 881.18 万元,净利润 87 797.48 万元。中国铁路物资股份有限公司(简称"铁物股份")系中国铁物的控股公司,本次交易后,铁物股份成为上市公司的直接控股股东,中国铁物成为间接控股股东。公司股权结构见图 82。

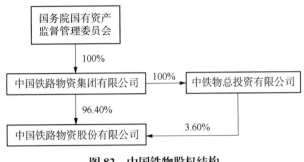

图 82 中国铁物股权结构

二、收购事件一览

● 2019 年 12 月 8 日，一汽夏利首次披露《关于筹划重大资产重组的停牌公告》。

● 2019 年 12 月 20 日，一汽夏利召开第七届董事会第二十四次会议，审议通过了本次交易预案及相关议案。

● 2019 年 12 月 23 日，一汽夏利发布《重大资产出售及发行股份购买资产并募集配套资金暨关联交易预案》。

● 2020 年 7 月 8 日，本次交易方案获国务院国资委批复原则同意。

● 2020 年 7 月 10 日，一汽夏利召开 2020 年第一次临时股东大会，审议通过了本次交易《重组报告书》(草案)及相关议案。

● 2020 年 9 月 16 日，一汽夏利召开第七届董事会第三十次会议，审议通过了调整重组方案、修订本次交易《重组报告书》等相关议案。

● 2020 年 10 月 16 日，一汽夏利收到中国证监会《关于核准天津一汽夏利汽车股份有限公司向中国铁路物资股份有限公司等发行股份购买资产并募集配套资金的批复》(证监许可〔2020〕2523 号)。

● 2020 年 11 月 17 日，本次交易涉及的重大资产出售及发行股份购买资产完成资产过户。

● 2020 年 11 月 28 日，一汽夏利公告宣布，控股股东国有股份无偿划转完成过户登记。

● 2020 年 12 月 25 日，一汽夏利召开 2020 年第三次临时股东大会，审议同意将公司名称由"天津一汽夏利汽车股份有限公司"变更为"中国铁路物资股份有限公司",证券简称变更为"中国铁物"。

三、收购方案

本次重组方案分为股份无偿划转、重大资产出售、发行股份购买资产、募集配套资金四个部分,各部分互为条件,并构成关联交易和重大资产重组。

(一)股份无偿划转

中国第一汽车股份有限公司(简称"一汽股份")共持有一汽夏利761 427 612股,持股比例47.73%,将其中43.73%无偿划转给铁物股份。本次无偿划转完成后,铁物股份持有一汽夏利697 620 651股股份(占一汽夏利本次交易前总股本的43.73%)。

(二)重大资产出售

上市公司与一汽股份签订《资产出售协议》和《资产出售协议补充协议》,向一汽股份出售鑫安保险17.5%股权(包括留抵进项税以外的全部资产)、夏利运营100%股权(含债务),一汽股份指定一汽资产经营管理有限公司(简称"一汽资产")为资产承接方。

截至2020年4月30日,夏利运营净资产为−186 022.99万元,鑫安保险净资产为122 338.13万元,夏利运营和鑫安保险17.5%股权对应的净资产合计加总为−164 613.82万元。经双方评估,确定本次出售资产交易价格为1元。

(三)发行股份购买资产

本次交易发行股份种类为境内上市人民币A股普通股,每股面值为人民币1.00元,以2020年6月18日为定价基准日,采用定价基准日前20个交易日股票交易均价为市场参考价,股份发行价格为3.05元/股。上市公司合计向中国铁物、铁物股份、芜湖长茂、结构调整基金、工银投资、农银投资、润农瑞行、伊敦基金发行3 976 627 415股,用于购买中铁物晟科技100%股权、中国铁物天津公司100%股权、物总贸易100%股权,交易作价为1 212 871.36万元。

(四)募集配套资金

本次募集配套资金发行的股份种类为境内上市人民币A股普通股,每股面值为人民币1.00元。采取询价发行的方式,向包括铁物股份在内的不超过35名符合条件的特定投资者非公开发行股份,其中,铁物股份认购的募集配套资金总额不超过 40 000 万元。

交易完成后,上市公司控股股东将由一汽股份变为铁物股份,实际控制人仍为国务院国资委。股权结构变化情况见表74。

表74　上市公司股权结构变化情况

股东	本次重组前		本次重组后	
	持股数(股)	持股比例	持股数(股)	持股比例
一汽股份	761 427 612	47.73%	63 806 961	1.15%
一汽财务公司	2 960 375	0.19%	2 960 375	0.05%
铁物股份	—	—	2 100 077 024	37.69%
芜湖长茂	—	—	1 095 391 932	19.66%
结构调整基金	—	—	730 261 288	13.11%
工银投资	—	—	365 130 644	6.55%
农银投资	—	—	182 565 322	3.28%
润农瑞行	—	—	109 539 194	1.97%
中国铁物	—	—	73 026 129	1.31%
伊敦基金	—	—	18 256 533	0.33%
其他社会公众股东	830 786 033	52.08%	830 786 033	14.91%
合计	1 595 174 020	100.00%	5 571 801 435	100.00%

四、案例评论

(一) 长期亏损难自保,"国民轿车"终退市

通过本次交易,中国铁物成为上市公司第一大股东,证券简称由"*ST夏利"变更为"中国铁物",公司主营业务随之变更,标志着一汽夏利正式退出资本舞台。

回顾夏利发展史,作为我国最早的家用轿车品牌,夏利曾连续18年获得国内销量冠军,是首个出口美国的中国轿车品牌。2005年,夏利销量突破20万辆;2011年,销量达到巅峰的25.3万辆,营收额创纪录地达到99.54亿元。好景不长,2013年起,一汽夏利开始连续大幅亏损,一度亏损额达几十亿元,被迫

变卖资产保壳,先后出售了动力总成研发、一汽丰田等优质资产,为清偿债务1元出售一汽华利和相关牌照。截至2020年4月30日,一汽夏利本次出售的资产中,夏利运营的净资产为-18.6亿元,鑫安保险净资产为12.2亿元,夏利运营和鑫安保险17.5%股权对应的净资产合计加总为-16.46亿元。

各界关于夏利衰退的原因众说纷纭。一方面,有报道称,夏利并入一汽后,集团资源更多地向一汽大众、一汽丰田等品牌倾斜,夏利作为"非亲生"品牌,未能得到应有的支持,甚至有沦为"生产基地"的嫌疑;另一方面,公司沉浸于快速扩张而轻视了产品迭代,面对比亚迪、吉利等新兴自主品牌的冲击时无法跟上市场节奏,导致产品始终徘徊于低端车市场。

不论如何,夏利离场终归是市场选择的结果,伴随着国内汽车市场进入成熟期,对于众多车企也提出了更精细的发展要求,也许一汽夏利的离场只是一个开始。据悉,未来一汽夏利回归集团后,或在新能源汽车领域继续深耕。

最后,就重组本身而言,一方面显示了国有资本的有序流动,对于推动部分优质国企做大做强有积极意义;另一方面切实提高了上市公司的资产质量和盈利能力,保护了广大投资者的利益。

(二)借壳上市债务纾困,树立国企改革典范

中国铁物的成立最早可追溯到1887年成立的中国铁路公司塘沽材料处,是我国历史最悠久、规模最大、产品最全面、服务能力最强、行业经验最丰富的铁路生产性服务综合提供商,被媒体形容为中国铁路的"总后勤部"。

据《国资报告》,2010年,中国铁物营业收入达到1500多亿元,较上年增长47%;2011年,中国铁物营收涨至2000多亿元,列中国钢贸企业百强榜第一名,跻身财富世界五百强第430位,被第三方信用评级机构评定为AAA。尽管规模快速扩张,但集团内部的风险意识却长期缺位。2015年末,曾经风光无限的"铁路明星"由于钢材价格波动以及第三方套利操作机构违约,资产负债率已达121.82%,旗下多只债券存在违约风险并引起市场恐慌,使得一百多只央企的各类债券发行受到明显影响,发行失败或中止金额达到1200亿元,引起有关部门和领导的高度重视。

2016年4月,中国铁物由中国诚通托管,正式启动债务重组。债务重组方案中,中国铁物承诺通过平台公司上市为转股债权人提供退出通道。中铁物晟整合中国铁物的优势业务和优质资产后,成为实施中国铁物市场化债转股及上市的核心平台。

本次重组上市完成配套募资 15.7 亿元,上市公司主营业务变更为以面向轨道交通产业为主的物资供应链管理及轨道运维技术服务和铁路建设等。从意义上讲,首先,一汽夏利"曲线让壳"帮助中国铁物债转股完成交易闭环,标志着多年来的债务问题得到彻底解决;其次,中国铁物作为我国重要的铁路物资供应及生产性服务综合提供商,在业务领域具有深厚的行业经验和市场优势,伴随着铁路建设的深入,上市公司盈利能力和资产规模有望进一步提升,为稳健经营提供保障;最后,中国铁物的重组上市为国有企业改革破局、稳妥化解债务风险提供了成功范例,为债市注入信心。

五、市场表现(000927)

中国铁物(原一汽夏利)交易前后股价变动情况见图 83。

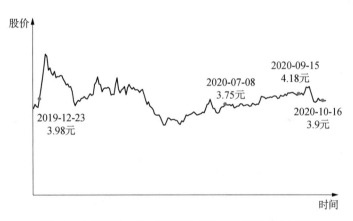

图 83　中国铁物(原一汽夏利)交易前后股价变动情况

300376

易事特：
三级国资合力纾困，助力民企战略转型

一、收购相关方简介

（一）收购方：广东恒健投资控股有限公司、广东恒锐股权投资合伙企业（有限合伙）

1. 广东恒健投资控股有限公司

广东恒健投资控股有限公司（以下简称"恒健控股"）是直属广东省人民政府的国有独资投资控股公司，成立于 2007 年 8 月，其后通过资本运作充分发挥了资源整合作用，推动了国有资本的优化布局。截至 2020 年 12 月底，恒健控股总资产 2 985 亿元，净资产 1 769 亿元，当之无愧成为广东省净资产规模最大、资本实力最雄厚的省属企业集团。

恒健控股肩负着盘活国有资产存量、唤醒民营资本活力的重大使命，业务聚焦资本运营、基金投资和股权管理三大板块。因此，恒健控股加强与民营资本的合作，充分发挥广东省唯一的省级国有资本运营公司和产融结合平台的优势，推进我国产业升级和经济腾飞。

2. 广东恒锐股权投资合伙企业（有限合伙）

广东恒锐股权投资合伙企业（有限合伙）（以下简称"广东恒锐"）是由恒健控股领头、广东粤澳合作发展基金（有限合伙）（以下简称"广东粤澳"）、东莞市上市莞企发展投资合伙企业（有限合伙）（以下简称"莞企发展"）跟投的合资企业，也是专为本次股份转让设立的三级国资整合平台，成立于 2020 年 6 月 28 日，广东恒锐的股权结构如图 84 所示。截至并购交易实施之日，广东恒锐暂未对外开展业务。

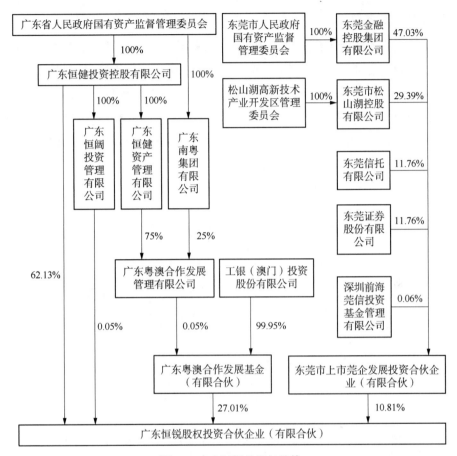

图84　广东恒锐的股权结构

广东恒锐协议受让易事特集团股份有限公司(以下简称"易事特")18%的股权,成为其第一大股东,有望助力易事特进一步提高在电源装备及数据中心领域的综合竞争力和盈利能力、抗风险能力。

(二) 收购标的:易事特集团股份有限公司

2001年6月21日,广东易事特集团有限公司(以下简称"易事特有限")注册成立。2005年2月22日,易事特有限完成整体变更,公司名称变更为"广东易事特电源股份有限公司"(以下简称"易事特电源")。2006年6月30日,施耐德控股易事特电源60%股份。2009年12月31日,易事特电源回购施耐德所持60%股份,实现自主发展。2014年1月27日,易事特电源在深交所成功上市。2015年9月,公司名称由"广东易事特电源股份有限公司"变更为"易事特集团股份有限公司"。

易事特以不间断电源UPS为核心业务,业务面覆盖智慧城市与大数据、智慧能源和轨道交通三大战略产业,具体包括智慧城市与大数据(云计算/边缘计算数据中心、IT基础设施)、智慧能源(光伏发电、储能、充电桩、微电网)、轨道交通(5G供电、轨道交通供电、智能供配电、特种电源)。本次收购前,扬州东方集团有限公司(以下简称"东方集团")持有易事特55.88%的股份,是易事特的第一大股东和实际控制人。本次权益变动后,东方集团仍持有最多股份,易事特股权结构如图85、表75所示。

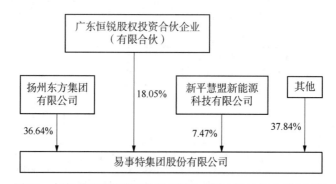

图85　本次交易后易事特的股权结构(截至2021年3月31日)

表75　本次交易前后易事特的股权结构变化情况(截至2020年8月19日)

股东名称	本次交易前			
	持股数量(股)	持股比例	拥有表决权数量(股)	拥有表决权比例
东方集团	1 296 412 588	55.88%	1 296 412 588	55.88%
广东恒锐	0	0	0	0

股东名称	本次交易后			
	持股数量(股)	持股比例	拥有表决权数量(股)	拥有表决权比例
东方集团	878 843 988	37.88%	0	0
广东恒锐	417 568 600	18%	417 568 600	18%

二、收购事件一览

● 2018年11月6日,东方集团、何思模先生与珠海华发集团有限公司(以下简称"珠海华发")签署了《股权收购协议》。

● 2019 年 9 月 1 日,东方集团、何思模先生与华发集团签署了《股权收购协议之终止协议》。同日,东方集团、何思模先生另与恒健控股签署了《股权收购框架协议》。

● 2019 年 12 月 18 日,恒健控股召开董事会,审议通过了股权收购相关议案。

● 2019 年 12 月 20 日,东方集团、何思模先生及一致行动人安远慧盟科技有限公司、何宇先生分别与恒健控股签署了《广东恒健投资控股有限公司与扬州东方集团有限公司及何思模先生关于转让所持易事特集团股份有限公司股份之股份转让协议》《关于易事特集团股份有限公司表决权放弃协议》。

● 2020 年 2 月 5 日,易事特收到国家市场监督管理总局《经营者集中反垄断审查不实施进一步审查决定书》。

● 2020 年 6 月 16 日,恒健控股召开董事会,审议通过了股权收购相关议案。

● 2020 年 6 月 28 日,恒健控股、广东粤澳和莞企发展出资设立广东恒锐。其中,广东恒健持有广东恒锐 62.13% 的份额。

● 2020 年 7 月 21 日,东方集团、何思模先生与广东恒锐签署了《股份转让协议》和《表决权放弃协议》。

● 2020 年 8 月 3 日,易事特披露了《详式权益变动报告书》。

● 2020 年 8 月 19 日,易事特出具《证券过户登记确认书》,本次协议转让已完成过户登记手续。

三、收购方案

本次并购重组方案主要包括签订《股份转让协议》、签订《表决权放弃协议》、设计业绩补偿方案以及同步剥离易事特部分资产四个重要环节。

(一)股权转让

广东恒锐与东方集团、何思模先生签署了《股份转让协议》。东方集团以协议转让的方式转让东方集团持有的股份给广东恒锐,转让价格为 4.43 元/股,股份转让总价款共计 184982.89 万元。本次股份转让价款资金来源于广东恒锐的自有资金和自筹资金,均以现金支付。第一期股份转让价款共计

115 100.00 万元,按照相关质权人/托管人解押所需金额分别支付至相应解押共管账户,用于解除东方集团质押股权;第二期股份转让价款共计 69 882.89 万元,支付至共管账户,用于东方集团归还债权转让协议项下应付易事特的债权转让价款。

本次权益变动完成后,广东恒锐持有易事特 417 568 600 股股份,占易事特总股本的 18%。公司从实际控制人为何思模、控股股东为扬州东方集团有限公司变更为无实际控制人且无控股股东状态。

(二)表决权放弃

广东恒锐与东方集团、何思模先生签署了《关于易事特集团股份有限公司表决权放弃协议》,东方集团承诺,自协议生效之日起至本次交易完成满三年之日的期间内,不可撤销地放弃其本次交易完成后持有的剩余全部上市公司股份(878 843 988 股,占上市公司总股本的 37.88%)的表决权。

本次权益变动完成后,广东恒锐持有 417 568 600 股公司股票,占易事特总股本的 18%,拥有表决权的股份 417 568 600 股,拥有表决权股份占易事特总股本的 18%。东方集团持有易事特 878 843 988 股,占总股本的 37.88%,拥有表决权的股份 0 股,拥有表决权股份占总股本的 0%。东方集团及其一致行动人合计持有易事特 1 073 225 317 股,占易事特总股本的 46.26%,拥有表决权的股份 194 381 329 股,拥有表决权股份占总股本的 8.38%。

(三)业绩承诺

东方集团及何思模承诺易事特 2020 年、2021 和 2022 年分别实现的净利润不低于 4.73 亿元、6.41 亿元和 8.16 亿元(以经审计的净利润为准),合计不低于 19.3 亿元。若易事特三年累计实现的净利润未能达到 19.3 亿元,则在其后 6 个月内(即易事特 2022 年审计报告或年度报告披露后 6 个月内),广东恒锐有权要求东方集团及何思模连带回购广东恒锐届时仍然持有的易事特股份,东方集团及何思模应按照本次股份转让价款金额及加计 6%/年的利息向广东恒锐支付回购价款(广东恒锐期间转让股份的,可以扣除转让股份按照本次股份转让价格计算的对应价款;但若广东恒锐转让股份价格低于本次股份转让价格的,则扣除按照实际股份转让价格计算的对应价款),东方集团及何思模应在收到广东恒锐通知后及时足额按照通知规定的期限履行相应回购义务,如发生东方集团及何思模未能按照本协议约定履行回购或补偿支付义务的,每逾期一日,东方集团及何思模应连带向广东恒锐支付相应回购或补偿款项金额的0.5%作为违约金,且广东恒锐有权要求东方集团及何思模继续按照本协议约定履行回购或补偿支付义务。

（四）资产剥离

基于易事特的战略调整安排,各方经协商一致,在本次股份转让过户前,由东方集团承接易事特截至 2019 年 6 月 30 日大部分光伏系统集成业务对应的应收账款及其所收购光伏电站对应的应收电费补偿款。

四、案例评论

（一）国资力量平台式整合,赋能民企做大做强

2018 年 11 月,东方集团与珠海华发签署了《股权收购协议》,2019 年 9 月,东方集团终止与珠海华发的合作,另与恒健控股签署了《股权收购协议》,而2020 年 6 月,东方集团的最终交易方变更为广东恒锐。在这场持续近两年的收购中,最后赢家广东恒锐是国企联手的新尝试,整合了广东省属国资、东莞市属国资、松山湖高新区多层次国资力量。

三级国资通过广东恒锐向易事特注入新的生命力,提供金融和产业多方面支持。短期来看,本次交易的一部分价款用于东方集团解除股权质押,减缓九强生物因大股东质押比例过高带来的融资压力,另一部分价款用于东方集团承接九强生物原有光伏系统集成业务的应收账款,改善九强生物资产质量。长期来看,本次交易赋予广东恒锐提名易事特常务副总经理、财务总监、风控总监、投资总监和证券部长等董事会成员的权利,为推动企业规范化管理和风险防控做出了积极准备,有利于易事特进一步提升竞争力,持续健康发展。

（二）反复雕琢收购方案,采用回购式业绩补偿

2018 年 11 月 6 日,东方集团、何思模先生与珠海华发签署了《股权收购协议》,先将东方集团及一致行动人持有易事特 29.9% 的股权协议转让给华发集团,股权转让过户完成后,华发集团采取部分要约方式再取得易事特 5% 的股权,全部收购完成后,华发集团合计持有易事特股权比例达到 34.9%,成为易事特的控股股东。然而,2019 年 9 月 1 日,东方集团、何思模先生与华发集团签署了《股权收购协议之终止协议》。同日,东方集团、何思模先生另与恒健控股签署了《股权收购框架协议》,先将东方集团持有易事特 29.9% 的股权协议转让给

恒健控股,此次股权转让过户完成后,恒健控股采取部分要约方式再取得易事特不低于 5%的股权,全部收购完成后,恒健控股合计持有公司股权比例不低于34.9%,成为易事特的控股股东。其后,2019 年 12 月 20 日,东方集团、何思模先生及一致行动人安远慧盟科技有限公司、何宇先生分别与恒健控股签署了《广东恒健投资控股有限公司与扬州东方集团有限公司及何思模先生关于转让所持易事特集团股份有限公司股份之股份转让协议》《关于易事特集团股份有限公司表决权放弃协议》。直到 2020 年 7 月 21 日,收购方案才最终敲定,东方集团、何思模先生与广东恒锐签署了《股份转让协议》和《表决权放弃协议》。协议约定,东方集团转让其持有的易事特 18%的无限售流通股股份(共计417 568 600 股),并且不可撤销地放弃其本次交易完成后持有的剩余全部易事特股份(878 843 988 股,占上市公司总股本的 37.88%)的表决权。

两份收购方案的设计彰显了本次并购交易的巧妙构思。根据《上市公司收购管理办法》,收购人通过协议方式收购上市公司股份超过 30%的,超过 30%的部分,应当改以要约方式进行;未取得中国证监会豁免且拟继续履行其收购协议的,或者不申请豁免的,在履行其收购协议前,应当发出全面要约。恒健控股以部分要约的方式收购超过 30%部分的股份,避免一次性收购 30%以上股份触及全面要约,从而获得更大的自主权。具体而言,东方集团与华发集团签订的股份收购协议中,通过"协议转让 29.9% + 部分要约收购 5%"避免触及强制要约收购条件,保留收购自主性。而后续与广东恒锐签订的股份收购协议中,则改用"协议转让 18% + 表决权放弃 37.88%"方式转移控制权。

此外,东方集团及何思模以计息回购本次转让的股份做出业绩承诺,当易事特未能履行 2020 年至 2022 年实现净利润合计不低于 19.3 亿元的承诺时,广东恒锐有权要求东方集团及何思模回购本次转让的股份,回购价格按本次股份转让价款加计 6%/年的利息计算。此举创新了业绩承诺的补偿方式。

(三) 缓解转型压力,全面铺开新基建战略

自 2017 年以来,易事特营业收入和净利润均处于下滑态势,主要系作为易事特三大主营业务之一的新能源(光伏)业务受政策影响较大、收入不稳定且毛利率低。因而,自 2018 年起,易事特主动调整战略布局,大幅缩减光伏业务,并提高数据中心业务占比。然而,业务转型给易事特带来了巨大的现金流压力。本次交易完成后,易事特剥离光伏业务营收账款,借助国资力量度过转型瓶颈期。进一步,易事特将响应国家新基建战略,聚焦数据中心、轨道交通、充电桩、5G供电等多个新基建业务领域。

五、市场表现(300376)

易事特交易前后股价变动情况见图86。

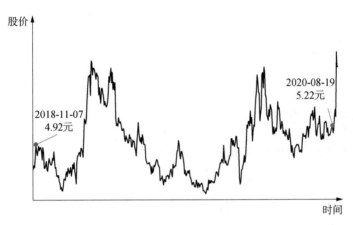

图86　易事特交易前后股价走势

300388

国祯环保：
逆向混改，国资战略入股

一、收购相关方简介

（一）收购方：中国节能环保集团有限公司

中国节能环保集团有限公司(以下简称"中国节能")前身是原国家计划委员会节能计划局。1988年9月,中国节能投资公司(以下简称"节能投资")改制成立国家能源投资公司节能公司(以下简称"能源投资")。1994年,能源投资划归国家计委管理,正式更名为"中国节能投资公司"。1999年,国家对经济体制进行改革,实行政企分开,节能投资划归中央企业工委管理。2003年,节能投资划归刚成立的国务院国资委员会监管,进入市场化发展阶段。2010年3月,经国务院批准,由节能投资与中国新时代控股(集团)公司(以下简称"新时代控股")实行联合重组,母公司更名为"中国节能环保集团公司";2017年,整体改制为"中国节能环保集团有限公司"。中国节能的控股股东、实际控制人为国务院国有资产监督管理委员会,中国节能的股权结构如图87所示。

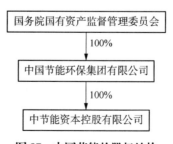

图87　中国节能的股权结构

中国节能是我国唯一一家以环保为主业的央企,业务覆盖面广,包括节能、环保、清洁能源、资源循环利用及节能环保综合服务,在光伏发电、风力发电、固废处理、工业节能、水处理、建筑节能等领域均居领先地位;中国节能集团规模大,拥有700余家下属企业,包括7家上市公司,业务分布在国内各省市及境外约110个国家和地区。

中国节能的全资子公司中节能资本控股有限公司(以下简称"节能资本")是集团的产业金融发展平台、资本投资与资本运营平台和财务投资平台,中国节能协同节能资本积极投身长江经济带发展等重大国家战略,本次并购交易是中国节能在长江经济带发展战略中做出的又一重大布局。

(二) 收购标的:安徽国祯环保节能科技股份有限公司

安徽国祯环保节能科技股份有限公司(以下简称"国祯环保")创建于1997年。2000年,国祯环保通过兼并安徽中联环保设备有限责任公司(以下简称"中联环保"),以设备制造、设集成业务切入环保领域,成为国内最早一批水务先行者,其后凭借BOT模式在市政污水处理领域大放异彩。2014年,国祯环保在深交所创业板上市。2015年,国祯环保收购美国麦王环境技术股份有限公司和挪威GEAS公司,进军工业污水市场,补齐在工业污水处理的短板,构建水环境综合治理、市政污水、村镇水环境综合整治及工业水系统完整产业链。

国祯环保长期致力于水资源的综合利用和开发,已建立和拥有完备的产业链优势,逐渐完善了城市水环境治理综合治理、工业废水治理、村镇水环境综合治理三大业务领域,尤其以排放标准高、耗能低,市政污水处理技术领先于同行业。通过本次并购,国祯环保将协同国资力量继续发挥在水治理领域的优势。交易完成后,国祯环保的中文名称由"安徽国祯环保节能科技股份有限公司"变更为"中节能国祯环保科技股份有限公司",英文全称由"Anhui Guozhen Environment Protection Technology Joint Stock Co., Limited."变更为"CECEP Guozhen Environmental Protection Technology Co., Ltd."。同时,由于公司董事会已完成了换届选举工作,公司的法定代表人也进行了变更。证券简称由"国祯环保"变更为"节能国祯"。

表76　本次交易前后国祯环保股权结构变化

股东名称	本次交易前 (截至 2019 年 12 月 31 日)		本次交易后(截至 2020 年 12 月 14 日)			
	持股数量(股)	持股比例	持股数量(股)	持股比例	拥有表决权股份数量	表决权比例
中国节能合计	58 275 058	8.69%	158 863 109	22.73%	203 512 624	29.19%①
其中：节能资本	58 275 058	8.69%	58 275 058	8.34%	58 275 058	8.36%
表决权委托	—	—	—	—	44 649 515	6.40%
协议转让	—	—	100 588 051	14.39%	100 588 051	14.43%
国祯集团	217 576 184	32.45%	116 988 133	16.74%	75 010 433	10.76%

二、收购事件一览

● 2019 年 7 月 25 日,国祯环保非公开发行新增股份上市,节能资本、长江生态环保集团有限公司(以下简称"长江环保")和三峡资本控股有限责任公司(以下简称"三峡资本")均参与本次认购。

● 2019 年 9 月 17 日,长江环保召开第 8 次总经理办公会,审议同意签署本次权益变动涉及的签署股份转让协议事项。

● 2019 年 9 月 18 日,三峡资本召开 2019 年第 29 次总经理办公会,审议批准签署本次权益变动涉及的签署股份转让协议事项。

● 2019 年 9 月 19 日,国祯环保控股股东安徽国祯集团股份有限公司(以下简称"国祯集团")与长江环保、三峡资本签署了《股权转让协议》。

● 2020 年 3 月 10 日,国祯集团召开 2020 年第一次临时股东大会,未能审议通过《关于安徽国祯集团股份有限公司拟向三峡集团下属子公司转让安徽国祯环保节能股份有限公司 15% 股份的议案》。同日,中国节能召开董事会,审议并通过受让国祯环保 100 588 051 股股份、受托行使国祯环保 41 977 700 股股份对应表决权的议案。

● 2020 年 3 月 13 日,国祯集团与长江环保集团、三峡资本签署了《〈关于安徽国祯环保节能科技股份有限公司之股份转让协议〉之终止协议》。同日,国祯

---

① 占公司最新总股本的 29.19%(已剔除公司回购专用账户中的股份数量)。

集团与中国节能签署了《股份转让协议》《表决权委托协议》以及《业绩承诺补偿协议》。

● 2020 年 3 月 18 日,国祯环保披露了《关于公司权益变动暨控股股东、实际控制人拟发生变更的提示性公告》(2020 - 009 号)以及中国节能出具的《详式权益变动书》。

● 2020 年 4 月 27 日,中国节能收到国家市场监督管理总局《经营者集中反垄断审查不实施进一步审查决定书》(反垄断审查决定〔2020〕170 号)。

● 2020 年 8 月 27 日,国祯集团与中国节能就上述股权转让签订了《股份转让协议之补充协议》《业绩承诺补偿协议之补充协议》等。

● 2020 年 9 月 5 日,国祯集团股东大会审议通过了《关于公司签订补充协议及相关法律文件的议案》,同意国祯集团与中国节能签订《股份转让协议之补充协议》《业绩承诺补偿协议之补充协议》等相关协议。

● 2020 年 10 月 20 日,国祯集团与中国节能签署《表决权委托协议之补充协议》。对《表决权委托协议》第 1.1 款进行变更,变更后的内容为"双方同意,自本协议生效之日起,国祯集团无条件、不可撤销地,将其持有的国祯环保44 649 515 股股份对应的表决权委托给中国节能行使"。

● 2020 年 11 月 20 日,中国节能收到国务院国有资产监督管理委员会出具的《关于中国节能环保集团有限公司收购安徽国祯环保节能科技股份有限公司有关事项的批复》。

● 2020 年 12 月 14 日,国祯环保召开第六届董事会第七十四次会议,审议通过了《关于拟变更公司名称及证券简称的议案》《关于修订〈公司章程〉的议案》。同日,本次交易的过户登记手续办理完成,国祯环保控股股东变更为中国节能,实际控制人变更为国务院国资委。

● 2020 年 12 月 30 日,国祯环保召开 2020 年度第四次临时股东大会,审议通过了《关于拟变更公司名称及证券简称的议案》。

● 2021 年 1 月 7 日,国祯环保已完成上述工商变更登记手续,并领取了由合肥市市场监督管理局换发的新营业执照。

三、收购方案

本次并购重组方案中,国祯环保原控股股东国祯集团与中国节能签订了三份重要协议：一是《股份转让协议》；二是《表决权委托协议》；三是《业绩承诺补偿协议》。

（一）《股份转让协议》和《股份转让协议之补充协议》

转让前，国祯集团持有国祯环保217 576 184股股份，占国祯环保总股本的32.45%，为其第一大股东。中国节能本次协议受让国祯集团持有的国祯环保100 588 051股股份，转让价格为14.663 6元/股，交易总金额为人民币1 474 982 944.64元。此外，截至报告书签署日，中国节能的全资子公司节能资本已通过认购非公开发行股票的方式持有国祯环保58 275 058股普通股，占国祯环保截至2019年12月31日普通股总股本的8.69%。

（二）《表决权委托协议》和《表决权委托协议之补充协议》

国祯集团无条件、不可撤销地将其持有的国祯环保44 649 515股股份对应的表决权、提名和提案权、参会权、监督建议权以及除收益权和股份转让权等财产性权利之外的其他权利委托中国节能行使。本次股份转让完成后，国祯集团持有国祯环保116 988 133股股份，占股份总数的16.74%；持有表决权股75 010 433股，占总股本的10.76%。

本次权益变动前，中国节能通过节能资本间接持有上市公司已发行的58 275 058股普通股，占截至2019年12月31日总股本的8.69%。本次权益变动完成后，中国节能直接持有国祯环保100 588 051股普通股，占截至2019年12月31日总股本的15.00%；并通过表决权委托的方式取得国祯环保41 977 700股普通股对应的表决权。因此，中国节能及一致行动人中节能资本在国祯环保中合计拥有普通股股份158 863 109股，占截至2019年12月31日总股本的23.69%；持有表决权股份200 840 809股，占截至2019年12月31日总股本的29.95%。本次交易完成后，中国节能成为国祯环保的控股股东，国务院国有资产监督管理委员会成为国祯环保的实际控制人。

（三）《业绩承诺补偿协议》和《业绩承诺补偿协议之补充协议》

李炜和安徽国祯集团股份有限公司共同连带承诺，国祯环保在2020年、2021年和2022年度归属于母公司股东的净利润数分别不低于3.26亿元、3.586亿元和3.945亿元。

如目标公司在业绩承诺期间任一会计年度的实际净利润数未达到承诺净利润数的，则中国节能有权要求李炜和国祯集团共同连带进行现金补偿，应补偿金额的计算公式如下：当期应补偿金额＝（截至当期期末累计承诺净利润数－截至当期期末累计实际净利润数）÷业绩承诺期间累计承诺净利润数总和×（中国节能截至当期期末持有标的股份的股份数×中国节能本次受让标的股份的每股价格）－李炜和/或国祯集团累计已补偿丙方的金额。若某一年度目标公司截至当期期末累计实际净利润低于累计承诺净利润但不低于累计承诺净利润的80%，则当年度李炜和国祯集团无需向中国节能补偿，当年应补偿金额累积至下一需要补偿的年度计算，但至最后一期业绩承诺期期末应全部补偿完成。

四、案例评论

（一）产业混改加速，国企逐渐获取主导地位

混改是融合发挥国企和民企各自竞争优势的有效途径，国企可以提供资金支持和平台优势，助力民企有效衔接产业；民企可以共享技术经验和运营机制，激发国企运营活力，实现国民融合发展。

随着环保行业进入转型期，水务行业也迈入混改加速赛道。首先，环保产业的问题多为系统性问题，而民营企业因其资金实力有限无法解决一揽子问题，只得寻求国企资金支持，为了实现持续性发展，环保产业将不可避免地走向一体化发展。其次，由于"长江大环保"等国家战略基于流域级别规划，从系统层面提出了顶层设计方案，而凭借单个传统环保企业的力量无法统筹不同利益主体，唯有借助国资力量统筹众多企业的技术实力。最后，自2018年降杠杆以来，大量加入PPP项目的环保民企资产负债率过高的问题开始凸显，被迫寻求国资驰援。除了上述情况以外，越来越多经营稳定的民企主动寻求与国资合作，比如2020年以国祯环保为代表的十余家环保企业陆续被纳入国有控股，环保混改持续加温。在本次并购交易中，国祯环保引进中国节能成为新的控制人，是环保产业混改的又一重大举措。

值得一提的是，环保产业的格局在混改热潮中发生了调整，国资主导的并购整合活动提升了产业集中度。中国环境企业50强中，国有企业及国有控股企业占比由2018年的50%增长为2020年的70%。

（二）国祯环保中途易主，坚定不移牵手央企

自2018年以来，长江集团系和中国节能系陆续加码国祯环保。2018年，长

江集团旗下的三峡资本率先通过二级市场增持国祯环保股份,至2019年7月认购国祯环保非公开发行股份前,持股比例已达4.7%。此后,长江集团系和中国环保系均参与认购了国祯环保2019年7月非公开发行的股份。节能资本认购58 275 058股股票,占发行后公司股本总额的8.69%;长江环保认购34 965 034股股票,占发行后公司股本总额的5.22%;三峡资本在本次认购前持有国祯环保26 359 101股股票,本次认购16 549 909股股票,合计持有42 909 010股股票,占发行后国祯环保股本总额的6.40%。上述认购方中长江环保、三峡资本受同一股东中国长江三峡集团公司(以下简称"长江集团")控制,构成一致行动人。增持完成后,长江集团系(三峡资本与长江环保)合计持股比例为11.62%,中国节能系(中节能资本)合计持股比例为10.61%。

2019年9月19日,国祯集团与长江环保、三峡资本签署了《股权转让协议》。国祯集团拟将其持有的国祯环保15%的股份(即100 546 210股股份)以协议转让方式转让给长江环保和三峡资本;转让价格为人民币12.70元/股,合计转让价款为人民币1 276 936 867元。国祯集团将所持国祯环保5%的股份转让给三峡资本,转让后三峡资本持有公司76 424 414股,持股比例11.40%;国祯集团将所持国祯环保10%的股份转让给长江环保,长江环保持有102 068 740股,持股比例15.23%,双方合计持股比例将达到26.63%,成为国祯环保第一大股东。

2020年3月10日,因《股权转让协议》的价格、控制权等核心条款受外部条件制约无法落实,股东大会未能审议通过《关于安徽国祯集团股份有限公司拟向三峡集团下属子公司转让安徽国祯环保节能股份有限公司15%股份的议案》。

2020年3月13日,国祯集团与长江环保集团、三峡资本签署了《〈关于安徽国祯环保节能科技股份有限公司之股份转让协议〉之终止协议》。同日,国祯集团与中国节能签署了《股份转让协议》《表决权委托协议》以及《业绩承诺补偿协议》。国祯集团向中国节能转让所持100 588 051股国祯环保的股份,转让价格为14.66元/股,转让价款为人民币1 474 982 944.64元;同时国祯集团将其持有的国祯环保41 977 700股股份(该委托表决股份数将根据国祯环保总股本数的变化情况进行调整,使委托表决权股份数加上中国节能及其实际控制的公司持有的国祯环保股份数之和为国祯环保总股本的29.95%,包括上述股份因配股、送股、转增股等而增加的股份)对应的表决权、提名和提案权、参会权、监督建议权以及除收益权和股份转让权等财产性权利之外的其他权利委托中国节能行使。

2020年8月27日,国祯集团与中国节能就上述股权转让签订了《股份转让协议之补充协议》《业绩承诺补偿协议之补充协议》等。国祯集团同意向中国节能转让所持100 588 051股国祯环保的股份,转让价格为12.7元/股,转让价款人民币1 277 468 247.7元。

2020年10月20日,国祯集团与中国节能签署《表决权委托协议之补充协议》。对《表决权委托协议》第1.1款进行变更,变更后的内容为"双方同意,自本协议生效之日起,国祯集团无条件、不可撤销地,将其持有的国祯环保44 649 515股股份对应的表决权委托给中国节能行使"。交易完成后,中国节能系累计持有29.95%股对应的表决权,成为国祯环保第一大股东和实际控制人。

中国节能和长江集团都是长江大环保战略下的重要平台型央企,但中国节能是唯一以环境保护为主业的央企,并且深耕环保领域30余年,拥有丰富的资源和经验,相比之下,成立于2018年的长江集团虽积极进行环保项目投资和股权投资,但管理经验略为欠缺。而从两份股权转让协议对比中可以看出,国祯集团选择将控制权移交给更具管理经验的中国节能。

(三)国资战略入股,巩固国祯环保领先地位

国祯环保具备较强的竞争实力,首先,国祯环保是国内水务行业的先行者,2000年通过收购安徽中联环保设备厂切入环保领域,2014年将业务扩展到水环境综合治理。其次,国祯环保长期聚焦主业,追求产业链延伸式发展,并通过深耕技术和运营获取了行业领先地位。最后,国祯环保采用BOT模式建立的污水厂是政企合作的示范标杆,开创了行业特许经营权质押项目融资先河,扩大了企业知名度,大力促进了污水处理行业的发展。

中国节能入主国祯环保后,除了为其提供资金支持以外,双方还达成战略层面的合作,践行了国资民企合作新模式。中节能旗下中环保水务投资有限公司、中节能水务发展有限公司涉及水治理领域,与国祯环保存在一定的同业竞争,不排除中国节能后续将旗下水务资产注入国祯环保的可能,若后续进行资产整合,可快速扩大国祯环保的资产规模,创造业绩增长新空间。此外,优质的项目资源和经验将有利于国祯环保的长远发展。

五、市场表现(300388)

国祯环保交易前后股价变动情况见图88。

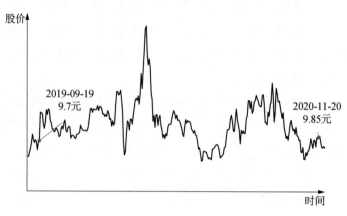

图 88 国祯环保交易前后股价走势

300406

九强生物：
龙头助力，混改新实践

一、收购相关方简介

（一）收购方：北京九强生物技术股份有限公司

北京九强生物技术有限公司（以下简称"九强有限"）创立于 2001 年。2010 年 11 月 16 日，九强有限全体发起人签署《发起人协议》，2011 年 1 月 13 日，九强有限在北京市工商行政管理局办理了变更登记，并更名为"北京九强生物技术股份有限公司"（以下简称"九强生物"）。2014 年 10 月 14 日，中国证监会核准九强生物首次公开发行新股。2014 年 10 月 28 日，九强生物在创业板上市，彼时股东邹左军、刘希、罗爱平、孙小林作为一致行动人，是公司控股股东及实际控制人。2017 年 10 月，邹左军、刘希、罗爱平、孙小林的一致行动关系到期后解除，自此，九强生物进入无控股股东及实际控制人的状态。

九强生物主营诊断试剂和分析仪器，其生化诊断试剂的研发、生产和销售实力领先行业水平。进一步，九强生物还致力于打造国内最优的体外诊断检测平台，经过多年深耕，目前拥有生化检测系统、血凝检测系统、血型检测系统。本次重大资产重组的同时，九强生物引入中国医药投资有限公司（以下简称"国药投资"）作为央企战略投资人，旨在背靠国资优势，提升整体竞争力。本次重大资产重组完成后，九强生物借助福州迈新生物技术开发有限公司（以下简称"迈新生物"）成功切入免疫组化领域，成为诊断试剂领域产品最齐全的公司之一，进而打开了更大的市场空间。本次交易前后九强生物股权结构变化如表 77 所示。

表77 本次交易前后九强生物股权结构变化情况

股东名称	本次交易前		本次交易后	
	持股数量(股)	持股比例(%)	持股数量(股)	持股比例(%)
国药投资	—	—	87 209 302	14.81
刘希	67 013 676	13.35	67 013 676	11.38
罗爱平	60 901 804	12.14	60 901 804	10.34
孙小林	50 391 452	10.04	50 391 452	8.56
邹左军	38 757 584	7.72	38 757 584	6.58
程辉	32 484 289	6.47	32 484 289	5.52
ZHOU XIAOYAN	30 969 636	6.17	30 969 636	5.26
华盖信诚医疗健康投资成都合伙企业(有限合伙)	23 919 500	4.77	23 919 500	4.06
庄献民	9 186 444	1.83	9 186 444	1.56
中国证券金融股份有限公司	7 388 668	1.47	7 388 668	1.25

(二)收购标的:福州迈新生物技术开发有限公司

迈新生物前身为集体所有制企业,先后经历整体转让、改制和增资。1992年11月,洪山企业集团(以下简称"洪山集团")与张云签署了关于联合创办"福州迈新生物技术开发公司"(以下简称"迈新公司")协议书,迈新公司注册资金为50万元,其中15万元为技术股份,另外35万元现金出资中,洪山集团出资20万元,张云出资15万元。1993年1月,迈新公司经福州市郊区计划委员会批复成立,属镇办集体所有制企业。1993年2月,洪山集团向迈新公司出资人民币30万元,1993年3月,迈新公司向洪山集团退还10万元,1993年12月,迈新公司向洪山集团退还20万元出资和1万元利息,而洪山集团用于出资的作价人民币20万元的房屋未实际交付给迈新公司占有使用,也未过户至迈新公司名下。1993年12月,洪山集团及张云签署《关于终止联营协议书》,约定洪山集团将其持有的迈新公司40%的权益退让给张云。自1993年12月,洪山集团拨款的50万元出资已收回,迈新公司的全部股益由张云代创始股东合法持有。2003年1月,迈新公司解除挂靠关系,改制为有限责任公司,更名为"福州迈新生物技术开发有限公司"。本次并购交易前,迈新生物股权结构分散,不存在控股股东和实际控制人。

　　迈新生物的业务覆盖诊断试剂,特别是病理诊断试剂和仪器的研、产、销三个环节,主要产品包括免疫组化检测仪器和系列试剂,产品主要用于术后肿瘤组织切片的临床诊断和肿瘤细胞筛查。本次并购交易前,迈新生物已成为中国免疫组化细分领域的领先企业,在国内市场的占有率稳居前列。本次交易前后迈新生物股权结构变化如表78所示。

表78　本次交易前后迈新生物股权结构变化情况

	交易前持股比例(%)	转让比例(%)	交易后持股比例(%)
九强生物	—		65.55
国药投资	—	—	30
GL	21.00	14.41	—
杭州鼎晖	20.10	13.79	—
泰康人寿	15.00	10.29	—
德福二期	11.25	7.72	—
张云	10.80	7.41	—
广州盛锭	2.85	1.96	—
吴志全	2.70	1.85	—
夏荣强	0.90	0.62	—
王小亚	5.40	3.70	—
缘朗投资	10.00	3.81	4.45
合计	100		100

(三) 关联收购方:中国医药投资有限公司

　　国药投资系中国医药集团有限公司(以下简称"国药集团")的全资子公司,而国药集团是由国务院国资委直接管理的唯一一家以生命健康为主业的中央企业。国药投资的成立时间可追溯到1964年,彼时称"中国医药工业公司"(以下简称"中国医药")。中国医药于1986年在国家工商行政管理总局注册登记,正式转为经济实体。1998年,国药集团总公司成立,中国医药划归为国药集团的全资子公司。2004年,经国务院国资委批准,中国医药改制为"中国医药工业有限公司"(以下简称"国药有限")。2016年,国药集团进行战略整合,将国药有限下属生产企业重组进入上海现代制药,国药有限转型为专业的投融资公司,并更名为"中国医药投资有限公司"。

国药投资以"立足行业、服务集团,做专业的医药大健康产业投融资公司"为战略定位,紧紧围绕医药大健康产业相关领域开展资金融通、股权投资等金融服务。国药投资深度参与了本次重大资产重组,首先,国药投资意在为国药集团开拓体外诊断业务,认购了九强生物非公开发行的股份。其次,国药投资与九强生物一同收购迈新生物合计95.55%的股权,其中九强生物收购65.55%的股权、国药投资收购30%的股权,并且转让方与国药投资签署交易文件是九强生物付款的先决条件之一。本次重大资产重组完成后,国药投资成为九强生物的第一大股东和迈新生物的战略投资人,为下一步国企与民企的互惠合作布下棋局。

二、收购事件一览

● 2019年8月22日,九强生物联合国药投资与迈新生物原股东签署《购买资产意向书》。

● 2019年11月18日,国药投资召开董事会,审议通过了国药投资参与认购九强生物非公开发行股份的相关议案。

● 2019年11月25日,国药集团召开董事会,审议批准了国药投资参与认购九强生物非公开发行股份的相关议案。

● 2019年12月6日,九强生物召开第三届董事会第二十六次会议,审议通过了重大资产购买预案。同日,九强生物与迈新生物原股东签署了《购买资产协议》。

● 2019年12月9日,九强生物召开第三届董事会第二十七次会议,审议通过了非公开发行的相关议案,并与国药投资签署了《股份认购协议》。

● 2019年12月13日,九强生物召开第三届董事会第二十八次(临时)会议,审议通过了修订非公开发行授权事项的相关议案。

● 2019年12月30日,九强生物召开2019年第二次临时股东大会,审议通过了非公开发行的相关议案。

● 2020年2月19日,九强生物召开第三届三十次(临时)董事会,审议通过了修订非公开发行方案的相关议案,并与国药投资签署了《补充协议》。

● 2020 年 4 月 4 日,九强生物召开公司第三届董事会第三十三次(临时)会议,审议通过《关于引入战略投资者并签署〈战略合作协议〉的议案》。

● 2020 年 4 月 22 日,九强生物召开第一次临时股东大会审议通过引入战略投资者的相关议案。

● 2020 年 5 月 29 日,中国证监会发行审核委员会审核并通过了北京九强生物技术股份有限公司非公开发行 A 股股票的申请。

● 2020 年 6 月 12 日,九强生物召开第三届董事会第三十五次(临时)会议,审议通过交易报告书及《关于公司重大资产购买暨关联交易方案的议案》。同日,迈新生物召开董事会审议通过本次交易。

● 2020 年 6 月 29 日,九强生物取得中国证监会关于本次非公开发行的核准文件。

● 2020 年 6 月 30 日,九强生物召开 2020 年第二次临时股东大会,审议并通过了《关于公司重大资产购买暨关联交易方案的议案》。

● 2020 年 9 月 30 日,迈新生物完成了全部股权过户,并完成工商变更,取得了新营业执照。

三、收购方案

本次交易主要包括两个并行的事项：一是国药投资认购九强生物非公开发行的股份,成为九强生物第一大股东;二是国药投资携手九强生物收购迈新生物 95.55% 的股份,以国药投资认购迈新生物 30% 股权为前提,九强生物签订《购买资产协议》认购迈新生物 65.55% 股权,同时,九强生物与迈新生物签署《购买资产协议之补充协议暨业绩承诺补偿协议》。

(一) 九强生物向国药投资非公开发行股份

九强生物向国药投资非公开发行股份数量为 87 209 302 股,双方协商一致的交易价格为 13.90 元/股,另鉴于九强生物已于 2020 年 4 月 24 日实施完毕利润分配,非公开发行的发行价格调整为 13.76 元/股,股份认购完成后,国药投资取得九强生物 14.81% 股权,成为其第一大股东。本次发行募集资金总额为 1 199 999 995.52 元,扣除发行费用(不含增值税)20 200 683.98 元,募集资金净额为 1 179 799 311.54 元,均用于补充流动资金。

（二）九强生物与迈新生物原股东签订《购买资产协议》

九强生物与国药投资共同采用支付现金方式购买德福二期、GL、杭州鼎晖、泰康人寿、广州盈锭、王小亚、张云、吴志全、夏荣强、缘朗投资合计持有的迈新生物 95.55% 的股权。其中，九强生物受让交易对方合计持有的迈新生物 65.55% 的股权，国药投资受让交易对方合计持有的迈新生物 30% 的股权。本次重大资产购买的实施与国药投资参股权收购的实施互为前提。

九强生物本次交易标的资产为迈新生物 65.55% 股权，以 2019 年 12 月 31 日为评估基准日，迈新生物在评估基准日合并口径归母所有者权益价值账面值为 39 867.20 万元，经收益法评估后的归属于母公司股东全部权益资本价值为 275 687.61 万元，评估增值 235 820.41 万元，增值率 591.51%。经市场法评估后的归属于母公司股东全部权益资本价值为 304 291.25 万元，评估增值 264 424.05 万元，增值率 663.26%。收益法评估值 275 687.61 万元比市场法评估值 304 291.25 万元低 28 603.65 万元人民币。

考虑到迈新生物主要从事免疫组化相关一抗、二抗和相关设备的生产和销售，收益法评估中结合迈新生物业务发展等因素变化对未来获利能力的影响，更为合理地反映了迈新生物的企业价值。因此，选择收益法评估结果为迈新生物的价值参考依据，由此得出在评估基准日迈新生物股东全部权益价值为人民币 275 687.61 万元。经各方协商一致，迈新生物 100% 股权作价确定为 27.50 亿元，即 65.55% 股权的交易价格确定为 180 262.50 万元。

（三）九强生物与迈新生物原股东签订《购买资产协议之补充协议暨业绩承诺补偿协议》

九强生物与迈新生物原股东协商一致，业绩承诺期为 2020 年和 2021 年，业绩承诺的补偿义务方为各转让方。补偿义务人向九强生物承诺，迈新生物在业绩承诺期内每年度的实际净利润(经合格审计机构审计的扣除非经常性损益后的归属于母公司所有者的净利润)分别不低于 14 250.42 万元和 20 031.72 万元，且合计实现的净利润不低于 34 282.14 万元。

如果在业绩承诺期内迈新生物未能完成累计承诺净利润，补偿义务人应当就迈新生物业绩差额承担现金补偿义务，且补偿义务人承担现金补偿义务的时间不早于 2022 年。补偿义务人对九强生物的业绩补偿义务按照其在第二次股权交割中分别向九强生物转让的迈新生物股权的相对股权比例承担责任。业绩承诺期内,迈新生物虽然未能完成每年度承诺净利润,但已完成累计承诺净利润,补偿义务人无需就业绩差额承担现金补偿义务。

具体补偿金额按照以下方式进行计算:若累计实际净利润未达到累计承诺净利润的 80%,则业绩补偿金额 =[(累计承诺净利润 - 累计实际净利润)/累计承诺净利润]×42.55%×27.5 亿;若累计实际净利润达到累计承诺净利润的 80%,则业绩补偿金额 =(累计承诺净利润 - 累计实际净利润)×42.55%。

四、案例评论

(一) 混改实践常态化,国家队招兵买马

2019 年 8 月,国药投资联合九强生物策划收购迈新生物,且九强生物重大资产购买的实施与国药投资参股权收购的实施互为前提。2019 年 11 月,国药投资策划认购九强生物股份非公开发行的股份。上述交易完成后,国药投资成为迈新生物第二大股东以及九强生物第一大股东及战略投资者,国药集团将两员大将纳入体外诊断 IVD(In Vitro Diagnosis)国家队。从收购搭档到战略投资者和第一大股东,国药投资与九强生物的合作关系逐步深化,体现了国资实力对于九强生物企业实力和生化诊断行业赛道的认可。

九强生物与迈新生物都是具备二十余年经营经验的老牌企业,特别地,九强生物是我国生化诊断龙头企业,曾多次与雅培、罗氏等国内外优秀体外诊断企业达成战略合作,快速扩大了产品影响力,因此自上市以来,九强生物营业收入复合增速达 10.59%。迈新生物是我国病理免疫组化龙头,曾被列为 2018 年福建省重点上市后备企业,因其与九强生物都具备较强的技术实力,成为国药集团布局生化诊断领域的优质标的。自 2019 年起,国企混改热度不减,国药投资此次收购九强生物和迈新生物是国企混改的重要实践,借助民企产品优势和国资渠道优势,能有效推动我国体外诊断产业蓬勃发展,提升我国综合竞争力。

(二) 强强联手,抓住体外诊断行业国产替代的机遇

回顾行业发展初期,体外诊断试剂和设备都主要依赖进口,而近年来,国内老龄化加剧,带来了持续增长的疾病诊治需求。同时,国际贸易形势变化不明,值此之际,国家提出"双循环"战略,倡导优质产品实现进口替代,上述市场环境

的变化为医药企业创造了良好的发展机遇。以迈新生物为代表的内资企业凭借自主研发的免疫组化技术逐渐打破了外商垄断格局,以九强生物作为龙头企业同样肩负了带领国内医药行业进步的重任。通过本次并购实现强强结合,特别是实现技术优势的互补和研发经验的共享,进而发挥协同效应,有利于我国体外诊断行业实现跨越式发展。

具体来看,九强生物深耕体外诊断 IVD 行业,布局了生化、血凝、血型卡和病理诊断四个业务板块,当前在生化诊断业务具备较强的全球竞争力,而迈新生物是病理诊断细分市场龙头企业,具备国内肿瘤病理免疫组化诊断试剂的领先实力,九强生物表示"通过收购迈新生物,上市公司业务将覆盖肿瘤细胞筛查和手术后肿瘤组织切片的临床诊断领域,扩充病理诊断试剂和仪器产品线,提升技术研发能力和营销网络布局。"

(三) 龙头助力,九强生物发展信心十足

股份转让方案中,较高的估值增值和不足的业绩补偿条款都体现了九强生物对迈新生物发展的信心。2017 年 4 月迈新生物引入外部投资人时整体估值为 12 亿元,而 2020 年九强生物受让迈新生物 65.55% 的股权时对迈新生物的整体估值为 27 亿元,3 年间增长了 15 亿元。对此,九强生物在答复深交所问询函中指出,估值的合理性在于迈新生物产品在病理诊断行业市场占有率逐步扩大,即从 2017 年的 10.08% 逐步上升到了 2019 年的 12.02%,预计到 2022 年上升为 13.04%,并且收入增长率持续保持相对高速增长,即 2017 年至 2020 年均在 27% 至 31% 的水平,因而持有良好预期。另外,九强生物受让迈新生物 65.55% 股权但迈新生物只承担无法完成业绩承诺后 42.55% 的补偿义务,也彰显了九强生物对迈新生物的信心。

根据备考财务报告,本次收购完成后,九强生物资产规模、盈利质量会有所改善。资产总额将由 215403.26 万元增至 371599.59 万元,增幅为 72.51%;营业收入将由 84086.17 万元增为 127343.59 万元,增幅为 51.44%;基本每股收益由 0.66 元/股增长为 0.82 元/股,增长幅度为 24.24%。

五、市场表现(300406)

九强生物交易前后股价变动情况见图 89。

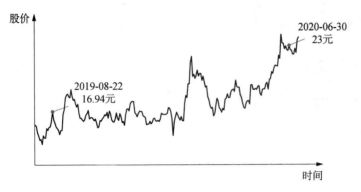

图 89 九强生物交易前后股价走势

300523

辰安科技:
身份认同,协同助力 5G 发展

一、收购相关方简介

(一) 收购方:中国电信集团投资有限公司

中国电信集团投资有限公司(以下简称"电信投资")成立于 2017 年 10 月 31 日,主营业务为以企业自有资金进行投资,企业投资咨询服务,企业管理咨询,市场营销策划等。电信投资的控股股东为成立于 1995 年 4 月 27 日的中国电信集团有限公司(以下简称"电信集团"),其经营范围为基础电信服务、增值电信服务、全国性互联网服务经营场所连锁经营等。电信投资股权结构如图 90 所示。

图 90　电信投资股权结构

(二) 北京辰安科技股份有限公司

北京辰安科技股份有限公司(以下简称"辰安科技")成立于 2005 年,是一家源自清华大学,由清控创业投资控股的高科技企业,是清华大学公共安全研究院的唯一科技成果转化单位,辰安科技于 2016 年 7 月在深交所成功上市。

辰安科技是国际化公共安全产品与服务供应商,专注于为政府和应急相关部门行业、大型企业提供消防安全、工业安全、应急管理、灾害风险监测预警、人防安全等服务,为城市公共安全提供顶层设计、建设和运营服务。在公共安全应急体系和城市安全的关键技术系统与装备方面,辰安科技拥有完整的自主知识产权和系统核心技术,协同其分、子公司共取得五百余项软件著作权和国内外专利,荣获"国家科学技术进步一等奖""教育部科技进步一等奖"等奖励。

本次收购完成后,清控创投不再持有辰安科技的股份,不再是辰安科技的控股股东,电信集团成为辰安科技的控股股东。辰安科技的实际控制人由清华大学变更为国务院国资委(图91、图92)。

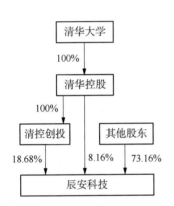
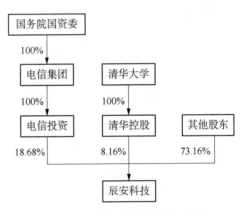

图 91　收购前辰安科技股权结构　　　　图 92　收购后辰安科技股权结构

二、收购事件一览

● 2020 年 4 月 13 日,辰安科技控股股东清控创投签署《股份转让协议》《一致行动协议》,发布辰安科技控股股东、实际控制人发生变更的提示性公告。

● 2020 年 4 月 14 日,辰安科技发布《关于股权益变动的提示性公告》。

● 2020 年 4 月 20 日,辰安科技控股股东收到电信投资根据《股份转让协议》支付的 30%股份转让价款作为履约保证金。

● 2020 年 5 月 21 日,电信投资收到国家市场监督管理总局出具的《经营者集中反垄断审查不实施进一步审查决定书》,经初步审查决定对本次收购不实施进一步审查。

● 2020 年 5 月 29 日,辰安科技控股股东清控创投获得财政部批复,同意清华大学所属清控创投通过公开征集转让的方式,向国务院国有资产监督管理委员会下属电信投资转让辰安科技股权。

● 2020 年 10 月 30 日,辰安科技收到电信投资告知函,国务院国资委同意电信投资通过受让清控创投所持辰安科技股份的方式取得辰安科技控股权的整体方案,本次交易中《股份转让协议》和《一致行动协议》生效。

● 2020 年 11 月 17 日,中国证券登记结算有限责任公司深圳分公司出具《证券过户登记确认书》,清控创投协议转让予电信投资的股份全部完成过户登记手续。

三、收购方案

本次交易主要包括两方面内容:一是清控创投向电信投资转让股份;二是清控创投与电信投资签署《一致行动协议》。

(一) 清控创投转让股份

本次股份的受让方为电信投资,根据辰安科技的控股股东清控创投与电信投资于 2020 年 4 月 13 日签署的《股份转让协议》,标的资产为清控创投持有的辰安科技 43 459 615 股股份(占辰安科技总股本的 18.68%),具体如表 79 所示。经双方协议,本次股份转让的每股转让价格为 40.68 元,转让总价款为176 793.71 万元。

表 79　本次并购前后辰安科技股权结构变化

股东名称	本次权益变动前		本次权益变动后	
	直接持股数量(股)	持股比例	直接持股数量(股)	持股比例
清控创业投资有限公司	43 459 615	18.68%	0	0%
清华控股有限公司	18 975 126	8.16%	18 975 126	8.16%
中国电信集团投资有限公司	0	0%	43 459 615	18.68%

(二) 与交易方签署《一致行动协议》

2020 年 4 月 13 日,电信投资与清控创投签署《一致行动协议》。根据协议,清控投创与电信投资约定双方在股东大会和董事会层面保持一致性的方式,就涉及辰安科技的重大事项决策方面保持一致行动关系,对公司重大事项作出意思表示相同的决策,以确立及维护电信投资对公司的控制地位。

四、案例评论

(一) 身份认同和资本优势下的必然选择,打造运营商对外投资新常态

标的公司辰安科技及其控制的企业主要从事公共安全软件、公共安全装备的研发、设计、制造、销售及相关产品服务,其主营业务定位的"公共安全产业"涉及自然灾害、事故灾难、公共卫生、社会安全四个主要方面,并因此形成四个主要业务板块:公共安全与应急平台软件研发、城市生命线安全系统、海外政府公共安全软件与服务、消防安全产品与服务。

由此可知,辰安科技几乎每一项业务板块都与国计民生息息相关。而在由于新冠肺炎疫情导致的突发公共卫生安全应急事件背景下,我国空前重视公共安全应急管理,国企的角色显得尤为重要。电信投资的控股股东电信集团作为11次获评国资委考核 A 类的企业,央企的身份使得电信投资对辰安科技具有天然的身份认同优势。

此外,根据"企查查"相关信息,电信投资由电信集团全资控持股,注册地位于河北省新安县,注册资本为 50 亿元。电信投资财力雄厚,此前已累计对外投资 2.547 亿元,包括雄安云网科技有限公司、天翼智联科技有限责任公司、中电信方舟(深圳)股权投资基金管理合伙企业(有限合伙)、北京六分科技有限公司、数字广东网络建设有限公司,但不存在持股比例达到控制级别的情况。基于此,本次电信投资收购辰安科技,使得辰安科技的实际控制人由清华大学变更为国务院国资委,是电信运营商第一次控制 A 股上市公司股权,反映出国资委对运营商对外投资的认同与监管环境的改善,有助于形成运营商对外投资的新常态。

(二) 发挥业务协同效应,助力 5G 商业快速发展

近年来,随着人口红利的消失,叠加提速降费的政策影响,4G 时代一直面临着增量不增收的问题,运营商亟需打破这一困境。与此同时,5G 投资成本高昂,这就迫使运营商不得不改变传统"通道"角色,积极开拓新业务形态和全新商业模式,从而利用自身 5G 优势构建一个万物互联的智能世界。再观辰安科技的业务范围,其定位于公共安全产业,涉及自然灾害、事故灾难、公共卫生、社

会安全四个主要方面,与智慧城市的建设相契合,也是 5G 的典型应用场景之一。

此次兼并收购一方面使得电信运营商通过资本投资取得控制权的方式进入不熟悉的行业领域,获得辰安科技成熟的行业资源和商业模式;另一方面,辰安科技借力电信运营商 5G 资源,收购双方具有较强的业务协同效应,达到收购后"1＋1＞2"的效果,同时助力 5G 商业快速发展。

五、市场表现(300523)

辰安科技交易前后股价变动情况见图 93。

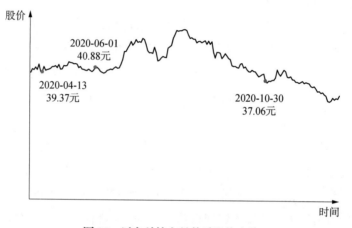

图 93 辰安科技交易前后股价走势

600170

上海建工：
助力国资混改，加速"全国化"战略布局

一、收购相关方简介

（一）收购方：上海建工集团股份有限公司

上海建工集团股份有限公司(以下简称"上海建工")成立于 1998 年 6 月 15 日，是上海国资中较早实现整体上市的企业。前身为创立于 1953 年的上海市人民政府建筑工程局，1994 年整体改制为以上海建工(集团)总公司(以下简称"建工集团")为资产母公司的集团型企业，1998 年发起设立上海建工集团股份有限公司，并在上海证券交易所挂牌上市，采用募集方式向社会公开发行 15 000 万股股票。2010 年和 2011 年，公司经过两次重大重组，实现整体上市。其中，2010 年，建工集团将专业施工、房地产、预拌混凝土及预制构件和建筑机械资产及业务注入上海建工，公司发展成为拥有完整产业链的大型建设集团；2011 年，上海建工向建工集团收购其拥有的上海外经集团控股有限公司 100% 的股权和上海市政工程设计研究总院(集团)有限公司 100% 的股权，进一步增强了其海外市场拓展和工程设计能力。此外，2010 年 7 月，经公司第四届董事会二十五次会议及公司 2009 年年度股东大会审议通过，公司名称由"上海建工股份有限公司"变更为"上海建工集团股份有限公司"。目前，上海建工的控股股东为上海建工(集团)总公司，实际控制人为上海市国资委，控股股东与实际控制人自公司成立至今未发生过变化。

本次交易前，上海建工的股权结构如图 94 所示。

上海建工始终保持上海市城市建设的主力地位，在"全国化发展、全产业链协同联动、打造建筑全生命周期服务商"三全战略的引领下，公司着力发展建筑

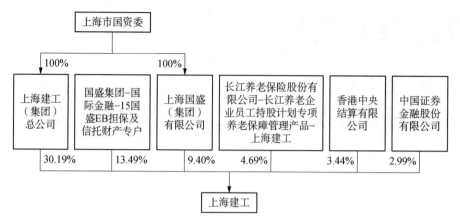

图94　本次交易前上海建工股权结构

施工、设计咨询、建材工业、房产开发和城市建设投资业务等五大事业群,积极
发挥各领域的联动协同效应。在建筑施工业务中,公司每年参与70%以上的上
海重大工程建设,成功建造了以东方明珠、上海环球金融中心、上海中心大厦、
国家会展中心(上海)、上海迪士尼乐园、昆山中环线、港珠澳大桥澳门口岸旅检
大楼、特斯拉上海超级工厂等为代表享誉国内外的一系列"超级工程"。上海建
工在2019年ENR"全球最大250家承包商"中排名第9位,为我国省市级建筑
企业集团最高排名。2020年8月,公司首次进入《财富》"世界500强"榜单,位
列第423位。

(二) 收购标的:天津住宅建设发展集团有限公司

　　天津住宅建设发展集团有限公司(以下简称"天住集团")成立于1998年12
月15日,由原天津市房地产管理局投资组建,是天津市建设系统中国有大型骨
干企业之一。2001年,天津市房地产管理局与天住集团脱钩,并将所属单位的
资本金划转给天住集团进行管理。为推进天津市国企集团混合所有制改革工
作,2017年7月,天津市国资委出资120亿元设立国有独资公司天津津诚国有
资本投资运营有限公司(以下简称"津诚资本")。津诚资本成立后,肩负发挥集
团混改操盘手、国有资本运营工作台、国资管理履职助推器的三重功能。2018
年4月,天住集团的实际控制人天津市国资委将其持有公司的100%股权划转
至津诚资本,负责推动天住集团的混改工作。

　　天住集团主营房地产开发业、建筑施工业、与住宅产业相关的服务业等业

务板块,是一家具有建筑工程施工总承包特级资质,房地产开发、装饰施工、物业管理等一级资质和设计甲级资质的大型建筑产业集团。天住集团率先推动 I－EPC 模式下多业融合,投资建设了山西建筑产业现代化绿色建材(霍州)园区和贵州省遵义市装配式建筑产业基地。在本埠市场中,公司开发建设了梅江华夏津典、华城领秀、凤栖梧桐、梅江会展中心、津湾广场、海河剧院、棉 3 创意街区等一大批在天津具有影响力的大型住宅小区。此外,公司还积极开拓外埠市场,承揽北京大兴机场、郑州机场等一二线主要城市地标机场航站楼精装修工程,抢占雄安新区市场,完成了雄安新区市民服务中心砂加气混凝土板材安装工程等。

二、收购事件一览

- 2020 年 4 月 22 日,上海建工第八届董事会第九次会议审核通过了《上海建工集团股份有限公司关于收购天津住宅集团 51% 股权的议案》,并发布《上海建工集团股份有限公司关于收购资产的公告》。

- 2020 年 5 月 22 日,天津市人民政府已原则通过天住集团通过协议方式推进混改实施方案;上海建工与津诚资本、天住集团签署了《关于天津住宅建设发展集团有限公司混合所有制改革之股权转让协议》。

- 2020 年 8 月 21 日,因津诚资本及天住集团尚需要一定时间处理部分未纳入混改范围的企业、资产剥离等事项,本次交易各方签订《关于推迟办理天津住宅建设发展集团有限公司股权转让交割及股东变更工商登记程序的协议》,约定推迟后的实际交割日不迟于 2020 年 9 月 30 日。

- 2020 年 10 月 9 日,本次股权收购已完成股权转让交割及股东变更工商登记。

三、收购方案

(一) 交易标的

本次交易为津诚资本对天住集团进行的混合所有制改革,交易方案为上海建工以自有现金收购津诚资本所持天住集团 51% 股权。其中,本次交易中纳入天住集团混改范围的企业共 54 户(含天住集团及控股、参股企业),包括房地产开发企业 31 户、建筑施工企业 3 户、建筑咨询服务企业 8 户、其他企业 3 户、其他参股企业 9 户,并涉及天住集团重要的二级子公司 19 家,具体如表 80 所示。

表 80　本次交易涉及天住集团重要二级子公司

序号	公司名称	经营地	业务性质	持股比例 直接	间接
1	天津华厦建设发展股份有限公司	天津	房地产开发及商品房销售	95%	5%
2	天津住宅集团津城置业有限公司	天津	房地产开发及商品房销售	100%	
3	天津津城住宅产业投资基金管理有限公司	天津	从事投融资管理及相关咨询服务	60%	40%
4	西安华安置业有限公司	西安	房地产开发	100%	
5	天津华兴置业发展有限公司	天津	房地产开发	100%	
6	天津住宅集团建设工程总承包有限公司	天津	建筑工程总承包;地基与基础工程专业承包	100%	
7	天津华惠安信装饰工程有限公司	天津	建筑装饰工程、建筑装饰设计	100%	
8	天津华厦物业管理发展有限公司	天津	物业管理	49%	51%
9	天津住宅科学研究院有限公司	天津	建筑工程设计、研发、咨询	100%	
10	天津龙城投资发展有限公司	天津	以自有资金对房地产投资和销售等	100%	
11	天津住宅集团房地产经营有限公司	天津	房地产营销策划、房屋租赁	100%	
12	天津津城华新置业有限公司	天津	房地产开发、商品房销售、房屋租赁	100%	
13	天津天谊置业有限责任公司	天津	房地产开发、商品房销售、住房租赁经营	100%	
14	天津新天正信息技术有限责任公司	天津	信息系统服务	100%	
15	天津住宅集团(西安)建筑产业有限公司	西安	对房地产、建筑业投资;房地产开发、经营、租赁等	100%	
16	天津天住嘉合置业发展有限公司	天津	房地产开发;商品房销售;商用房、住房租赁经营	100%	

（续表）

序号	公司名称	经营地	业务性质	持股比例	
				直接	间接
17	天津华青置业有限公司	天津	房地产开发;商品房销售;商用房、住房租赁经营	100%	
18	天津华富置业有限公司	天津	房地产开发;商品房销售;商用房、住房租赁经营	100%	
19	天津天住城市建设发展有限公司	天津	设计、投资、咨询等	100%	

根据评估基准日 2019 年 10 月 31 日,天住集团股东全部权益账面价值为 -66 013.89 万元,评估价值为 64 339.60 万元,增值率为 197.46%。本次交易中,天住集团 51%股权对应交易金额为 32 784.14 万元。交易完成后,上海建工与津诚资本将分别持有天住集团 51%、49%的股权,上海建工成为天住集团控股股东;天住集团实际控制人由天津市国资委变更为上海市国资委。

本次交易后,天住集团的股权结构如图 95 所示。

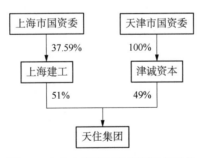

图 95 本次交易后天住集团股权结构

(二) 签订业绩承诺

本次交易中,上海建工与津诚资本就天住集团下属天津住宅科学研究院有限公司、天津天住华捷停车场管理服务有限公司、天津新天正信息技术有限责任公司三家公司(包含各合并报表中的参控股公司)签订业绩承诺。上述三家公司合计股东全部权益评估值为 18 326.60 万元,占天住集团"长期股权投资"评估值的 3.66%。双方约定,本次交割日后三年,上海建工将与津诚资本就上述三家公司进行业绩考核和业绩补偿,如在考核期限内,任一年度末考核标的

实际收益低于资产评估报告确定的收益的,要求津诚资本以现金方式对上海建
工进行逐年补偿。

表81　2020—2023 年三家公司年度收益(万元)

公 司 名 称	2020 年	2021 年	2022 年	2023 年
天津住宅科学研究院有限公司	651.34	766.98	790.59	801.56
天津天住华捷停车场管理服务有限公司	100.32	138.79	124.56	110.15
天津新天正信息技术有限责任公司	222.70	251.11	290.61	314.22

四、案例评论

(一) 参与天住集团混改,推动国资改革纵深发展

中共十八届三中全会以来,国内外经济形势发生了翻天覆地的变化,我国
经济由高速增长阶段转向高质量发展阶段,国有企业深化改革步入了新的时
代。新时代背景下的国企"混改"是以提升国有资本市场化配置效率,促进国有
资本战略布局影响力为目标。自国家发改委推动实施国企混改试点起,各地方
政府不断发力,积极制定和实施科学合理的国有企业混改具体路线,同时呈现
出批量推动的态势。截至 2018 年,天津推动国企混改力度空前,先后推出 232
家混改项目,涉及房地产、制造、金融、服务等多领域;山西推出 108 家国企混改
项目,涉及制造、电力、能源等领域;山东向国内外推出 93 家省属国企混改项
目,集中在基础设施、公共服务领域等。其中,天津地方国企混改力度之大、程
度之深、范围之广,并在国企混改进程中,对股权结构开放产权,吸引了各行业
内优质的企业参与混改,激发了国有企业活力,被视为国企混改中的"天津
范式"。

自 2017 年起,天津市国资委先后成立了天津国有资本投资运营有限公司
(简称"津投资本")、津诚资本和天津津智国有资本投资运营有限公司(简称"津
智资本"),同此前已成立的天津津联投资控股有限公司(简称"津联控股")与天
津泰达投资控股有限公司(简称"泰达控股"),按照非制造业、公共服务业、智能
制造业、制造业和金融企业五个板块推动混改工作。

此次上海建工收购天住集团 51% 股权便是携手津诚资本共同实现标的公

司的混改工作。当前正值天津大力践行新发展理念加快产业结构调整、深入推进国资混改时期,本次交易将发挥上海建工和津诚资本的战略契合优势,在关键历史阶段以资本为纽带深化津沪两地建筑业的联动发展,推动国资改革向纵深发展。

(二)加速"全国化"战略布局,深耕京津冀雄安市场

天住集团自 1998 年成立以来,形成了以科技为先导、以全产业链发展为特色、以建筑产业现代化发展为目标的经营模式。目前,集团已成长为天津产业链运行的龙头板块,商品房开发面积达 1 000 余万平方米、保障房开发面积达 2 000 余万平方米,曾获多项詹天佑奖、广厦奖,形成了立足天津,辐射环渤海及国内省市的跨区域经营格局。

上海建工在推动集团"全国化"战略的过程中,一直将京津冀区域作为"1 + 5 + X"的重点市场布局区域。在公司"1 + 5 + X"全国化市场布局中,多年深耕长三角区域("1"),包括南京、杭州、合肥、苏锡常、宁波等五大都市圈;同时在国内华南、中原、京津冀、西南和东北五大区域("5")开展大批优质建设项目;在非洲、东南亚、南太平洋等传统根据地市场的业务保持稳步推进,并聚焦"一带一路"建设中的新兴城市("X")和中亚等其他有潜力的区域市场。本次收购交易完成后,上海建工将成为天住集团的控股股东,有助于其与天津市政府之间展开深入合作,推进区域市场属地化建设;同时,天住集团在京津冀和雄安地区的市场地位及品牌优势将有利于上海建工在该区域的市场布局,进一步提升产业能级和规模。

(三)横向业务拓展,发挥建筑"全产业链"协同优势

上海建工坚持在"全国化发展、全产业链协同联动、打造建筑全生命周期服务商"三全战略的引领下开展一系列业务经营活动。目前,公司产业链资源较为完整,覆盖从项目建设规划、建设材料供应和建设项目投融资、落地实施及建设运营,包括建设项目规划设计、施工和运行保障维护,工程建设全过程高性能商品混凝土、建筑构配件和钢结构的生产供应,以及房地产开发到城市建设项目及城市更新项目投资、融资、建设、运营。

天住集团是一家布局建筑业全产业链的天津市属大型建筑产业集团,旗下有天津住宅科学研究院、10 余家房地产开发企业、天津市房屋鉴定建筑设计院、装配式建筑部品、构件生产制造基地、天津住宅集团建设工程总承包有限公司

和天津华惠安信装饰工程有限公司等优质子公司,覆盖土地整理、策划、科研、开发、设计、生产制造、施工装配、装饰装修、运营管理等全链产业各环节。

本次交易后,上海建工与天住集团都作为布局建筑行业的全产业链优质企业,二者将实现强强联合,有效融合各业务领域的品牌、业务资源及技术优势,充分发挥产业链中各环节之间的协同效应,在继续做大做强天住集团的同时,为上海建工集团注入新的发展动力。

五、市场表现(600170)

上海建工交易前后股价变动情况见图 96。

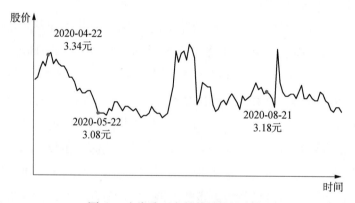

图 96　上海建工交易前后股价走势

603701

德宏股份：
不易主不罢休，牵手宁波国资

一、收购相关方简介

（一）收购方：宁波市镇海投资有限公司

宁波市镇海投资有限公司（以下简称"镇海投资"）成立于 2003 年 7 月 9 日，是宁波市镇海区国有资产管理服务中心根据镇海区经济发展战略总体要求，为进一步规范、深化政府投融资管理体制，拓宽国有资本投资领域，提高资金运行效益而成立的国有独资公司，实际控制人为宁波市镇海区国有资产管理服务中心。

镇海投资主要从事城市基础设施的投资、建设、运营，公路和桥梁工程建设，土地开发整理，资产经营，实业性投资等业务。镇海投资 2017 年、2018 年、2019 年分别实现营收 11.64 亿元、15.72 亿元、10.38 亿元，分别实现净利润 0.68 亿元、0.96 亿元、0.70 亿元，总资产分别为 255.22 亿元、268.32 亿元、291.55 亿元。

本次收购镇海投资主要是基于对汽车零部件行业的长期看好，对标的公司的经营理念、发展战略的认同以及对标的公司未来发展前景的看好而进行的战略投资，以此开拓具有良好发展前景的新兴产业，做大做强汽车零部件业务，增强公司核心竞争力，提升公司盈利能力。

（二）收购标的：浙江德宏汽车电子电器股份有限公司

浙江德宏汽车电子电器股份有限公司（以下称"德宏股份"）成立于 2000 年 1 月 31 日，主营业务为车用交流发电机的研发、生产、销售和相关技术服务，于 2016 年 4 月 12 日在 A 股上市，公司实际控制人为张元园、张宏保夫妇，公司股权结构如图 97 所示。经过多年的经营和发展，公司在商用车配套发电机市场形成综合优势,在规模、技术上均处于国内同行业领先地位。公司产品主要定位于中高端市场,拥有 8 大系列逾 300 个主要型号,是国内车用交流发电机产品线最丰富的公司之一。

德宏股份具有先发优势和客户基础。公司是中国较早从事车用交流发电机生产的企业之一,目前已与国内主要的发动机及汽车整车厂商建立了稳定的合作关系,并成为多家发动机厂的独家供应商或主要供应商。目前,公司主要客户有江铃汽车、福田康明斯、道依茨一汽等,并间接为戴姆勒集团、依维柯汽车、德国曼等国际知名汽车品牌厂家提供配套。

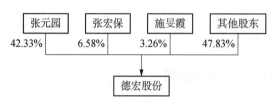

图 97　本次收购前德宏股份股权结构

此外,德宏股份在技术上拥有一定优势。公司拥有多年的车用交流发电机研发、制造经验,从 2003 年以来一直参与公司客户各类新型和改进型发动机配套发电机的设计和开发,积累了丰富的设计和制造经验,培育了一批车用交流发电机领域的设计、开发和工艺专业人才,目前公司已完全具备与发动机厂同步设计、同步开发能力。

2019 年,德宏股份实现营收 4.76 亿元,同比增长 3.76%;但净利润只有 5 773.87 万元,同比下滑 47.76%。2020 年第一季度,德宏股份实现营收 8 831.71 万元,同比下降 26.17%;净利润仅为 898.02 万元,同比下降 43.42%。为了扭转德宏股份经营业绩下滑趋势,在考虑了实际控制人张元园、张宏保(1948 年生)夫妇健康原因和年龄情况以及张氏家族的集体意见和现任董事长张宁(实际控制人之女)的意向之后,张元园及其一致行动人决定出让上市公司德宏股份的控制权。

(三)原收购方:天堂硅谷资产管理集团有限公司

浙江天堂硅谷创业集团有限公司("天堂硅谷资产管理集团有限公司"前身)是 2000 年 11 月 11 日由省政府牵头组建的一家专门从事创业投资的企业,在经历了将近十年之久的创投之路实践和探索后,现已发展成省内最大、国内知名的专业从事私募股权基金管理的投资机构,注册资本 2 亿元。公司现由 9 个股东组成,为国内知名企业和公司高级管理人。截至 2009 年 8 月,公司已发起设立创业投资基金 17 只,控股及参股企业 30 家(其中 9 家已上市,另有 4 家将申请上市),管理资产超过 30 亿元。2010 年 4 月 29 日,浙江天堂硅谷创业集团有限公司获批更名为浙江天堂硅谷股权投资管理集团有限公司。经浙江省工商局审核批准,自 2013 年 1 月 25 日起,浙江天堂硅谷股权投资管理集团有限公司正式更名为浙江天堂硅谷资产管理集团有限公司(以下简称"天堂硅谷")。

　　天堂硅谷的控股股东为硅谷天堂资产管理集团股份有限公司,持股 51.84%。王林江、李国祥通过山水控股集团有限公司(以下简称"山水控股")、北京五木阳光投资咨询有限公司(以下简称"五木阳光")分别间接持有硅谷天堂资产管理集团股份有限公司 39.59% 和 3.91% 的股份,同时王林江、李国祥分别直接持有硅谷天堂资产管理集团股份有限公司 0.84% 的股份。王林江、李国祥通过直接和间接方式合计持有硅谷天堂资产管理集团股份有限公司 45.18% 的股份,控制硅谷天堂资产管理集团股份有限公司。天堂硅谷资产管理集团有限公司股权结构如图 98 所示。

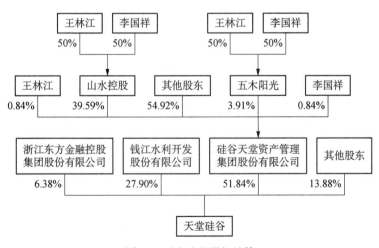

图 98　天堂硅谷股权结构

　　在镇海投资收购德宏股份之前,天堂硅谷欲收购德宏股份,并将杭州伯坦科技工程有限公司(以下简称"伯坦科技")推介给德宏股份,希望德宏股份收购伯坦科技 100% 股权。但最终因天堂硅谷和德宏股份无法就控股权转让中的核心条款达成一致意见,天堂硅谷收购德宏股份宣告失败,德宏股份收购伯坦科技的计划也不了了之。

二、收购事件一览

(一)天堂硅谷收购德宏股份以失败告终

● 2020 年 5 月 17 日,德宏股份控股股东张元园女士与天堂硅谷签订了《关于浙江德宏汽车电子电器股份有限公司之合作框架协议》。

● 2020 年 5 月 18 日,当日上午德宏股份向上交所申请紧急临时停牌。当日盘后,公司向上交所提出筹划重大资产重组停牌,该重大资产重组为德宏股份收购伯坦科技 100% 股权。

● 2020 年 5 月 19 日,德宏股份停牌,停牌时间不超过 10 个交易日(含 2020 年 5 月 18 日紧急临时停牌一天)。

● 2020 年 5 月 29 日,德宏股份和天堂硅谷双方因无法就本次控股权转让中的核心条款达成一致意见导致并购终止。本次未能达成一致的主要内容为:①第二笔股权转让款 5.50 亿元及资金占用费的资金保障和具体增信措施等;②德宏股份委托评估机构对伯坦科技进行初步评估后,德宏股份与天堂硅谷双方对伯坦科技资产估值认可情况产生了较大差异,继而产生是否采用分步收购等具体方案上的分歧。

● 2020 年 6 月 1 日(周一),德宏股份复牌。

● 2020 年 6 月 4 日,德宏股份披露《关于上海证券交易所对公司控制权转让和重大资产重组事项终止的问询函回复的公告》,公告称伯坦科技是由天堂硅谷推介给德宏股份的资产,德宏股份相关人员最早于 2020 年 1 月开始对标的资产进行过初步研究,并作为公司并购储备项目之一。

(二)半月后德宏股份牵手宁波国资完成逆向混改

● 2020 年 6 月 12 日,镇海投资董事会会议审议通过《股份转让框架协议》。

● 2020 年 6 月 13 日,张元园女士与镇海投资签署《股份转让框架协议》。

● 2020 年 6 月 30 日,张元园女士与镇海投资签署《张元园与宁波市镇海投资有限公司关于浙江德宏汽车电子电器股份有限公司之附条件生效的股份转让协议》,张元园通过协议转让方式将所持德宏股份 7 878 万股无限售流通股

（占公司总股本的 29.99%），以 13.80 元/股的价格转让给镇海投资,总价款合计 10.87 亿元。

● 2020 年 7 月 2 日,德宏股份召开 2020 年第一次临时股东大会,同意豁免张元园女士于 IPO 时作出的自愿性股份锁定承诺。该自愿性股份锁定承诺是指：张元园、张宏保作为德宏股份实际控制人,在德宏股份 IPO 时承诺所持德宏股份股票锁定期届满之日起 24 个月内,转让的公司股份总额不超过股票上市之日所持有总额的 30%,该承诺于 2021 年 4 月 12 日到期。张元园持有公司股份比例为 42.33%,根据上述承诺,张元园所持 29.33% 股份暂不能转让,可转让部分比例为 13%。而本次并购交易张元园需转让 29.99% 的股份,因此需经股东大会审议豁免上述锁定承诺。

● 2020 年 7 月 14 日,宁波市镇海区人民政府、宁波市镇海区国有资产管理服务中心均同意镇海投资以每股 13.80 元的价格协议收购德宏股份 7 878 万股。

● 2020 年 8 月 5 日,本次协议转让的股份过户登记手续已办理完成。镇海投资成为公司的控股股东,公司实际控制人变更为宁波市镇海区国有资产管理服务中心。

三、收购方案

本次收购方案主要包括三部分：一是协议转让股份；二是做出业绩承诺；三是豁免自愿性股份锁定承诺。

（一）协议转让股份

镇海投资与张元园女士签署《股份转让框架协议》,张元园女士向镇海投资转让德宏股份 7 878 万股股份,占德宏股份总股本的 29.99%。标的股份的转让价格为每股 13.80 元,镇海投资受让 7 878 万股股份需支付的资金总额为 10.87 亿元。本次协议转让股份前后上市公司德宏股份股权结构变化情况如表 82 所示。

（二）业绩承诺

本次上市公司德宏股份易主,德宏股份控股股东张元园承诺,德宏股份的现有业务和资产在 2020 年度和 2021 年度经审计归属于母公司所有者的净利润之和不低于 0.9 亿元。

若德宏股份未能达到上述承诺净利润,则镇海投资有权要求张元园以现金进行补足。张元园应承担的补足款＝0.9亿元－德宏股份现有业务在2020年度与2021年度实际完成的经审计归属于母公司所有者的净利润之和。

表82　本次交易前后上市公司德宏股份股权结构变化情况

股东名称	本次交易前		本次交易后	
	持股数量(股)	持股比例	持股数量(股)	持股比例
宁波市镇海投资有限公司	—	—	78 780 000	29.99%
张元园	111 198 443	42.33%	32 418 443	12.34%
张宏保	17 297 280	6.58%	17 297 280	6.58%
施旻霞	8 561 280	3.26%	8 561 280	3.26%
其他股东	125 635 609	47.83%	125 635 609	47.83%
总股本	262 692 612	100.00%	262 692 612	100.00%

(三) 豁免自愿性股份锁定承诺

张元园、张宏保作为德宏股份实际控制人,在上市公司IPO时承诺所持德宏股份股票锁定期届满之日(2019年4月12日)起24个月内,转让的公司股份总额不超过股票上市之日所持有总额的30%。德宏股份于2016年4月12日上市,上述承诺于2021年4月12日到期。

本次收购前张元园持有公司股份比例为42.33%,根据上述承诺,张元园所持29.33%股份暂不能转让,可转让部分比例为13%。而本次收购张元园需转让29.99%的股份,因此需按监管规定提请德宏股份股东大会豁免股份自愿锁定承诺。

为了该豁免股份自愿锁定承诺申请能顺利获股东大会审议通过,镇海投资作为张元园所持股份的受让方,其承诺本次受让的标的公司德宏股份的7 878万股、占标的公司29.99%的股份将继续履行张元园女士在IPO时所作自愿锁定承诺直至到期。最终,德宏股份召开2020年第一次临时股东大会,同意豁免张元园女士于IPO时作出的自愿性股份锁定承诺,镇海投资最终成功收购德宏股份。

四、案例评论

（一）注册制导致"壳"资源稀缺性下降

随着注册制改革铺开，上市通道更加畅通，A 股的"壳"价值快速下降。部分上市公司缺乏投资者关注，每日交投并不活跃，甚至缺乏再融资能力。在这种情况下，"壳"思维一定会让位于产业思维。部分上市公司为了能够顺利"卖壳"，除了引入国资完成逆向混改，原实控人退居二股东或退位之外，还对上市公司的经营业绩做出承诺，并非"一卖了之"的简单买卖壳交易。本次收购中，德宏股份控股股东张元园亦做出了业绩承诺，是注册制导致"壳"资源稀缺性下降的佐证。

（二）国资在 A 股"扫货"节奏明显加快

随着 IPO 常态化和 A 股注册制改革的提速，"壳"资源相对便宜，各地国资逐渐成为收购上市公司控制权的主力。此前国资入主是一种"救命"性质，侧重于化解股权质押风险，尽量保留原有团队，但近年来国资入股上市公司则更多聚焦于实现资本布局及地方产业整合。

进入 2020 年，浙江国资在 A 股"扫货"节奏明显加快。2020 年以来，除德宏股份宣布实际控制人变更为宁波国资外，佐力药业、康恩贝、唐德影视、平治信息等上市公司也先后宣布将易主浙江国资。浙江上市公司数量多，营商环境较好，上市公司潜在风险相对较低，是非常优质的标的公司。

受国有企业混合所有制改革政策影响，以及浙江省"凤凰计划"的推进，浙江省近两年资本市场运作活跃，省国资委在 2018 年 11 月 15 日批准设立了浙江省国有资产证券化投资基金，致力于盘活存量资产、优化国有资源配置、服务全省国资国企转型发展。这一系列政策助推了地方国资入主上市公司的"热潮"。

预计 2021 年浙江省内国有资本对民营企业注资仍将大规模进行。在混改的契机下，对于国有资本来说，通过自身的资源优势帮助民营企业发展壮大，为资金链紧张的民营上市公司注入资金，将有利于国有资本与民营资本更加紧密地结合起来，打造国有资本与民营经济双赢的局面。

（三）协议转让成就溢价交易

自 2018 年来股价下行、股东资金紧张，加之金融去杠杆、信用收紧等宏观政策影响，不少民营企业需要通过地方国资支持以缓解债务压力。在新冠肺炎疫情肆虐全球的背景下,企业发展面临前所未有的困难和挑战,民营上市公司积极寻求多渠道发展之路。此时若能获得国有资本青睐,将是化解困局的出路之一。

通过价格信息对比可以发现,在国有资本入主的并购案例中,协议转让的溢价水平普遍高于定向增发,这主要是因为两者交易逻辑不同。按照现有规则,定增发行大部分是折价发行,在国资入主或者战略投资上市公司时尤为明显,且定增的资金最终都投向上市公司。反观协议转让,由于参与双方直接交易,更多参考上市公司行业属性、资产规模等因素,因此往往是溢价转让,资金最终支付给原实际控制人或大股东。在本次收购中,德宏股份协议转让控制权是原控股股东退出的有利方式。

五、市场表现(603701)

德宏股份交易前后股价变动情况见图99。

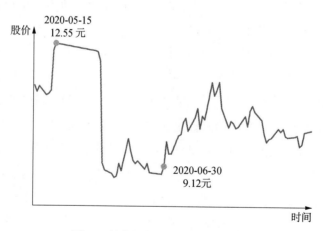

图99　德宏股份交易前后股价走势

第八辑　跨境并购

002454

松芝股份:
跨境整合,迈向新业态

一、收购相关方简介

(一) 收购方:上海加冷松芝汽车空调股份有限公司

上海加冷松芝汽车空调股份有限公司(以下简称"松芝股份")创立于1998年,前身为上海加冷松芝汽车加冷有限公司,2008年变更为股份有限公司,2010年于深交所中小板上市。松芝股份是一家专门从事研发、生产、销售各式车辆移动空调系统的汽车零部件企业。公司主营业务覆盖大中型客车、乘用车、货车、轻型客车和轨道车各类车型领域,并与比亚迪、江淮客车、申龙客车等知名汽车制造企业建立长期合作伙伴关系。根据住房和城乡建设部科学技术委员会城市车辆专家委员会的统计,公司2007年、2008年、2009年大中型客车空调销量在全国大中型客车空调行业排名高居第一。公司市场布局全面广泛,作为大中型客车空调行业的龙头,目前已经形成以上海为中心,以安徽、重庆、武汉、柳州、成都、北京为分散点的业务网络,旗下管理二十余家子公司。公司业务专一集中,不断致力于产品创新。2018年,松芝股份募集投入4.1亿元,大力支持在产品技术项目上的改进与研究。

近年来,松芝股份努力突破自身所在的传统汽车领域,扩张业务范围。公司此前表示已经进入医药冷链市场,获得部分省份医药物流订单,承运包括医疗药品和疫苗等产品。因此,公司产品已经涵盖包括冷冻食品、冷鲜产品以及药品等多个领域,据最新业绩快报显示,松芝股份在2020年度克服了疫情影响和经济下行压力,实现净利润2.4亿元,同比增长36.13%,经营状况超出市场预期。此外,其控股子公司江淮松芝近日接到通知,将作为蔚来汽车某车型的零部件供应商,为蔚来汽车某车型开发和供应热泵空调系统空调箱产品。借助本次收购京滨大洋冷暖工业(大连)有限公司55%股权,松芝股份可以进一步推动主营业务发展,借助新能源汽车浪潮,有望在新能源汽车热管理业务模块占据有利地位。

(二) 收购标的:京滨大洋冷暖工业(大连)有限公司

京滨大洋冷暖工业(大连)有限公司(以下简称"京滨大洋"),原名为大洋汽车空调工程(大连)有限公司,1993年由大连对外经贸委员会批准设立。成立之后经控制权转让,增资活动以及股权重组之后,自2012年至今,京滨大洋由Keihin Thermal Technology Corporation持股55%,香港大洋制造有限公司持股25%,冰山冷热科技股份有限公司持股20%,具体如图100所示。京滨大洋由日本京滨集团控制,主要负责在中国境内从事研发、生产、销售汽车空调冷凝器、蒸发器等产品。京滨集团则是本田汽车旗下最大的零部件公司,主要生产电子燃料喷射装置、空调等产品。多年来,京滨大洋为广汽本田、东风本田、上汽大众、一汽大众以及长安福特等合资品牌车企供应汽车空调相关部件,有着丰富的客户资源和生产管理经验。卓越的制造能力、可靠的产品质量和人性化的售后服务使京滨大洋在业界树立了良好的口碑。据公告披露,目前京滨大洋在广汽本田、东风本田、上汽大众和一汽大众的冷凝器、蒸发器等产品的配套份额超过50%。

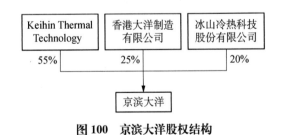

图100　京滨大洋股权结构

二、收购事件一览

● 2020年6月5日,松芝股份发布第五届董事会第一次会议决议公告,董事会通过《关于收购京滨大洋冷暖工业(大连)有限公司55%股权的议案》。

● 2020年6月5日,松芝股份发布关于收购京滨大洋冷暖工业(大连)有限公司 55% 股权的具体方案。

● 2020 年 8 月 18 日，松芝股份收到国家市场监督管理总局的《经营者集中反垄断审查不予禁止决定书》，对公司收购京滨大洋冷暖工业(大连)有限公司股权案不予禁止。

● 2020 年 12 月 25 日，松芝股份发布关于收购京滨大洋冷暖工业(大连)有限公司交割完成的公告，公司已与交易对方履行完毕交割的所有条件。

三、收购方案

松芝股份为了进一步拓展公司主营业务，提高公司产品在合资品牌车企的配套份额，使用自有资金 1 100 000 000 日元向 Keihin Thermal Technology Corporation 收购其持有的京滨大洋 55% 股份，交易对价均以自有资金形式支付，本次交易前后股权结构变化如表 83 所示。本次交易不构成重大重组，也不构成关联交易。另外，根据资产基础法下的评估结果，京滨大洋股东全部权益价值为 34 059.50 万元，增值额为 3 226.93 万元，增值率为 10.47%。

表 83　本次交易前后股权结构变化

股东名称	本次交易前		本次交易后	
	注册资本(美元)	持股比例	注册资本(美元)	持股比例
Keihin Thermal Technology Corporation	8 314 840	55.00%	0	0.00%
香港大洋制造有限公司	3 779 472	25.00%	3 779 472	25.00%
冰山冷热科技股份有限公司	3 023 578	20.00%	3 023 578	20.00%
松芝股份	0	0.00%	8 314 840	55.00%
合计	15 117 890	100.00%	15 117 890	100.00%

四、案例评论

(一) 低价控股，布局深谋远虑

根据松芝股份发布的公告，此次收购以现金支付 1 100 000 000 日元交易价款获得标的资产 55% 股份。就目前人民币兑日元的汇率换算，总价折合约为

6 646 万元。而根据公司披露的京滨大洋全部权益价值项目的资产评估报告,选定资产基础法下的评估结果,标的资产对应的股东全部权益价值为 34 059.50 万元,若以该评估结果作为收购定价依据,应当支付对价 34 059.50 × 0.55 = 18 732.73 万元。相比之下,松芝股份仅仅以约占全部权益评估值三分之一的价格就获得了对京滨大洋的控股,可谓一笔极其划算的买卖。对于这笔低价收购,究其原因,可能与标的资产这两年疲软的业绩表现密切相关。根据松芝股份披露的京滨大洋 2019 年度审计报告,京滨大洋 2019 年度净利润为 23 776 984.79 元,同比下降约 50%,营业收入显著减少是业绩表现乏力的主要原因。然而,松芝股份看中标的资产在汽车空调部件业务方面的经验,在市场低预期阶段果断拿下京滨大洋,可谓深谋远虑。

(二) 消除同业竞争,增加市场占有率

此次收购的标的资产和松芝股份经营范围相同,主要从事汽车空调设备的制造。并且,标的资产京滨大洋是京滨集团专门布局中国市场的着力点,主要负责发展在中国境内的业务。通过本次收购交易,松芝股份可以完全获得日本京滨集团在中国大陆的冷凝器、蒸发器产品业务,消除同业竞争,扩大公司的业务版图,进一步打开合资车企的市场。另外,截至目前,松芝股份在上海、安徽、武汉、厦门、重庆、柳州、成都均设立了自己的控股子公司及分公司,竭力打造覆盖全国的生产基地。收购标的京滨大洋主体设在大连市,而中国东北地区刚好是松芝股份基地布局未涉足的一块领域,二者的融合恰好弥补了这块空白,松芝股份得以实现中国境内主要区域的全覆盖,有助于公司进一步提高客户配套效率,降低运营成本,提高客户响应速度。

(三) 整合资源,追赶汽车行业新浪潮

根据松芝股份的投资者互动平台显示,松芝股份董事长秘书在回答投资者问题时提到,公司已成为蔚来汽车的热泵空调系统的空调箱供应商,并获得项目定点。另外,公司已推出了能够满足新能源汽车在低温状态下运行需要的包括低温热泵空调以及超低温热泵空调产品,虽然目前松芝股份还未发布明确提到这类合作的相关公告,但这一信号预示了公司未来在新能源汽车领域将有一些新布局。目前,随着节能环保理念的提倡,电动汽车的制造将会成为一种新业态。除了造车技术已经相对成熟的特斯拉,国产电动汽车厂商蔚来、小鹏也在努力追赶,百度、小米等知名互联网公司也纷纷加入到这场新潮中来。作为汽车零部件行业的老将,松芝股份利用此次收购京滨大洋,资产规模和业务范围都将会扩大,公司在管理团队、技术研发、项目管理上也会吸纳更多的经验。这将有助于公司在新能源汽车的浪潮中蓄势待发,占领先机。

五、市场表现(002454)

松芝股份交易前后股价变动情况见图 101。

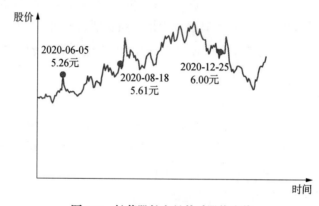

图 101　松芝股份交易前后股价走势

300477

合纵科技：
丰富钴储量，助力布局锂电材料

一、收购相关方简介

（一）收购方：北京合纵科技股份有限公司

北京合纵科技股份有限公司(以下简称"合纵科技")于 1997 年成立于中关村科技园区上地信息产业基地,并于 2007 年登陆深交所。合纵科技是中国电力系统内集生产、销售、服务于一体的民营高科技股份制企业,拥有省部级研发中心及众多区域销售分支机构,业务覆盖我国发电、输配电以及市政建设、铁路、城市轨道交通、供电等行业的各个领域,为建立节能、环保的供电网络提供高技术含量的输配电成套设备设施,主要产品包括环网开关柜、箱式变电站、电缆分支箱、柱上开关、配电变压器和配电自动化终端等六大系列产品。合纵科技凭借深厚的行业背景、坚实的技术基础以及丰富的国际国内商务运作经验,吸引了众多世界知名电力企业成为合作伙伴,包括美国 COOPER 电力系统公司、意大利 SEL、德国 DRIESCHER 公司等。

合纵科技的控股股东、实际控制人为刘泽刚先生。本次股权转让的标的资产为天津市茂联科技有限公司(以下简称"天津茂联")全资子公司——茂联(香港)国际贸易有限公司(以下简称"香港茂联")持有的 ENRC(BVI)100％股权,天津茂联的主营业务为钴系列、铜系列、镍系列及锂系列等产品的研发、制造、销售,香港茂联的经营范围是铜钴矿等原材料进出口。刘泽刚先生是天津茂联的法人及董事长,因此合纵科技直接持有天津茂联 21.33％的股份,本次交易的转让方是合纵科技的关联方香港茂联,从而构成关联交易。

表 84　合纵科技此次交易前股权结构情况

股 东 名 称	持股数量(股)	占总股本比例(%)
刘泽刚	162 561 680	19.52
韦强	81 719 221	9.81
张仁增	37 422 304	4.49
何昀	31 270 207	3.75
赣州合纵投资管理合伙企业(有限合伙)	24 180 912	2.9
北京合纵科技股份有限公司-第一期员工持股计划	23 482 534	2.82
高星	14 848 123	1.78
李智军	11 428 515	1.37
江门市科恒实业股份有限公司	8 818 227	1.06
王维平	8 332 795	1
合计	404 064 518	48.5

(二) 收购标的: ENRC(BVI)Limited

ENRC(BVI)Limited(以下简称"ENRC(BVI)")由 Eurasian Natural Resources Corporation PLC 出资,设立于 2011 年 8 月 25 日。2014 年 2 月 14 日茂联(香港)国际贸易有限公司以 5 000 万美元的对价,购买了 Eurasian Natural Resources Corporation PLC 持有的 ENRC(BVI)100%股权。ENRC(BVI)是一家根据 BVI 法律设立的 BVI 商业公司,其下属子公司恩卡纳合金冶炼有限公司(Nkana Alloy Smelting Company Limited,以下简称"恩卡纳冶炼")在赞比亚拥有铜钴矿资源——Nkana 渣堆矿权,且具备采矿许可证,有效期为 25 年。ENRC(BVI)未来的主要产品是铜、钴,仍需一定时间进行建设,尚未进行生产,也未实现销售。根据中矿资源集团股份有限公司于 2018 年 11 月出具的《赞比亚铜带省恩卡纳炉渣铜钴矿资源量核实报告》(以下简称"《报告》"),Nkana 渣堆矿权矿石量为 1 642.21 万吨,其中铜金属量 184 620 吨,钴金属量 120 067 吨,该渣堆矿为地表露天矿,易于开采。

二、收购事件一览

- 2020 年 5 月 10 日,合纵科技与天津茂联、香港茂联签署股权转让协议。

● 2020 年 5 月 12 日,合纵科技发布《关于股权收购涉及矿业权信息暨关联交易公告》,其第五届董事会第二十七次会议审议通过本次收购交易。

● 2020 年 5 月 27 日,合纵科技召开 2020 年第五次临时股东大会,审议通过本次收购 ENRC(BVI)100%股权暨关联交易的议案。

三、收购方案

(一) 协议转让股权

本次股权收购的转让方为合纵科技的关联公司香港茂联,根据合纵科技与天津茂联、香港茂联于 2020 年 5 月 10 日签署的股权转让协议,标的资产为香港茂联持有的 ENRC(BVI)100%股权,根据协议规定的条款及条件,香港茂联同意将其持有的协议股权作价 5 000 万美元转让给合纵科技,合纵科技同意受让该等协议股权。

(二) 支付转让价款

根据经双方同意的股权转让协议,本次交易转让价款的支付依次满足以下条件。

1. 矿山资源储量调查

双方签署协议后,合纵科技委派中介机构对矿山资源的储量等事项进行尽职调查,调查结果不低于中矿资源集团股份有限公司 2018 年 11 月出具的《报告》的储量,且本交易涉及的矿业权和相关资产不存在权利限制或者权属争议,合纵科技约定在协议签署后 6 个月内支付协议股权转让价款的 10%(500 万美元),汇入对方指定账户。

2. 转让方回收标的资产子公司的少数股权

第一笔转让价款支付完毕后,股权转让方香港茂联委派海外管理人员回收 ENRC(BVI)下属子公司恩卡纳冶炼的少数股东权益。第一笔转让价款支付后 6 个月内,香港茂联积极推动回收恩卡纳冶炼的少数股权,合纵科技向对方指定账户转让价款的 70%(3 500 万美元)。

3. 支付剩余价款

在第二笔转让价款支付完毕后,且恩卡纳冶炼的少数股东权益回收签署完相应法律文件、履行完法定变更程序后,合纵科技在 30 日内向对方指定账户支付剩余 20%的价款(1 000 万美元)。

四、案例评论

(一) 矿山丰富钴储量大幅降低成本,完善锂电材料板块战略布局

2018 年 11 月,中矿资源集团有限公司发布《报告》,全面评估了 Nkana 渣堆铜钴矿。根据《报告》,Nkana 渣堆铜钴矿位于赞比亚基特韦市,是标的公司 ENRC(BVI)的核心资产,其拥有 164.21 万吨矿石量,其中包括 184 620 吨铜金属量(品位 1.12%),120 067 吨钴金属量(品位 0.73%)。本次交易完成后,上市公司将继受标的公司丰富的矿山钴金属储量,从而成为 A 股上市公司拥有钴金属量排名第二的公司,仅次于洛阳钼业。

此外,该渣堆矿为地表露天矿,开采方法为露天开采,使用装载机直接装车,回采率可达 100%,极易开采。按照满产 6 000 金吨计算,该矿山服务年限超过 20 年。本次收购涉及采矿权能够为合纵科技加快稀缺钴资源的战略储备,大幅降低公司获取钴原料的成本,完善锂电材料板块"资源冶炼+材料+前驱体"的战略布局。

(二) 产业链优势突出,获利空间大

Nkana 渣堆铜钴矿山投产,有助于合纵科技强化上游资源布局,增强锂电材料所需的资源储备,同时有助于公司打造完整的钴产业链,涵盖"钴矿-粗钴冶炼-钴前驱体",其中恩卡纳冶炼位于赞比亚,负责将钴矿石初步冶炼,再运回国内作为原材料;通过合纵科技全资子公司湖南雅城深加工做成 3C 电池正极材料;通过天津茂联生产硫酸钴,做成动力电池正极材料产品,从而完善整个钴产业链条。

从产能来看,Nkana 渣堆铜钴矿山的建设产能为 100 万吨/年处理量,生产期第 1 年为 50%产能,第 2 年为 90%产能,满产对应 9 000 金吨铜,5 100 金吨钴。而该渣堆矿极易开采,开采成本几乎为零,且冶炼厂地处中赞工业园区,初步冶炼的原材料运输成本较低。随着新能源汽车和 5G 手机需求的增长,钴价预期大幅上涨,合纵科技通过此次股权收购获得丰富 Nkana 渣堆铜钴矿资源,未来获利空间大,市场前景乐观。

(三) 矿山投产一再推迟,技术线路可行性不明,引发市场质疑

2020 年,随着新冠肺炎疫情的暴发,非洲部分国家封港,导致相关设备、配件等物流运输时间延长,直接造成了 Nkana 渣堆矿山预计投产时间从 2020 年

上半年推迟到了 2020 年下半年;此外,由于新冠肺炎疫情的持续影响,以及公司替代技术线路的上马,Nkana 渣堆矿山预计投产时间又从 2020 年第四季度推迟到了 2021 年上半年。截至目前,Nkana 渣堆矿山已进入最后的设备安装调试阶段,该铜钴渣矿的开采将于 2023 年 9 月到期,未来是否能够顺利开采达到预计产能存在不确定性。

此外,市场质疑公司是否有针对性的技术储备。不同于华友钴业、寒锐钴业等行业头部公司的主要矿源,Nkana 渣堆矿并非未开采矿源,而是早期英国企业在当地连同留下的露天尾渣矿。目前,行业头部公司在非洲的冶炼铜钴原矿模式,主要是依靠开采铜钴伴生矿山,加工出钴精矿,再经一系列萃取和提纯技术生产出钴盐,而公司采用的技术为"加压浸出技术",工艺流程主要包括回收铜、钴,再实现资源综合利用,该技术路线实质上是工业化、大规模地从炼铜废渣中提取钴金属,十分罕见,也未见有成熟先例,技术问题不禁引发市场担忧。

五、市场表现(300477)

合纵科技交易前后股价变动情况见图 102。

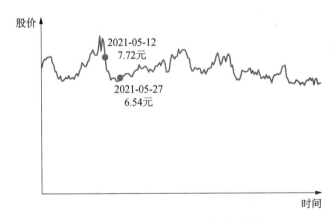

图 102　合纵科技交易前后股价走势

600988

赤峰黄金:
收购优质矿产,赶上大选金价红利

一、收购相关方简介

(一) 收购方:赤峰吉隆黄金矿业股份有限公司

赤峰吉隆黄金矿业股份有限公司(以下简称"赤峰黄金")成立于1998年6月22日,于2004年4月14日上市。

赤峰黄金主营业务为有色金属采选及资源综合回收利用,主要通过下属子公司(吉隆矿业、华泰矿业、五龙黄金)从事黄金采选业务,2018年赤峰黄金收购MMG Laos100.00%股权,间接持有LXML90%的权益,LXML从事铜矿开采和冶炼。2015年赤峰黄金购买雄风环保100%的股权和广源科技55%的股权,雄风环保从事资源综合回收利用业务,广源科技从事废弃电器电子产品处理业务。赤峰黄金贯彻黄金采选与资源综合回收利用双轮驱动、以矿为主的发展战略,在黄金采选业务稳步经营的基础上,推动发展资源综合回收利用业务。

赤金国际(香港)有限公司(以下简称"赤金香港")是赤峰吉隆黄金矿业股份有限公司的全资子公司。

(二) 收购标的:Mensin Bibiani Pty Ltd 以及旗下三家全资子公司(Mensin Gold Bibiani Limited、Noble Mining Ghana Limited 和 Drilling and Mining Services Limited)

1. Mensin Bibiani Pty Ltd

本次交易标的为 Resolute Mining Limited(简称"RML")所持有的 Mensin Bibiani Pty Ltd(以下简称"MBL")100%股权。MBL最初于英国皇家属地泽西岛成立,2016年12月迁至澳大利亚,公司形式为私人有限责任公司,其资本与股权结构如表 85 所示。

表 85　Mensin Bibiani Pty Ltd 资本与股权结构

股东名称	持股比例	持股数	认购资本(万美元)	实缴资本(万美元)
Resolute Mining Limited	100%	2	2	2

Mensin Bibiani Pty Ltd 旗下拥有三家全资子公司。

2. Mensin Gold Bibiani Limited(以下简称"MGBL")

MGBL 成立于 2006 年 9 月,经营范围为金矿开采及勘探。

MGBL 拥有 Bibiani 金矿,该矿山位于加纳著名的 Sefwi-Bibiani 黄金成矿带(绿岩带类型)的中部,有超过 100 年的生产历史,据估算,已经累计产金 500 万盎司。Bibiani 矿山有生产记录的最后日期是 2013 年 5 月,当时因金价大幅下跌而进入停产维护状态,目前仍处于维护状态。

根据 JORC 标准的储量报告,截至 2017 年 10 月,Bibiani 矿山矿产资源量估算结果为 2 170 万吨,金品位 3.59 克/吨,金属量 250 万盎司,赋存于地下 200 至 550 米,底部未封闭。根据技术顾问出具的技术尽调报告,Bibiani 矿产有较大的勘探潜力。Bibiani 矿山资源的具体情况见表 86。

表 86　Bibiani 矿山资源情况

级别	矿量(万吨)	品位(克/吨)	金属量(百万盎司)
探明	—	—	—
控制	1 330	3.50	1.49
推断	840	3.73	1.01
总计	2 170	3.59	2.50

根据加纳法律,加纳政府在所有矿业经营活动中拥有 10% 的权益。即在 Bibiani 矿山重新运营后,加纳政府会自动获得 10% 的 MGBL 的股份(仅享有股份对应的分红权)。

3. Noble Mining Ghana Limited(以下简称"NMGL")

NMGL 成立于 2009 年 6 月,经营范围为投资获取矿权证照/许可开发、运营及管理矿产资源及矿业租赁,矿业承包业务。

4. Drilling and Mining Services Limited(以下简称"DMSL")

DMSL 成立于 2011 年 2 月,经营范围为勘探承包、采矿设备租赁、矿业咨询。

二、收购事件一览

● 2020 年 12 月 14 日,赤峰黄金第七届董事会第三十二次会议审议通过《关于收购 Mensin Bibiani Pty Ltd 100%股权的议案》。

● 2020 年 12 月 14 日,赤峰黄金独立董事发表了独立意见,同意收购 Mensin Bibiani Pty Ltd 100%股权相关事项。

● 2020 年 12 月 15 日,赤峰黄金与交易对方签署了《股份转让协议》。

● 2020 年 12 月 16 日,赤峰黄金发布收购 Mensin Bibiani Pty Ltd 100%股权的公告。

三、收购方案

赤峰黄金通过全资子公司赤金香港以现金方式收购澳大利亚上市公司 RML 所持有的 MBL100%的股权,以及 MBL 旗下三家全资子公司: MGBL,NMGL 以及 DMSL。与 MBL 股权交易对价为 1.089 亿美元,约合人民币 71 257.63 万元(以 2020 年 12 月 15 日中国外汇交易中心公布的人民币汇率中间价 1 美元兑人民币 6.543 4 元折算),该对价包含 MBL 关联债务(截至公告日为 92 831 699 美元)、外部债务和未决诉讼可能导致的最高赔付额(外部债务和未决诉讼可能导致的最高赔付额为共计 3 834 000 美元,具体以实际发生的金额为准)的处理。

四、案例评论

(一)恰逢美国大选之年,欲赶上黄金利好红利

2020 年为美国大选之年,拜登正式宣誓就任美国第 46 任总统后,黄金大涨,有关金融机构对于黄金的前景较为看好,认为金价在未来将创下新高。

赤峰黄金选择在美国大选这个时间点进行业务扩张与扩展原因主要体现在以下两个方面:第一,2020 年初美国国内政治不稳定,由于疫情原因,美国阶

级矛盾凸显、民粹主义盛行、社会撕裂严重,导致金融市场动荡不安,同时美国大选的宣讲中不同竞选主张的碰撞为金融市场也带来众多不确定性,再加上2020年初的美股四次熔断,使得美国民众对市场的信心受到冲击,因此在前景不明朗的情况下,市场会倾向于增加黄金这样的避险资产的配置,黄金市场会利好,赤峰黄金想借并购优质金矿,享受这波黄金利好红利。

第二,拜登上台后,主张提高资本利得税并且推动反垄断政策,对科技类大公司进行拆分,这些措施都会对股市造成利空的影响,在这样的形势下广大投资者就会选择黄金这一避险工具,黄金市场迎来繁荣,这会大大改善赤峰黄金的经营环境,公司业绩相对黄金价格具有较高的弹性,黄金价格上涨对提升赤峰黄金的盈利水平有很大的促进作用。

(二) 获得西非丰富矿产,提升黄金资源禀赋

Bibiani是一座西非成熟的矿山,之前该矿山被投入了大量完备的基础设施建设,若将该矿山恢复生产,预测成本可控。赤峰黄金将尽快恢复Bibiani矿山生产,预计可生产黄金3吨/年。本次并购完成后,赤峰黄金的权益金资源量将从145.6吨增长48.1%至215.6吨,控制金资源量将从155.9吨增长50%至233.9吨,从而进一步提升赤峰黄金自身的资源禀赋。Bibiani矿山是公司海外扩张的第二站,是西非地区资源扩张的起点,考虑到赤峰黄金团队在国内矿山的运营管理能力和Sepon矿山的建设经营能力,Bibiani金矿在交割后较快能实现复产,这会成为赤峰黄金海外资产中的另一亮点。同时赤峰黄金自身资源禀赋的提升会助力实现员工持股计划中2020—2022年黄金产量不低于4.5/10/16吨的解锁条件。

在Bibiani金矿山的加持下,凭借赤峰黄金多年累积的黄金开采技术及管理经验,一定可以为未来的赤峰黄金增强经营能力,扩大盈利规模,成为世界具有影响力的黄金企业。

(三) 优化海外布局,资源整合提速

赤峰黄金确立了"以金为主"的发展战略,坚持内部增储与外延扩张并举的发展策略。目前黄金的资源储备日益稀缺,但是黄金需求量却日益上升,形成了供不应求的局面,使得金价直线上涨。通过本次收购MBL股权从而间接取得Bibiani矿山控制权,赤峰黄金快速获得优质资源,掌握了重要黄金资源储备。赤峰黄金早在2018年就部署了国际化的战略:2018年赤峰黄金完成收购

位于老挝的 Sepon 铜金矿,迈出了国际化第一步。如今赤峰黄金完成了国际化的第二步。

西非丰富的黄金储备和严格的监管环境吸引了大量的投资者,本次并购交易完成后,赤峰黄金获取了西非这一国际重要产金地区的黄金资源,拓宽了国际化空间,加快了黄金储备的资源整合。

五、市场表现(600988)

赤峰黄金交易前后股价变动情况见图 103。

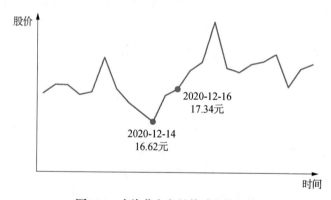

图 103　赤峰黄金交易前后股价走势

603348

文灿股份:
跨境收购,完整铸造工艺链

一、收购相关方简介

(一) 收购方:广东文灿压铸股份有限公司

广东文灿压铸股份有限公司(以下简称"文灿股份")成立于 1998 年,主要从事汽车铝合金精密压铸件的研发、生产和销售,供应中高档汽车的压铸零部件。在公司发展过程中,产品结构由传统的小吨位压铸件(发动机系统、底盘系统、制动系统等铸件)向技术壁垒较高的大吨位零件(车身结构件和变速箱壳体等)转变。公司客户由此前的以全球知名一级供应商为主,向传统中高端及新能源整车厂客户拓展,如奔驰、特斯拉、大众、蔚来、小鹏和广汽新能源等。

公司的压铸技术逐步实现全覆盖。2011 年布局高真空压铸技术并取得突破后,陆续获得奔驰、特斯拉、蔚来等车身结构件订单。2017 年设立江苏文灿压铸有限公司,布局低压压铸,获得大众 MEB(Main Equipotential Bonding,总等电位联结)电机壳订单。2020 年收购法国重力铸造龙头 Le Bélier S. A. (即"百炼集团"),实现了铝合金压铸全工艺链的布局。当前公司已成长为汽车铝合金铸造龙头。

文灿股份大股东及一致行动人持股比例较高。唐杰雄、唐杰邦是公司控股股东及实际控制人,二人为堂兄弟关系,均分别持有公司 12.95%的股份,并通过佛山市盛德智投资有限公司(以下简称"盛德智")间接控制公司 12.95%的股份,合计直接和间接控制公司 38.85%的股份。唐杰维、唐杰操分别是唐杰雄、唐杰邦的胞弟,均分别持有公司 12.95%的股份。唐怡汉、唐怡灿、唐杰维、唐杰操为公司实际控制人唐杰雄、唐杰邦的一致行动人。文灿股份本次收购前的股权结构如图 104 所示。

随着 2020 年 8 月百炼集团并表,叠加车市回暖,文灿股份经营拐头向上。2015 年供应奔驰的车身结构件进入批产,2017 年供应特斯拉的车身结构件和供应大众的变速箱壳体进入量产爬坡期,公司表现出较高的营收增速。2018 年、2019 年受宏观经济下行及汽车市场整体不景气的影响,业绩增长缓慢甚至出现下滑。截至 2019 年底文灿股份总资产为 39.31 亿元,2019 年度营业收入为 15.38 亿元,归属于文灿股份股东的净利润为 7 103.45 万元。2020 上半年受国内外疫情影响,下游车企产销量下降导致零部件需求减少,公司业绩受损。2020 年 8 月百炼集团开始纳入公司合并报表,第三季度公司业绩强势复苏,单季实现营业收入 8.12 亿元,同比增长 135.26%。

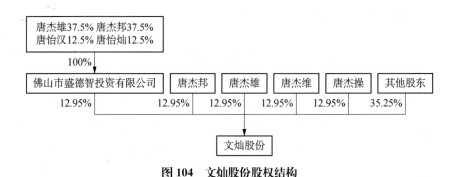

图 104　文灿股份股权结构

(二) 收购标的: Le Bélier S. A. (百炼集团)

Le Bélier S. A. (即"百炼集团",交易代码:BELI.PA)成立于 1994 年 1 月 6 日,为巴黎泛欧交易所上市公司。百炼集团是专业生产铝合金铸造零部件的全球性集团,拥有从产品设计、模具设计与制造、样件制作到零部件铸造加工的完整生产体系,在全球共有 12 处制造基地,分别位于法国、匈牙利、塞尔维亚、中国和墨西哥等国家。从按生产区域划分的收入结构来看,2018 年百炼集团来自欧洲的收入占比为 64.2%,来自中国的占比为 20.4%,来自墨西哥的占比为 15.4%。

百炼集团的核心产品为汽车制动系统、进气系统、底盘及车身结构件等产品领域的精密铝合金铸件。百炼集团 2018 年按产品分类的收入构成如下:制动系统占比 66%,进气系统占比 17%,底盘及车身结构件占比 16%,其他零部件占比 1%。在汽车制动系统的铝合金铸件领域,百炼集团居于世界领导者的位置。百炼集团在进气系统铝合金铸件以及底盘及车身结构件领域也享有较高的市场份额。

百炼集团的客户包括采埃孚(ZF)、德国大陆(CONTINENTAL TEVES)、法雷奥(VALEO)、博世(BOSCH)、博世马勒(BOSCH MAHLE)、本特勒(BENTELER)等全球知名一级汽车零部件供应商,以及宝马(BMW)、戴姆勒(DAIMLER)、标致雪铁龙(PSA)、雷诺日产(RENAULT NISSAN)等整车厂商。

百炼集团的第一大股东为 Copernic 公司,持有百炼集团 57.68% 的股权。本次收购前百炼集团的股权结构如图 105 所示。

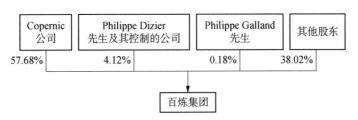

图105　百炼集团本次收购前的股权结构

二、收购事件一览

● 2019 年 12 月 6 日,文灿股份第二届董事会第二十一次会议审议通过了《关于收购 Le Bélier S. A. 控股权的议案》。

● 2020 年 1 月 6 日,文灿股份 2020 年第一次临时股东大会审议通过《关于向法国兴业银行申请并购贷款的议案》《关于向中国兴业银行申请并购贷款的议案》《关于股东出具出资承诺函的议案》。

● 2020 年 3 月 27 日,文灿股份收到广东省商务厅出具的《企业境外投资证书》。

● 2020 年 4 月 7 日,文灿股份收到广东省发改委出具的《境外投资项目备案通知书》。

● 2020 年 4 月 8 日,本收购通过德国反垄断机构审查。

● 2020 年 5 月 19 日,本收购通过斯洛伐克反垄断机构审查。

● 2020 年 5 月 27 日,外汇监管机构授权银行的外汇业务登记办理完成。

● 2020 年 6 月 19 日,文灿股份第二届董事会第二十七次会议审议通过了《关于公司重大资产购买的议案》。

● 2020 年 7 月 1 日,文灿股份第二届董事会第二十八次会议审议通过了

《关于就收购 Le Bélier S. A.控股权签署补充协议的议案》。

● 2020 年 7 月 20 日,文灿股份召开 2020 年第三次临时股东大会,审议通过了关于本次重大资产购买的相关议案。且于当日,本次交易通过法国经济部的外商投资审查。

● 2020 年 7 月 28 日为目标股份交割日,文灿股份分别按 38. 18 欧元/股的价格向 Philippe Galland 先生、Philippe Dizier 先生及其控制的公司,按 35. 12 欧元/股的价格向 Copernic 公司支付股权转让价款。本次交割后,文灿股份境外全资子公司文灿法国持有百炼集团的股份比例为 61. 349 2%。

● 2020 年 9 月 3 日为锁定股份交割日,Philippe Dizier 先生持有的标的公司 40 390 股锁定股份(占标的公司总股本的 0. 61%)的锁定期届满,按 38. 18 欧元/股的价格过户给文灿法国。Philippe Dizier 先生锁定股份交割后,文灿法国持有百炼集团的股份比例为 61. 96%。

● 2020 年 10 月 7 日,文灿法国向 AMF(法国金融市场管理局)报送了《强制要约报告书(初稿)》,百炼集团向 AMF 报送了《百炼集团针对要约答复文件(初稿)》。

● 2020 年 10 月 27 日,文灿法国收到 AMF 书面通知,AMF 批准文灿法国以 38. 18 欧元/股向持有百炼集团剩余股份的中小股东发出强制要约。

● 2020 年 10 月 29 日至 11 月 12 日,根据 AMF 通知,文灿法国以 38. 18 欧元/股向持有百炼集团剩余股份的中小股东发出强制要约,合计收购了百炼集团 2 041 815 股股票。

● 2020 年 11 月 13 日,文灿法国累计持有百炼集团股份比例为 92. 98%,投票权比例为 91. 66%。

● 2020 年 11 月 20 日,文灿法国的代表银行法国兴业银行对剩余股东进行了强制挤出,百炼集团从巴黎泛欧交易所退市。

● 2020 年 12 月 10 日,根据法国 Caceis 银行出具的登记凭证,并经富而德律师确认,文灿法国正式持有百炼集团 100%的股权。

三、收购方案

(一) 吸收合并方案概述

本收购为文灿股份通过境外全资子公司文灿法国向交易对方 Copernic 公

司以每股 35. 12 欧元、向 Philippe Galland 先生和 Philippe Dizier 先生及其控制
的公司以每股 38. 18 欧元的现金对价收购其所持有的百炼集团 4 077 987 股普
通股,代表百炼集团总股本的 61. 96%。具体股权交割情况见表 87。

表 87　本次收购中百炼集团 61. 96% 的股权交割情况

交易对方	持有股数(股)	占总股本比例	每股价格	金额(欧元)	金额(人民币元)	交割日期
Copernic公司	3 796 771	57. 68%	35. 12	133 342 597. 52	1 042 139 070. 92	目标股份交割日
Philippe Galland先生	11 951	0. 18%	38. 18	456 289. 18	3 566 128. 09	目标股份交割日
Philippe Dizier先生	228 875	3. 48%	38. 18	8 738 447. 50	68 295 336. 44	目标股份交割日
	40 390	0. 61%	38. 18	1 542 090. 20	12 052 205. 96	锁定股份交割日
合计	4 077 987	61. 96%	—	144 079 424. 40	1 126 052 741. 40	—

注:本表中的人民币金额按照 2019 年 12 月 31 日中国人民银行公布的人民币兑欧元中间价(1 欧元兑换
7. 815 5 元人民币)进行转换

　　因本次收购前百炼集团是巴黎泛欧交易所上市公司,文灿股份在 61. 96%
的控股权收购完成后,公司境外子公司文灿法国以每股 38. 18 欧元的收购价
格,针对百炼集团剩余的全部股份发起强制要约收购,并根据要约情况对标的
公司剩余股权进行强制挤出,从而获得百炼集团 100% 股权,进而完成百炼集团
的退市及私有化流程。

　　本次收购完成后,百炼集团成为文灿股份的全资控股子公司,文灿股份通
过境外子公司文灿法国直接持有百炼集团 100% 股权。本次收购完成后百炼集
团各层级的股权结构如图 106 所示。

(二) 交易价格

　　本次交易中,独立评估机构上海东洲采用上市公司比较法和交易案例比较
法对百炼集团 100% 股权价值进行了估值分析,最终结论以上市公司比较法作
为估值结果。截至估值基准日 2019 年 12 月 31 日,百炼集团 100% 股权的估值

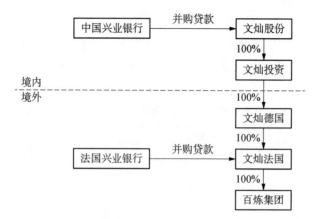

图106　本次收购后百炼集团各层级的股权结构

为26 990.20万欧元,按照基准日中国人民银行公布的欧元兑人民币汇率1:
7.815 5换算,约合人民币210 942万元,百炼集团合并口径归属于母公司所有
者权益的账面价值为16 740.70万欧元,增值额为10 249.50万欧元。

　　本次最终交易定价是文灿股份综合考虑百炼集团的盈利能力、市场地位、
品牌影响力、市值以及战略发展等因素后经交易双方谈判而确定的。根据交易
双方签署的《股份购买协议》及《股份购买协议之补充协议》,本次交易百炼集团
100%股份的定价为23 968.72万欧元,其中控股权(61.96%股权)对应的作价
为14 407.94万欧元。

（三）支付方式及资金安排

　　本次收购为现金收购,即文灿股份向交易对方及其余小股东支付现金并取
得标的资产。百炼集团100%股权的交易价格为23 968.72万欧元,约合
187 327.55万元人民币。本次收购的资金来源为文灿股份的自有资金及自筹
资金,其中自筹资金包括向中国兴业银行佛山分行申请的并购贷款,向法国兴
业银行申请的并购贷款及文灿股份通过其他法律法规允许的方式筹集的资金。

1. 中国兴业银行并购贷款

　　结合本次收购进展情况及公司现金管理计划,文灿股份向兴业银行股份有
限公司佛山分行申请了38亿元人民币的银行贷款,用于本次交易的收购价格
以及与收购有关的费用、成本和开支。

2. 法国兴业银行并购贷款

　　结合本次收购进展情况及公司现金管理计划,文灿股份通过文灿法国,与

百炼集团一起作为借款主体向法国兴业银行等银行组成的银团申请银行贷款。法国兴业银行已向借款主体提供合计 5 000 万欧元的定期贷款用于本次收购，具体可用于支付本次收购的收购价格、本次境外融资的前端费用以及文灿法国及其子公司为完成本次收购所产生的费用。

四、案例评论

（一）实现全球化的布局

百炼集团主要制造及研发基地位于匈牙利、塞尔维亚、墨西哥、法国等欧美国家，以及中国的大连、武汉等地，文灿股份的主要制造基地位于中国的佛山、南通、无锡、天津等地。收购百炼集团后，文灿股份在全球的主要汽车市场都拥有本土化的生产制造基地及技术中心，可以更迅速、更准确地了解客户的需求，从而更快速、更全面地为客户提供解决方案。同时，文灿股份可利用其在国内市场的深度布局，协助百炼集团加速拓展中国市场，以最大限度地发挥本次收购的协同效应。在当前国家间贸易摩擦和国际贸易波动的宏观背景下，全球化的布局也可以更好地抵御这种不确定性对生产经营带来的不利影响。

（二）提升产品的全球市场份额及品牌知名度

文灿股份与百炼集团主要产品均为精密铝合金铸件，收购完成后大幅提升了文灿股份精密铝合金铸件产品于汽车零部件领域的市场份额。文灿股份与百炼集团的客户均包括采埃孚（ZF）、法雷奥（VALEO）、戴姆勒（DAIMLER）等全球知名一级汽车零部件供应商及主机厂，收购完成后文灿股份能够为上述知名客户提供更丰富的产品类型、更快速的需求响应，从而进一步巩固和深化与上述知名客户的合作关系，提升公司在汽车供应链中的竞争地位。

此外，收购后文灿股份可利用百炼集团的品牌及销售渠道，进一步提高公司品牌及产品服务在国际市场的知名度，开拓欧美市场，成为全球领先的精密铝合金铸件产品供应商。同时，文灿股份可利用其在中国市场的本地化资源为百炼集团开拓中国市场提供协助，迅速提升其在中国市场的品牌影响力，有利于其本土化和新兴市场战略的实施。

（三）构建完整的铸造工艺链，满足客户多元化的产品工艺需求

文灿股份的生产工艺主要是高压铸造，百炼集团的核心生产工艺为重力铸造。收购百炼集团使文灿股份获得全新的技术工艺及产品，文灿股份领先的高

压铸造工艺与百炼集团领先的重力铸造工艺整合形成了完整的铸造工艺链。同时,双方共同在低压铸造技术领域进行协同发展,进一步丰富了公司产品工艺。收购完成后,文灿股份能够为客户提供更全面的产品系列、更多铸造工艺路径的选择以及更佳的生产制造方案,满足客户多元化的产品工艺需求。

（四）形成国际化的管理模式,助推企业实现管理升级

收购百炼集团有利于文灿股份借鉴百炼集团全球化的经营管理模式及管理经验,完善公司应对全球化业务发展的管理制度和内部控制制度,在公司治理、人力资源、规范管理等方面提升公司管理效率和经营水平,继而降低经营成本。同时,文灿股份将根据国内外业务开展的需要进行管理制度的动态优化和调整,借助百炼集团的国际化平台,吸收全球专业人才,为公司全球化布局奠定坚实的管理和人才基础。因此,本次收购不仅有助于提升文灿股份在全球范围内的品牌、技术和市场影响力,而且有助于文灿股份在国内已有的布局和资源与百炼集团的全球化生产、销售、供应体系产生多维度的协同效应,进一步提升文灿股份自身的管理效率,使公司整体更快更好地发展。

五、市场表现（603348）

文灿股份交易前后股价变动情况见图107。

图107　文灿股份交易前后股价走势